国家社科基金重大项目（编号：13&ZD140）

——中国体育非物质文化遗产资源数据库建设的研究

中国体育非物质文化遗产精粹

陈小蓉　主编

精粹

人民体育出版社

图书在版编目（CIP）数据

中国体育非物质文化遗产精粹 / 陈小蓉主编 . -- 北京 : 人民体育出版社 , 2024

ISBN 978-7-5009-6273-1

Ⅰ . ①中… Ⅱ . ①陈… Ⅲ . ①体育文化—非物质文化遗产—介绍—中国 Ⅳ . ① G812

中国国家版本馆 CIP 数据核字 (2023) 第 022079 号

＊

人 民 体 育 出 版 社 出 版 发 行
北 京 建 宏 印 刷 有 限 公 司 印 刷
新 华 书 店 经 销

＊

787×1092　16 开本　30.5 印张　611 千字
2024 年 9 月第 1 版　2024 年 9 月第 1 次印刷

＊

ISBN 978-7-5009-6273-1

定价：182.00 元

社址：北京市东城区体育馆路 8 号（天坛公园东门）

电话：67151482（发行部）　　　邮编：100061

传真：67151483　　　　　　　　邮购：67118491

网址：www.psphpress.com

（购买本社图书，如遇有缺损页可与邮购部联系）

编委会成员

序言

　　2001 年 11 月 2 日，联合国教科文组织全体会议通过的《世界文化多样性宣言》中指出，文化在各不相同的时空中会有各不相同的表现形式。这种多样性的具体表现是构成人类的各群体和各社会的特性所具有的独特性和多样化。文化多样性是交流、革新和创作的源泉，对人类来讲，就像生物多样性对维持生物平衡那样必不可少。从这个意义上讲，文化多样性是人类的共同遗产，应当从当代人和子孙后代的利益着眼，给予承认和肯定。非物质文化遗产被誉为历史文化的活化石、民族记忆的背影，它记录着一个民族社会生产、生活方式、风俗人情、文化理念等重要特征，对国家和民族具有重要的价值和意义。

　　面对全球化的冲击，我国政府通过设立"非物质文化遗产名录"的法定手段，强化优秀民族文化的保护与传承。在我国非物质文化遗产名录中，大量优秀的传统体育项目被列入其中。通过遗产化，这些优秀传统体育项目获得政府、社会和民众更为广泛的关注与支持。

　　体育非物质文化遗产（以下简称"体育非遗"）是在我国悠久的历史长河中创造和积淀下来的传统体育文化资源，也是与各民族的社会特征、经济生活、宗教仪式、风俗习惯息息相关的传统文化现象。体育非遗通过身体运动表现出鲜活的民族文化，是我国传统体育文化事象的生动记忆，更是标有中华民族印记的瑰宝。

　　本书精选了 200 项全国各省、自治区、直辖市及港澳台地区的国家级、省级、市级体育非遗项目，按照武术、球、摔跤、龙舟竞渡、赛会、游戏、棋牌、舞狮（舞麒麟）、舞龙和健舞共十个类别进行编排，共分为十章。首先，每章通过导言的形式，对该类别传统体育的古代历史、发展进程、文化内涵、空间分布和项目类别等内容进行概括介绍。其次，通过项目介绍的形式，对所选体育非遗项目的起源、传承脉络、内容形式和器材道具等进行简要介绍，以珍贵的文字和图像资料展现了我国丰富多彩的传统民间体育活动。每个项目介绍文字约1000字，并配以图片加以辅助说明。

　　本书撰写和出版的目的在于系统挖掘和整理我国优秀的传统体育项目，为世人和后人留下相关文献资料，也为我国及世界民众了解华夏优秀传统体育文化提供一种便捷途径。本书内容翔实，图片丰富，文字史料和实物史料弥足珍贵，具有较高的文献价值和历史价值。

　　本书是在本人主编的33卷大型丛书《中国体育非物质文化遗产》的基础上精选、提炼、加工而成的。大型丛书的各分卷主编均列为本书编委会成员（排序按项目收录数量而定）。同时，感谢本书所收录项目的非遗代表性传承人和各级非遗保护管理部门的大力支持。对于书中不足之处，恳请同行批评指正。

陈小蓉

2023 年 8 月 2 日

目录

第一章 |
武术类非物质文化遗产 / 1

1. 河南：少林功夫（编号：国Ⅰ-Ⅵ-7）/ 8

2. 湖北：武当武术（编号：国Ⅰ-Ⅵ-8）/ 10

3. 天津：回族重刀武术（编号：国Ⅰ-Ⅵ-9）/ 12

4. 河南：陈氏太极拳（编号：国Ⅰ-Ⅵ-11）/ 14

5. 河北：邢台梅花拳（编号：国Ⅰ-Ⅵ-12）/ 16

6. 河北：武氏太极拳（编号：国Ⅱ-Ⅵ-11）/ 18

7. 四川：峨眉武术（编号：国Ⅱ-Ⅵ-23）/ 20

8. 陕西：红拳（编号：国Ⅱ-Ⅵ-24）/ 22

9. 河南：心意六合拳（编号：国Ⅱ-Ⅵ-30）/ 24

10. 福建：五祖拳（编号：国Ⅱ-Ⅵ-31）/ 26

11. 河南：苌家拳（编号：国Ⅱ-Ⅵ-34）/ 28

12. 广东：蔡李佛拳（编号：国Ⅱ-Ⅵ-36）/ 30

13. 天津：拦手门（编号：国Ⅲ-Ⅵ-56）/ 32

14. 安徽：华佗五禽戏（编号：国Ⅲ-Ⅵ-63）/ 34

15. 河北：戳脚（编号：国Ⅳ-Ⅵ-74）/ 36

16. 上海：精武武术（编号：国Ⅳ-Ⅵ-75）/ 38

17. 福建：咏春拳（编号：国Ⅳ-Ⅵ-77）/ 40

18. 北京：六郎庄五虎棍（编号：国Ⅴ-Ⅲ-132）/ 42

19. 天津：无极拳（编号：国Ⅴ-Ⅵ-85）/ 44

20. 湖南：岩鹰拳（编号：国Ⅴ-Ⅵ-90）/ 46

21. 四川：青城武术（编号：国Ⅴ-Ⅵ-94）/ 48

22. 广东：佛山咏春拳（编号：国Ⅴ扩-Ⅵ-77）/ 50

23. 湖南：苗族武术（编号：省Ⅰ–Ⅶ–59）/ 52

24. 甘肃：崆峒派武术（编号：省Ⅱ–Ⅵ–1）/ 54

25. 重庆：荣昌缠丝拳（编号：市Ⅱ–Ⅵ–4）/ 56

26. 福建：上杭女子五枚拳（编号：省Ⅱ–Ⅵ–12）/ 58

27. 山东：崂山道教武术（编号：省Ⅱ–Ⅵ–18）/ 60

28. 江苏：彭祖导引养生术（编号：省Ⅱ–JSⅨ–6）/ 62

29. 云南：团山民间传统武术（编号：省Ⅲ–Ⅴ–36）/ 64

30. 甘肃：天启棍（编号：省Ⅲ–Ⅵ–6）/ 66

31. 湖北：板凳拳（编号：省Ⅲ–Ⅵ–7）/ 68

32. 浙江：舟山船拳（编号：省Ⅲ–Ⅵ–82）/ 70

33. 上海：船拳（编号：市Ⅳ–Ⅵ–11）/ 72

34. 香港：傅式八卦掌 / 74

第二章

球类非物质文化遗产 / 77

1. 内蒙古：达斡尔族传统曲棍球竞技（编号：国Ⅰ–Ⅵ–15）/ 82

2. 山东：蹴鞠（编号：国Ⅰ–Ⅵ–17）/ 84

3. 新疆：塔吉克族马球（编号：国Ⅱ–Ⅵ–37）/ 86

4. 吉林：满族珍珠球（编号：国Ⅱ–Ⅵ–38）/ 88

5. 内蒙古：鄂温克抢枢（编号：国Ⅱ–Ⅵ–40）/ 90

6. 内蒙古：蒙古族驼球（编号：国Ⅳ–Ⅵ–72）/ 92

7. 新疆：维吾尔族曲棍球（编号：国Ⅴ–Ⅵ–84）/ 94

8. 河北：涞水踢球（编号：省Ⅰ–Ⅻ–6）/ 96

9. 宁夏：打梭（编号：区Ⅰ–Ⅳ–10）/ 98

10. 宁夏：泾源回族"赶牛"（回族木球）（编号：区Ⅱ–7）/ 100

11. 北京：蹴球（踢石球）（编号：市Ⅱ–BJⅥ–3）/ 102

12. 云南：嘟哒哒（编号：省Ⅱ–Ⅶ–31）/ 104

13. 海南：黎族赶狗归坡（编号：省Ⅲ–Ⅵ–1）/ 106

14. 浙江：赶野猪（曲棍球）（编号：省Ⅲ–Ⅵ–99）/ 108

第三章

摔跤类非物质文化遗产 / 111

1. 内蒙古：蒙古族搏克（编号：国Ⅰ–Ⅵ–16）/ 118

2. 北京：天桥摔跤（编号：国Ⅱ-Ⅵ-21）/ 120

3. 内蒙古：沙力搏尔式摔跤（编号：国Ⅱ-Ⅵ-22）/ 122

4. 山西：挠羊赛（编号：国Ⅱ-Ⅵ-41）/ 124

5. 云南：彝族摔跤（编号：国Ⅲ扩-Ⅵ-21）/ 126

6. 新疆：维吾尔族且力西（编号：国Ⅲ扩-Ⅵ-21）/ 128

7. 吉林：朝鲜族摔跤（编号：国Ⅲ扩-Ⅵ-21）/ 130

8. 辽宁：沈阳北市摔跤（编号：国Ⅴ扩-Ⅵ-21）/ 132

9. 贵州：侗族摔跤（编号：省Ⅰ-Ⅵ-3）/ 134

10. 云南：彝族摔跤（编号：省Ⅱ-Ⅶ-32）/ 136

11. 新疆：哈萨克族库热斯（编号：区Ⅲ-Ⅵ-20）/ 138

12. 河南：沈氏摔跤（编号：省Ⅲ-Ⅶ-29）/ 140

第四章

龙舟竞渡类非物质文化遗产 / 143

1. 贵州：苗族独木龙舟节（编号：国Ⅱ-Ⅹ-75）/ 148

2. 湖南：赛龙舟（编号：国Ⅲ-Ⅵ-65）/ 150

3. 广东：赛龙舟（编号：国Ⅲ-Ⅵ-65）/ 152

4. 香港：大澳龙舟游涌（编号：国Ⅲ扩-Ⅹ-3）/ 154

5. 湖北：洪湖凤舟（编号：省Ⅱ扩-Ⅹ-13）/ 156

6. 广东：九江传统龙舟（编号：省Ⅳ扩-Ⅵ-6）/ 158

7. 广东：东凤五人飞艇赛（编号：省Ⅳ扩-Ⅵ-6）/ 160

8. 海南：泊潮海龙舟（编号：省Ⅴ-Ⅹ-11）/ 162

9. 台湾：礁溪二龙竞渡 / 164

第五章

赛会类非物质文化遗产 / 167

1. 西藏：当吉仁赛马会（编号：国Ⅱ-Ⅵ-43）/ 172

2. 青海：玉树赛马会（编号：国Ⅱ-Ⅵ-43）/ 174

3. 山西：尉村跑鼓车（编号：国Ⅲ-Ⅹ-135）/ 176

4. 西藏：恰青赛马会（编号：国Ⅴ扩-Ⅵ-43）/ 178

5. 安徽：轩辕车会（编号：省Ⅰ-Ⅵ-83）/ 180

6. 广西：侗族花炮节（编号：区Ⅱ-98）/ 182

7. 四川：藏族尔苏射箭节（编号：省Ⅱ-Ⅹ-22）/ 184

8. 西藏：白朗斗牛节（编号：区Ⅲ-101）/ 186

9. 青海：热贡马术（编号：省Ⅳ-Ⅵ-1）/ 188

10. 广东：雷州风筝节（编号：省Ⅳ-X-52）/ 190

11. 台湾：排湾人五年祭 / 192

12. 台湾：恒春抢孤及爬孤棚 / 194

13. 台湾：布农人射耳祭 / 196

第六章 |
游戏类非物质文化遗产 / 199

竞力类游戏 / 206

1. 浙江：嘉兴掼牛（编号：国Ⅲ-Ⅵ-67）/ 206

2. 甘肃：万人扯绳赛（编号：国Ⅴ-Ⅵ-102）/ 208

3. 内蒙古：达斡尔颈力赛（编号：区Ⅰ-NMⅥ-7）/ 210

4. 四川：三雄夺魁（编号：省Ⅱ-Ⅵ-3）/ 212

5. 四川：羌族推杆（编号：省Ⅱ-Ⅵ-6）/ 214

6. 吉林：朝鲜族拔草龙（省Ⅱ-Ⅶ-2）/ 216

7. 河南：石锁（编号：省Ⅱ-Ⅶ-11）/ 218

8. 贵州：布依族抵杠（编号：省Ⅲ-Ⅵ-6）/ 220

秋千类游戏 / 222

1. 吉林：朝鲜族秋千（编号：国Ⅰ-Ⅵ-14）/ 222

2. 青海：土族轮子秋（编号：国Ⅱ-Ⅵ-45）/ 224

3. 新疆：维吾尔族转轮秋千（编号：区Ⅱ-Ⅵ-8）/ 226

4. 四川：彝族磨尔秋（编号：省Ⅱ-Ⅵ-7）/ 228

5. 陕西：华阴司家秋千会（编号：省Ⅱ-X-33）/ 230

6. 广西：壮族踩风车（编号：区Ⅵ-482）/ 232

7. 台湾：下路头玄天上帝庙幌秋千 / 234

技巧类游戏 / 236

1. 北京：抖空竹（编号：国Ⅰ-Ⅵ-4）/ 236

2. 吉林：朝鲜族跳板（编号：国Ⅰ-Ⅵ-14）/ 238

3. 山东：青州花毽（编号：国Ⅲ-Ⅵ-69）/ 240

4. 云南：打陀螺（编号：国Ⅴ-Ⅵ-105）/ 242

5.青海：湟中县却西德哇村古老游戏（编号：省Ⅰ-Ⅵ-2）/ 244

6.安徽：叶村叠罗汉（编号：省Ⅱ-Ⅵ-5）/ 246

7.新疆：哈萨克族姑娘追（编号：区Ⅱ-Ⅵ-13）/ 248

8.内蒙古：沙嘎游戏（编号：区Ⅱ-NMⅥ-19）/ 250

9.贵州：仡佬族打篾鸡蛋（编号：省Ⅱ-Ⅵ-73）/ 252

10.浙江：问凳（编号：省Ⅱ-Ⅵ-107）/ 254

11.浙江：操石磉（编号：省Ⅲ-Ⅵ-100）/ 256

12.广西：白裤瑶打陀螺（编号：区Ⅴ-344）/ 258

竞技类游戏 / 260

1.新疆：维吾尔族叼羊（编号：国Ⅱ-Ⅵ-44）/ 260

2.内蒙古：布鲁（编号：国Ⅳ-Ⅵ-71）/ 262

3.内蒙古：乘马射箭（编号：区Ⅱ-NMⅥ-21）/ 264

4.西藏：林芝工布比秀竞赛（编号：区Ⅱ-Ⅺ-120）/ 266

5.吉林：蒙古族打唠唠（编号：省Ⅲ-Ⅴ-6）/ 268

6.贵州：攀崖技艺（编号：省Ⅲ-Ⅵ-52）/ 270

7.浙江：渔民传统竞技（编号：省Ⅲ-Ⅵ-90）/ 272

第七章
棋牌类非物质文化遗产 / 275

1.内蒙古：蒙古族象棋（编号：国Ⅱ-Ⅵ-20）/ 282

2.吉林：朝鲜族尤茨（编号：国Ⅴ-Ⅵ-104）/ 284

3.青海：藏族棋艺密芒（编号：省Ⅰ-Ⅵ-1）/ 286

4.内蒙古：蒙古鹿棋（编号：区Ⅰ-NMⅥ-4）/ 288

5.内蒙古：吉日格（编号：区Ⅰ-NMⅥ-14）/ 290

6.新疆：哈萨克族多依布（编号：区Ⅱ-Ⅵ-11）/ 292

7.新疆：柯尔克孜族奥尔朵（编号：区Ⅱ-Ⅵ-16）/ 294

8.吉林：朝鲜族象棋（编号：省Ⅱ-Ⅶ-3）/ 296

9.吉林：朝鲜族花图游戏（编号：省Ⅱ-Ⅶ-9）/ 298

10.青海：青海蒙古达罗牌（编号：省Ⅲ-Ⅵ-3）/ 300

11.青海：藏族夹棋（编号：省Ⅲ-Ⅵ-4）/ 302

12.新疆：柯尔克孜族托古孜库尔阔勒（九巢棋）（编号：区Ⅲ-Ⅵ-21）/ 304

13.西藏：左贡县尼木棋（编号：区Ⅲ-Ⅵ-47）/ 306

第八章

舞狮（舞麒麟）类非物质文化遗产 / 309

1. 广东：广东醒狮（编号：国Ⅰ-Ⅲ-5）/ 316
2. 河南：槐店文狮子（编号：国Ⅱ扩-Ⅲ-5）/ 318
3. 河北：沧县狮舞（编号：国Ⅱ扩-Ⅲ-5）/ 320
4. 河南：兰考麒麟舞（编号：国Ⅱ-Ⅲ-43）/ 322
5. 河北：黄骅麒麟舞（编号：省Ⅱ-Ⅲ-43）/ 324
6. 广东：青狮（编号：国Ⅲ扩-Ⅲ-5）/ 326
7. 上海：马桥手狮舞（编号：国Ⅲ扩-Ⅲ-5）/ 328
8. 广西：田阳壮族狮舞（编号：国Ⅲ扩-Ⅲ-5）/ 330
9. 重庆：高台狮舞（编号：国Ⅲ扩-Ⅲ-5）/ 332
10. 广东：大船坑舞麒麟（编号：国Ⅲ扩-Ⅲ-43）/ 334
11. 香港：西贡坑口客家舞麒麟（编号：国Ⅳ扩-Ⅲ-43）/ 336
12. 福建：泉州刣狮（编号：国Ⅴ-Ⅵ-98）/ 338
13. 宁夏：海原胡湾狮子（编号：区Ⅰ-Ⅱ-4）/ 340
14. 甘肃：道台狮子（编号：省Ⅱ-Ⅲ-6）/ 342
15. 上海：调狮子（编号：市Ⅲ-Ⅱ-8）/ 344
16. 甘肃：永登硬狮子舞（编号：省Ⅲ-Ⅲ-2）/ 346
17. 湖南：枫坪傩狮舞（编号：省Ⅲ-Ⅲ-2）/ 348
18. 湖北：安陆麒狮舞（编号：省Ⅲ-Ⅲ-23）/ 350
19. 青海：新安狮子舞（编号：省Ⅳ-Ⅲ-2）/ 352
20. 重庆：潼南县花岩女子狮舞（编号：市Ⅳ-Ⅲ-38）/ 354
21. 陕西：复兴武狮（编号：省Ⅴ-Ⅵ-15）/ 356

第九章

舞龙类非物质文化遗产 / 359

1. 重庆：铜梁龙舞（编号：国Ⅰ-Ⅲ-4）/ 366
2. 广东：湛江人龙舞（编号：国Ⅰ-Ⅲ-4）/ 368
3. 上海：舞草龙（编号：国Ⅱ扩-Ⅲ-4）/ 370
4. 湖北：高龙（编号：国Ⅱ扩-Ⅲ-4）/ 372
5. 江苏：骆山大龙（编号：国Ⅱ扩-Ⅲ-4）/ 374
6. 广西：宾阳炮龙节（编号：国Ⅱ-Ⅹ-74）/ 376

7. 湖北：地龙灯（编号：国Ⅲ扩-Ⅲ-4）/ 378

8. 江苏：直溪巨龙（编号：国Ⅲ扩-Ⅲ-4）/ 380

9. 湖北：三节龙（编号：国Ⅲ扩-Ⅲ-4）/ 382

10. 湖南：城步吊龙（编号：国Ⅲ扩-Ⅲ-4）/ 384

11. 香港：大坑舞火龙（编号：国Ⅲ扩-Ⅹ-5）/ 386

12. 澳门：鱼行醉龙节（编号：国Ⅲ扩-Ⅹ-85）/ 388

13. 四川：安仁板凳龙（编号：国Ⅴ扩-Ⅲ-4）/ 390

14. 贵州：苗族舞龙嘘花习俗（编号：国Ⅴ扩-Ⅹ-71）/ 392

15. 重庆：北泉板凳龙（编号：市Ⅰ-Ⅲ-2）/ 394

16. 江苏：凤羽龙（编号：省Ⅰ-JSⅢ-10）/ 396

17. 贵州：隆里花脸龙（编号：省Ⅰ-Ⅳ-5）/ 398

18. 重庆：普子铁炮火龙（编号：市Ⅱ-Ⅲ-12）/ 400

19. 河北：清苑绣球龙灯（编号：省Ⅲ-Ⅲ-15）/ 402

20. 浙江：处州板龙（编号：省Ⅲ-Ⅲ-56）/ 404

21. 河南：麦秆龙（编号：省Ⅲ扩-Ⅳ-37）/ 406

第十章

健舞类非物质文化遗产 / 409

1. 江西：永新盾牌舞（编号：国Ⅰ-Ⅲ-10）/ 416

2. 福建：泉州拍胸舞（编号：国Ⅰ-Ⅲ-12）/ 418

3. 西藏：昌都锅庄舞（编号：国Ⅰ-Ⅲ-20）/ 420

4. 海南：黎族打柴舞（编号：国Ⅰ-Ⅲ-32）/ 422

5. 重庆：酉阳摆手舞（编号：国Ⅱ扩-Ⅲ-17）/ 424

6. 甘肃：凉州攻鼓子（编号：国Ⅱ-Ⅲ-42）/ 426

7. 湖北：肉连响（编号：国Ⅱ-Ⅲ-52）/ 428

8. 浙江：藤牌舞（编号：国Ⅲ扩-Ⅲ-10）/ 430

9. 湖南：桑植仗鼓舞（编号：国Ⅲ-Ⅲ-98）/ 432

10. 广西：壮族打扁担（编号：国Ⅴ-Ⅲ-139）/ 434

11. 甘肃：陇西云阳板（编号：国Ⅴ-Ⅲ-142）/ 436

12. 福建：泉州踢球舞（编号：省Ⅰ-Ⅲ-3）/ 438

13. 四川：泸县百和莲花枪（编号：省Ⅰ-Ⅲ-5）/ 440

14. 云南：霸王鞭（编号：省Ⅱ-Ⅳ-20）/ 442

15. 云南：景颇族刀舞（编号：省Ⅰ-Ⅳ-45）/ 444

16. 贵州：勾林（编号：省Ⅰ–Ⅵ–1）/ 446

17. 贵州：侗族月牙镗（编号：省Ⅰ–Ⅵ–2）/ 448

18. 甘肃：节子舞（编号：省Ⅱ–Ⅲ–11）/ 450

19. 甘肃：秦州鞭杆舞（编号：省Ⅱ–Ⅲ–16）/ 452

20. 陕西：东寨十八罗汉（编号：省Ⅱ–Ⅲ–39）/ 454

21. 云南：跳三桩（编号：省Ⅱ–Ⅳ–22）/ 456

22. 浙江：十八罗汉（编号：省Ⅱ–Ⅵ–108）/ 458

23. 海南：琼中咚铃伽（编号：省Ⅲ–2）/ 460

24. 海南：黎族舂米舞（编号：省Ⅲ–5）/ 462

25. 云南：大刀舞（编号：省Ⅲ扩–Ⅱ–4）/ 464

26. 陕西：靖边霸王鞭（编号：省Ⅲ–Ⅲ–44）/ 466

27. 广东：藤牌功班舞（编号：省Ⅳ–Ⅲ–34）/ 468

28. 福建：漳州太祖拳青龙阵（编号：省Ⅳ–Ⅵ–16）/ 470

29. 台湾：宋江阵 / 472

唐代少林寺僧人练习拳术

中国体育非物质文化遗产精粹

第一章

武术类非物质文化遗产

　　武术，又称功夫，是中华民族自古传承发展而来的一种个人防卫格斗术，源自原始社会先民自卫攻击的本能。古人类的搏斗、战争被认为是武术的起源，古代的狩猎、祭祀、战争等与武术套路和集体演练的产生密不可分。武术伴随中华民族悠久的历史而不断发展，经历几千年的不断演进，最终形成众多快速克敌制胜的拳械套路章法和与之对应的技术理论体系。

　　在中国古代文化的浸润下，武术融合了包括中国传统哲学、医学、伦理、兵学、舞蹈等在内的诸多文化精髓，形成了独具特色的武术文化，被认为是中华优秀传统文化的一个全息缩影，是最具东方文化代表性的运动方式。武术所肩负的使命，从防身自卫发展到被寄予强国强种的民族期待。如今，武术又成为世界各国民众了解中国、认识中国传统文化的重要窗口，是增进各国文化交流的重要载体。

　　"武艺"一词较早出现于汉代。从史料来看，三国时期的"武艺"统指军事阵战之技，囊括徒手的角抵、手搏、斗剑等兵器攻防格斗技术，也指蹶张、扛鼎、骑射等技能[1]。中国武术的重要特征之一是带有鲜明的技击性，这一基本特征使武术与军事在根本性质上有密不可分的联系。兵者武也，武术文化与战争文化可谓同源之水、同本之木。中国武术学界将中国武术分为三个阶段：军事武术阶段、传统武术阶段与现代武术运动阶段。

　　军事武术时期，由于军事战争需要，一切格斗技术开始从生产技术中分离出来，通过战争实践，发展成为独立的技术领域，出现了传统武术技击雏形，这是军事武术的开端。军事武艺的功能主要用于战场，"武艺"更偏向于搏斗、战争等，杀敌与自卫是军事武艺的唯一属性。在军事武术阶段，原始武艺的出现既是军事斗争的需要，也是士兵体魄训练和军事技艺传授的需要。这一时期，武术与军事技能之间的界限非常模糊，二者往往合而为一、混融一体，武术尚处在原始朦胧状态之中，需要借助、依附于军事训练、军事技艺而存在[2]。军事武艺立足于以阵战为主要形式的集体性，骑兵、步兵使用的搏杀武艺是主要的训练内容，但此时已经蕴含武术的萌芽。冷兵器是军事武术阶段的主要器械，随着以战阵搏杀为目的的兵器的广泛创制，各类刀、枪、棍、棒、戈、矛、槊、戟、铲、镋、叉、钯、斧、钺、长锤等得到广泛使用。这些历史悠久的兵器代代相传，如今仍然活跃在中国民间传统武术中。

　　传统武术时期，武术渐渐从军事武艺的母体中脱颖而出，民间传统武术兴起并逐渐发展。从社会功能上看，脱离军事战场厮杀的传统武术，仍然具有格斗的功能，但

---

[1] 郭玉成. 中国武术史 [M]. 北京：高等教育出版社，2019.
[2] 旷文楠. 兵家与武术的同源与交流——兵家与武术文化论之一 [J]. 体育文史，1990（2）：27-30.

从大规模性军事武艺渐渐转变为民间的保家护院、小群体械斗、个人攻击与防卫等个体性的格斗。这种技击上的集体性与个体性的不同，构成了军事武艺与武术在技术上的巨大差异。此阶段，民间传统武术和军事武术逐渐分离，虽远离战争中的拼杀，但仍然具有个人格斗与防身自卫的功能。在传统武术阶段，古代战场中运用的冷兵器在民间传统武术的展演和习练中被继续使用，只是古兵器以战阵格杀为目的的本质属性改变，传统武术兵器则以健身、防身、娱乐为目的。民间传统武术开始形成自身的兵械体系，同时也不断创造出丰富的、特色鲜明的武术兵械，如峨眉刺、扁担、扇子、节棍、镖、软鞭、鸡爪锐、风火轮等，虽然并非战场兵刃，却因其体积小巧、便于携带、贴近生活、随手可得等特点，顺应了武术个人格斗、个体技击的发展趋势。尤其是清代出现的镖局、民间的宗教组织、秘密结社和农民起义等，更是与民间传统武术联系起来，或多或少借助和利用武术为其服务，形成了众多的武术流派分支，一时名师辈出。此时，民间技击的个体具有高度的独立性，以确保自己不受伤害来继续格斗，以自己的高强武艺保证战胜对方，使用器械的质量、功能和方法都是胜负的重要因素[1]。

随着社会的发展和时代的进步，中国武术进入现代武术运动阶段，传统武术在近代逐渐演变为以套路演练和功法练习为主，成为注重个人精神修炼、道德修为的技击类文化的运动项目。同时，传统武术的健身性、艺术性、娱乐性得到快速发展。在和平年代，随着社会文明水平的提高，兵械中的兵器所代表的格斗、搏杀的内涵也逐渐弱化，渐渐演化成了演练性质更强的武术器械。为满足人民强身健体、娱乐休闲与展演竞赛的需要，现代武术运动器械也进行了改造，更多考虑了人身安全与社会安全等因素。武术比赛对刀、剑、枪、棍等常用器械的规格做了具体规定，如对刀、剑的长度和重量，枪、棍的长度和直径都有明确要求。健身娱乐及学校教育所用的武术器械要求则相对较低，一般制作简单或根据自己喜好、身材来选择。

由此可见，中国武术从古至今大致经历了军事武术、传统武术与现代武术运动三个阶段，在这三个阶段中，武术器械的格斗、搏杀功能逐渐被弱化，更加趋向表演和演练性质。

一、我国武术运动的起源与发展

据考证，武术萌芽于远古时代。武术的最初诞生与古代宗教信仰及教育娱乐等有密切联系。在中国远古文明时代，始于人类生存本能的人与人搏斗、人与兽搏斗、部落战争等，都是武术技击的起源与初步发展。

---

[1] 赵秋菊，曹建风，孙稷禹.中国武术器与技的文化现象解析[J].沈阳体育学院学报，2014，33（2）：130-134.

云南沧源原始岩画上的《战舞图》

　　石制武器的初创与更新是武术器械的起源。而新石器时代出现的铜制武器，则是武术器械发展的起点。古代大型武舞也可能与武术套路发端具有关联性。武舞是一种蕴含搏杀技术的操练方式。夏朝、商朝、西周时期，集体的武舞演练常用于增强军队士气。传说夏舜统治时就已有《执干戚舞》。西周时的《象舞》是由军事操练中的击刺动作组成的武舞。当时，人们将徒手搏斗作为一种专门的技艺予以推广。在徒手搏斗发展的同时，与其相关的"拳"技也开始显现。《诗经·小雅·巧言》载："无拳无勇，职为乱阶。"《毛诗诂训传》载："拳，力也。"这说明古人认可"勇力"的作用，视"力"为武艺之基础。据《礼记·月令》载："孟冬之月……天子乃命将帅讲武，习射、御、角力。"这些习武活动有利于社会形成重武、尚武风气。到春秋战国时期，武术出现了较大的变化，以个人技艺为主的徒手搏击在民间开始普及。

西汉帛画《导引图》残片（现藏于湖南博物院）

　　汉代时，政治、经济、文化的繁荣造就了武术的大发展，同时，对外战争的需要也促使军旅与民间武术产生联系。班固《汉书·艺文志》将当时存在的兵书分类归纳，其中《兵技巧》被视为最早的武术著作。与此同时，汉代时期武舞已有相当发展，出现了剑舞、斧舞等。东汉末年，由于战争连绵不断，推动了民间习武之风盛行，当时也出现了女子习武的现象。《汉书·哀帝纪》记载的汉哀帝"时览卞射武戏"，说明武术表演在汉代已经成为一种常见活动。武术向实用性、表演性、娱乐性等多元化方向发展，其间，武术已具有习练、表演和健身功能。

隋唐时期，武术得到了快速发展。女皇武则天开创的武举制度，促进了武术人才的专门选拔和培养，使武术发展更加繁荣。同时，随着盛唐对外文化交流的增多，武术兵器发展迅速、品种繁多。可见，隋唐时期武术的发展是多元而丰富的，产生了较大的社会影响力。

两宋时期，武举制度再度被启用，促使各类兵器、武艺多样化发展。北宋还官修了《武经总要》，其中《武经七书》颁定后成为武举必读之书。此外，两宋时期勾栏瓦舍中的武术活动非常活跃，也促使市民阶层中武术相关活动日益增多。城市中出现了以健身娱乐为目的的武艺结社组织，武术的表演性与娱乐性更为突出。武术文化逐渐形成，向综合武术方向发展。

明朝建立后，与军事紧密关联的武艺被重视，并由此诞生了许多军事武术理论相关著作，如唐顺之的《武编》、戚继光的《纪效新书》等。武术在明朝呈现繁荣状态，涌现了长拳、洪拳、弹腿、短打、内家拳等拳术，标志着中国武术体系的形成。

清军入主中原后，对民间武术采取限制态度，但反清复明等民间秘密宗教组织的兴起，以及保镖行业的快速发展，促使武术在民间迅猛发展。特别是清朝后期，民间武术更加昌盛。在这一时期，武术与传统文化之间的融合也呈上升态势，武术流派林立，并出现了许多拳种。武术理论研究盛行，《手臂录》《拳经拳法备要》《内家拳法》《苌氏武技书》

清　舞剑（现藏于故宫博物院）

《六合拳谱》《太极拳谱》等武术名著均诞生于这一时期。

民国初期，在社会各界倡导"强国强种"的文化氛围下，武术体育化使武术的内容、形式及训练手段等都发生了很大变化。以传授民众武艺为主的武馆、拳社等不断出现，对中国传统武术的普及和发展起到了积极作用。1928年，由张之江先生等人创办的中央国术馆在南京落成后，各省、市、县通设国术馆，大量聘请民间拳师任教，培养武术人才。城市武术组织的相继出现，使武术的传承突破了原先的家族、流派传播局限，改变了传统武术的生存状态。

1936 年，中国武术队赴柏林奥运会参加表演，并得到了当地的《德意志报》等媒体的盛赞。

河北戳脚习练者展示器械

中华人民共和国成立后，武术的发展受到政府的重视。1957 年，第一次将武术列为国家体育竞赛项目。随后，武术运动进入大、中、小学体育课堂，形成了完整的武术运动学校教育体系。1983—1986 年，国家体委在全国范围内开展了我国武术发展史上空前的"普查武术家底，抢救武术文化遗产"武术挖掘和整理工作。

随着 20 世纪 80 年代中国对外开放的发展，特别是境内外武术明星电影作品的广泛传播，中国功夫快速走向世界。越来越多的国家和地区兴起了武术运动，并成

傅淑云（右）、刘玉华（左）在 1936 年柏林奥运会上表演中国武术

立了武术团体。1987 年 9 月 25 日，亚洲武术联合会正式成立。1990 年，国际武术联合会在中国北京正式成立，并且规定每两年举办一次世界武术锦标赛。2008 年，武术成为北京奥运会特设项目。截至 2020 年 1 月，已有 155 个国家和地区加入国际武术联合会。2020 年 1 月，武术被列入 2022 年达喀尔青奥会正式比赛项目。

二、武术类非物质文化遗产的分布

在中国，武术类非遗分布十分广泛。从申报武术类非物质文化遗产项目空间分布来看，在我国第 1~5 批国家级和省级非物质文化遗产名录中，除了新疆、西藏、海南三地未申报武术类项目外，其他地区均有武术类项目申报。为了更直观地呈现和分析武术类体育非遗项目在我国地域空间上的分布特点，通过对我国武术类非物质文化遗产项目进行可视化处理发现，武术类非遗主要聚集于河北、山东、北京、天津、浙江一带，其他地区如河南、湖南、湖北、香港等地武术项目分布也较为密集，西北、西南、东北地区分布则较为稀疏。

通过进一步对武术类体育非遗项目分布状况进行核密度处理可知，我国武术类非

遗项目在河北、北京一带形成了一个高密度核心圈，并以此为中心向周边地区辐射。与此同时，浙江、广东、重庆地区也分别形成了三个次密度核心圈。

三、武术类非物质文化遗产的类别

对于武术的类别，可以从武术的运动形式和武术的流派两个方面去判别与划分。依据运动形式划分，武术包括套路和搏斗两大类。依据演练形式划分，套路包括单练、对练和集体演练三类；搏斗包括散打、太极推手、短兵三类，且更重视实战。

传统武术在不断发展的过程中产生了众多武术流派，武术的内容形式表现出多样性，依据武术流派划分，其包括讲究以柔克刚的"内家"和讲究刚猛有力的"外家"，惯用贴身近战的"短打"和惯用力猛远攻的"长拳"，迅疾紧凑的"南派"和舒展大方的"北派"，信奉佛教的"少林"和信奉道教的"武当"等相对应的武术流派。同时，还有许多依据姓氏进行划分的流派，如太极拳可以分为陈氏、吴氏、杨氏等多个流派。

导引术是武术和传统中医学相结合的运动养生形式。最早的"导引"，也被称为"道引"，是道士在长期修炼中用来舒展筋骨和锻炼的一种运动，后来通过总结和整理，形成了一系列比较完整的动作[1]。导引术具有驱病强体的康复功能，又称练功疗法。导引术是通过肢体运动使体内气血通畅，达到预防疾病、增进健康的目的，是一种结合导气和形体拉伸的自我锻炼方法。传统导引可分为三类：一是"形"的锻炼，即以肢体运动为主；二是以"行气"为主，即以呼吸的锻炼为主；三是以"意"为主，即以思想的锻炼为主[2]。可见，导引术是一种以肢体运动为主，与意念、呼吸、按摩相结合的、有益于身心健康的锻炼方式。

西夏（1038—1227年）导引木版画

［1］游玄德，袁天沛，秦彦博，等.武当道教导引术［M］.北京：人民体育出版社，2010：4.
［2］尤培建，王旭东.从关节运动角度看传统导引的肢体运动特点［J］.辽宁中医药大学学报，2008（10）：33-34.

1. 河南：少林功夫（编号：国 I-VI-7）

少林功夫已有 1500 多年历史。北魏太和十九年（495 年），孝文帝为印度高僧跋陀在少室山北麓敕建少林寺。从此，武术落迹少林寺并形成少林功夫的雏形。

少林寺山门武术表演

527 年，印度僧人菩提达摩在少林寺首倡禅宗，由此确立了少林寺为禅宗祖庭的崇高地位。隋朝初年，缘于朝廷的重兴佛法，少林寺拥有庞大的田产。隋朝末年，战乱频发，少林寺僧人为了保护寺产组织武装力量自卫，后为唐王朝的建立作出了贡献。盛唐时期，禅宗教法盛行，成为中国汉地佛教主流。

武僧演练冲天棍阵

宋朝，少林寺禅宗祖庭的地位得以确立，"禅武合一"开始成为少林功夫的主流思想。金元两朝对汉地民间武装力量极力抑制，少林寺亦不例外。然而，少林寺作为禅宗祖庭，依然地位显赫，禅学盛隆。明朝民间习武风气盛行，是少林功夫大发展时期。明朝近300年间，少林寺僧人至少有六次受朝廷征调，参与官方的战争行动，建立功勋，多次受到朝廷的嘉奖。

清朝严禁汉民习武。雍正十三年（1735年），朝廷对少林寺宗法门头体系进行了整顿。少林寺僧人虽然坚持秘密练武，但少林功夫水平及影响整体衰落。民国期间，军阀混战，少林寺进一步衰落，少林功夫也处于风雨飘摇之中。20世纪80年代后，政府颁布宗教信仰自由政策，寺院宗教生活恢复，少林功夫的价值重新被重视，少林寺年老僧人开始向年轻僧人传授少林功夫，少林功夫典籍征集、鉴定、整理、出版工作大规模展开。

少林功夫代表性传承人释行慈展示少林棍
（陈小蓉拍摄）

少林拳相关器械主要有长器械、短器械、双器械、软器械和练功辅助器械五大类别。长器械类主要有棍、铲、叉、大刀（又称春秋大刀）、枪、朴刀；短器械类主要有刀、剑、拐；双器械类主要有双刀、双剑、双锏、双钩、双草镰；软器械类主要有九节鞭、绳镖、流星锤、皮鞭；练功辅助器械类主要有锚石、石锁、沙袋、梅花桩、铁筒瓦等。

少林功夫具有完整的技术和理论体系，以武术技艺和套路为表现形式，以佛教信仰和禅宗智慧为文化内涵。历代传习的少林功夫套路有数百套之多，另有七十二绝技，以及擒拿、格斗、卸骨、点穴、气功等门类独特的功法。这些内容，按不同的类别和难易程度，有机组合成了一个庞大有序的技术体系，其文化内涵和技术独具特色。

如今，少林功夫在国外，特别是在日本很盛行，日本少林寺拳法联盟和其他国家少林拳爱好者频频来华交流，少林拳这个古老的拳种在传播各国友谊、增强人民健康的活动中大放异彩。

（除署名拍摄外，其余图片均由河南省非物质文化遗产保护中心和郑州市武术运动管理中心提供）

2. 湖北：武当武术（编号：国Ⅰ-Ⅵ-8）

武当武术，即"武当内家功夫"，亦称"武当内家拳"。武当武术受道教阴阳对立统一思想的影响，形成了"拳法阴阳""后发制人""守柔处雌"等理论。

民国以前，武当武术分两种渠道传播：一种是道内传播，作为道士修炼内丹必不可少的动功，随着道门延续；另一种是向社会有选择地传播。自元、明朝开始，由张三丰直接或间接流传到社会上的太极拳形成了影响较大的两个流派，即以张松溪为代表的南派太极拳和以王宗岳为代表的北派太极拳。

武当武术国家级代表性传承人赵剑英

民国时期，武当武术曾被列入中央国术馆的教学内容。1928年成立的中央国术馆下设少林门和武当门，各设门长。1930年武术名家李景林到济南创办了山东国术馆，教学内容包括武当剑。

20世纪30年代初，红三军军长贺龙在武当山紫霄宫向武当道总徐本善学习武当拳。为了开辟以武当山为中心的鄂西北红色根据地，红三军进驻武当山，司令部就设在紫霄宫父母殿内，贺龙与徐本善促膝长谈，成为至交。中华人民共和国成立后，贺龙元帅兼任国家体委主任时，十分关心武当拳术的挖掘整理工作，多次询问武当道人的生活及武当拳的发掘情况。

武当武术独特的技击方法是其区别于中华武术其他种类的一大特点，按其运动形式可初步归纳为如下内容：

金子弢带领弟子赵剑英、杨群力
演练武当太乙五行拳

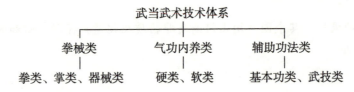

武当武术技术体系

拳械类	气功内养类	辅助功法类
拳类、掌类、器械类	硬类、软类	基本功类、武技类

代表性传承人覃献平传授技艺

拳类主要有：太极十三势、武当太乙五行拳、武当太极拳、武当纯阳拳、武当阴阳八卦掌、玄门五形拳、太和拳、武当赵堡太极拳、武当太乙神剑门拳功、武当恒山派迷魂拳等。

掌类主要有：五遁阴阳八卦掌、混元掌、武当铁掌功、三回转、金沙掌、武当自然三丰派八卦掌等。

器械类主要有：武当丹派剑术、太乙玄门剑、武当八仙剑、武当三丰太极剑、武当八卦太极剑、九子寻母剑、夜行刀、武当乾坤点穴钩、子母龙腾钺、一苇棍、八卦子午鸳鸯钺等。

气功类主要有：武当内养采光功、武当气功修真全图、天罡气功、武当山三天门悟性气功、张三丰睡功、形意气功、律吕导引功、龟寿功、武当太乙天鹰门秘功、九宫凤凰展翅功等。

辅助功法类主要有：武当弄丸健身总图、八宝如意站桩功、武当观月功、太极棒气功、泰山站桩功、武当明目功、续阳功三式法、神行活络功、伏魔功、九宫静坐功、九宫旋转十二法等。

武技类主要有：武当太乙五行拳技击攻防、武当太乙五行心法要诀、武当白锦门秘宗武技、武当淮河派功法、武当功家南派、武当清虚派武功等。

在众多武当武术中，尤其以武当太乙五行拳、武当三丰太极剑、武当太极拳、八卦掌等最为突出。改革开放以后，湖北省体委挖掘整理的"武当太乙五行擒扑二十三式"（武当太乙五行拳）最为典型，其依循九宫走圆化柔，"尚意不尚力、贵化不贵抗，动如蛇之行，劲似蚕作茧"的特点，充分体现了武当内家拳的精华，该拳有力驳斥了"武当无拳论"，并由此拉开了武当武术功法整理汇编的序幕。

（图片均由代表性传承人覃献平提供）

3. 天津：回族重刀武术（编号：国Ⅰ-Ⅵ-9）

　　回族重刀武术原名"曹门大刀""曹氏大刀"，是由津门著名回族武术名家曹克明先生继承先父"回族大侠"曹金藻所独创技艺而创造的"曹门刀式"。回族重刀武术具有独特的民族文化特色，其特点是刚柔相济，动静结合，惊险雄劲，展示了我国古老的民族文化气息。

回族重刀武术具有独特的民族文化特色

　　重刀是一种传统兵器，在我国有数千年历史。唐朝武师李克用惯用一把40.5千克的大刀练武，在战场上所向披靡、英勇无比。大刀受到了唐朝皇帝的重视。此后，唐朝皇帝组织了一支重兵器的队伍，后来武则天把它列入武举的考试科目中。明朝开始，重刀成为武举必考的一项科目。

　　明朝初期，曹氏先祖追随燕王朱棣，组建了一支军队，名为"靖难军"。因"靖难军"平定天下有功，燕王在河北省赐地五百顷给曹氏家族，曹氏先祖在此定居，后来迁徙到天津。重刀随之传至天津，但重刀武术一直是家族世袭，直

回族重刀武术集体造型

到曹万林、曹万新才开始传授重刀给非曹氏家族弟子。

代表性传承人曹仕杰传授技艺（陈小蓉拍摄）

回族重刀武术常用器械有重刀、抱石、石锁和石礅四种。其中，重刀又称大刀，是我国古代长兵器的一种。重刀刀身的两侧各有一条油漆彩绘的走龙，刀背有铁环，铁环上系有红缨。重刀长度为2.4～2.8米，重量为70～90千克，现存最老的刀是青龙偃月刀。在重刀技术方面，曹克明融会贯通了传统刀法的挑、劈、砍、撩、扎、截、拦、刺等技术动作，又演化出背剑、水磨、大倒把、乌龙摆尾、雪花盖顶、双百荷叶等动作，并创研了一套铲的套路，名为"春秋八步"。这套套路以铲、叉、撩、拨、盖、背花、云花和舞花为主，既有传统的铲的动作，又有刀、枪、棍、棒的练法。

"石"指抱石、石锁和石礅。抱石为四周光滑润亮、中间开成葫芦形孔洞的长方形举重物，材质为大青石或汉白玉，根据其重量级别的差异，中间的葫芦形孔洞有的中空、有的非中空。石锁为中间有扶手的长方形举重器械，材质为大青石。石礅又叫"双石片"，为类似杠铃的举重器械，其两侧为石礅片，材质为青石，中间为木质杆。

回族重刀武术在表演形式上，吸收了历史上武举考试中的科目技艺，使得大刀表演内容丰富多彩。"曹门刀式"招式多样、系统全面。由于演练器械重，回族重刀武术套路表现出短小精悍的特点。其动作数量为4～7个，演练时间在24～48秒。根据运动和表现形式，回族重刀武术技术动作可分为旋转类动作、抛接类动作、推举类动作和造型类动作四大类。

（除署名拍摄外，其余图片均由代表性传承人曹仕杰提供）

4. 河南：陈氏太极拳（编号：国 I-VI-11）

太极拳自明末清初陈王廷创编以来，距今已有 300 多年的历史。作为中华文明珍贵的文化遗产之一，太极拳在产生、发展过程中，广泛汲取传统文化的精髓，博采多家武术之长，大胆创新，形成了自己的鲜明特征。

太极拳集儒家的"仁义为本"、道家的"道法自然"和佛家的"慈悲为怀"等诸多理念于一体，融入了中华传统文化中的哲学、医学、美学等重要内容，汲取了《周易》的"阴阳"理论、道教的导引吐纳、传统医学中的经络学说、《孙子兵法》的战略战术、传统美学的相关理念等精华。它不仅在一定程度上体现了人类对宇宙和人体运动规律的认识，也充分体现了"天人合一"的东方文化理念。

太极拳诞生于明末清初，陈家沟陈氏第九世陈王廷（字奏庭，1600—1680 年）依据太极阴阳之理，吸收诸家武术之长，融中医经络学与道家导引吐纳术为一体，创编出既能强身健体又能保卫桑梓的太极拳。太极拳成熟于清代中期，经过百余年传承，到了陈氏第十四世陈长兴和陈有本时，分别创编了大架一路、二路，以及小架一路、二路两种套路体系。

太极拳兴盛于清代中后期至民国时期。陈长兴首传外姓弟子杨露禅（1799—1872 年），逐渐衍变出杨氏太极拳。陈氏第十五世陈清平传拳于河北永年人武禹襄（1812—1880 年）和温县赵堡村的和

陈氏太极拳发展里程碑式
人物——陈鑫

兆元（1810—1890 年），后两人分别创编了武氏太极拳、和氏太极拳。民国初期，满族人全佑师从杨澄甫学杨氏太极拳后，传子吴鉴泉（从汉姓，1870—1942 年），衍生出吴氏太极拳；河北完县（今顺平县）人孙禄堂（1860—1933 年），师从郝为真学武氏太极拳后，创编出孙氏太极拳。20 世纪 50 年代，陈家沟陈氏第十七世陈发科，在祖传拳械套路的基础上，创编出陈氏太极拳新架一路、二路。

20 世纪 70 年代末至今，太极拳得到了广泛的普及。改革开放以后，陈家沟陈氏太极拳传人积极参加国内外各种太极拳赛事，连创佳绩。20 世纪 80 年代至今，温县拳师不断赴国内外各地传拳授艺和从事文化交流活动，使太极拳在世界各地广为传播。

太极拳相关器械主要有长器械、短器械、双器械和练功辅助器械四大类。太极拳基本内容有太极拳理论、拳术套路、器械套路、推手技法、国家规定套路、基本功法、教学与训练方法等。

陈世通（左）、陈正雷（右）推手（陈世通提供）

太极拳之所以能在全球范围内广泛传播，除了它是一种集搏击、强体、医身、益智、修性为一体的独特运动方式外，更重要的是它与大众生活息息相关，通俗易懂，不受年龄、性别、时间、气候、场地等影响，老少皆宜，便于学习和普及。

代表性传承人陈小旺授徒传艺

（除署名外，其余图片均由焦作市非物质文化遗产保护中心和温县非物质文化遗产保护中心提供）

5. 河北：邢台梅花拳（编号：国 I-Ⅵ-12）

梅花拳是中华武术中的一个古老拳种，古称"干支五势梅花桩"，因习练者信仰易学，并在呈梅花状的木桩上演练而得名。梅花拳动作朴实大方，既有表演观赏的价值，又有技击制敌的实战功能。梅花拳集中了道、佛、儒三家学说之精义和《周易》之理。

邢台梅花拳学校学生参加梅花拳祭祖表演

根据梅花拳学者研究，从西周初期梅花拳的形成到明末的 2600 多年里，梅花拳共传授 127 代。梅花拳弟子把这段传承谱系称为"前百代"，从明末开始便为"后百代"。梅花拳在我国河北省邢台市广宗县与平乡县一带的传播始于清康熙末年。当时，梅花拳第三代宗师邹宏义从徐州来到广宗县前魏村、平乡县后马庄传拳，经过邹宏义及其子邹文聚、徒弟等人的共同努力，梅花拳逐渐在当地发扬光大。

之后，邹氏父子与邹氏多代子孙都葬于后马庄。后马庄的"邹氏墓群"于 1993 年被列为河北省重点文物保护单位，广宗县前魏村和平乡县后马庄成了梅拳传播的圣地，至今仍然常有外地梅花拳的习练者到此寻根访祖，广宗县、平乡县也于 1997 年被授予"河北省梅花拳之乡"的称号。如今邢台梅花拳经过千年的传承已成为中国颇具影响力的传统拳种之一。

梅花拳可分为文场和武场，其文理武功与中国传统文化相依相生、共存共荣，是一种以文养武、以武济文的"文武合一"的文化现象，可谓"文化拳"。梅花拳武场的弟子主要通过武功锻炼的方式来体悟拳理、拳法。梅花拳武功包括架子、成拳、拧拳和器械四部分。其中，架子是梅花拳武功的基本功，包括"桩步五势""行步三法"；成拳是在基本功架子的基础上进行两人或多人对练的方法，主要套路有抓、拿、摔、打；拧拳势无定形，脚无定步，无定手无定步，也不需要喂拳，无拘无束。

代表性传承人张西岭展示独门兵器"风火轮"

邢台梅花拳除刀、枪、剑、棍等常见的十八般兵器外，其习练器械也极具特色。梅花拳的第四代传人邹文聚来广宗县和平乡县传拳时，手推一辆独特的独轮车。独轮车的各个部分均是由不同的兵器组装而成的。如今，组成独轮车的兵器虽然在传承过程中有所变异，但仍是由手推车部件原形演化而来的。此外，还有许多手推独轮车部件原形的特有兵器。梅花拳使用的兵器总计108件，特有兵器有提戟、双钩、量天尺、群枪母、小拐、文棒、五虎铲、护身披、一铲三枪、

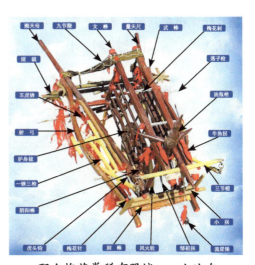

邢台梅花拳稀有器械——小法车

风火轮、落子枪、梅花针、挎虎拦、牛心拐、判官笔、武棒、阴阳棒、护车篮、梅花刺、拍扒木、油瓶枪、邹祖拐、小抹子等。

（图片均由代表性传承人张西岭先生提供）

6. 河北：武氏太极拳（编号：国Ⅱ-Ⅵ-11）

武氏太极拳发源于河北省永年县广府古城，为清道光年间广府东街人武禹襄所创，至今已有 160 多年的历史。武禹襄（1812—1880 年）出生于永年县广府望族，与杨露禅是同代人，也是亲戚。他们自幼酷爱武术，初习洪拳，后在城内西大街太和堂习练太极拳。后来，杨露禅前往河南温县习练太极拳，回归故里后，便在太和堂传授太极拳。武禹襄自感不能尽受其技，便亲赴河南赵堡镇，拜陈清平为师，学习不同于陈氏太极拳的"陈氏新架"。由于其架势工整紧凑，习练颇难，于是他边习边练边领悟。之后他得到了王宗岳《太极拳论》，更

武氏太极拳创始人、祖师
武禹襄

是如获至宝，潜心研练。武禹襄不仅形成了独特的"武氏太极拳"架势，而且创立了经典的太极拳理论，并写出了《太极拳解》《太极拳十三势行功心解》《身法八要》等著作。

武氏太极拳基本内容主要包括拳术与推手，以及器械两大类。拳术与推手主要包括武氏太极拳新架、老架、三十六短打、三步半推手法、浑圆推手法；器械主要包括武氏太极刀、武氏太极剑、十三杆、十三杆对练等。

武氏太极拳代表性传承人传授技艺（陈小蓉拍摄）

武氏太极拳基本特征为"外观小巧紧凑，形似干枝老梅"，在松、静之中暗含

"开、合、隐、现"。武氏太极拳在练功上用内气的潜转和内劲转换支配外形，力求做到"外示安逸，内固精神"。

武氏太极拳在练功方面与其他太极拳有不同之处。通常练习太极拳大都讲究先求开展、后求紧凑，即从走大圈的架子练起，然后练中架子，最后到小架子。中架在拳理要求上，更易于相配，所以武氏太极拳需从中架练起。其动作要求缓慢、柔活、紧凑，既连绵不断又能与"开中寓合，合中寓开"相融合。

与其他太极拳虚腿转身不同，武氏太极拳在虚实分明的情况下，由实腿转动，以脚跟为轴心来实现身体转变方向，能够在实腿转身的同时保持立身中正、八面支撑，并加大运动量，使身法变化快捷灵敏。

武氏太极拳弟子展示棍术（陈小蓉拍摄）

武氏太极拳整个架势要求如行云流水、连绵不断。其蓄劲和发劲，则含于内而不显于外。武氏太极拳打手训练中，既不提倡硬撇、硬拿，也不提倡以招击身，而是讲究"以劲路制人"。同时，要求身法上达到"以意领气，以气运身，由内动带动外形"，只有"身形"做到"中正安舒，支撑八面，两手各管半胸，互不逾越"，才可达到"一身备五弓，劲从脚跟起，蓄劲如张弓，发劲似放箭"的境地。武氏太极拳对健身、养生、防病都有其独到之处，因其动作柔和缓慢、圆活连贯、松静自然，在"一动无有不动，一静无有不静"的要求下，全身各部位都能得到锻炼。

经几代人的刻苦研习与推广传播，武氏太极拳发展迅速，在国内许多省市均得到普及推广。同时，在日本、美国、英国、法国、意大利等68个国家和地区广受欢迎。

（除署名拍摄外，图片均由维传武式太极会馆提供）

7. 四川：峨眉武术（编号：国Ⅱ-Ⅵ-23）

峨眉武术起源于峨眉山，流传于巴蜀民间，吸收各流派之精华，扎根于巴蜀大地，流传于中外。峨眉武术武学体系庞大、源远流长，素有"五花八叶"之说。"五花"指都江堰青城山的青城武术、金堂云顶山铁佛寺地区的铁佛武术、丰都地区青牛山的青牛武术、涪陵点易洞地区的点易武术、荣昌及隆昌两地的黄林武术，这五个流派均在四川广泛流传，具有较为深远的影响。"八叶"则是指赵、僧、岳、杜、洪、化、字、会八个拳种，其中，前四家称为"四大家"，后四家称为"四小家"。

峨眉武术代表性传承人吴信良展示技艺

峨眉武术的历史沿革可分为四个阶段。孕育期：峨眉武术孕育于先秦时期的彭祖养生术。彭祖养生术给峨眉武术套路的产生奠定了很深的基础，使峨眉武术在孕育时期就具备了内修外练的特点。形成期：春秋战国时期，"白猿祖师"司徒玄空所创的"白猿通臂拳"，以及"巴渝舞"是峨眉武术的雏形。发展期：南北朝时期，淡然法师将搏杀术、格斗术融进峨眉武术，推动了峨眉武术的传承与发展；南宋时期，白云禅师开创了"峨眉十二桩"，呈现出峨眉武术桩技一体、内修外练的典型特点；晋以后，峨眉武术便形成了众多流派。成熟期：明代，峨眉武术进入鼎盛时期，

代表性传承人张世忠展示"峨眉十二桩"

英才辈出，高手林立，其拳法更为精湛。明清以后，伴随四川频繁且大规模的人口流动，本土峨眉武术与外来武术相互切磋、交流的同时，日益成熟。

峨眉武术有剑、枪、刀、戟、斧、钺、钩、叉、鞭、铜、锤、抓、锐、棍、槊、棒、拐、流星等"十八般兵器"。此外，还流传有"峨眉刺、指扳指、金钱镖、峨眉梳、夜行刀、三节棍、虎头钩、月牙铲、流星锤、钩镰枪、哨子枪、峨眉短棍、乾坤圈、三板斧、铁尺、匕首、凳、钯"等奇兵异器。其中，还有许多农器，如扁担、耙等。

峨眉武术代表性传承人王超向少年传授技艺

峨眉武术体系庞大，流派众多。峨眉武术的特点是出手指掌当先，身法柔灵步为先，五峰六肘活为先，后发先至，桩技合一，内外合一。峨眉武术架势工整舒展，动作快速勇猛。峨眉功法有所谓"动功十二桩""静功六大专修功"，还有"三大器械"。峨眉绝技包括三十六式天罡指穴法、峨眉剑法、峨眉功力拳、通背拳、龙虎拳、三十六闭手等。峨眉武术拳理技法与南方拳术及北方拳术有所区别，具有独特之处，而这种南北交融的技击风格也逐渐得到了广大武术研究者的认同。

峨眉武术体系庞大、流派众多。为了使峨眉武术能够更好地发展，峨眉武术联合总会于2010年成立，后期还建立了教学基地。不仅如此，为了响应国家体育总局的"武术六进"（进学校、进工厂、进部队、进机关、进社区、进军营）号召，代表性传承人吴信良主持编写了《峨眉武术教程》。一方面，根据现代社会需求做出改进；另一方面，对照国外顶尖格斗技术，突出峨眉武术的优势，正视不足，取长补短，推动峨眉武术走向世界。

（图片均由代表性传承人吴信良、王超和张世忠提供）

8. 陕西：红拳（编号：国 Ⅱ-Ⅵ-24）

陕西是红拳的发源地之一。红拳最早可追溯到秦代，形成于唐宋，盛行于明清，历经沧桑，现已发展为内外合一、自成体系、普及面广、深受广大人民群众喜爱的武术流派。红拳主要流行于陕、甘、宁、青、新、川、鄂、苏、鲁、豫、晋、皖等地，现已遍及全国。

红拳最早起源可追溯到周、秦时期。西周丰镐盛行"武舞""角力"。秦时三辅（今陕西关中一带）盛行"手搏""击剑"。据《史记·张仪传》记载："秦人秦声，舞秦舞击缶弹筝，击膊拊髀"，这与如今红拳演练套路中的"放炮""十大响"有着相同的表现形式，与民间流传的红拳谚语"击皮为鼓"也如出一辙。

红拳是一个具有千年历史的拳种

此外，"击膊拊髀"体现了秦人粗犷豪放的特点，既习练了"拍打之功"，又习练了"撑斩之法"。红拳以"撑斩为母"，撑斩是红拳拳法的精髓。明清两代，红拳最为流行。当时民间流传着"东枪西棍关中拳""东查西红"的美誉。红拳传域甚广，有豫红、陇红、川红、滇红等，尤以陕西关中红拳最盛。

中华人民共和国成立后，国家将"查、华、炮、红"归纳为长拳类，其中"红"即红拳。20世纪70年代之前，陕西城乡习拳者几乎全都练的是红拳，可以说当时家家户户都有习练红拳者，尤其是练红拳的拳师，把红拳和农村过会、玩社火、唱秦腔等融为一体，并将其发展成为陕西城乡主要的健身娱乐形式。

20世纪50年代红拳演练

红拳所用器械多样，长兵以枪棍刀械为主，如六合大枪，单头、双头母子棍，阴手棍，琵琶棍，扭丝棍，大、小风魔棍，五虎群羊棍；短兵以刀鞭为主，如太师鞭、黑虎鞭、断门刀、步战刀等。

红拳包括打手对抗和套路运动两类形式，可分为理、势、法、盘四个方面。其中，理，即拳法理论；势，即动作套路；法，即技击方法；盘，即基础训练。尤其是十大盘功，在强身健体、增强实战技击能力、延长运动生命周期方面有很大功效。

同时，红拳保留了古老的单式技法（手法、腿法、摔法），即出手一点红，一招制人；组合技法（排子手、串子手、九滚十八跌）。红拳的劲力讲究拧腰摆胯，力发于根、主于腰、行于梢。八字八法，即手法（撑、斩、勾、挂、缠、拦、粘、挎）；步法（弓、马、偷、夺、即、窜、踪、退）；棍法（封、磨、揭、挑、搬、提、裙拦）；刀法（提、扎、砍、撩、滚、磨、擒、拿）；枪法（封、闭、捉、拿、撸、提、缠、还）；鞭法（遮、拦、纵、横、领、辟、刁、打）。"八字八法"形成了陕西红拳的主要内容。概括十六字诀为"撑补为母，勾挂为能，化身为奇，刁打为法"。

据《大清拳礼序秘籍本》和《红拳拳谱》统计，红拳套路共有百十套之多。套路作为入门基本功训练，凡初学者身法灵活、步法协调，即可下场表演，可强身健体。套路包括快练、慢练两种形式。其中，快练讲究快慢相继，柔中带刚，舒展大方，高如泰山，低如鸟雀，起伏分明，拦斩凶猛，拍打脆响，气势磅礴。其进步如鸡窜，出捶如放箭，身势如闪电，脚底如鱼窜，拔步如风，站步如钉，势稳步清。慢练讲究周身放松，用气不用力，势式连贯，行云流水，拧腰摆胯、探膀伸进，轻如鸿毛，重如泰山。

为了将红拳流传下来，历代传人言传身教，无私无怨，以德育武，使红拳得以不断传承，发扬光大。

武林大会红拳训练营

（图片均由陕西省非物质文化遗产保护中心提供）

9. 河南：心意六合拳（编号：国Ⅱ-Ⅵ-30）

据史料考证，心意六合拳产生于明末清初（1602—1680年），由山西省永济市尊村人姬际可（字龙峰）所创。姬际可在终南山得武穆拳谱，并在武穆拳谱基础上创此拳，距今约400年的历史。

心意六合拳的主要特征是讲究内三合、外三合。内三合为心与意合、意与气合、气与力合，外三合为手与足合、肘与膝合、肩与胯合。该拳以心之发动为意，意之所向为拳，以练动物十大真形（鸡、龙、虎、蛇、燕、鹞、马、熊、鹰、猴）及世间万物形态、意象为技术特色；又以贴身靠打、进退迅速、刚勇猛烈、技击性强为技法特点。

心意六合拳循天人合一、阴阳五行之理，以动静、虚实、进退、起落变化为形，集飞禽走兽搏击之态为意象，具有修身养性、强身健体、祛病养生的功效。心意六合拳由于长期在回族内部流传，较少受到外界形势变化的影响，比较完整地保留了本来面目，对回族宗教文化和武术文化的研究具有重要参考价值。

明末清初，河南洛阳马学礼遇一隐士得授此拳，其弟子是漯河市临颍县繁城镇人马三元。数百年来此拳世代相传，形成了漯河心意六合拳和周口心意六合拳。心意六合拳长期处于封闭保守状态，有宁可失传亦不可乱传之说，数百年来几乎都是单传，因此，该拳虽名震海内外，但真正能学到的人很少。

吕瑞芳指导女儿吕延芝练拳

心意六合拳的主要器械有双锏、六合大枪、六合刀、方天画戟、盘龙鞭、狼牙棒、月牙铲等；主要内容有心意把、单把、双把、摇闪把、挑领把、鹰捉把、追风赶月把、横拳把、中门头、裹横把、十字把和龙形；十大形为龙形、虎形、猴形、马形、鸡形、燕形、蛇形、鹞形、熊形、鹰形；套路包括四把锤、六合刀、六合枪。

代表性传承人吕延芝习练心意剑（陈小蓉拍摄）

心意六合拳动作简单、内涵丰富，其特点是刚、猛、狠、毒，刚中含柔，要求每个动作都含鸡腿、龙身、熊膀、鹰捉、虎抱头、雷声六势。一动无有不动，一停无有不停，一合无有不合，一枝动百枝摇。动时手随意出，力随气发；出手如放箭，发劲如炮崩，迈步如猫行。目前，心意六合拳已传播至新西兰、波兰、新加坡、日本、美国、瑞典、德国、意大利等国家，受到了海内外武术爱好者的喜爱和青睐。

代表性传承人买西山辅导学生练拳（朱法宇拍摄）

（除署名拍摄外，其余图片由代表性传承人吕延芝提供）

10. 福建: 五祖拳（编号: 国Ⅱ-Ⅵ-31）

五祖拳是闽南传统武术门派，其内容丰富、技法突出、流传甚广。在闽南地区，五祖拳已深深融入百姓生活并成为不可或缺的一部分。五祖拳作为闽南文化的活化石，蕴藏着闽南文化的根源，保留着闽南文化形成的原生态和历史文化生活印记。在泉州、漳州、厦门、台湾等地区，五祖拳相关的民间习武活动、赛事活动和文化交流活动相当频繁。

国际南少林武术交流表演大会合影

泉州地区有关五祖拳的历史有多种说法，其中认为五祖拳就是太祖、罗汉、达尊、行者、白鹤五个拳种总称的说法较具有影响力，得到了官方认可。五种拳法兼容并蓄，聚于一门，俗称"一门五拳"。

五祖拳有完整的练气、练力、练胆、练势等练功方法。在这些功法套路中，"三战"是最基础、最重要、最简练的功法套路，被称为五祖拳的"拳母"。"三战"不仅是五祖拳入门必学、必练的功法套路，而且是终身练习的功法套路。五祖拳拳谚称"三战起，学练到死""功夫要好，三战里找"。"三战"主要是三进三退，蕴藏着深厚的内涵。"三战"不仅对习练者步型、身型、技手等有规范严格的要求，还对肌肉发力、呼吸蓄劲、刚柔吞吐乃至习练者的精神气势、内守理念等都有着循序渐进的严格要求和体验。

五祖拳有拳术套路42套，器械套路33套，拳法对练套路36套，器械对练套路31套。五祖拳的五个拳种，拳风相似却各具特色：太祖拳出自宋太祖赵匡胤，讲究近身截打，步步近前；达尊拳出自禅宗达摩祖师，以禅参拳，运柔入刚；罗汉拳则是动中有静，暴烈刚猛；行者拳指猴拳，长取短收，纵跳轻盈；白鹤拳以鹤舞入拳，以寸劲见长。

从技击方法上分析，五祖拳特别注重短打进攻，讲究攻中寓防、防中带攻、攻防结合、以防为主、后发制人。五祖拳的运功要求：百会提则头挺，牙关起则项强，耳听八方，目光四射。两肩坠而心胸守，十趾翘则足力生。步式注重后肢，运动先提五肚，卸大椎以通中气，兜前足以固膀胱，夹尾椎以润丹田。在劲法及技法的运用等方面，五祖拳讲究"吞、吐、沉、浮"四字诀，在技法运用上始终要求技不离中门，出手不离子午，垂肘不露肋等。

五祖拳代表性传承人周焜民传授技艺（王鑫拍摄）

五祖拳代表性传承人周焜民创建了以五祖拳为基本拳种的武僧团，培养了南少林五祖拳传承人。他所传习的五祖拳具有南少林武术典型特征：势猛力实，实战性强，无花草步；刚猛稳固，技手绵密；步马结束，落地生根；沉肩插胛，气运丹田；吞吐浮沉，固守待进；内外兼修，刚柔相济。

五祖拳的主要传承方式有家传和师传两种，传承呈现多门派、多分支的特点。五祖拳的整体发展相对处于较好的水平，保持着较强的生命力和发展势头。

当地小学生课间习练五祖拳

（图片均由泉州市武术协会提供）

11. 河南：苌家拳（编号：国Ⅱ-Ⅵ-34）

苌家拳，又称苌门拳、苌家锤，是中国传统拳术之一。清朝乾隆年间，由原郑州汜水县（今为荥阳市辖镇）苌家村苌乃周（1724—1783年）所创，迄今已有近300年的历史。苌家拳注重练气、养气，集易理、医理、拳理之大成，融内功、外形、技法于一体，具有很高的技击和养生价值。苌乃周自云："得吾道者……可以强筋健骨，祛病延年；至于御侮制敌，特其粗迹耳。"

苌家拳创始人苌乃周，出身书香世家，著有《易经讲义》八卷，该著作被收入《四库全书》。传说苌乃周"成童嗜武"，自幼博学，苦习搏击之术。他师从虎牢张八，从禹让处学禹氏枪法，后受洛阳阎圣道指点，得四川梁道传授，洞彻阴阳起伏之理，创苌家拳于世。

苌家拳传承人苌山林演练二十四棒

苌家拳的技法特点为刚柔相济，阴阳相生；动静互根，体用双修；隔打一气，发则必中；势无三点不落，气无三催不尽；形以寓气，气以催形，形合气利，气利形捷；杀势审其变化，救势详其周密。其外形要求为头如蜻蜓点水，拳似山羊抵头，腰如鸡鸣卷尾，脚似紫燕穿林。

苌家拳的主要器械包括长器械、短器械、双器械和练功辅助器械四大类别。长器械类主要有枪、棍、棒；短器械类主要有刀、剑、

代表性传承人苌红军演练棍术（陈小蓉拍摄）

铜和镰；双、软器械类主要有双刀、双剑、双铜、鞭；练功辅助器械类主要有锸石、石锁、弹（弓）、沙袋、梅花桩、铁筒瓦等。

苌家拳理论资料和拳谱资料流传至今保存完好，套路有拳、棒、剑、刀、枪、鞭、镰、弹（弓）等数十种，皆有图有批，注解详明。拳术套路包括二十四式拳（上、中、下）、二十四字拳（正势、偏势、变势）、二十四大式拳、罗汉拳（大、小）、猴拳、炮拳、黑虎拳、白虎拳、新式青龙出海等。棒术套路包括行者棒、猿猴二十四棒、猿猴七十二棒、猿猴对棒等。剑术套路包括纯阳十二剑、双剑名目、双剑对交等。枪术套路包括四枪、八枪、飞云八势、六零奇枪、马上枪、十七枪、花枪、二十一名枪、三十六名枪、张公蛇矛、锁枪、双剑对枪等。刀术套路包括春秋刀（二十四式、四十八式）。另有弹（弓）术、鞭术、铜术、镰术等套路。

苌红佑在练习苌家拳（陈小蓉拍摄）

苌家拳流传至今近300年，代有名手，其传人不乏能者，在全国传统武术比赛中多次获得大奖。苌家拳在漫长的传播过程中，由荥阳逐渐向外辐射，扩散到郑州、开封、新郑、新密、中牟、巩义、信阳、洛阳、安阳、新乡、南阳等地。且在北京、上海、陕西、宁夏、西安、福建、浙江，乃至台湾、香港地区，以及美国、英国、法国、波兰、马来西亚、新加坡等国家都有苌家拳的爱好者，苌家拳日益成为国内外武术爱好者喜爱的传统武术拳种之一。

（除署名拍摄外，其余图片由代表性传承人苌红军提供）

12. 广东：蔡李佛拳（编号：国Ⅱ-Ⅵ-36）

蔡李佛拳起源于广东省江门市新会区崖门镇京梅村，由京梅村拱北里人陈享所创，是广东南拳的一个重要拳种。《少林拳术秘诀》中提到，广东南拳是明代高要人蔡九仪受技于福建少林寺一贯禅师，尔后传于广东的。

蔡李佛拳始创人陈享于清道光十六年（1836年）集蔡、李、陈等多家掌法、腿技、拳术之长，独创刚柔相济、攻防兼备的武术训练体系，为报答三师培育之恩，取名为"蔡李佛拳"。这里的"蔡"是指蔡福，"李"是指李友三，"佛"则代表陈远护（其拳术来自佛门）。

1838—1840年，陈享曾带领众弟子投奔林则徐，组织操练兵团抗击外来侵略。随后，门人弟子纷纷设立武馆，其组织之严密、发展之迅速，为岭南近代史所罕见。天京事变之后，陈享辗转多地以授拳行医为生，其传授的"铁箭拳"（即蔡李佛长拳）在南洋一带广为流传。此后，陈享还经历了应美国旧金山陈氏联宗会之邀前往传授武艺的四年时光，开启了蔡李佛拳在美国的传播。

1868年陈享返归故里坐镇始祖馆，继续指派高徒陈官伯、龙子才、张炎等人掌管和扩展各地"洪圣武馆"教务，便蔡李佛拳雄风又振，在新会、香港、佛山、广州等地发展神速，得到了广泛传播，不断壮大。享公晚年仍孜孜不倦，系统编著武学理论《蔡李佛技击学》，以传后代。经历百余年发展至今，蔡李佛拳能成为内容丰富、博大精深、体系完整的拳种，是历代先师在授艺传道中吸取各武术流派之精华，结合自身实践而凝成的心血结晶。

蔡李佛拳各种器械展演（陈小蓉拍摄）

　　陈享创立的蔡李佛拳，体系相当庞大，其中包括五轮马、大小梅花拳、铁箭拳、四门桥、走生马、白模拳、金刚罗汉掌、八极拳、太极拳等39套拳术；五形拳对拆、白模拳与蛇鹤拳对拆、双夹单棍与大红旗棍对拆、豹形拳与虎形拳对拆、单腰刀对雨遮、梅花枪与双腰刀对打、空手对双插仔等54套对拆套路；称桩、沙包桩、碎手桩、穿龙桩、三星桩、大小雄人桩、大小八卦桩、大小梅花桩等18套桩类练习法，俗称18木人桩；器械套路单是棍术便有14套套路。此外，还有多种基本动作、手法、腿法、身法、拳法等，并定下"域""的""益""吓""鹤"五音标志以辨同门。

代表性传承人陈忠杰传授技艺

　　百多年来，蔡李佛拳始创人陈享及其子孙后代、杰出弟子，为弘扬武风、普及蔡李佛拳，代代相传，不遗余力。时至今日，蔡李佛拳依然是当今世界上最流行的广东武术。加拿大、美国、英国、日本、意大利、西班牙、葡萄牙、澳大利亚、菲律宾、德国、法国、荷兰等50多个国家和地区设有蔡李佛功夫总会或联会。

2019年蔡李佛海外弟子认祖归宗活动（陈小蓉拍摄）

（除署名拍摄外，其余图片由新会蔡李佛始祖拳会提供）

13. 天津：拦手门（编号：国Ⅲ-Ⅵ-56）

拦手门是天津地区的优秀传统武术项目，也是天津大直沽古老文化的瑰宝。拦手门武术的特点以二十四个字为代表：练养相兼，行气催力；刚柔相济，内外合一；以攻代守，上下互动。拦手门武术要求用独特的拦击手法和诡秘的手段来拦截并打击对方，法以神传，必当竭尽至力，须宜实致其功。

拦手门武术联谊会合影

拦手门武术的前身叫"拦路"，又称"拦路练手"。"拦路"和"练手"都是拳种的名称。拦路拳，是由明朝战将郑海宁根据多年战场厮杀所积累的丰富搏杀经验创编而成的拳种。拦路拳是拦手拳的启蒙。1650年，天津大直沽李金刚等人在拦路拳和练手拳的启发下创编出新拳种——"拦手拳"，既保留了拦路拳的"拦"字，又不丢练手拳的"手"字。拦手拳发展至今已370多年，拦路拳却少有人练。

"拦手门武艺"由拦手门武术的第一代传人李金刚等人于1650年在天津大

第八代传人展示"七女战独侠"

直沽天妃宫庙命名。"拦手门武艺"解释为：用独特的拦击手法和诡秘的手段来拦截并打击对方的一种特技功法。单从字义讲，"拦"是拦击的意思，用拦截的方式来还击对方；"手"是手法，其手段诡秘，方法独特；"门"字在武林中"有拳无门不成派，有派无谱不成门"，因此有"门"可归派，有派才能立门户，"门"是自己的门户；"武艺"是理法独特方法多变的一种技能，也是用形象来反映现实形态的特技功能。"拦手门武艺"在民国时改称"拦手门国术"，中华人民共和国成立后更名为拦手门武术。

拦手门的主要器械有枪、刀、铲、戟、棍、剑、矛、鞭、匕首、飞镖、峨眉刺、链子锤等。

代表性传承人张文仲展示日月方便铲

拦手门武术讲究练养相兼、内外双修，从养生、修性到操打、演练，独有一套完整的体系和科学的修炼方法，从风格到练法都别具一格、自成体系。拦手门武术动作朴实明快、简洁实用。一招一式，一拳一腿，不藏奸，实实在在，练即是用，用也是练，劲力可随人而异，能使多大劲就使多大劲。手法包括缠、崩、按、摇、斩、拦、截、抱、撕等，以拦为核心；腿法包括勾、扫、踢、踹、蹬、弹、踩、戳等，多用低腿；步法包括进、撤、闪、滑、插、碾等，强调出步快、落步稳、换步灵活；功力练习主要包括抓坛子、拧棒子、打木桩、抖大杆子、耍石锁、玩石担等，尤重打桩。另有九种气功功法，可通过气功练习调节神经、疏通气血、强精固本，达到内外兼修、自卫强身的目的。拦手门武术的拳种主要有四套母拳，即拦手拳、拦手翻拳、拦手操拳和拦手五花炮拳。而拦手门武术涉及的相关器械可分为长器械、短器械和软器械等，对应于不同的功法套路。

（图片均由代表性传承人张文仲提供）

14. 安徽：华佗五禽戏（编号：国Ⅲ-Ⅵ-63）

华佗五禽戏发源于亳州，由东汉末年医学家华佗所创，是古代导引方法的一种。华佗继承古代导引养生术，依据中医学阴阳五行、脏腑、经络、气血运行法则，模仿虎、鹿、猿、熊、鸟的动作和姿态进行肢体活动，可增强体质、防治疾病。

华佗五禽戏的渊源可以追溯到远古时代。在

华佗五禽戏传人董文焕先生

尧舜时期人们就已经知道模仿某些动物的跳跃、飞翔等活动姿态，用以舒筋壮骨、锻炼身体、增强体质。湖南长沙马王堆三号汉墓出土的帛画《导引图》中，44个人物做出了不同的动作，有的图虽然注文残缺，但仍可看出部分人物模仿动物的姿态。

华佗编创五禽戏的记载，最早见于西晋时陈寿

华佗五禽戏传人刘时荣习练技艺

的《三国志·华佗传》，"吾有一术，名五禽之戏，一曰虎，二曰鹿，三曰熊，四曰猿，五曰鸟。亦以除疾，兼利（蹄）足，以当导引"。南北朝时期名医陶弘景所著的《养性延命录》最早用文字描述了五禽戏的具体动作。魏晋南北朝时期，华佗五禽戏有了很大发展，各种导引术专著和导引图相继出现，名目繁多。

隋唐时期，华佗五禽戏更为流行，同时带动了其他医疗技术的发展。唐代柳宗元生动地描述了当时人们操练五禽戏的情况，留下了"闻道偏为五禽戏"的诗句。明清时期，华佗五禽戏继续发展，研究专著增多，影响较大的有明代周履靖的《夷门广

牍·赤凤髓》。他精心地将华佗五禽戏的动作绘成图形，编入其中。清代曹若水增辑的《万寿仙书·导引篇》和席锡蕃的《五禽舞功法图说》等著作，都以图文并茂的形式，比较详细地描述了五禽戏的习练方法。

代表性传承人周金钟带领当地民众习练华佗五禽戏

华佗五禽戏发展至今，已形成不少流派。这些流派都是根据"五禽"的动作，结合自身练功体验所编的"仿生式"导引法，以活动筋骨、疏通气血、防病治病、健身延年为目的。其中，有偏重肢体运动，模仿"五禽"动作，意在强身健体的为外功型，即通常所说的五禽戏；有

代表性传承人陈静教授华佗五禽戏（陈小蓉拍摄）

仿效"五禽"神态，以内气运行为主，重视意念锻炼的为内功型，如五禽气功图；有以刚为主，通过拍打、按摩来治疗疾病，甚至被用于散手技击、自卫御敌的拳法，如五禽拳、五禽散手等；还有以柔劲为主，讲究动作姿势优美矫健，以舞蹈形式出现的，如五禽舞、五禽舞功法等。

华佗五禽戏开创了祛病健身的体育医疗先河，展现了养生哲学和道家文化的深厚审美底蕴，具有极为重要的历史价值、养生医疗价值、美育价值和文化交流价值。1800多年来，其生生不息，长盛不衰，影响范围日益扩大，遍及五洲四海，成为中华传统历史文化中极其宝贵的遗产。

（除署名拍摄外，其余图片均由代表性传承人周金钟提供）

15. 河北：戳脚（编号：国Ⅳ-Ⅵ-74）

中华武术素有"南拳北腿"之说。戳脚被誉为"北腿之杰"，在我国北方多个地区广为流传。

戳脚源出少林，创于宋，成于明，盛于清，是典型的北方拳种。历史上，戳脚曾被叫作"枝子拳、金刚锤、赵子腿、九番鸳鸯腿"等。戳脚在今河北省衡水市饶阳县五公镇北官庄村得以传播，推广人是冯克善，至今已历七代。

戳脚早期主要在山东济宁地区流传，清嘉庆年间由山东济宁人冯克善传入饶阳。冯克善（生卒年月不详）一生充满神秘色彩。相传，冯克善少年时膂力过人，喜舞枪弄棒。嘉庆丁巳年间（1797年），他拜山东济宁人王祥为师，并得其真传。戳脚传入饶阳后，经几代人的不断丰富和发展，以原来的八趟金刚架、八趟金刚锤、六合根等套路为基础，逐渐形成了内容丰富、名家辈出的"饶阳戳脚门"武术体系。20世纪30年代，戳脚成为风格独特的全国性拳种。

戳脚在我国北方多个地区广为流传

戳脚注重实战，动作全身贯穿，劲力协调；简捷实用，技术无花法，有较高的技击价值。戳脚分文、武两种趟子。其中，武趟子是戳脚的本源，文趟子是其发展变化的结果。武趟子舒展大方，矫捷刚健，放长击远，刚柔兼施，以刚为主。文趟子发劲柔中寓刚，绵里藏针，架小紧凑，灵活善变，柔里带刚。

戳脚以腿见长，但又十分强调手脚并用。戳脚动作灵活快变，放长击远，拳脚并重，内容丰富，攻防紧凑合理，结构严谨精悍。在行拳走势中，强调甩发冲肩，拧腰切胯，要求手出力由脊发，脚发力从臀输，强调力度和硬功。在劲法上，讲究"绵、软、硬、脆、滑"五劲。

看家拳有戳脚十三脚、九枝子、金刚锤、十八拦腿、十三点打穴、十三绝技、八趟醉拳等；奇特器械有奇枪、二龙枪、五虎断门枪、点钢枪、六合枪、春秋大刀、三才剑、单刀拐子、地躺刀、双头蛇、双手带等；对打有奇枪八卦刀、大刀擒枪、空手夺白刃、剑刺双头蛇、单刀拐子破长枪等。

戳脚的练功道具有榆木箱（50厘米见方）、铁砂、铁棒、铁尺、铁沙袋、沙木棒、铁砖、柏木桩、奇枪、拐子、双头蛇。

戳脚十三脚歌诀为："十三脚恩师传，漂流江湖四十年，玉容师音难寻觅，祖祖辈辈念老灿。"戳脚十三脚脚法包括明脚、暗脚、连环脚、阴阳脚、玉蟒翻身通天脚、横脚、壮脚、鸳鸯脚、飞脚、点脚、丁字脚、金钱落地虎尾脚等。

第五代传人宋中和习练技艺

代表性传承人宋君杰在小学校园传授戳脚技艺

（图片均由代表性传承人宋君杰提供）

16. 上海：精武武术（编号：国Ⅳ–Ⅵ–75）

精武体育起源于清末民初，在 20 世纪 20—30 年代，各地精武门在抵御外来势力挑衅等方面均发挥了很大的作用，精武体育创始人霍元甲成为民族的骄傲。上海精武体育总会自诞生起，就表现出鲜明的爱国主义思想和强烈的民族自强精神，确立了"体、智、德"三育宗旨和"爱国、修身、正义、助人""强国、强民、强身"的精武精神，倡导"乃文乃武"、发扬中华文化、寓教于体的理念，并在 20 世纪 20 年代传播到海外，相继建立海外精武会。

清宣统元年（1909 年）初，同盟会骨干陈其美和武术界人士农劲荪邀请霍元甲和刘振声、赵汉杰等从天津到上海。时逢英国大力士奥皮音在四川北路的阿波罗影院表演大力戏，由此发生了霍元甲在静安寺旁的张园擂台比武事件。后来，为充分发挥霍元甲的作用，以传授武术来培养对反帝制革命有用的人才，在同盟会骨干陈其美和武术界人士农劲荪、陈公哲等人的倡导下，于 1910 年 6 月以霍元甲的名义在《时报》上刊登了建会消息，1910 年 7 月 7 日（农历六月初一）在闸北王家宅创办中国精武体操会（别称"精武体操学校"，简称"精武会"），由霍元甲担任教练，农劲荪出任校长。中国精武体操会正式成立，代表我国第一个民间体育团体的诞生。

精武会创始人霍元甲

孙中山为精武会题词

精武会是我国近代体育史上具有极大影响力和重要地位的民间体育团体，受到中国民主革命先驱孙中山先生的充分肯定。1920 年在建会 10 周年时，孙中山先生为特刊《精武本纪》撰写序文，并题写"尚武精神"横匾。中华人民共和国成立后，上海精武体育总会在党和政府的积极扶持下，坚持面向市民，开展以武术为主的多种体育文化娱乐活动。1950年，陈毅市长为精武会题词"劳军模范"，予以表彰。

精武运动会每年或每两年举行一次。会上把"精武十套"编配为口令，进行会操或表演。精武会重视武术普及，从总会负责人到国术教员，常深入工厂、学校、团体进行辅导。抗战前，精武会拳师辅导的单位达40余家。中华人民共和国成立后，精武体育除传统武术之外，还设置了数十种现代体育项目，包括球类、田径、摔跤、拳击、举重等。为使会员在强健体魄的同时提高素质修养、修身养性、全面发展，精武会设立了文化项目，如弦乐、铜乐、京剧、粤乐，以及书法、绘画、摄影、旅游等。

精武武术作为精武体育最传统、最基本的内容，据1984年统计，上海精武传统武术套路约有223套，其中尤以十套基本武术套路著名，世称"精武十套"，包括潭腿、接潭腿、功力拳、大战拳、套拳、节拳、八卦刀、五虎枪、群羊棍、单刀串枪。除"精武十套"之外，上海精武传统武术还有迷踪拳、太极拳、心意六合拳、翻子拳、少林拳、三光剑、八仙剑、武松刀、醉酒刀、夜战枪、杀手掌、龙凤双剑、棋盘大刀和虎头双钩等优秀的传统套路。

当地民众在精武场习练武术

（图片均由上海精武体育总会提供）

17. 福建: 咏春拳 (编号: 国Ⅳ-Ⅵ-77)

　　咏[1]春拳,是中国拳术中隶属于福建南拳的特殊拳种。因其为中国武学历史上专为女性所创的拳法,是集内家拳与外家拳于一体的女性独特健体防身术,又被称为"女人拳"。该拳种风格独特,以制人而不制于人为唯一目的,以实用为唯一宗旨。其主要特点为套路朴实而简洁,无花招,无巧势,强调直接明了;招式辛辣而凌厉,用最简单的方法、最快的速度、最短的路线、最少的时间、最小的空间取得最好的效果。

咏春拳属于福建南拳的特殊拳种

　　传统咏春拳的发源地是福建,创始人为福清南少林的少林庵五枚师太(朱红梅),她生于明朝天启三年(1623年),系明朝皇室宗亲后裔。明朝灭亡,朱红梅在逃难途中,深为普通民众的悲惨命运与抗清义士的满怀豪情所震撼,决心皈依佛门,暗中行善救民。于是,她在福清南少林附近尼姑庵出家,法号"五枚",并在此创编出咏春拳。

　　300多年来,咏春拳在福建发源地内代代相传,至今已传至九代——"刀"字辈。咏春拳的传承,严格按咏春拳套路名称来命名,这也是福建传统咏春拳武学文化的独特之处。

　　福建是咏春拳的发源地,而广东是咏春拳的发祥

詠春拳祖訓

要求後學弟子們積極傳承正氣、

促進和諧、尊師重道、尊老愛幼、

愛國守法、德藝雙修

所謂:迫一步逼虎跳牆;讓一步海闊天寬

萬事以和為貴,銘記祖訓

咏春拳祖训

---

[1] "咏"的繁体为"詠"。因咏春拳的拳法及招式的创立与繁体"詠"字的字形有关,为尊重历史,福建咏春拳的传承人至今保留"詠春拳"的繁体字写法。

地。其渊源在于五枚师太当时收徒 100 多名，其中包括第二代传承人严咏春。后来，严咏春婚后随夫君梁博俦去广东做茶、盐生意，便将咏春拳传到了广东佛山，故而广东是咏春拳的发祥地。

繁体"詠春"二字，为五枚师太内外兼修的拳法及招式的基础。"詠"字"言"边，为七划即七掌，并在此基础上演变成咏春的拳法，即上路、中路各种手部的招式及变化。其"詠"字"永"边，为"八划"即八脚，以此为基础演变成咏春的脚法，即中路、下路的各种腿法与步法。

咏春拳第八代弟子郑祖杰演示
"木人桩法"

习练咏春拳用到的主要器械包括木人桩、壁包、八斩刀及六点半棍。咏春拳拳术套路主要包括小念头、寻桥和标指，这三套拳法形成咏春武术阶梯级套路，以及武术器械相对应的 108 式木人桩法、六点半棍法与八斩刀刀法。此外，咏春拳以上、中、下三捞手为基本动作，其主要手型有凤眼拳、柳叶掌等，主要步型有四平马、二字马、追马、跪马、独立步等。

咏春拳的武学精髓，讲求力从膝上起，整体配合，首尾相应；拳由心口发，三尖相对，连消带打；其攻防，讲求攻中有防，防中寓攻，攻不离防，防不离攻；其全身感应，讲求沉肘推力发寸劲，能抗劲、卸劲、惜劲。

总体而言，咏春拳内练"精、气、神、劲、胆、识"，外练"眼、耳、手、身、腿、步"，内外兼修、刚柔相济。千招万法之中首占敌方中门，朝面遍形而不追手，左右兼顾却不失形，做到手脚能同时攻防。通过"碰、听、问、封"的方式来练习感应，来留去送抢占先机，甩手直冲快劲狠准，化万法于一法，堪称武林一绝。

[图片均由福建传统詠春拳（海峡）文化发展中心提供]

18. 北京: 六郎庄五虎棍 (编号: 国V-Ⅲ-132)

六郎庄五虎棍, 是一项集武术、戏曲、音乐、历史故事和传说为一体的宝贵文化遗产, 是由宫廷戏剧文化、民间习俗文化和武术套路演化而来的。六郎庄五虎棍武场的72个套路, 虽然所有兵器皆为木制, 但其操练方式结合

六郎庄村民在庙会上展演五虎棍

了刀、枪、剑、戟的招式特征。此外, 在北京市海淀区的棍会中只有六郎庄仍保留着藤牌的表演, 这在北京地区尚不多见, 这对研究我国封建社会军队的士兵操练、步兵演阵形式和特征具有十分重要的参考价值。

六郎庄五虎棍原名"忠孝童子棍"。相传, 棍会成立于康熙年间, 由村民自发组织, 在北京地区传播久远、研习者众多。据传, 乾隆年间, 村民在村中演练忠孝童子棍时, 被经过此处的"千岁二爷"看中, 并收为麾下, 由此发展壮大。有一年外出涿州 (丰台) 走会时, 遭到当地十八村会首的阻拦, 以没有銮驾的理由阻止进香。六郎庄的会头火速回村, 求助于"千岁二爷", 并请来了皇太后的半副銮驾, 立刻势压十八村, 不仅进了头香, 还获得了"天下第一棍"的美称。由此, 六郎庄的棍会在外出走会时, 经常可以抢得头香好兆头。

六郎庄五虎棍双人对打

　　六郎庄五虎棍包括武场表演、文场表演和走会表演。武场表演：使用的棍棒都是木制的，分别为齐眉棍、梢子棍、双棒、短棒（单刀）、双怀杖、三节棍，还有较具特色的藤牌和双拐。文场表演：大锣、单皮（班鼓）、战鼓、大钹、大铙、小镲。走会表演：銮驾、旨意亭、龙旗、龙棍、拨旗。相传，六郎庄的棍会在乾隆年间经沧州武师的精心排练，技艺有了很大提高。在棍术中融合了诸多武术兵器套路，最终形成了 72 套棍法。六郎庄五虎棍的表演以棍为主，有单练、对练和群练。六郎庄五虎棍的套路分为"操"和"围"，出"操"为角色出场进行套路演练，不对打；打"围"则为大、小角之间的群场对打。五虎棍表演套路原为 72 套，其散打套路还不在其中。目前，有些套路已经失传，据说原来的 72 套操全部练完至少要 3 小时。

当地民众习练藤牌术

　　六郎庄五虎棍在表演时，要求"杆子头"（武场演员）技艺娴熟、配合默契、节奏张弛有度，尤其在群场时，翻、转、腾、挪，棍棒纷飞，令人眼花缭乱、目不暇接。其表演具备一定的京剧特点，10 个角色的脸谱画法还遗存着京剧发展过程中的一些特征。几百年来，五虎棍在六郎庄村建立了深厚的群众基础，深受当地村民喜爱。

　　（图片均由代表性传承人池永福提供）

19. 天津：无极拳（编号：国V-VI-85）

无极拳起源于清乾隆年间，由浙江人士刘仙岛所创，迄今已有200余年的历史。无极拳刚柔兼备，气力相合，内外双修，健内壮外，是优秀的内家拳法。无极武术实用性强，适应面广，不仅具有极强的攻防技击性，其靠板功、童子养生功等功法练习手段，还是强身健体、祛病延年的有效养生方法。

刘仙岛在对野生动物的生存技能、搏斗等相关技巧的汲取及领悟中，掌握了对武学中各种姿势及发功的关键要领，并结合阴阳五行理论学说编创了以地支而列的十二形套路及乌金刀练法。

无极功古拳谱

嘉庆年间，刘仙岛传技于河南人蔡锦堂。蔡先生一生潜心研习功法，使十二形及乌金刀更加理论化、系统化。蔡锦堂晚年云游四方，跟随河北独流寨上人士高三丰学习子龙八十三枪法，从而使无极功成为一套从演练到操打，并包括气功、兵刃功夫在内的理论独到、体系完整的武功。本着艺不轻传、不妄传、不失传的宗旨，1860—1875年，蔡锦堂云游至天津时收王玉珍为徒，王玉珍传于徐永庆，徐永庆传于高铠庭，高铠庭传于高铁静，至此已有六代传人。

1947年摄于天后宫，左起第二人邓振邦，第五人赵宝山，第六人戴崇礼

20世纪40年代高铠庭与弟子合影

无极武术相关器械主要有无极子龙大枪、乌金刀、靠板等。无极功以贯通力、贯通劲、贯通气及寸抖力为核心，以踢桩、靠板、鹰爪力为绝技，是包括单练套路、功法练习、器械在内的完整武学体系。其中，以靠板功最具特色，即借鉴12种动物的48种动作姿势，在靠板上做踢、打、撞、靠、扫的练习方法，使练功者成就钢筋铁骨般的身体，增强在竞技比赛中的攻防实力。

无极拳靠板功独特

无极武术基本由八部分功夫组成：无极罗汉功内功功法、无极童子功法、内功养生功功法；无极靠板功、踢桩法、绵沙掌练习法、无极鹰爪功练习法；以地支而列的生肖十二形拳的练习法，每形分四式，共计四十八式；无极形拳；无极拳；无极子龙大枪（以死把握枪法著称）；无极乌金刀（以独特的操练法区别于其他表演性刀法）；对练、搏击、擒拿、格斗、防身术等。

代表性传承人传授无极功技艺

（图片均由传承人高铁静和高金华提供）

20. 湖南：岩鹰拳（编号：国V-VI-90）

　　岩鹰拳源于中国武林泰斗、曾任孙中山先生保镖的杜心五先生的鹰爪擒拿术。后来，杜心五的徒弟，曾任两广国术馆馆长、湖南国术训练所所长、中央训练团国术总教官的万籁声对鹰爪擒拿术进行了适当的演变，然后传授给武术名家蒋兆鸿。蒋兆鸿结合多年的习武经验及湖南山区岩鹰的出巢、觅食、翱翔、游猎、捕杀、格斗等习性特点，创编了包括 25 个鹰形动作的象形健身拳。后蒋兆鸿的传人刘烈红在此基础上将其发展成了 4 段 82 式的象形"岩鹰拳"。

岩鹰拳代表性传承人刘烈红

　　岩鹰拳是在继承武术名家杜心五的鹰爪擒拿术的基础上，先后经万籁声、蒋兆鸿、刘烈红三位传承人之手，集南方岩鹰的各种不同生性特点，并融合各家拳术的精华要素，在实践与演练中创编发展而成的一种独具民族文化和地方特色的象形拳种。岩鹰拳独具创意地模拟了南方高山岩鹰的抓、钩、捕、闪、展、腾、挪等灵活多变的生息动态，并融入了蛇拳的镖手，猴拳的爪抓，形意的钻、炮，太极八卦的柔劲与趟步，使其融为一体，形成了"五功合一，蓄而后发"、刚柔相济、虚实相连、出如脱兔、守如泰山的特点。岩鹰拳把武术竞技与武术表演融为一体，在表演上劲力充沛、精神饱满、跌扑翻滚、身轻如燕、神形合一、拳路流畅，形象逼真地展示了其独有的特色和武术文化的深厚内涵。

　　岩鹰拳的服装以模仿岩鹰形象为主。黑色无袖上衣修剪有羽毛边，形似岩鹰的羽毛，形象生动，再加上金黄色彩绘的点缀，像极了岩鹰的身体。裤子、鞋均与上衣配套，主要由岩鹰形象模仿而成，均为黑色，另有金黄色边点缀。

岩鹰拳代表性传承人刘烈红展示拳法

岩鹰拳主要是拳术功夫套路，也有部分器械套路。所用器械主要是岩鹰爪（短器械）、岩鹰钯（长器械）、岩鹰勾（短器械）。这些器械都是岩鹰拳师傅根据套路需求，模仿岩鹰身体部位自行研制出来的，十分形象生动。

岩鹰拳刚柔相济、动静相连、虚实结合、灵

岩鹰爪

活多变、闪展腾挪、跌扑翻滚、神行合一、精神饱满，一招一式严紧大方，拳路完整、起收顺畅。岩鹰拳作为兼具武术比赛特质与艺术表演形式的象形拳种，是集防身自卫、强身健体和观赏性为一体的独具特色的优秀拳种，是人人皆宜的武术健身项目，生动体现了湘西南地区武术传统文化的精髓。该拳种深含"教育与养生、医理与健康、自卫与爱国、正义与安良、比赛与表演、艺术与欣赏、武学与文道、传承与弘扬"八大要素。

（图片均由代表性传承人刘烈红提供）

21. 四川: 青城武术（编号: 国V-VI-94）

青城武术是中国古代武术四大流派之一，发源于青城山，受道家、道教影响深远，并广泛融合了其他武术精华，一直在道门和民间有序传承，秘练不宣。历经几千年发展，形成了富有道家文化底蕴，集养生、修行、技击、演练于一体的青城武术。

代表性传承人刘绥滨带领弟子习练技艺（陈小蓉拍摄）

如今，青城武术尤以玄门太极和剑术见长。青城拳术深受剑术影响，有"剑拳"之称，因其师承技法不同而有多种，其中尤以青城洪拳（又称小洪拳）最为著名，诗曰："拳似雷霆变多端，腿似风轮肘如鞭。身似绵条步稳固，大开大合全神注。神鬼莫测手眼随，勇疾狠准手无情。"

非洲国家青年代表在青城山山门与代表性传承人刘绥滨合影

东汉汉安元年（142年），张道陵天师斩妖降魔，在大邑县鹤鸣山创立了道教第一流派"天师正一道"，并将道教文化与当地的巫教文化相结合，留下了雌雄龙虎剑、降魔功，形成了青城武术雏形。康熙年间，武当道士陈清觉师兄弟三人游历至青城山，认为此处是洞天福地，便以青城山为中心，大力弘扬道教文化，使之重新兴盛起来。青城山在现有的道教体系中叫作"全真龙流派·丹台碧洞宗"，即陈清觉这一脉的开宗。

青城武术包括四剑、五掌、二十三拳、二十器械、稀有器械和六大技击法。四剑：啸云剑、七星剑、龙虎剑、八仙剑；五掌：铁砂掌、朱砂掌、毒药掌、毒砂掌、劈空掌；二十三拳：龙拳、虎拳、豹拳、蛇拳、鹤拳、火龙滚、梅花拳、七星拳、天罡拳、洪拳、二路洪、五虎下西川、绿林小手、绿林豹拳、太子游四门、猴拳、蛇拳、青龙拳、醉八仙、二十八宿、小神拳、太极拳、六通拳；二十器械：八母枪、紫虹剑、龙虎剑、梅花点石枪、滚堂单刀、六合双刀、白虎鞭、黑虎鞭、天师降魔钺、狼牙棒、追风匕首、鸾凤剑、七星剑、八仙剑、飞剑、十三剑、二十四剑、一百零八串剑、雌雄剑、双头子午棍；稀有器械：双卡、凤凰轮、背箭、足箭、伞、筷子、铁针、拂尘、铁铜；六大技击法：太极散手、十二时辰点穴术、串子十八手、三十六路大擒拿、三十六绝手、六大点穴术。

此外，青城武术的经典功法非常丰富，以青城静功、青城黑虎拳、三十六式青城太极、青城追风匕首4种为代表。

青城武术进入青城小学校园推广（陈小蓉拍摄）

（除署名拍摄外，其余图片由代表性传承人刘绥滨提供）

22. 广东：佛山咏春拳（编号：国V扩－VI－77）

咏春拳属于中国南拳，主要在广东、香港、台湾地区流传。早先咏春拳因其学习周期长、成本高，拳法难以推广普及。后经叶问先生精心改良授拳方式，咏春拳变得更易于学习与掌握，从而吸引了众多习武者投于咏春门下。其著名传人有梁相、骆耀、黄淳梁、徐尚田、招允、李振藩（李小龙）、梁挺等。他们都遵叶问先生遗志，将咏春发展发扬至世界。

叶问与其徒弟李小龙习练黐手

叶问将拳术中五行、两仪、八卦、四象等语意隐晦的传统化繁为简，使其易于理解、传播。中华人民共和国成立后，叶问赴港定居，于1950年7月开办第一期培训班，开始以教授咏春拳为主业，以新的授艺方式公开授徒。自此，咏春拳成为一门易于传播、富于趣味性和实用性的拳术，叶问一系的传人渐渐地变得枝繁叶茂，咏春拳也得以蜚声国际，形成了今日的盛况。

叶问之子叶准带领当地民众演练咏春拳

习练咏春拳用到的器械主要包括木人桩、六点半棍、八斩刀。其中，木人桩是练习时的辅助工具，以木材制造，在主干体上设有桩手及桩脚共三手一足。桩手及桩脚容许少量活动（弹性），练习时充当模拟敌人。六点半棍属单头长棍，棍尖比棍尾小，旧时棍长有9尺，传入香港后变成9英尺（约2.7米）长。八斩刀是双刀，两手各握一柄，同时配合运用。

代表性传承人郭伟湛传授技艺（陈小蓉拍摄）

咏春拳的拳术套路主要包括小念头、寻桥和标指三套拳法，以及与武器器械相对应的木人桩法、黐手、六点半棍法、八斩刀刀法四种。此外，咏春拳的手法以摊、膀、伏三下手为主；脚法有咏春八脚；马步有立定的二字拑羊马、子午马，移动的转马、圈马等。

小念头是咏春拳一个初级套路，其动作招式不多，但集中了咏春拳攻防最基本的招式和手法；寻桥是咏春拳的中级套路，以棱形运动路线和方向，结合咏春拳的攻防手法、步法、腿法等进行演练；标指是咏春拳的高级套路，其攻击手法都以指、掌、肘为主。当对手与自己实力相当时，运用小念头及寻桥即可。

咏春拳的木人桩法分八节，共116式，充分融合了咏春拳拳法的手法、步法、腿法，是一种与黐手相辅相成的模拟战斗练习。黐手是一种有别于独立练习拳法套路的练习方式。

咏春的棍法叫六点半棍法，"六点为攻，半为法"。所谓的"六点"，其实就是练棍法的六种方法，即"吞、吐、浮、沉、标、封"；"半"就是斜，是棍法的法度。八斩刀刀法是由咏春拳的三套拳术的招式演变而来的，包括斩、刺、摊、径、捆等。八斩刀最大的特点是全套刀法划分为八节，每节开首均有八个主题动作，因而有八斩刀之名。

（除署名拍摄外，其余图片均由佛山市文化馆与传承人郭伟湛提供）

23. 湖南：苗族武术（编号：省 I-VII-59）

苗族武术是苗族民众喜闻乐见的民族体育活动，在湘西土家族苗族自治州花垣县流传极广，尤其在花垣县民乐镇卡子村、两河乡桐木村、麻栗场镇金牛村、董马库乡（已撤销）敏腊村一带，活跃着一大批苗族武术传承人。同时，苗族武术辐射至湘西州吉首市、保靖县、凤凰县、泸溪县、古丈县等地，以及相邻的贵州省松桃县、重庆市秀山县等地。

当地民众习练苗族武术

苗族武术源远流长，历史文化厚重。传说炎黄二帝所处的远古时代，苗族始祖蚩尤的部落崇尚武技，特别善于徒搏角抵。苗族武术是苗族先祖蚩尤在恶劣的自然条件下，根据战争实践和健身需要及生产生活实践等总结、创造、发明的搏击技术。"蚩尤戏"是湘西苗族聚居地古老的拳种，具有攻防之效，动作古朴、内敛、简洁，尚有少数流传。苗族武术就是在此基础上发展起来的。

清乾隆六十年（1795 年），苗族人

代表性传承人石兴文展示大烟锅器械

民的领袖石三保、吴八月发动并领导了反对清王朝统治的乾嘉苗民起义。花垣县麻栗场镇金牛村石宗四担任起义军将领，石文魁担任武术教练。清同治年间，石文魁之子石正兴先后用"向后倒旗""张飞脱靴""霸王举鼎"三招降服凶豹，其武功之高强，三十人围攻无法近其身，太平军将领石达开部将李复猷曾赞之"壮哉！苗之勇士也"。

苗族武术的器械可分为长器械、短器械、软器械、暗器械四类。其中，长器械有棍、枪、叉等；短器械有刀（苗刀、双月刀、钩钩刀等）、锏、铜、尺、剑、双节棍等；软器械有双节棍、九子鞭、流星锤、连枷棒等；暗器械有袖箭、飞镖、绳镖、竹条镖等。此外，日常生活中的器具也可当作武术器械，如帕子、烟斗、扁担、虎爪、巴招欧、剪刀、铁尺等。

苗族武术具有气势刚烈、步法稳健、招法多变、劲力突出、发招狠绝的特点，分为徒手、器械、对练（策手）三类。徒手俗称苗拳，又名蚩尤拳，苗语叫"勾动"。经过历代拳师的继承和创新，不断发展和日臻完善。为了便于记忆和演练，前辈武师不断总结理论和实践经验，逐渐形成了一套较为完整的理论和演练套路，公开流行演练的拳术套路有小四门、穿四门、闭四门、蚩尤拳、六合拳、八合拳、罗汉拜灯、哪吒闹海、八虎闯幽州、十扣拳等。

在苗族武术中，有一种独具特色的"策手"叫作"蚩钳手"，苗语为"拳谱果"，动作原始，架势凶猛。"策手"是苗族武术的精华和核心，它是专门用于实战的攻防解脱技巧，可概括为三十六大手、七十二小手等。旧时，苗族没有文字，为了使"策手"之技代代相传，苗族武师根据不同"策手"的实用性及搏击威力的大小，编写出策手套路口诀，边练边念，便于记忆。

苗族武术独门兵器

（图片均由代表性传承人石兴文提供）

24. 甘肃：崆峒派武术（编号：省Ⅱ-Ⅵ-1）

　　崆峒派武术发源于中国西北黄土高原腹地——甘肃平凉崆峒山。这里是中华远古文明的发祥地之一，具有深厚的文化底蕴。广成子是道教始祖，也是崆峒派武术的创始人。广成子与其弟子在崆峒山打坐修炼，不但要经历严寒酷暑的考验，同时还要经受飞禽走兽与狼群虎豹的袭击。久而久之，广成子从野兽之间的搏斗动作中受到启发，研究如何进攻和防守，创造了独特的内功心法与武术套路。《史记》记载，黄帝闻之前来，求寻修身养性与治国安邦之道。广成子向黄帝传授了治国与养生之道，自此，崆峒武术开始得到传播。后来，崆峒武术传入民间，久传不衰，逐渐形成了独具风格的崆峒派武术。

崆峒派武术第十代传承人燕飞霞

崆峒派武术代表性传承人王镖展示大刀

崆峒派武术的主要器械包括刀、枪、棍、剑、拂尘、峨眉刺、风火轮、九齿天耙、风火扇、双钩、双锤、连枷、鞭、鞭杆、镖、飞爪、跨虎篮、判官笔、法铃19种。

崆峒派武术有八大门内容，按初级到高级程度分为飞龙门、追魂门、夺命门、醉门、神拳门、花架门、奇兵门和玄空门。每门各有15套拳种和器械。

飞龙门是崆峒派武术的初级门，包括飞龙拳、飞龙掌、飞龙刀、飞龙枪、飞龙剑、飞龙棍、飞龙铲、飞龙双钩、飞龙双鞭等。追魂门在飞龙门的基本套路和动作上加强了追击性。攻击时招式多变，招招紧逼，连绵不断。夺命门是在追魂门的基础上又上一层，其主要特点是猛烈，招招致命，绝招频出，不留活路。醉门是在夺命门的基础上再上一层，主要强调动作中的跃、翻、仆、腾、宕等功夫。醉门又分文武两类，称文八仙和武八仙。神拳门是崆峒派武术中的最高武功，其主要特点是拳打不实，用意而不用力，如游龙一般，是崆峒派拳术中登峰造极的功夫。花架门是在神拳门的基础上，结合敦煌壁画上的飞天造型而创立的一门集攻击与欣赏为一体的上乘功法，尤其适于女性习练。奇兵门是崆峒派武术最具特色的一门武功，其特点为所用兵器短小、排兵布阵精妙。奇兵门的兵器独具特色，包括风火五行轮、风火扇、跨虎篮、飞爪、拂尘、九齿天耙、铁琵琶、分水峨眉刺、翻天印、太统法铃等。玄空门是崆峒派秘传之宝，多为历代传承人独修之法，其内容包括燕式古太极八法、无相神功、达摩神功，目的是以此修炼内功。

崆峒派武术代表性传承人陈虎展示武艺（陈小蓉拍摄）

从八大门武艺中可以明显看出，崆峒派武术采取养生与武术内外结合的练武方式，习武者在运动中将自身体内的精、气、神与宇宙自然能量相融通，以达到天人合一、修身养性的最高境界。

（除署名拍摄外，其余图片均由平凉市崆峒文武学校提供）

25. 重庆：荣昌缠丝拳（编号：市Ⅱ-Ⅵ-4）

荣昌缠丝拳主要在重庆、四川、贵州、云南、江西、湖北、湖南、广西等省（自治区、直辖市）传衍，尤其在重庆市荣昌、大足、合川、永川、江津、涪陵等区，历代高手辈出。荣昌缠丝拳在武林流派中称缠门、缠丝门、残门等，在巴蜀

荣昌缠丝拳代表性传承人蒋远武习练拳术

大地有近300年的历史传承，文化底蕴深厚。

清代中后期，多种拳术（缠门、僧门、岳门、洪门、字门等）传入四川，是巴蜀武术发展的重要历史时期。荣昌缠丝拳入川祖师王一川，号川一，江西人，道士。王一川于清雍正年间入川，从此，荣昌缠丝拳开始传入巴蜀。后来，王一川年事已高，未再回江西，其主要传人有杨为善、魏山峰、白一龙、杜占鳌、钟文任。其中，王一川荣昌传缠丝拳及其功法、器械于昌州区域的大足县、荣昌县等地，后来形成缠门；传十二手烂缠丝、三十六闭手及其功法、器械于广安县、华蓥山等地，后来形成缠闭门。

《缠门打经》（手抄本）也称拳谱或秘籍，在每代传承中，从不轻易示人，拳谱也因此披上了神秘的面纱。在中国古代，道家信守"道不乱讲，技不乱传"，缠门也有"千两黄金不卖道"的师训。道门新手弟子通过3年参访考

代表性传承人于正国习练荣昌缠丝拳

察不合格，或习武时间不足3年则不能列入门墙，要求很严。

荣昌缠丝拳是以缠丝劲为本的拳术，内含太极的阴柔，外显少林的阳刚，刚柔相

济，是一门很有特色的内家拳。荣昌缠丝拳的主要特点为贴身短打、螺旋缠绕、以柔克刚、借力打力、寸劲猝发、攻防兼顾。

荣昌缠丝拳的主要器械包括缠丝七星剑、缠丝追风剑、鸳鸯短剑、蛇形剑、子午单刀、子午棍、三拦棍、缠丝棍、缠丝鞭杆、回马双头枪、双铜、九节鞭、扁担拳、板凳拳，主要暗器包括镗、飞镖等。

当地民众习练荣昌缠丝拳

荣昌缠丝拳在传承发展过程中，形成了独特的拳法体系，主要包括练步、连掺、十八难、十二时辰、肘桩、遁龙桩、滚龙桩、平桩、小练桩、半桩、四步桩、跌桩、总桩、松身、转连、连成等拳法套路，螺旋缠绕、贴身短打、以柔克刚、借力打力、攻防兼顾、寸劲猝发等拳法特征，起挂、扣拿、滚铲、断杀、吞吐、浮沉、粘贴、封闭、翻缠、追转、腾跌等拳法技法，"六路短打要有路，八步缠丝要有步"的拳法要求，以及正骨疗伤、养身延年的修炼方法。

荣昌缠丝拳的主要内容包括基本功、根基功、套路、器械套路、打经（拳法）、点穴术等。其中，基本功包括手型、步型、桩功、眼功；根基功主要包括内功、静功、缠丝功和穿桩功四部分；套路主要包括姚玉堂支脉传九路套路、周吉祥支脉传六路短打套路、郑山吉支脉传龙门缠丝转缠八路套路；器械套路主要有三拦棍套路、缠丝七星剑套路；打经主要包括立步法、进步法、用拳法、用肘法、肩峰法、用腿法、钩挂拨脚法和对敌法八个方面；点穴术是荣昌缠丝拳的绝技之一，是运用功力，施以点、戳、打、拿、踢等技法，以击中对方穴位为目标，在经脉上产生血栓塞，致使气血不能顺经脉按时流转，达到克制对手，保护自己的目的的一种功法。

（图片均由荣昌区武术协会提供）

26. 福建：上杭女子五枚拳（编号：省Ⅱ-Ⅵ-12）

在中国武术中，与女性有关的拳种主要有五枚（梅）拳、永春白鹤拳、咏春拳和木兰拳四种。五枚拳历史悠久，风格独特，是福建省稀有拳种之一，在上杭部分地区得到完整的传承。其中，上杭县中都镇古基村女子五枚拳是五枚拳的优秀代表。五枚拳主要分布在中国南方的福建、广东、江西三省。

上杭五枚拳代表性传承人丘金莲习拳

五枚拳创始人为清代少林僧尼五枚，有"传女不传男"的说法。据说，五枚有师兄三人（冯道德、至善禅师和白眉道长），五枚天生聪慧、武功最强，并且非常尊重师兄，而三个师兄却自恃各有所长，各自收徒，互相争斗。五枚对其行为忍无可忍，把三个师兄一一击败，自立门户，并定门规——"传女不传男"。上杭县庐丰乡湖洋（扶洋）村人丘正元和安徽凤阳花鼓娘子梅花（原名王秀英）得五枚师太真传，回上杭将五枚拳发扬光大。

上杭女子五枚拳融合吸收了客家重宗族、重传统的文化特征，较少受到武术革新的影响。上杭女子五枚拳的发展可分为三个阶段：第一阶段，创立以短小紧凑、步法灵活、借力还力、以守转攻、短打快攻、出其不意攻克对方为主要特点的五枚武术；第二阶段，梅花（王秀英）将其加以发展，总结成"五枚拳（也称梅花拳）软桩八法"；第三阶段，丘振衡改进绝招法，总结出"五梅拳绝命八法"，并加入女子舞狮队内容。

女子五枚武术舞狮活动深受当地民众喜爱。上杭五枚拳包括拳法和棍术，属儒家打法，即文拳，其核心是五枚拳软桩八法。八法分文八法和武八法。文八法包括点、

上杭五枚拳"传女不传男"

横、竖、钩、拐、挑、撇、拉；武八法包括接、打、腾、封、踢、弹、扫、挂。上杭
五枚拳拳法套路短小紧凑，步型低矮，其步法转换灵活，视若风云，技术上以静制
动，借力还力，以守转攻，顺势借对方打力，以吞、吐、浮、沉进行高低变法，出其
不意攻克对方。该拳种重手法桩功，一吞三尺，一吐五尺，腿法罕用，尤以短打快攻
为主要特点。

上杭五枚拳的绝招包括上打头
丰（即太阳穴），下打阴膛，中打
胸膛肚角，用擒、拉、钩、扒，抑
阳五尺，抑阴三尺。五枚拳软桩八
法招式包括小八法、分八法（大八
法）、生克、四椎卷指（四椎手）、鲤
鱼翻白、鹞子翻身、佛子手、龙虎
桩（龙虎下山绝命桩）。五枚棍术枪
法包括端枪子午、开步子午、梅花枪
等，统称丘家枪法，分为五小节。

上杭女子五枚拳独门器械虎头耙（王鑫拍摄）

上杭女子舞狮队继承了五枚师
太的武术精髓，又发扬了由梅花改
进的上杭五枚拳，传到女子舞狮队这一代又进一步发展提高。现在当地一些小学还把
上杭五枚拳作为乡土课程，聘请代表性传承人丘金莲任教练，以使其代代相传。

（除署名拍摄外，其余图片均由代表性传承人丘金莲提供）

27. 山东: 崂山道教武术（编号: 省Ⅱ-Ⅵ-18）

崂山道教武术是中国道教武术的一个重要流派，是崂山道教文化的重要支柱之一，与崂山道教音乐并称崂山道教"两大精髓"。据《太清宫志》记载，张三丰为崂山道教祖师之一，是崂山拳术武当派之祖，开创了习武修道之行。

崂山道士集体习练崂山道教武术

崂山道教武术已有600多年的历史，这段历史中有三个重要人物：张三丰、孙玄清和匡常修。张三丰祖师是崂山拳术武当派之祖，他一生三次来崂山，经其辛勤和艰苦卓绝的努力，把在武当山练成的拳术、剑法、气功、点穴术等逐一传给崂山道士，并创立新的全真道派，其教义是练武健身、炼丹医病、道财兼施、济善于世、不畏强权、见义勇为，对老者要孝、对国家要忠。这为崂山道教及武术的发展奠定了基础。

崂山道长匡常修

崂山道教武术包括"崂山玄功拳""崂山玄真拳""崂山龙华拳""崂山龙华剑"等拳术套路，以及刀、枪、棍等器械套路。全套为七十二趟，包括刀、枪、剑、棍等器械，还有对打、截打、转打、连打等功法。崂山道教武术以动静结合、虚实相间、刚柔并济、圆转走化为表现形式。其主要特点为"擅长腿法"，其腿法变化万千，拳法则以柔为主，柔中有刚，刚柔并济，素有南郭（武当郭高一）、北匡（崂山匡常修）之称。该门类拳术的练习分为三阶段，即初级阶段——玄功，练内丹气和功力；中级阶段——玄真，练刚弹劲，就是变笨劲为活劲；高级阶段——玄化，练柔劲和气劲。

在崂山道教武术悠久的发展历程中，已故的当代道教名家、崂山太清宫监院、道教内家拳的代表人物匡常修道长作出了巨大贡献。他的祖籍为山东胶县（今胶州市），生于清光绪年间，自幼喜武好道，8 岁开始习武学医，先后跟随当地拳师学习地功拳、长拳、鹰爪拳、腿功，26 岁于崂山白云洞出家修道。匡道长以武当内家功为主、其他传统武术为辅，将所学的各地武术精华融为一体，上承张三丰祖师之余绪，发展和创新了道教武学，开创了崂山道教武术。

代表性传承人匡如湖精心施教

匡道长主张冬练三九、夏练三伏，拳不离手、精益求精。他结合道教医学、内丹学、养生学的成果，将武术技击和健身术融为一体，讲究经络穴道，以养身、练功、防身保健为宗旨，以练好坚实内功为根基，以气发力，提高了武术延年益寿、祛病御疾的养身健身价值。在研究与练习的同时，他悉心培养弟子，使大批文武双全的道士在崂山成长起来。

（图片均由青岛市非物质文化遗产保护中心提供）

28. 江苏：彭祖导引养生术（编号：省Ⅱ-JSⅨ-6）

彭祖导引养生术是中华养生文化的一部分，是由中国古代养生大家彭祖所创。彭祖导引养生术是彭祖五大养生术之一，也是吐纳导引、固元长寿的一门养生绝技。

彭祖导引养生术是彭祖五大养生术之一

导引术最早见于战国时期的《庄子·刻意》。庄子认为，"吐故纳新，熊经鸟申"之术，是"彭祖寿考者之所好也"。据《史记》记载，彭祖是陆终公的第三子，为黄帝的八世孙，尧帝时被举用。

彭祖养生术主要由五大体系构成，分别是导引术、调摄术、补导术、房中术、饮食术，其中饮食术和导引术是彭祖最卓越的成就，都是讲究修身养性的长寿之法。彭祖在《彭祖摄生养性论》中提到"神强者长生，气强者易灭"，主张量才而思、量力而行、不积忧悲、节制喜怒、明确爱憎、欲思有度。导引养生术是适应当时社会环境需要而产生的，古人

传承人王振海演练彭祖养生刀术
（王辉拍摄）

从实践中摸索出一些养生方法，彭祖着眼于人的健康长寿，对这些养生方法进行收集、归纳、整理，进而创编出导引养生术以昭示后人。据考证，后世的易筋经、五禽

戏、内外家武术，皆是由彭祖导引养生术演变而来的。

代表性传承人达长钰传授技艺（李平拍摄）

彭祖导引养生术包括养生十二桩、四季养生图、导引仿生拳、导引养生拳、彭祖大彭鞭、导引养生剑/刀/棍/枪、长短单双器械、徒手对搏、器械对搏、彭祖逍遥杖、彭祖方竹竿等。其主要特点是呼吸吐纳与动作导引，动中入静，动静适度，内外兼练，疏通经络，促进气血流畅，增强体质，防治疾病，促进健康。

彭祖十二养生桩，是彭祖养生武术中的精湛部分，主要包括雨露滋润桩、混元一气桩、螳螂扑蝉桩、猴子摘桃桩、彭公搬山桩、白猿伸臂桩、雄鹰展翅桩、二龙戏珠桩、托天按地桩、野马过涧桩、草丛蛇行桩、白猿献果桩。

四季养生图，是导引术中的重要组成部分，全套路4趟91式，身法以伸、缩、旋、抖为主。步法有进、退、扣、摆、歇、拧、寸、跃。身法、步法在严谨的布局下结合吐纳调息，形成以动至静的形体运动套路。

彭祖仿生拳，是根据飞禽走兽之生活习性，模拟其动作特征，取其意象其形，结合攻防技法、吐纳导引形成的。内容结构由鹰、熊、虎、猴、蛇、燕、螳螂等形为框架。仿生拳全套路共4趟29式，是由9种技法——劈、抖、肘、靠、滚、缠、撩、旋、刁，结合缠抖身法、连环步、吐纳导引进行练习的。习练时先按混元气大循环法进行采气、排气、固气。

导引养生拳，以养生为主，强调全身运动，内气运动和形体运动同步。导引养生拳集养生精髓、吐纳调息、形体导引、技击导引于一体，是最益于健康长寿之拳术，习之强身健体、祛病防病、益寿延年。全套路2趟32式，是由8种技法——靠、肘、滚、抖、领、缠、撩、旋，结合身法、步法、吐纳导引形成的别具一格的养生拳术。

（除署名拍摄外，其余图片由徐州市文化广电和旅游局提供）

29. 云南：团山民间传统武术（编号：省Ⅲ-Ⅴ-36）

　　云南省个旧市大屯镇团山村位于蒙自市和个旧市交界处。团山民间传统武术是一个以彝族武术为主的武术体系，源于团山彝族人民田间地头的劳作之中，使用的器械大都是用于日常劳动的锄头、扁担、钩镰等，是一种少数民族传统武技，也是当地人锻炼身体的运动形式。

　　彝族自命为"虎族"，有崇虎、敬火、尚黑、尚武、崇尚自然、崇尚刚强的审美观。祖先为了保卫村寨、猎取食物，模仿野兽的动作，如虎跳、猫扑、狗闪、鹞翻等，逐渐形成了具有彝族特点的拳打、脚踢、摔抱等实战技术，被彝族人称为"决打"。团山村的民间武术，在漫长的历史发展过程中，经过中原文化与地方民族、民俗文化的相互渗透、相互交融，逐步形成了别具特色的团山民间传统武术。它有固定的套路与招式，并因其竞技性、实用性、观赏性和娱乐性而深受民众喜爱。

当地青年习练团山民间传统武术（邓萍拍摄）

　　团山民间传统武术源于何时，至今尚未发现文献记载，但大屯历来是屯兵之地，明朝洪武年间，中原派到云南拓边屯垦的军队就驻扎于此，中原人士的落籍，江南将士的定居，带来了中原文化。随后，充军发配到云南的身怀绝技人士与某种原因流落到大屯境内的武士，都

团山民间传统武术代表性传承人李永兴（邓萍拍摄）

成为武术的传播者。团山民间传统武术经张鹏兴（本地人，已逝）创立，后又由其第一代弟子王继伟、李建华等人继承、发展和完善，形成了一整套完整、系统、科学的武学体系，至今已传至第四代，共 100 多年历史。团山民间传统武术动作朴实，有独到的传承和发展，其动作勇猛、姿势雄壮、技艺灵活、身法快捷。

团山民间传统武术的技术动作包括初级个人单练习、二级对套子、三级活步对剑、四级二人对练散剑，从初级到高级，从单练到"对套子"，训练过程清晰。近于程式化的训练，使习练者较全面地掌握团山民间传统武术技术，既能熟练掌握所学的套路，又能明确其用法，还能将各种技击方法自如地运用于实战。团山民间传统武术器械主要由古代兵器演变而来，常用的武术器械有二节棍、大刀、枪棍、钩镰、流星、齐眉棍等。

团山民间传统武术的器械多种多样（张俊杰拍摄）

团山民间传统武术的习练往往以基本功为基础，先学套路，待熟练后教授者就会逐步讲解每种技击方法的攻法、防法及其各种变化，把套路拆散为散手，这个过程称为"拆手"。习练者须两人一组，按固定的动作反复进行攻防练习，该过程常以一人练习为主，另一人按一定的要求帮助同伴练习，两人一递一接，故称为"递手"，也称为"喂手"。常用的武术对练套路是由递手练习发展而成的，只是内容更为复杂，动作更富于变化。在递手的基础上，逐步过渡到随意使用方法的对抗性练习，以进一步提高习练者攻防实战的能力，要求习练者先"明其用法"，再"求其变化"。

（图片均由代表性传承人提供）

30. 甘肃：天启棍（编号：省Ⅲ-Ⅵ-6）

　　流传于甘肃临夏一带的天启棍是蜚声我国武坛的西棍的重要组成部分。"南拳北腿，东枪西棍"，其中西棍是指流传在西北地区的棍术，包括西北特有的鞭杆和从外地传入的天启棍两大流派。天启棍是西棍的核心，以甘肃临夏地区为发源地，流传近200年。其传播地域广至西北五省，并衍生出天启系列棍术套路近百种。

天启棍第五代传人侯尚达

　　天启棍也称河州棍、魏家棍或河州魏家棍、天齐棍。"天启"一名最早见于《续修导河县志》。《续修导河县志》是至今可以查找到的有关天启棍名称的最早文字资料，其可信程度和参考价值极高。

　　关于临夏天启棍的历史起源，民间有两种说法。一种是王富海从山东学来之说。这种说法源于《续修导河县志》的记载："王富海，俗名王大脚，咸同年间年近古稀，精技击，幼从山东得一拳术，名曰天启棍。"据民国年间编纂的《续修导河县志》记载，天启棍是清代咸丰至同治年间从山东传入甘肃的，导河县便是今天的临夏县。从王富海咸

　　不甘拜下风瞠世绝技至令犹傅为美谈、诚由是声名大躁凡齐鲁技师来河赛艺者莫其口授稱雄一方遂为州牧赵桂芳亦深於所赏衔家稱雄大脚為宗師其子麻狼其徒魏廷賢均得六着智之娴熟有滴水不能侵身之妙故隴上武從山東得一拳術名曰天啟棍內分十二門三十王富海俗名王大脚咸同間年近古稀精技擊幼

续修导河县志

民国本

第六卷

《续修导河县志》

末同初（1861—1862年）年近古稀和幼学天启棍推算，他在山东学棍约在1810年，如果在那时他就将棍法带入了临夏，那么此棍法流传至今应有近200年的历史。

另一种为至善禅师传棍之说。传说在清朝乾隆年间，少林寺因牵涉反清活动，被清廷焚毁，方丈至善（另说智善）禅师北逃至宁夏固原，在天齐庙传此棍法，并借庙名将其称为"天齐棍"。

天启棍代表性传承人侯文琳习练棍法

天启棍是我国武坛众多棍术流派中的一家，它既有棍术共有的技法特点，又有自己的独特风格。换手调把、梢把并用，在不断变化握法中变换棍法乃是天启棍有别于其他棍种的特性。流传在甘肃的天启棍，风格古朴粗犷，握法灵活多变、转换巧妙，技击犀利刁钻、多用兵法，是少林双头棍揭打流派中的典型代表。

天启棍家讲究"棍棍着力"，忌空冷虚华，强调抢棍击打时松肩活肘、伸臂展腰、蹬腿探身，使棍长伸击远，不论是猛抢大扫，还是长劈远挑都重腰部发力，使棍头生风、落地成坑，表现出长而不空、远而不散、粗犷中张弛有度的风格。

天启棍注重长棍短用和以短制长的战法，一旦对手近身入怀、两棍相靠，呼呼生风的大抢大劈就无法施展。这时通过巧妙地换手调把，使用小巧疾短的短打棍法反显灵活机动的威力。天启棍内容丰富，尤以抢子、折子、排子、条子、串子等棍法套路为主，自成体系。天启棍以实战为主，没有相应的竞赛规则，一人单练，两人则对打。

（图片均由代表性传承人侯文琳提供）

31. 湖北：板凳拳（编号：省Ⅲ-Ⅵ-7）

　　陈氏家族世代居住在咸丰县尖山乡小水坪村。小水坪村地处大山深处，位于鄂西南与渝东南交界处，是个人烟稀少的地方。旧时土匪猖獗，陈氏家族为了保护性命和家产，手持板凳，操练板凳拳以防土匪抢掠。板凳拳在湖北省恩施土家族苗族自治州咸丰县流传了数百年。

代表性传承人陈俊法展示板凳拳
（陈小蓉拍摄）

　　清末宣统年间，民不聊生。1910 年冬天，咸丰县大路坝人温朝钟组建了一支农民起义军，咸丰县尖山乡板凳拳传人陈再瑶也带领着 100 多名板凳拳弟子，跟随大路坝农民起义军救国救民。1911 年 1 月，这支起义军攻打四川黔江，陈再瑶带领的板凳拳弟子一马当先，抢起板凳将清军击退，为起义军攻占黔江县立下战功。

　　清王朝灭亡后，陈再瑶将板凳拳传授于其子陈博斋。陈博斋品行端正，热心传授板凳拳等武术于乡邻乡亲，习练周期为 48 天一场，一场 8～10 人跟随练习。

　　武林人士曾说，板凳勇猛势无比，兵器丛中敢称雄，如运用得法，一凳在手，往往数人休想近身。板凳拳共有 36 个动作，防守动作主要保护腰、头、下身等身体要害，主要动作有切、拦、缠、压、撑、跳等；进攻动作主要有撞、（横）扫、砸、架、磕、栽、甩、磨、翻、滚等。36 个动作可自由组合，实用性强。其中，雪花盖顶、拦龙插腰、枯竹盘根 3 个动作是精髓。实战之时，板凳四条腿向外，进可攻，退可守。

　　旧时习练用的板凳由坚硬的红枣木制成，长 100 厘米，宽 12 厘米，高 40 厘米，平时为家具，遇土匪时可作为防身攻守的武器。现在习练用的板凳一般由马尾松木或杂木制作而成，重量较轻，有大板凳、小板凳两种。大板凳长 100 厘米，宽 12 厘米，高 40 厘米，一般由成年人与年龄稍大的孩子使用；小板凳没有具体的规格，一般根据小孩年龄制作，但需要尽量轻、小，以方便习练。

武馆中习练用的板凳（陈小蓉拍摄）

除了板凳外，棍、牛角叉、刀、剑、双铜等也是常用的器械。其中，双铜原来是用来烧火的柴块，拎起来击打方便，后经过加工改造，便成了武器。

唐崖镇燕朝小学学生习练板凳拳

（除署名拍摄外，其余图片由代表性传承人陈俊法提供）

32.浙江：舟山船拳（编号：省Ⅲ-Ⅵ-82）

舟山市普陀区位于舟山群岛的东南部，具有独特的自然地理位置，面临东海，自然环境优越，渔场广阔，渔业资源丰富。明清期间，倭寇与海盗经常侵犯我国东南沿海地区，抢夺渔民财物，使普陀沿海渔场成了抗倭斗争的最前线。旧时舟山船拳的练习者分布在普陀各海岛渔村，现今习练者分布在沈家门街道、东港街道、朱家尖街道等。

船拳根据船在海上受风浪颠簸影响使人的稳定性较差，加之场地复杂多变的特点，兼收各拳种之长自成一脉，形成了似南拳又非南拳的独特风格，具有内外兼修、短兵相接、效法水战、刚劲遒健、步势稳烈、躲闪灵活的特点。

与其他拳种相比，舟山船拳具有自身的独特风格：进攻时出招敏捷，收招迅速；防御时以手为主，似开似闭，以身为轴，原地转动。船拳十分注重腿部、臀部和腰部的运动，步法极重马步，以求操拳时稳健，经得起风浪颠簸。腿部是发力的重点，故十分重视转腰、甩腰、下腰的动作。为进退自如，船拳十分重视马步转弓步、弓步转马步的动作，以体现进则带攻、攻则带躲闪的特点。

舟山船拳起初用来护船御敌

据史料记载，抗倭名将戚继光总结舟山抗倭战斗的经验教训，撰写成《练兵实纪》《纪效新书》。他训练士兵水战用的拳术，被当地老渔民称为"在船上练的拳"。1912年，定海、普陀、岱山等地都办起国术馆，渔民为健身强体赶往国术馆习武。学得国术精髓者基于戚继光军队传下的海船作战拳术，根据海船舱面面积和船只行驶特点，融合吴越船拳特点，创造了舟山船拳。

舟山船拳的船头传承培训活动

舟山船拳极具海岛特色和浓郁的生活气息。海岛渔民在长期的海上生产劳动过程中，将一些实用的生产劳动动作融入舟山船拳，如开门见海、哪吒闹海、乘风破浪、海面扬波等，一招一式都是根据渔民生产作业时的动作改编而

代表性传承人朱萍传授舟山船拳技艺

来。南海普陀山是佛教观音菩萨的道场，新创舟山船拳中的第一招是拜见观音，双手合十体现了舟山渔民信奉佛教的特色，表现出渔民对观音文化的崇拜。

依据《舟山船拳拳谱》记录，舟山船拳各式内容包括起势：童子拜佛。第一段：双桨破浪、鱼叉探海、侧铲海蛟、龙王赐座、单桨劈浪、力顶巨风、扬眉吐气、穷追海盗。第二段：摇橹过礁（左）、摇橹过礁（右）、鱼叉探海、稳坐船头。第三段：绕桅擒打、竹篙点鱼、坐船补网（左右）、竹篙点鱼、渔翁起网（左右）、穷追海盗、哪吒闹海、海龟翻身、金鸡展翅。第四段：直闯龙宫（左右）、二龙戏珠、横扫虾兵、扬帆起航、翻江倒海、金猴偷桃、龙王赐座。收势：童子拜佛。

（图片均由舟山市普陀区文体广电新闻出版局非遗保护办公室提供）

33. 上海：船拳（编号：市Ⅳ-Ⅵ-11）

青浦船拳是具有江南水乡特色的民间水上武术项目，距今已有200多年的历史，主要在上海市郊青浦、松江和淀山湖及周边地区流传。船拳是在船头上习练的武术套路，追溯渊源，是南派少林的一个分支，在传承和传播过程中，由陆地迁至船舟，故名"船拳"。

代表性传承人丁裕春展示船拳拳术

青浦船拳可分为两支：一支是朱家角船拳，另一支是华新船拳。朱家角船拳主要在淀山湖及其周边地区流行。当地民间风俗，每逢农历七月二十七神诞赶庙会，虔诚的香民会自发在朱家角漕港河上打船拳为城隍庆生。朱家角船拳分为拳术套路和器械套路。华新船拳主要在华新地区流行，由陆上迁至行舟，在方寸船头上操练，落地生根，重心较低，桩功稳固，自成特色。因其拳法动作方向注重以东、南、西、北四面、四角相围合的路线，发力范围仅限于一张八仙桌大小，从整个造型上看犹如一朵悄然绽放的梅花，也称为"梅花拳"。此外，由于华新船拳能在方寸八仙桌上施展，也可称为"桌拳"。

古时，船民以捕鱼、捉虾为生，经常沿着江河四处漂泊游居，因而船拳的影响范围不断扩大，在上海、苏州、嘉兴、太仓等地以不同的流派广泛分布。

据传，朱家角船拳源于一位南少林僧人，他避难于朱家角张家埭的法莲庵，当地村民发现该僧人武功了得，遂请其教授武艺。后来，经过长期苦练，张家埭村民练就了南派少林诸多武艺，有杨家短打、岳家拳二进、六进、五虎拳等，十八般兵器样样精通，其中牛角、腰菱、木梳、灰耙等器械全国罕见。

华新船拳源于清代，由拜师南少林门下的浦东奉贤大侠陆嘉山相传，在传承和发展过程中，不断汲取众家之长，以师徒口传身教的形式代代相传。当地渔民世代居住在船上，为了强身健体及反抗强盗的抢劫，以及达到自我防卫目的，久而久之就创编了这套拳术。

师徒习练船拳套路

　　青浦船拳的习练之处为4～5吨载重量的阳澄湖型制木船，船身呈长方形，船头较宽，舱棚饰彩衣，舱棚与艄棚相连，棚沿饰五色彩缎，船上配置大橹和矮橹各一支。船舱两侧各置一只大木桶，桶内放置十八般长短兵器，舱棚两侧插各种彩旗，有狼旗、牙旗等，船舱内有4名锣鼓演奏人。在漕港河由三汾荡至水仙庙行程约1500米的水域内，拳师在行进的约2平方米的船头上操练船拳，数条船彩旗招展，每条船上均有数十名拳师轮番表演，拳师在清脆的锣鼓声中使出各种绝技。

　　船拳的拳术套路技击讲究"来留去送"，即当对方攻击时先吞下其攻势，化解其力点；当对方逃脱时，顺势回击，连消带打。船拳套路以南拳为根基，是南派少林的一个分支，兼收各拳种之长，自成一脉，形成似南拳又非南拳的风格。套路技击特点包

代表性传承人在珠溪中学教授船拳技艺

括动作紧凑、出招迅速、收招敏捷、手法多变、拳掌并重。因活动范围小，船体又在晃动行进中，故重心较低、桩功稳固，步型以三角步、跪步、丁步为主。

（图片均由上海市青浦区朱家角镇文化体育服务中心与代表性传承人丁裕春提供）

34. 香港：傅式八卦掌

傅式八卦掌由傅振嵩（1881—1953年）所创。广东傅式八卦掌由傅振嵩的传人孙宝刚于20世纪40年代末传至香港。

傅振嵩宗师和儿子傅永辉表演八卦推手

八卦掌自其祖师董海川创立以来，主要在北京、天津和河北省市内传播，而南传广东，傅振嵩可谓第一人。1928年，张之江在南京创立中央国术馆，傅振嵩被聘为总教练。1929年，广东省省长李济深聘傅振嵩南下广州，任两广国术馆总教练。傅振嵩遂与顾汝章、万籁声、王少周、耿德海联袂南下广东，被誉为"五虎下江南"。抵穗后，又被聘为广东省国术馆副馆长、国立中山大学武术教师等职。一时，军政各界人士多随傅振嵩学习武术，从学者逾万人。

孙宝刚是傅振嵩南下广州后所收的第一批入室弟子。孙宝刚生于1909年，少时醉心武术，于20世纪20年代末拜傅振嵩为师，专习八卦掌。20世纪40年代末，孙宝刚移居香港，1966年被香港精武体育会聘为八卦掌班教师，逐将傅振嵩所传技艺公开，传人日众。亦有远自欧美人士慕名而来，赴香港拜于其门下，或邀请其前往执

2019年香港武术博览会八卦掌专题讲座时廖国存示范

教。在其任教的20多年中，在孙宝刚处学艺者不下数千人，成为八卦掌广为流传于香港和海外之主力。香港传承人廖国存是孙宝刚在精武首班数十名学员之硕果仅存者，他随孙宝刚学艺精武20多年，对其之学贯中西、课徒皆悉心传授、孜孜不倦感触颇多，深庆得随名师。

　　八卦掌原名"转掌"，亦称八卦转掌、游身八卦掌、揉身八卦掌、八卦连环掌。后世传习者多以转掌的走圈似循八卦八方位的连线，其技法讲究纵横交错、随走随变，其击法讲究临机应变、以变应变，因其合于《周易》中"刚柔相摩，八卦相荡""运动不息、变化不止"之理，而习惯称为"八卦掌"。八卦掌以圆形转掌为首，动而分左旋右转为阴阳，换掌走四门为母，出生先天翻身八大掌，一掌生一路八式，八路翻身生八八六十四式。

20世纪90年代日本武术杂志来香港访问时廖国存演示八卦掌

　　八卦掌以站桩和行步为基本功，以绕圆走转为基本运动形式，以摆扣步、蹚泥步为基本步法，走转的足迹路线分为走阴阳鱼、走八卦图、走九宫等。八卦掌充分发挥掌比拳和勾长的优势，以掌代拳施揎打之能，以掌代勾行拨搂之巧，形成了其拳系手法几乎全是掌法的特点。八卦掌基本掌法包括八大式（定势八掌）、老八掌或称八母掌（变势八掌）、六十四掌，还有八卦暗腿、截腿和连腿等练法。单练套路有龙形八卦掌、连环八卦掌等。

　　八卦掌器械有子午鸳鸯钺、八卦刀、八卦剑、八卦棒、八卦枪、八卦拐等。其中，子午鸳鸯钺是一种多尖多刃的小兵械，属八卦掌系，又名日月乾坤剑或鹿角刀。

　　（图片均由代表性传承人廖国存提供）

明（1368—1644 年）

杜堇《仕女图》（局部）

（现藏于上海博物馆）

第二章

球类非物质文化遗产

球类游戏的历史可以追溯到远古时代，几乎在所有的古文明中都有球类活动的记载。人类生活的这个世界，球形物体俯拾皆是，河边的石头、植物的果实，都可以蹴之、掷之、击之、踏之，而这种兴趣的形成就是人类社会最早的球类游戏[1]。

一、我国球类活动的起源与发展

中国最早发现的石球可以追溯到旧石器时代，那时，人类就开始用石球做投、扔、掷、抛等基本活动，"球"最初是作为生产工具存在的。随着生产的发展和体育运动自身的演变，"球"被赋予了更多的功能，发展成为竞技比赛等[2]。

在古代，中国流行的球类活动众多，有的球类活动渐渐消失在历史长河中，有些球类活动经过不断改进和演变，渐渐发展成为现代竞技体育项目。例如，中国古代蹴鞠与现代足球、古代捶丸与现代高尔夫、古代步打球与现代曲棍球等在技术特征、运动器械和比赛形式等方面都十分相似。

蹴鞠

先秦时期的"踏鞠"又叫"蹴鞠""蹩鞠"，这其实就是我国最为原始的足球游戏。汉朝时期，就有了蹴鞠的记载。西汉初期，刘邦曾在宫廷大规模修建蹴鞠场地，供竞赛使用。《蹴鞠二十五篇》被认为是我国最早的一部体育专业书籍，也是世界上第一部体育专业书籍[3]。唐宋时期，蹴鞠进一步得到发展，女子中也有蹴鞠活动。宋代从皇宫内院到平民家庭，都以蹴鞠为乐。明代蹴鞠仍广泛流行。到了清代，史籍上有关蹴鞠活动的记载就寥寥无几了。民国时期，我国足球运动在学校、民间广泛开展，举办各级别足球联赛。中国足球队在远东运动会足球赛中屡屡获胜，是中国足球史上的辉煌时期。

汉（前206—220年）蹴鞠画像石拓本
（现藏于河南南阳汉画馆）

[1] 崔乐泉. 中国古代蹴鞠 [J]. 管子学刊，2004（3）：43-51.
[2] 周冰. 我国传统球类文化探微 [J]. 长春师范学院学报（自然科学版），2013（1）：95-98.
[3] 吕风林. 南阳汉画刻画的体育竞技 [N]. 人民日报（海外版），2010-12-2（7）.

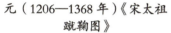

元（1206—1368 年）《宋太祖
蹴鞠图》

明（1368—1644 年）《蹴鞠图》（现藏于台北故宫博物院）

马球

　　马球又称击鞠、击球、打球，自汉唐一直传衍到明末清初。东汉时期，李尤曾著有《鞠城铭》，其内容载："圆鞠方墙，仿象阴阳……"这说明此球场因三边设墙，亦应是马球场，文中还记述了打马球的规则。马球运动在唐代非常兴盛，上自帝王权贵，下至平民百姓，都十分喜欢马球运动。马球已成为宫廷皇族与权贵们日常生活的重要内容。辽、金、元时期，马球持续流行。明朝时期，由于政治因素和统治者对马球的兴趣快速减弱，马球逐渐市井化并且边缘化。

清（1616—1911 年）丁观鹏（摹李公麟）《明皇击球
图卷》局部

《明皇击球图卷》

步打球

步打球，又称"步打"或"步击"，是一种徒步持杖击鞠的体育活动。步打球由马球演变而来，其打法和规则都类似马球。竞赛方法是比赛分两队进行，参赛者手持球杖，在赛场上奔跑、追逐和拼抢，以将球击入门为胜。步打球在唐初开始流行于宫廷和民间。据《新唐书·百官志三》记载，按唐代习俗，每年寒食节，由少府监在宫中组织献球的娱乐活动，其中包括各种球戏，如蹴鞠、击鞠、驴鞠、步鞠等。步打球在宋代得到了进一步发展，制定了相应的竞赛规则，逐渐成为一种成熟的竞技活动。明代学者胡震亨《唐音癸签》记载了关于步打球行乐的舞蹈表演。清代后，步打球渐渐消失。

宋（960—1279 年）步打球（现藏于山东博物馆）

捶丸

捶丸是一种以棒击球入穴的游戏。捶丸所用的棒，有撺棒、朴棒、杓棒、单手、鹰嘴等多种类型。一套棒根据数量不同可分为全副、中副和小副，依次为十根、八根、六根，供捶丸活动者在不同条件下选用。捶丸的场地设置在户外。球场上还设穴、窝、发球台、标志

明（1368—1644 年）杜堇《仕女图》（局部）（现藏于上海博物馆）

旗、障碍物等。据考证，捶丸运动始于五代，兴盛于宋、元、明代，消亡于清代。元代无名氏的《丸经》是专门论述捶丸的著作，记载了捶丸游戏的一系列内容，包括球场设置、器材准备、比赛方法、竞赛人数、裁判规则，甚至对比赛规则和挥杆要领都做了详细的记载。元代至明代盛行的捶丸运动，已经具有现代高尔夫球的所有特征。明代同样盛行捶丸活动，上海博物馆藏有一幅明代杜堇的《仕女图》，生动形象地再现了明代女子玩捶丸的场景，表明了明代女子玩捶丸游戏之风仍然盛行不衰。至清代，由于满族贵族不喜欢捶丸这种非对抗性游戏，故使其从此渐渐衰落。

中华人民共和国成立后，我国球类运动进入新的发展时期。1950年，内蒙古军区开办中华人民共和国成立以来的第一个马球训练班。1952年，成立了中央体训班（即国家队），随后各省代表队相继成立。1955年，中国足球协会成立。1957年，国家体委制定了马球比赛规则。1979年，中国马术协会成立，于1982年成为国际马联的正式会员。

除了我国古代的传统球类项目外，我国少数民族聚集区也产生了很多不同类型的球类运动。这些球类运动往往以原生态的形式存在于少数民族群体内。例如，回族木球、蒙古族驼球、景宁畲族赶野猪、达斡尔族传统曲棍球竞技、塔吉克族马球、满族珍珠球、鄂温克族抢枢、黎族赶狗归坡、维吾尔族曲棍球等。

二、球类非物质文化遗产的分布

从我国第1~5批国家级和省级非物质文化遗产名录中可见，我国球类非物质文化遗产项目的空间分布主要在东北、华北、西北和华南等地，具有较强的空间集聚性和区域差异性，呈现出北多、南少、中部空的分布状态，以广西为中心形成了一个高密度核心圈，并分别在黑龙江与吉林的交界处、宁夏与内蒙古的交界处、新疆的西北部形成了三个低密度核心圈。这些核心圈均分布在我国少数民族聚集区域。

三、球类非物质文化遗产的类别

球类非遗项目大多是以个人或团队同场竞技为主要特征的运动项目，与现代体育中的同场对抗球类比赛在表现形式上有相似性。球类非遗项目大致可以分为腿足接踢类、器械击打类、徒手抛接类三个小类。

腿足接踢类即参与者使用腿或脚进行比赛的运动，如蹴鞠、涞水踢球、蹴球（踢石球）等；器械击打类即使用一定器械实现接抛击打动作的运动，如景宁畲族赶野猪、泾源回族"赶牛"（回族木球）、塔吉克族马球、维吾尔族曲棍球等；徒手抛接类即主要使用手部触球进行比赛的球类运动，如鄂温克族抢枢、广西抢花炮等。

1. 内蒙古：达斡尔族传统曲棍球竞技（编号：国Ⅰ-Ⅵ-15）

　　达斡尔族传统曲棍球竞技是我国传统曲棍球运动的典型代表之一。达斡尔语将其称作"贝阔他日克贝"，其中的"贝阔"即指曲棍球中的球棍。该项目主要分布在我国内蒙古自治区莫力达瓦达斡尔族自治旗的达斡尔族聚居区，该地区也是中国曲棍球的发源地，国家体委曾在1989年将其命名为"曲棍球之乡"。达斡尔族传统曲棍球竞技是与现代体育运动相接轨且在达斡尔族传统体育运动中最具特色的运动项目之一。传统的达斡尔曲棍球打法和规则类似于现代曲棍球运动，它集速度、力量、技巧于一体，是达斡尔人平时娱乐健身的一种主要运动方式。

传统的达斡尔曲棍球比赛

　　关于达斡尔族传统曲棍球竞技的起源可以追溯到唐代。据史料记载，唐代曾盛行一种名为"步打球"的体育活动，它与现代曲棍球运动极为相似。"步打球"自唐代盛行之后一直延续到北宋，曾在当时的辽国契丹人中广为流传。《辽史》中曾将唐代的"步打球"称为"击鞠"，把下端弯曲的击球棍称为"月仗"。随着时间的流逝，"步打球"自宋代之后便在各民族中逐渐消失，而达斡尔族却将此运动一直传承并延续至今。

　　达斡尔族传统曲棍球竞技主要使用的器具为球棍和球，在达斡尔语中分别称为"贝阔"与"朴列"。传统的达斡尔曲棍球球棍是由制作者选取根部弯曲、树干挺直的坚韧柞木削制打磨而成的。达斡尔族传统曲棍球竞技中的球分为木球、毛球、火球三种不同类型，偶尔还会使用骨球，球的大小与棒球相似。其中，木球是选用杏树根或者柞树根削制打磨形成的；毛球是用草原动物的毛团制成的；最有特色的是用于夜间运动的火球，是选用桦树上已经硬化的白菌制成的，并在火球上钻通数个孔，注入松明，以助火球长时间燃烧。

独具特色的达斡尔曲棍火球

　　达斡尔传统的曲棍球比赛多在喜庆节日、大型集会和闲暇时举行，并以氏族（莫昆）、村屯为单位进行比赛。胜利的一方将会备享殊荣，得到达斡尔族人的赞赏。传统的达斡尔曲棍球对比赛场地的选择并没有过多的限制，一般多选在平坦的草地或村中开阔的场所。场地大小没有统一的规定，只需在场地两端各设一个球门即可。在达斡尔传统的曲棍球比赛中，只要参加比赛的两队人数相等便可开始比赛。比赛判定胜负的规则与现代多种球类体育项目相同，最终以进球的数目来判定胜方。

当地村民进行雪地达斡尔曲棍球比赛

　　（图片均由莫力达瓦达斡尔族自治旗文化馆提供）

2. 山东：蹴鞠（编号：国 I - Ⅵ - 17）

蹴鞠在中国流传久远。"蹴"即用脚踢，"鞠"是皮制的球，"蹴鞠"就是用脚踢球的意思。《战国策》和《史记》是较早记录蹴鞠的文献典籍，前者描述了2300多年前的春秋战国时期，齐国都城临淄流行蹴鞠活动；后者则记载，蹴鞠是当时训练士兵、考察兵将体格的方式。两汉三国时期，娱乐性蹴鞠得以继承，且出现了表演性蹴鞠和竞赛性蹴鞠。汉代还出现了女子蹴鞠，有人称为"蹴鞠舞"，是百戏中的重要节目。唐代蹴鞠运动发展迅速，踢法多样。到宋代蹴鞠活动更为普及，从皇宫内院到平民家庭，都以蹴鞠为乐。这一时期，蹴鞠艺人成立了蹴鞠组织，叫作"齐云社"（或称"圆社"），专门负责组织和宣传推广蹴鞠比赛。

临淄足球博物馆组织的清明仿古蹴鞠表演

辽、金、元时期，蹴鞠是朝廷节庆的节目之一。明代出现了专门制作鞠的手工作坊，出售各式各样的鞠（健色）。到了清代，满族人曾将其与滑冰结合起来，出现了"冰上蹴鞠"的运动形式。清代中期以后，随着西方现代足球的传入，中国传统的蹴鞠活动基本上被欧洲的现代足球取代。

古人一般将有球门的蹴鞠比赛分为两种，一种是双球门的直接竞赛，这是汉代蹴鞠的主要方式，被用于军事练兵。进行直接对抗比赛时，设鞠城即球场，周围有短墙，比赛双方都有像座小房子似的球门。场上队员各12名，双方进行身体直接接触的对抗，就像打仗一样，踢鞠入对方球门多者胜。另一种是单球门的间接比赛，是唐宋时期蹴鞠的主要方式，主要用于朝廷宴乐和外交礼仪竞赛表演。进行间接对抗

仿古蹴鞠表演

比赛时中间隔着球门，双方各在一侧，在球不落地的情况下，能使之穿过风流眼多者胜。

无球门的散踢方式称作"白打"，主要是比赛花样和技巧，又称比赛"解数"。每一套解数都有多种踢球动作，如拐、蹑、搭、蹬、捻等。中国古代的蹴鞠特别重视技巧，其中，用肩、胸、背、头控球的解数叫上截解数；用膝盖、腰部、腹部控球的解数叫中截解数；用小腿、脚面、脚踝、脚尖、脚跟等部位控球的解数叫下截解数。三种解数可以根据球的落点和位置的不同，临时组合成成套的解数。古人还给一些动作取了名字，如转乾坤、燕归巢、斜插花、风摆荷、佛顶珠、旱地拾鱼、金佛推磨、双肩背月、拐子流星等。

蹴鞠表演
（陈小蓉拍摄）

为做好蹴鞠文化的传承与保护工作，山东省淄博市建立了临淄足球博物馆，向公众展示作为现代足球起源地灿烂的中国蹴鞠文化。近年来，每逢清明节，临淄足球博物馆都会举办仿宋蹴鞠比赛。仿宋蹴鞠队员从入场、行礼到分组对抗比赛，都按照古代蹴鞠比赛的规则进行。

（除署名拍摄外，图片均由代表性传承人马国庆提供）

3. 新疆：塔吉克族马球（编号：国Ⅱ–Ⅵ–37）

塔吉克族马球是赛手骑在马上，手持马球棍将球打进球门的一种马背上的竞技性球类运动。马球是古老的体育竞技项目之一，我国史书称为"毛丸"或"击鞠"，塔吉克语称"贵巴孜"。塔吉克族的传统马球竞技活动，主要在塔什库尔干塔吉克自治县的塔吉克族聚居地较为流行。目前，仅能在新疆塔什库尔干塔吉克自治县见到打马球这一传统体育竞技活动。

当地塔吉克族村民进行马球比赛（叶金拍摄）

塔吉克族马球是一项激烈而富有情趣的马上竞技运动，看似简单，实则要求很高。一是对马匹要求较高，所选马匹不仅要有速度，而且要有耐力和灵活性，能配合球员及时做出反应；二是对球员要求高，需要球员有娴熟的马技与球技，善于分析和判断马球的走向和整个

快速传球彰显精湛的马上技术（叶金拍摄）

比赛的趋势，从而掌握主动权。因此，球员既要勇敢，又要机智；既要有较高的球艺和骑马水平，又要有较好的判断力，还要有较强的团队精神。

马球在我国始于汉代，到唐、宋时已非常盛行。在新疆吐鲁番的阿斯塔那古墓群中，曾出土一面唐代铜镜，上有女子打马球图。塔什库尔干石头城下干涸的河滩里，还可见古代马球场的清晰轮廓。据史料记载，这个马球场是早年当地驻军的马球场，这就印证了马球运动是"军中常戏"之说。

比赛用马的身材和年龄不限，一般会选择脾气温顺的马匹，此类马匹在激烈的对抗中不容易受惊，可避免发生事故。同时，所选马匹需具备健壮的体格，良好的速度、耐力和灵活性。在整个比赛中最重要的是要人马合一。

塔吉克族马球的比赛用球有三种形制：第一种是用粗羊毛绳缠成团，外面用黄羊皮包裹缝制而成的富有弹性的毛球；第二种是木质的马球，这种球没有弹性，但结实耐打；第三种是用羊毛毡缝制外皮，中间放置碎毡片、碎布和干羊粪蛋制成的，这种球既有弹性又经打，称为毡球。马球棍由桦木或杨木制作而成，长约1米，上细下粗，下端或宽扁或圆扁，以便于击球。

激烈的马球比赛（都力坤·米那瓦尔拍摄）

在塔吉克族马球比赛前，裁判员会用红色标志位划出马球场地。现今塔吉克族马球场长180米、宽70米，球门宽1.5米、高1米。过去塔吉克族举行马球比赛时使用古老的滴漏法计时，如今选用现代计时表。

塔吉克族马球比赛有详细的规则，双方共有12名队员，每一方6名，设有前锋、后卫、守门员等位置，并设裁判员2名，记分员1名。一场塔吉克族马球比赛约50分钟，比赛期间，队员不得随意退场，也不能随意增加队员，换队员需要经过裁判员允许。塔吉克族马球比赛对服装没有统一的要求，但是要求各队附有明显的标记，因此，参赛者常常通过系不同颜色的腰巾以示区别，而在现在的比赛中则为穿上不同颜色的标识背心。

（图片均由塔什库尔干塔吉克自治县非物质文化遗产保护中心提供）

4. 吉林：满族珍珠球（编号：国 II－VI－38）

　　"珍珠球"是吉林省满族传统体育项目，是模仿清代"打牲丁"进行"采东珠"工作而形成的体育游戏。"东珠"在历史上又称为北珠，出产于我国东北地区，由于产量较少，与其他珍珠比起来更显尊贵。因此，清政府严格控制东珠的开采规模，并成立了专门的管理部门，由此产生了专门的从业人员——打牲丁。打牲丁采珠工作时间较长，常有半年不能回家，为了打发寂寞难熬的日子，他们苦中作乐，模仿采东珠的工作场景创编了一种游戏——采珍珠。

珍珠球是满族传统体育项目

　　游戏双方分别扮演"珠丁"和"船丁"，在规定的界限范围内划分"水域"和"船区"，进行"投珍珠""拦截珍珠"和"接珍珠"的游戏活动。该游戏最初在水上进行，现在已经"进化"为在陆地上开展，是适合"水陆双栖"的传统体育游戏，具有很强的娱乐性和观赏性。

　　采珍珠的打牲丁主要由珠丁和船丁构成，二者进行密切的配

游戏双方分别扮演"珠丁"和"船丁"

合，珠丁采到珍珠后，将珍珠抛给船丁，船丁用网兜接住珠丁抛来的珍珠，放在盛放

珍珠的器皿里，这便产生了"投球"与"接球"等基本技术，形成了"珍珠球"游戏的雏形。早期的"采珍珠"主要是男性参与的游戏，其原因是打牲丁为男性，在工作过程中，经常赤裸身体，为了避免有伤风化，禁止女性参加。

道具和器械主要由球拍、球网和珍珠球三部分组成。球拍呈蛤蚌壳形状，用具有韧性的树脂材料制成，颜色最好与蛤蚌壳颜色相仿。球网为常见的操网。珍珠球的外壳用皮革或橡胶制成，内装有球胆，表面应为珍珠（白）色。随着珍珠球竞赛规则的不断完善，对球拍、珍珠球的规格也有了具体的规定。

如今，珍珠球比赛制定了严格的竞赛规则，分为甲乙两队，每队为7人，场地长30米、宽15米，中线两侧依次为水区、限制区、封锁区、得分区，每队内分别有"渔网"队员1人，手持网兜1个，兜径30厘米，网深40厘米，活动在得分区内，用网兜接本队队员投来的球，接住一球得一分。每队内有2名队员称"蚌"，手持蚌拍，活动在封禁区内，拦住对方投给"渔网"的球。其余队员称采珍珠人，分散在水区内，负责攻防投球和发球等。赛时40分钟，上下场各20分钟，以得分多者为胜。进攻的主要技术动作有传、拍、滚、运等，防守的主要技术动作有封、挡、夹、按等。

"珍珠球"作为满族文化的创造和遗存，有着悠久的历史，在一定程度上反映了清代初期满族人的渔猎生活形态。同时，珍珠球作为现代体育运动，对于促进运动参与，增强体质，丰富人们的业余文化生活具有重要的作用与意义。

吉林市满族学校将珍珠球作为学校的特色课程

（图片均由原吉林市文化广电新闻出版局非遗管理中心提供）

5. 内蒙古：鄂温克抢枢（编号：国Ⅱ-Ⅵ-40）

抢枢是内蒙古鄂温克族的民间传统竞技类体育项目之一，又叫"枢体能"，其中"枢"在鄂温克语中的意思是"轴销"，"体能"是抢的意思。轴销是一种固定车轮的木质卡销，是内蒙古游牧民勒勒车上的一种部件，用于固定车轴上的车轮，防止车轮从车轴上脱落。抢枢是由抢车轴销渐渐演变成的一种具有激烈对抗性的鄂温克民族传统体育运动。

相传，在很久以前的一年夏天，一个鄂温克家族逐水草而迁徙。在迁徙途中，因领头的勒勒车车枢的遗失而延误了整个家族的行程。那时已是日落西山，人困马乏，经验丰富的扎拉老人召集全部人马并将其分成两队，一队由长子吉雅希领队，另一队由次子吉嘎拉领队。为了激励两兄弟，老人说："如果你们两队人马谁能先找到枢并修好车，我就奖赏谁。"于是两队人马便按原路返回，各自寻枢。不久，弟弟吉嘎拉首先找到了枢，身材魁梧的大哥吉雅希为了立头功，便同弟弟的人马展开了激烈的争夺，最终哥哥吉雅希夺得了枢并修好了车，使迁徙的车队顺利到达了目的地。此后，鄂温克人为了纪念这个家族的勤劳勇敢与聪明机智，便以这个故事为背景创造了抢枢运动，并流传至今。

内蒙古少数民族运动会上的抢枢比赛（陈小蓉拍摄）

现在，抢枢运动已有成熟的比赛规则，抢枢的场地区域名称与现代足球类似，场地的整体形状是1个等腰梯形，从上边到下边依次为藏枢区、前锋区、中锋区、后卫区、底部圆车轮区 5 个区域，场地的长为 48 米。在场地中，藏枢区内的 3 个角为藏枢点；前锋区和中锋区之间直径为 4 米的圆为共同区，中锋区和后卫区之间也有相同直径的共同区，该区为罚枢和发枢区；车轮区两侧的直线为起跑站位线。场地中每条线的粗细均为 5 厘米，每个场区的发枢点直径为 30 厘米，藏枢点则是一个直径 30 厘米、深 10 厘米的小圆坑，圆坑中填满沙子。运动员需要通过各种技战术配合依次接力完成寻枢、传枢、接枢、持枢、击轮 5 个阶段，此 5 个阶段即为一局，以得分多者为胜。

藏斗与比赛用枢
（陈小蓉拍摄）

抢枢比赛使用的主要道具"枢"是用两端修棱的红色桦木圆棒制成的替代品，其长为 25 厘米、直径为 5 厘米，重为 300～350 克。比赛前要将勒勒车的一个车轮放置在车轮区外圆弧的中点处，使该车轮的外缘与弧的内沿相吻合，再将另一端的车轮拆下并卧放在车轴上。勒勒车的车轮直径为 1.3～1.4 米，车轴长为 2.2～2.3 米。比赛时，双方队员要穿着不同颜色并具有民族特色的服装。

在抢枢的过程中，推、拉、挡、摔、搂抱上身都是规则允许的动作，其中前锋队员还可以搂抱对方前锋队员的腰部以下部位，也可以抱腿，但比赛中禁止队员使用不安全、不合理的动作，如击、打、踹、压、锁喉、反扭关节、过胸摔、双手抱颈部及颈部以上的部位扭摔。对于故意伤害他人者要从总分中扣罚 3 分，并给予批评或罚出场外停止比赛，且不准替补。

女子参加抢枢比赛（陈小蓉拍摄）

6.内蒙古：蒙古族驼球（编号：国Ⅳ-Ⅵ-72）

　　驼球是传统的蒙古族体育竞技项目之一，也是蒙古族草原文化中骆驼文化的重要组成部分。蒙古族驼球是通过两阵对垒，乘驼击球，追逐争抢，最终以获取分数的多少来分出胜负的一项草原团队运动。蒙古族驼球需要球员不仅有驾驭骆驼的精湛技术，也要有一匹健壮的赛驼与球员相互协调配合，同时还要有准确娴熟的击球技能。目前，蒙古族驼球运动主要流传于内蒙古自治区的乌拉特后旗，在阿拉善左旗、包头达茂旗、锡林郭勒盟赛汉塔拉镇、赤峰克什克腾旗等地也有开展，是一项独具地域色彩和草原民族特点的传统竞技体育项目。

赛驼深受当地民众的喜爱（张春华拍摄）

　　乌拉特系蒙古族部落的一支，于17世纪50年代由呼伦贝尔西迁至乌拉特草原，游牧于阴山南北麓及黄河北岸。由于乌拉特草原西部与腾格里沙漠接壤，特殊的自然环境和牧民生产生活的需要，使有"沙漠之舟"称

牧民两阵对垒（张春华拍摄）

号的骆驼成为周边牧民生活生产不可缺少的工具，用来驮运生产生活所用的货物。之后，骆驼逐渐在牧民生活闲暇时成为娱乐活动的工具，在祭敖包、办庙会及那达慕大会等群体活动中都有骆驼比赛。与此同时，驼球赛随之逐步发展并形成规模，传承延续至今。

蒙古族驼球原本只是牧民之间自娱自乐的一种游戏，并没有严格的比赛规则，对于场地也没有苛刻的要求，只需将一块平坦开阔的草地稍加平整后即可开展比赛。蒙古族驼球因其简单的比赛规则和灵活的场地需求而风靡草原，并经不断发展和完善逐渐形成了具体的竞赛规则。

蒙古族驼球比赛为4人赛制，场地长90米，宽60米，在驼球场的两边端线中央各设一球门，并有守门员把守。驼球赛分上、下半场，每半场时间各为10分钟，比赛的胜负判定规则与足球的判定方式类似，以双方的进球数量来决定胜负。若比赛结束时，双方的进球数依然相同，则双方需用互射点球的方式来决出胜负。比赛中，球员除可采用多种击球技巧进行进攻和传球外，还可利用乘驼来掩护合理冲撞，因此，该比赛在展现运动员精湛球技的同时，也具有激烈的对抗性。

驼球比赛需要有驾驭赛驼的精湛驼技

近年来，蒙古族驼球经过乌拉特后旗政府部门的积极挖掘和保护，在当地得到了较好的发展。乌拉特后旗先后获得了"中国驼球的摇篮""驼球之乡"的称号。

（图片均由乌拉特后旗文化馆提供）

7. 新疆：维吾尔族曲棍球（编号：国Ⅴ-Ⅵ-84）

维吾尔族曲棍球作为传统体育项目之一，在新疆南部的喀什地区、和田地区、巴音郭楞蒙古自治州且末县等维吾尔族聚集区，以及塔吉克族、达斡尔族等少数民族中都有分布，但各地、各民族称谓有所不同。维吾尔族曲棍球器材制作简单，场地随意。比赛规则简单易学，老少皆宜。

当地民众参加维吾尔族曲棍球比赛（阿布都热夏提拍摄）

曲棍球运动深深融入了维吾尔族人民的日常生活中，如老百姓互相约定复杂的纠纷由曲棍球比赛的形式来解决；节日里孩子们将收集来的食物当作奖品，进行曲棍球比赛，赢者拿走食物。在维吾尔族民间俗语中还有"不起眼的曲棍球棍竟然打破了鼻梁"的说法，用来比喻不起眼的小人物有了大作为。

维吾尔族民间曲棍球分为两种：一种是人骑着马用弯曲的棍子打球；另一种是人手持弯棍跑步打球，目前保留下来的只有后者。

维吾尔族曲棍球场地大小没有严格的标准，基本按照1：2的长宽比例制定边界线。球场两头设定球门，球门高约1米，宽约1.3米，门后拉网，条件简陋时也可在地上钉柱子或放石块形成球门。

比赛中使用的球棍长度一般为1～1.5米，粗细也不同，球棍的头弯曲呈"7"字形。比赛中使用的球分为布球、线球和火球，直径为10～15厘米。布球是将棉花或羊毛包在一块皮革或结实的布里面，然后将皮革或布缝制成圆球状。线球是将羊毛或棉花揉成团，上面缠绕棉线或毛线，以增加球的硬度和耐磨度。如果是晚上比赛则使用火球，即将柳树或杨树上生长的层孔菌砍下来晒干，点上火当球打，方便选手看清楚球。

维吾尔族曲棍球参赛人数比较自由，每队2～20人均可，一般每队7～9人参赛。每队设定1名守门员（有些地区不设守门员），1～2人担任裁判员。

维吾尔族曲棍球比赛规则：在场地中心画直径0.2米的圆圈，将球放在圆圈中心，双方各出1人，在裁判发令时争球，比赛开始。在比赛过程中，球棍不能打人，手脚不能触碰球，选手用右手持球棍，自右朝左打，为避免球棍伤人，双方不能站在同一个方向击球。把球打进对方营门得分，得分后重新在场地中心争球，开始下一轮进攻。若一方把球打出界，则对手在球出界处重新发球。一场曲棍球比赛时间为40分钟，分两个半场进行，

维吾尔族曲棍球比赛双方参赛队员

中场休息10分钟，若双方比赛结果是平局，便延长10分钟进行加时赛。

打球比赛（亚库甫江·克热木拍摄）

根植于民族文化发展起来的维吾尔族曲棍球运动既来源于生活也贴近生活，逐渐形成了维吾尔族曲棍球文化，也成为中华民族体育文化的重要组成部分。在社会文化生活中不仅具有教育功能、健身功能、娱乐功能，而且能丰富民族文化生活、活跃节日聚会气氛，对于民族与地区间加强交流和凝聚情感具有重要作用。

（图片均由且末县文化馆提供）

8. 河北: 涞水踢球 (编号: 省 I-XII-6)

涞水踢球是河北保定涞水流行的一种传统体育活动。涞水山区的地下水和地表水十分丰富,形成十几条小河流向平原的同时,也带来大量的泥沙和鹅卵石。世代居住在这里的人们在泥沙冲积形成的土地上辛勤耕作,闲暇之时,便踢球状的鹅卵石嬉戏消遣。久而久之,形成了一种集运动、技巧、娱乐、趣味于一体的竞技游戏——踢球。目前,涞水县城及农村仍有相当多的踢球活动在开展。

2006年3月,涞水境内大赤土村"雪山一期"遗址中发现大量石球。西长堤村春秋古墓中出土的陶制花球,证明当时踢石球已深受民众喜爱。东明义村出土的晚唐张佑明墓志铭中有"有隙弓球"文字,证明踢球活动在当时民间非常普遍。明清期间也有《踢球图》,反映了当时踢球的状况。

受限于石球制作的复杂工艺,踢球活动的开展一直以涞水地区为主,未能向更远的地区发展。直到晚唐时期,明义乡东官庄村人张佑明进皇宫做太子宾客,才将踢球带进了京城,踢球很快受到京城官民的青睐。同样囿于石球的制作工艺,人们逐渐用布球或革球取代了石球,而在踢球的故乡——涞水,当地人使用的仍然以石球为主,如今也出现了钢球。

村民闲暇时踢石球 (陈小蓉拍摄)

涞水踢球使用的器具主要是石球,然后是"志子儿"。所谓踢球,就是通过用脚踢,使自己的球与他人的球相撞。因此,石球的球面很容易撞出麻坑,球体也容易碎裂,故现在人们大多用直径约3厘米的轴承钢珠来替代石球。"志子儿"用树棍或者竹竿、高粱秸做成,它的作用一是划分球场边界,二是测量球距。

测量球距（左逸帆拍摄）

踢球场以稍有凹凸、松软与坚实相间且宽敞的场地为最佳。有的时候，为了增加踢球难度，踢球者特意选用刚收割的萝卜地、白薯地作球场，以增加趣味性。参与踢球的人数较少时，可以在大街、胡同、收割后的玉米地里踢，不必专门划球场。

踢石球比赛人数以7～8人为宜（陈小蓉拍摄）

踢球前要选好场地，接着划球场边界，然后商定对输球者的惩罚方法，踢球不设专职裁判、司线员等，这些职责由场上踢球人兼任。每场踢球人数以7～8人为宜，参加者自认头球、二球、三球、四球……直至末球。然后，在球场边外的任何一个位置选一个发球点，头球向场内发进第一个球以后，二球就可以从发球点瞄准头球踢打，如果打中，二球为赢，升为头球，退回到发球点重新发球。三球及后面所有的球均按顺序上升一位，分别成为二球、三球……原头球则降为末球。游戏进行期间，如有新人加入，可在场中适当位置为其"栽"一颗球。这颗球的排位顺序是末球。如果一颗球连续打到了场中所有的球，本场球就算结束，所有人退到界外重新发球。

9. 宁夏：打梭（编号：区 I‑IV‑10）

打梭，也称"打木尖"或"砍尖"，原是宁夏回族自治区海原县放牛娃们搭伙玩耍的一种古朴易行而独具风格的游戏活动。后经当地人的加工、提炼，逐渐形成了具有一定艺术色彩的民间体育运动形式。

民间剪纸中的宁夏海原民间体育游戏"打梭"

"打梭"是人们在长期艰辛的生产、生活及劳动当中的娱乐形式，在海原县的各个乡镇都普遍存在，主要是当地孩子娱乐玩耍和锻炼身体的一种游戏。打梭运动基本不需要训练，边学边玩，一看就会。

海原县打梭游戏的由来传说不一，无从考证。一种说法是打梭活动源于清末，至今已有 100 多年的历史；另一种说法是在民国时期兴起打梭游戏，是由当地人自创的。

打梭游戏最早的玩法是"打翘梭"。即将木梭放到一个地沿边，木梭的一头置地，另一头翘起悬空，然后用梭棍击打木梭悬空的一头，这样木梭就会飞到空中，谁打的木梭飞得最高谁就是赢家。后来逐渐发展成为"赶梭"，也就是将木梭抛起后击打，谁打得最远算谁赢。再后来发展成为在一个空旷的平地上挖一个小坑，然后以这个小坑为圆心

宁夏打梭比赛形式与垒球颇有相似之处

划一个大圆，并在圆边线上等距离挖上相应数量的小坑（小坑数与参加游戏的人数对应），然后圆边线上的进攻队员将木梭抛向圆心小坑。此时，圆心上的防守队员击打木梭至远处，圆边线上的进攻队员跑出去往回赶梭，如果在圆心有防守队员防守的情况下，赶梭队员将梭赶回圆心小坑里就算赢，然后换下一位。

比赛开始后，守方队员手执鞭杆，把守在土坑旁，攻方在规定界限之外将木梭往土坑里扔。当木梭扔出后，守方则用鞭杆扫击，并在木梭落入土坑之前将其击出坑外，击打得越远越好。一旦守方击中木梭，木梭飞向远处，攻方便可用乘凉的草帽或衣服将木梭在落地前接住，然后快速跑回攻击界限，回跑时必须边跑边吆喝，不能中断，要一口气将木梭送到攻击队员手中，否则就算输了一梭。如果攻方扔出的木梭未被击中且落入土坑内，则算攻方赢，守方输一梭。如此反复比赛，直到最后得分高者为胜。

打梭比赛

木梭是一小根长 10～12 厘米、鸡蛋粗细的圆木棍，将两头削尖，形状为中间大、两头尖，呈梭状，中部直径 2～3 厘米。击梭棍杆长约 100 厘米，厚 2～3 厘米，以表面光滑、比较结实、用起来称手为标准，最好用柳木棍。"打梭"要求在空旷的平地上，场地须平坦宽阔。在场地的一侧挖一个直径约 30 厘米的圆坑，这个圆坑叫"窝"，由"窝"向前方延伸 10～15 米处画一条横线为掷梭线（距离须双方商定）。

打梭是宁夏回族自治区海原县民间的传统体育运动方式，也是旧时农村文化和体育活动的见证，具有丰富和活跃当地群众精神文化生活的价值。

（图片均由代表性传承人李成林和陈娜提供）

10. 宁夏：泾源回族"赶牛"（回族木球）（编号：区Ⅱ-7）

回族木球，亦称回族赶牛，是流传在宁夏回族自治区泾源县泾河源镇底沟村回族民众中的一项民间体育活动。此外，还出现了多种衍化项目，如泾源县的"赶牛"、隆德县的"吆逐"、贺兰县的"栲栳"、吴忠市马莲渠乡的"木球"等。据史书记载，清朝时木球在宁夏便已经盛行。令人遗憾的是，如今原生态的回族木球早已不复当年盛行的情景，发展至今以节庆时表演为主。

全国少数民族运动会回族木球表演赛（陈小蓉拍摄）

回族木球主要分为原生态化的回族木球和竞技性回族木球两种类型。在长期发展中，两种类型的回族木球发展各有优劣。原生态回族木球一般选择在空旷的草地或比较大的麦场上进行，尤以草地为佳。比赛时，在空地边缘用石头、木桩或画线做出标记，场地中央挖出或划出"牛圈"。双方队员在人数均等的情况下，执棍开赛。参赛人数一般是5~9人，挖4~8个小窝，称为"住屋"。

比赛开始时，赶牛人为攻方，攻方把"牛"往场地中间的窝赶，称为"牛进圈"，赶进圈的为胜。守方人各守住自己小窝还要把攻方赶进来的"牛"往外赶。如果攻方占了守方人的小窝，守方在赛后将接受惩罚。一般罚其去山上赶真牛。

原生态的回族木球所用的器械主要有"赶牛棍"和"牛"。"赶牛棍"通常长180厘米，棍头有凸出的树根，以便于赶（击打）"牛"。"牛"一般选用木头疙瘩、石头等制作而成，直径 10 厘米左右。近年来，为便于表演和观赏，"牛"的制作也进行了改良，变成了篮球般大小，镂空并系有铃铛，外面束缚彩带的铁制品。

现在，竞技性回族木球在比赛场地和比赛规则上有更为严格的规定。竞技性回族木球要求在人造草皮场地上进行。场地规定以宽 5 厘米的胶带或白灰画出长 40 米、宽 25 米的边线。球门高 1.2 米，长 2 米。比赛规则：一是击球时，击球板高度在身前不得超过击球运动员膝盖，在身后不得超过髋关节；二是不得在任何队员裆下击球，包括击球运动员自己；三是球门前的小禁区，任何队员不得进入；四是不得以手触碰球；五是不得击打（抽击）高于膝盖以上的球。如今，回族木球已演变为具有严格的比赛规则、标准的场地和比赛器械的全国民族运动会竞赛项目，并简称为"木球"。

回族木球击球板和球（殷鼎提供）

比赛输的一方背着胜方下场（陈小蓉拍摄）

11.北京：蹴球（踢石球）（编号：市Ⅱ-BJⅥ-3）

　　蹴球也称踢石球，是一项历史悠久的民间体育活动。石球在古代是一种生产工具，其随着社会的进步和生产力的发展逐步向娱乐工具转变。近年来，踢石球活动不断系统、规范，传统踢石球得到了传承和发展，并成为受欢迎的民族传统体育项目之一。

踢石球活动

　　根据历史考古考证发现，蹴球的历史与演变可分为投掷石球、踢石球、蹴球三个阶段。其中，投掷石球产生于原始社会时期，石球主要为成年人狩猎投掷时所用。当人们掌握了弓箭之后，石球的用途开始向游戏比赛转化。在陕西省西安半坡遗址的一个墓葬中曾出土过3个石球，距今约有7000年的历史。《日下旧闻考》记载："踢球一事，自金元以来即有之，不自今日始矣。"明代刘侗《帝京景物略》描述了当时传统踢石球的比赛形式及规则。清代富察敦崇《燕京岁时记》中对踢石球的季节、制作、玩法等做了进一步描述。

　　踢石球作为一项民间传统体育游戏，通过社会传承，在民间世代流传下来。该活动在满族、蒙古族、回族等民族中盛行，辛亥革命后逐渐衰落。民国时期，北京市的街巷也有"小孩小孩跟我玩，踢球打杆儿逛闸儿"的民谣，说明踢石球在当年的北京地区也是一项较为广泛的民间体育活动。1999年，国家体育总局和国家民委将踢石球列为第6届全国少数民族传统体育运动会正式比赛项目，其正式更名为"蹴球运动"，并有了完整规范的竞技竞赛规则。

蹴球国际交流活动

传统踢石球对器材要求简单，对场地条件并无明确规定。最初的民间传统踢石球运动十分灵活，玩法很简单，就是两个人面对面脚底各一球，先后踢出，听见两球相撞时发出"砰砰"的响声，以此作为踢石球的乐趣。

现代蹴球比赛用球为硬塑材质制成的实心球，球体直径10厘米，分红、蓝两种颜色，供参赛双方选用。蹴球场地为100平方米的正方形平整场地，四角各有半径为0.5米的扇面发球区，中央为半径2.4米的中心圆，发球时，球应触及

比赛用蹴球

中心圆线。圆心有半径0.2米的停球区。竞赛方法的要点：蹴球比赛分为上、下两局进行，运动员通过脚掌将球向前蹴出或挤出，使之碰击对方或本方球，并据此计算得失分，总分多者为胜。

蹴球是一项融竞技与娱乐于一体的体育活动。在蹴球比赛中，由于双方运动员身体不接触，而是通过球与球之间的碰撞，将人的智、勇、技等方面的竞争与对抗以间接的方式表现出来，帮助人们在竞争中建立一种理性的态度，体现了以智取胜、以技取胜、以巧取胜的竞赛特点。

（图片均由北京体育大学提供）

12. 云南: 嘟哒哒 (编号: 省Ⅱ-Ⅶ-31)

嘟哒哒是云南省龙陵县平达乡黄连河村一带民众喜爱的一项民间体育活动。黄连河村位于云南省龙陵县平达乡西部，是一个以傈僳族为主的少数民族村落，其四周环绕龙贡山，海拔 2000 多米，交通不便，多山地。由于较为闭塞的生活环境，制作简单、游戏方便的嘟哒哒便成为当地民众日常生活中经常进行的体育娱乐活动。尤其是逢年过节，黄连河村的家家户户都会在院子里牵上一根绳儿，或者围成一个圈聚在一起玩嘟哒哒。不论男女老少都会加入进来，享受家人团聚的欢愉之余，更为节日的喜庆气氛增添了色彩。

妇女用叶子编"嘟哒哒"（陈小蓉拍摄）

实际上，"嘟哒哒"是根据傈僳语的发音，音译为汉语的写法。最初，"嘟"的意思是抛起来，而"哒"的意思是接住。"嘟哒哒"便是"抛抛接接"的游戏。随着游戏的传播，现在"嘟哒哒"之意已经演变为"快来玩，大家一起来玩"的意思。此外，"嘟哒哒"也指用粽叶编制的游戏工具。"嘟哒哒"做工考究精致，不少傈僳少女把它作为定情信物送给心上人。

黄连河的青年男女最爱玩嘟哒哒。嘟哒哒成了黄连河傈僳青年男女表达爱情的重要活动和健身项目。不论是农闲、节日、聚会、喜庆日子都开展此项活动。每年的节庆期间，黄连河一带的傈僳族群众便会不约而同地汇聚在山寨的平地上，开展嘟哒哒竞技活动，男男女女都穿着特色民族服装，成为山寨里一道亮丽的风景。

嘟哒哒的确切起源时间已经无从考究。相传，很久以前傈僳族祖先以打猎、山间放牧为生，有一对傈僳族姐妹在上山打猪草的时候偶然发现猪鬃草可以编制成可供游戏的草球，于是便发明了嘟哒哒的游戏，用于放牧劳作之余的娱乐消遣。自此，嘟哒哒的游戏在傈僳族的劳动人民中流传开来，逐渐演变成为田间地头人们爱不释手的竞技游戏。

嘟哒哒的场地要求简单，只需一根可系于房梁或树干的绳、一块空地。村民一般会在院子里拉一根绳子作为球网玩嘟哒哒。

用于游戏的草球是使用猪鬃草叶编织而成的。傈僳族人把这种草叶叫作"嘟哒萍"。1个编好的"嘟哒哒"只能玩1个小时左右，之后便无法继续使用了。另外，由于材质的特殊性，"嘟哒哒"在做出来后最多只能放置1～2天，因此，进行"嘟哒哒"比赛的道具都是赛前临时现做的，以保证其可玩性。

多人隔网进行比赛（陈小蓉拍摄）

嘟哒哒的玩法多种多样，不受时间、人数限制，可以举办双方对抗的比赛，也可以三五成群聚在一起共同游戏。比赛形式与打排球有几分相似，玩时由1人左手提草须，右手向上抬击球，越高越好，接球人用单手或双手掌心往高处抬击草球，高处不限，各方不许扣杀，球落地或打在人体的手以外的其他部位为输。

嘟哒哒的扣杀技术
（陈小蓉拍摄）

13. 海南：黎族赶狗归坡（编号：省Ⅲ-Ⅵ-1）

　　赶狗归坡是流传于海南省黎族地区的一项传统体育活动，因其比赛的形式和内容与国际曲棍球赛非常相似，故又被称为"黎族的曲棍球赛"。由于这一运动生动谐趣、简单易行，且集竞技性与游戏性于一体，因此，受到当地黎族人的喜爱，参与运动的人群多为青少年。在海南省，每逢农历"三月三"，在黎族最盛大的传统节日中，赶狗归坡都是不可缺少的体育竞赛项目之一。

黎族村民进行赶狗归坡比赛

　　相传在很早以前，黎族人收完庄稼后，便会用随手可见的椰子叶来编扎一个圆球，在田间里踢来踢去，以庆祝丰收。由于田间的泥土和稻根很容易阻碍球的滚动，于是聪明的黎族人便砍下了带杈的树枝来击打难以滚动的圆球。最早，赶狗归坡并没有设置球门，只要将球赶到对方的底线即可得分。到了现代，赶狗归坡活动借鉴了足球比赛，在原先的场地底线分别增设了球门，得分的规则变成了将球击打到球门内计1分。赛场也逐渐由稻田搬到了村里的空地，更加便于球的滚动。

　　"赶狗归坡"这个名称来自这项活动滑稽的惩罚方式。在比赛后，输掉比赛的一方要双手双脚着地，驮着胜利一方的队员爬着离场，胜利方骑在失败方的背上挥舞着球棍兴高采烈地欢呼以庆祝胜利，这种滑稽的惩罚方式便被形象地称作"赶狗归坡"。

胜利者骑在对手背上兴高采烈地离场

黎族赶狗归坡的比赛器材制作都选用了当地的天然材料。比赛中所用的球棍是黎族人在山间挑选形状呈"L"形的坚固树枝削制而成的，其长度约为 1.5 米。比赛中使用的圆球则是用当地的椰子叶或稻草编扎制成的，之后逐渐改用渔网的轻木浮子或皮球代替。比赛场地为架起两个球门的开阔空地或者农闲的田间。

赶狗归坡所使用的"L"形球棍

流行在黎族民间的赶狗归坡比赛，其赛场的大小因地制宜，比赛的人数也没有固定限制，通常每队各有 5 名球员。比赛前，将比赛用的圆球放置在场地的中心，在裁判员发令之后，两队便可用球棒争抢圆球，将圆球击打进对方球门的一方即可获得 1 分。比赛时间是由两队之间协商确定的，在规定的时间内得分多的队伍即为胜利的一方。

赶狗归坡作为黎族传统的民间体育运动，其比赛激烈而有趣，将游戏与竞技融为一体，曾一度受到各地黎族村寨的追捧与热爱，每逢重大的喜庆节日，在黎族的村寨中总能看到赶狗归坡活动。

（图片均由昌江黎族自治县文化馆提供）

14. 浙江：赶野猪（曲棍球）（编号：省Ⅲ-Ⅵ-99）

　　"赶野猪"是畲族人民在劳动实践中创造并发展起来的民族民俗活动。浙江省景宁畲族自治县位于浙江省南端，独特的地理条件为畲族人民的生产生活奠定了自然环境基础。畲族是一个古老的民族，历史文化悠久，主要分布于广东、福建、浙江、江西等省，浙江畲族人口现有 18 万余人。浙江畲族常与汉族同胞杂居而处，主要生活于浙江西南地区的高山和丘陵之地，因此畲族人自称"山哈"，意思是"山里的客人"。大部分畲族人生活在大山之中，以务农为生，主要种植番薯、大豆、玉米等作物。畲族史歌《高皇歌》有记述："尽作山场无分田，山高土瘦难做食，走落别处去作田。作田作土是辛苦，作田亦爱靠天年，也是掌在山头多，官府皂老也相欺。"大山里野兽较多，尤其是野猪，对农作物破坏力最大，因此，野猪是畲族人的心腹之患，有组织地进行赶野猪成了畲族人的一项重要活动。

"赶野猪"是景宁畲族自治县的一项传统体育项目

紧张激烈的"赶野猪"比赛

为了更好地达到驱赶效果，畲族人农闲时就会在谷场、院子中扎几个蔑球代表野猪来演练赶打野猪的技巧。畲族人用竹子编成圆球当野猪，用木棍当土铳，分为两队，争相追打"野猪"，后来该活动逐步演变为畲族传统的体育竞技项目。

每年的农历三月三是畲族独特的节日，而"赶野猪"就是畲族人民在三月三节日中最为热爱且家喻户晓的民俗活动之一，实际上是一种类似现代竞技项目中的曲棍球的比赛活动。"赶野猪"不但精彩好玩，而且蕴含着畲族人民在历史长河中逐渐演化的民俗传统，是畲族人民

畲族村民练习"赶野猪"技巧

在长期的劳动实践中创新与发展的一种民族体育活动。

在"赶野猪"还未形成严格且规范的规则之前，进行"赶野猪"活动仅需要一块空旷的场地，大家拿着长棍互相追逐蔑球即可。现今，"赶野猪"活动不仅需要一片空地，还需要由发球点、罚球点、守门员区、禁区、边线、端线、球门组成的比赛场地。道具器材也由随手在山中捡的长棍，逐渐演化为现在标准的球板，而蔑球是由竹丝制成的，近似圆球形的球体，直径15厘米，重200克左右。

赶野猪运动的技术主要有：运、传、接、射。进攻方力求将球用球板打进对方球门，防守方极力阻止、破坏对方进攻，转守为攻。两队在一片两端各有两个进球门的长方形场地上，按照一定的规则进行对抗活动。比赛各队派5名队员上场比赛，其中1名为守门员。比赛分上下半场，上半场20分钟，下半场15分钟，共35分钟，在规定的时间内得分多者获胜，如果遇到平局，则加罚3个点球决定胜负，若依然平局，每次加罚1个，直到决出胜负。

赶野猪活动不受年龄限制，老少皆宜，技术多样，战术丰富，对抗激烈，能有效提高人的速度、耐力、力量、灵敏度等身体素质，有利于培养人勇敢顽强、机智果敢、勇于克服困难的意志品质和团结合作的集体主义精神。经过漫长的传承与演变，"赶野猪"活动逐渐发展成为畲族民众普遍喜欢的传统体育项目——打蔑球。

（图片均由丽水学院提供）

宋（960—1279 年）《清明上河图》局部（选自《游戏史》）

第三章

摔跤类非物质文化遗产

摔跤是世界公认的最古老的体育运动之一，早期在古希腊罗马城邦、古中东两河流域、古埃及、古印度、古美洲、古亚欧草原游牧民族及古代中国等地均有不同形式的摔跤。现存于伊拉克博物馆的一尊大约公元前 2800 年的抱腰摔跤青铜像，生动地表现了抱腰摔跤的场面，由此可以推测古代两河流域彼时已开展了摔跤运动[1]。公元前 2500 年，古埃及的帕尼·哈桑墓内壁画记录的摔跤比赛情景，包含大量属于现代摔跤专项技术的抓、抢、摔、扭等动作内容，表明古埃及人的摔跤技术已经发展到较高的水平[2]。陕西省长安区客省庄出土的战国角抵图铜饰，印证了中国摔跤运动的古老历史。

陕西省长安区客省庄出土的角抵图铜饰

一、我国摔跤运动的起源与发展

在中国，摔跤运动源自角抵，也作角觝、角牴，又称角力。其历史可追溯到梁人任昉在《述异记》中记载的蚩尤氏角抵术[3]。秦代以前，摔跤多称作"角力""相搏""手搏"，主要用于军事训练。秦统一六国之后，正式将其定名为"角抵"，由于施行禁武，角抵用于军事训练的功能逐渐弱化，开始成为娱乐表演项目，并且在宫廷和民间广泛开展。《史记》卷八十七《李斯列传》载：秦二世曾在甘泉宫，"作角抵优俳之观"。1975 年，湖北江陵凤凰山秦墓出土的一件木篦，上绘有 3 人赤裸上身，下

[1]谭华.体育史［M］.北京：高等教育出版社，2009：26.
[2]谭华.体育史［M］.北京：高等教育出版社，2009：29.
[3]相传角抵源于上古时期的蚩尤戏。据南朝梁任昉《述异记》载，"秦汉间说，蚩尤氏耳鬓如剑戟，头有角，与轩辕斗，以角抵人，人不能向。今冀州有乐，名蚩尤戏，其民两两三三，头戴牛角而相抵，汉造角抵戏，盖其遗制也"。

着短裤，腰束带，足穿翘头鞋，右侧两人相扑相抵，中间之人身体前倾，用力前推双手，而最右侧之人则以右手攻击对方头部，两人全神贯注投入比赛，最左边之人向前下方伸出双手，似做裁判之势。3 人上面有帷幕飘带，由此推断，角抵比赛可能在帷幕内进行。由其选手、裁判、场地几种因素看，秦代时角抵比赛已初具规模[1]。

秦代彩绘角抵图木篦

汉代摔跤称"角抵"为"武戏"的一种，出现职业化倾向，形成三种固定风格，分别是赤裸身体的角力、着装的角力和戴假面道具的角力。《汉书》卷六《武帝纪》载："元封三年（公元前108 年）春，作角抵戏，三百里内皆来观"。张衡《西京赋》曰："临迥望之广场，程角抵之妙戏。"这些均表明汉代角抵表演是百戏的重要内容之一。汉代画像石中屡有角抵戏图像，并出现了不同类型。角抵者都是孔武有力的壮汉，上

西汉（前 202 年—8 年）铜鼻钮角觗图案印（现藏于故宫博物院）

身裸露，只穿长裤或短裤。东汉人应劭注曰："战国之时，稍增讲武之礼，以为戏乐，用相夸示，而秦更名曰角抵。"

魏晋南北朝时期，由于北方少数民族南迁，游牧民族争强斗勇的习俗使角抵与百戏杂技逐渐分离，角抵运动开始出现了相扑、摔跤、批拉、角力等不同叫法。宋代

[1] 郭玉成.中国武术史 [M].北京：高等教育出版社，2019.

《太平御览》卷七百五十五引王隐《晋书》记载："襄城太守责功曹刘子笃曰：'卿郡人不如颍川人相扑。'笃曰：'相扑下技，不足以别两国优劣。'"表明魏晋南北朝时期，由角抵演化而来的相扑、摔跤、角力运动，已在宫廷和民间广泛开展。三国时，开始出现女子相扑活动。据《太平御览》卷七百一十五《服用部·步摇》引《江表传》载："孙皓使尚方以金作步摇，假髻以千数，令宫人著以相扑，朝成夕败，辄命更作。"讲述了孙皓观看宫女戴着金步摇首饰进行相扑表演，这也是历史上首篇记载女子相扑活动的文献。

隋唐时也盛行相扑之风。唐代民间广泛喜爱相扑。《角力记》记载，在五陵、鄱阳、荆楚等地，五月天暖后人们盛集，水则竞渡，"街房则相攒为乐"。相攒为当地方言，即摔跤。蜀地之人则喜欢集会相扑，他们在草地上摔跤，常常直到夕阳西下，会对胜利者加以奖赏[1]。隋唐时期，相扑逐渐由民间传入宫廷，成为观赏的娱乐项目。摔跤活动达到高峰，出现了"相扑朋""内等子""社条""部署"等专门组织、规则和裁判员。此外，女子也积极参加角抵活动，常常出现在各种角抵比赛之中。在广场之中，女子表演角抵相扑时，观者如云，其影响之大，以至于唐玄宗专门颁布诏令，以"伤风害政，莫斯为甚"为由，禁止女子在广场相扑。

唐代　莫高窟藏经洞（17窟）绢画相扑（法国国家图书馆）

进入宋代，相扑运动更加普及盛行。吴自牧《梦粱录》卷二十《角抵》称"角抵者，相扑之异名也，又谓之争交"，说明相扑至宋代又称作"争交"，依然盛行于中国

[1]钟敬文.中国民俗史（隋唐卷）[M].北京：人民出版社，2008：537–538.

南北地区[1]。在宋代民间瓦市中，女子相扑表演是盛行的竞技项目。当时，在民间相扑比赛中，出现了一大批女相扑手，如赛关索、嚣三娘、黑四姐、韩春春、绣勒帛、锦勒帛、赛貌多、侥六娘、后辈侥、女急快，女相扑在当时称为女飐，是指女子进行角抵表演，因其相比男子角抵而言，对抗性差些，故称"女飐"，意为如风吹物一样[2]。可见，宋代女子相扑比赛在民间很普及。

到辽代，三项技艺在民间广为传播，成为那达慕的主要内容[3]。元代蒙古族的女子也重骑马、射箭和摔跤。元代的那达慕大会上，身强力壮的妇女也能参加各种比赛。元代在建国之后，继承宋代旧俗，专门设立职业摔跤手，角力摔跤活动更为活跃。

由于明代几乎废掉了元代的一切风俗习惯，摔跤运动渐衰。但明代也未曾完全禁止这项运动，且摔跤仍然存在于宫廷娱乐、军事训练，以及民间社会生活之中。摔跤被列为六御之内，成为军队作战训练的重要手段，但在宫廷、贵族府邸中的角抵活动的开展情况则远不如宋代和元代。

清朝统治者把南方的相扑、北方的角抵统称为摔跤，满语叫"布库"。清代摔跤被称为布库戏、撩脚、撩跤、掼跤等。清朝历代皇帝大力提倡摔跤运动，因此"布库之戏"得以广泛传播。清朝建立了官方摔跤组织"善扑营"，摔跤文化盛极一时。由于政府的提倡，除了善扑营的"官跤"，民间的"私跤"也非常盛行，摔跤活动进入泛民间化发展阶段。到乾隆年间，其战阵用的成分逐渐减少，而娱乐的成分逐渐增加。

民国时期，因为战乱求生和参与救亡图存的强烈需求，摔跤在回族、满族、蒙古族民间得到恢复和发展，并在河北、保定、北京、济南、天津、山西民间形成人才林立的局面，出现常东升、四大张等诸多实战派摔跤功夫名家[4]。

中华人民共和国成立后，中国式摔跤于1953年被列入国家体育运动竞赛项目，并在当年成立了中国摔跤协会和举行了全国比赛。1956年中华人民共和国体育运动委员会颁布了《中国式摔跤运动员等级制》，1957年颁布了《中国式摔跤规则》。"中国式摔跤"也从此定名，以区别于世界上的"自由式"摔跤和"古典式"摔跤。民族式摔跤在中华人民共和国成立后举行的历届全国少数民族传统体育运动会中均被设为正式比赛项目。

---

［1］钟敬文.中国民俗史（隋唐卷）［M］.北京：人民出版社，2008：538.

［2］周密.武林旧事［M］.李小龙，赵锐，评注.北京：中华书局，2007.

［3］徐玉良.中国少数民族传统体育史［M］.北京：民族出版社，2005：95.

［4］罗富玉.中国式摔跤发展现状及发展对策研究［D］.上海：上海体育学院，2009：2.

二、摔跤非物质文化遗产的分布

在我国第 1～5 批国家级和省级非物质文化遗产名录中，共有 23 个摔跤类项目。从空间分布看，我国的摔跤类非遗项目的分布总体并不均匀，呈现出北密南疏的分布状态。内蒙古的东北部形成了一个高密度核心圈，此外，在云南、贵州、吉林、辽宁、山西、河南等地有少量分布。可见其具有显著的民族性。

我国摔跤非遗项目主要分布在内蒙古与新疆地区、西南少数民族地区、华北地区、东北地区四个区域。内蒙古与新疆地区地域辽阔、高山环绕，常年气候环境恶劣。该文化区民族分布的区域相对集中，东部以蒙古族为主，西北部以哈萨克族为主，东南部以维吾尔族为主。彪悍、强硬的民族气质注入了当地文化之中，成为摔跤运动普遍流行的文化基础。当今存在于该区域内的搏克、且里西和库热斯等摔跤类非遗项目，都有悠久的历史积淀和深厚的文化底蕴。

西南少数民族地区高山险峻、河流湍急，形成了天然屏障，弱化了外来文化的传播。同时，由于该地区语言支系庞杂、族属众多，区域内部形成了风格迥异、各具特色的摔跤文化。当今存在于该区域内的摔跤类非遗项目主要有彝族摔跤和侗族摔跤。

华北地区在中国历史上曾为重要的古战场，民风彪悍，尚武情节浓郁。当今存在于该区域内的摔跤类非遗项目有挠羊赛、天桥摔跤、天桥掼跤艺术和老北京跤艺。其中，北京的天桥摔跤、天桥掼跤艺术、老北京跤艺，均传承自清朝八旗军的"善扑营"。清朝灭亡后，宫廷扑户和跤手流落民间，靠摔跤撂地表演卖艺为生的扑户将摔跤改造成不同的表现形式。

东北地区地理环境凛冽，造就了雄浑豪放的民风。当今存在于该区域内的摔跤类非遗项目有朝鲜族摔跤和沈阳北市摔跤。该文化区中的朝鲜族摔跤，于清朝末年随移民迁徙传入我国。朝鲜族每到端午、中秋、丰收时节等重要节日都会组织摔跤比赛。

三、摔跤非物质文化遗产的类别

中国传统摔跤大致可以划分为中国式摔跤和民族式摔跤两大类。中国式摔跤的统称是为区别于国际比赛的自由式摔跤和古典式摔跤。民族式摔跤依据全国少数民族传统体育运动会中关于民族式摔跤竞赛规程的规定，进一步划分为搏克（蒙古族式摔跤）、格（彝族式摔跤）、且里西（维吾尔族式摔跤）、北嘎（藏族式摔跤）、绊跤（回族式摔跤）、希日木（朝鲜族式摔跤）六个跤种。

随着社会的发展，中国传统摔跤的功能快速转变，由古代的娱乐、娱神、军事、祭祀等功能转变为当今的强身健体、体育竞技和民族交往等社会功能。

目前，中国传统摔跤运动项目的比赛规则和形式都更加规范，比赛中的技术性、竞技性、娱乐性和艺术性都有较大幅度的提升。中国式摔跤是在汲取各少数民族摔跤特色的基础上，形成的一种适应时代需求和竞技体育发展规律的跤种。

1. 内蒙古: 蒙古族搏克 (编号: 国 I-VI-16)

"搏克"在蒙古语中的含义为摔跤, 有团结、结实和持久之意。搏克俗称蒙古式摔跤, 是一项古老的蒙古族传统体育项目, 也是蒙古族"男儿三艺"(摔跤、赛马、射箭)之首。

蒙古族摔跤有着悠久的传承历程, 发展至今已经拥有了近2000年的历史。其在西汉初期开始盛行, 经元代至清代得到空前发展。在古代, 蒙古族搏克被蒙古族先民称为"王者运动", 许多蒙古族的杰出统领都是非常优秀的摔跤手。与此同时, 搏克还一度成为古代蒙古族部落推选将领和提拔官员的主

内蒙古少数民族运动会上的搏克比赛 (陈小蓉拍摄)

要筛选标准之一, 并被应用到蒙古族军队的训练之中。搏克除在君王及军队之中广为盛行外, 也是古代蒙古族平民和贵族所喜爱的运动项目, 在蒙古族中一直有着举足轻重的地位。

比赛中健壮的搏克手入场仪式 (张俊杰拍摄)

蒙古族搏克的摔跤手在蒙语中称为"搏克庆"，按蒙古族传统的要求，参赛的摔跤手上身须穿用牛皮或帆布制成的"卓得戈"（紧身半袖坎肩），以此来表达草原人民对幸福生活的向往。腰间则系有用红、青、黄三色绸子做成的"策日布格"（围裙），寄予着蒙古族人民对自然的尊敬及崇拜之意。搏克手的下身穿着肥大的"班泽勒"（摔跤裤），另外还要套上一条绣有各种动物或花卉图案的套裤，最后脚蹬蒙古靴或马靴。除此之外，胜利者脖颈上还会佩戴用五色彩绸制成的"将嘎"（项圈），将嘎是优秀搏克手的一种荣誉象征，神圣而不可侵犯。

女子博克比赛（陈小蓉拍摄）

传统的搏克比赛场地没有特殊的要求，只要有一块平坦的草地或者平地即可举行比赛。搏克比赛随着悠扬高亢的"乌日亚"赞歌拉开序幕，身着搏克服装的摔跤手在年长搏克手的带领下，伴着激情的赞歌挥舞着壮实的双臂，跳着粗犷的鹰步列队上场，同时，还会模仿狮子、鹿等草原动物的姿态在场中舞蹈。这种古老的舞蹈形式不仅起到了热身和鼓舞士气的作用，也体现了蒙古族对英雄和自然神灵的崇拜之意。

正规的蒙古族搏克参赛人数必须是2的乘方，如8、16、32、64、128、256、512等。搏克比赛的其他规则也简单明了，比赛不限时间，参赛者也不分重量级别，摔跤手膝盖以上的任意部位落地皆为输，因此，体重较大的摔跤手往往会占据一定的优势。但豪爽坦荡的蒙古族人并不认为这是不公平的，他们认为蒙古族在草原生活中，恶劣的自然环境、凶猛的野兽威胁、饥饿、疾病等因素并不会因为不公平而消失，勇敢的蒙古族人也不会因这些恶劣的自然环境和种种不公平而止步不前，他们只会抓住生活中每一次机遇努力使自己变为强者。发展至今，蒙古族搏克成了牧民群众劳作之余的一种娱乐健身的体育运动。

2. 北京：天桥摔跤（编号：国Ⅱ-Ⅵ-21）

北京天桥摔跤即中国式摔跤，它在双人对抗的过程中加上言辞幽默风趣的语言，构成了天桥摔跤的表演艺术，因此被称为"武相声"。

清朝时期摔跤运动进入鼎盛时期

天桥摔跤又称为角力、角抵、相扑、争跤等，清代统治者崇尚武功，专门选拔训练优秀的跤手拱卫京畿。当年，康熙帝带领少年跤手将鳌拜擒获，就是天桥摔跤的雏形。此后，清庭设立"善扑营"，专门训练摔跤高手。自此，摔跤运动进入鼎盛时期。

辛亥革命之后，"善扑营"解体，其中的扑户流落于民间，开设跤馆或街头卖艺。当时任职于天坛侍卫的

扑户宛永顺（右二）

头等扑户宛永顺，人称"宛八爷"，为了生存，在北京红庙（如今的狗尾巴胡同）建立了红庙跤馆，收徒传艺，使皇家摔跤技法进入民间。此后，北京天桥形成百姓娱乐市场后，曾出现过很多百姓喜闻乐见的表演节目，如杂技、武术、中幡、摔跤、戏法、说书等。其中，具有实用性、互动性的摔跤活动备受推崇。由于天桥的特殊地理位置与文化氛围，摔跤

惊险刺激的天桥摔跤

运动在此立稳脚跟，被称为"天桥摔跤"。

天桥摔跤的实战技术动作主要为4个关键点，即头部、脚部、腰部和步法。它拥有上百种的训练方法，包括50多种徒手训练和10多种器械训练方法；其技术动作名称多达100多个。有句行话将其形容为"大动作三十六，小动作似牛毛"。

天桥摔跤的比赛规则依然沿用传统规则：褡裢衣、中心带可以抓，全身都可以握或者抱，但不许抓裤子，不许击打对方，不准使用反关节动作，三点着地（两脚加一手或者一膝着地）为失败，三跤两胜，没有时间限制，也没有年龄、体重级别之分。

代表性传承人付文刚展示摔跤技艺

天桥摔跤的跤架是指对阵双方交手之前所采取的姿势，讲究"四正、四圆"。其中，"四正"是指"头正、脚正、腰正、手正"，"四圆"是指"胸圆、背圆、裆圆、气圆"。此外，跤架分左、右跤架。右脚在前即为右跤架，是现跤手普遍使用的。步法在摔跤中起到重要作用，俗话说："走对步赢跤，走错步输跤。"天桥摔跤的步法有很多种，但无论变换为哪种，双脚一定保持走斜丁步，一旦换步法，必须是底桩（后脚）先动，前脚跟进。

天桥摔跤主要沿用传统的服饰。其服饰主要有三种，即褡裢衣（多层布制成的上衣）、骆驼绒绳（腰带）、螳螂肚靴子。在训练器械方面，天桥摔跤在沿用传统训练器械的基础上，从材质上对器械进行改良，增加了许多现代化训练器材。目前，天桥摔跤的练习器械包括大棒子、小棒子、霸王砖、千斤坠、炙子、推子、大推子、皮条（麻辫子）、沙袋、双石头、哑铃、杠铃等，主要用于基本功训练。其中，大棒子、小棒子、炙子和推子等用于基本技术练习，霸王砖、千斤坠、沙袋、哑铃、杠铃等用于身体素质的练习。

（图片均由代表性传承人付文刚提供）

3. 内蒙古：沙力搏尔式摔跤（编号：国Ⅱ-Ⅵ-22）

阿拉善沙力搏尔式摔跤，也称沙力搏尔搏克，是卫拉特蒙古族独创的一项民族传统体育项目，也是内蒙古阿拉善乌日斯那达慕盛会比赛中的主要比赛项目。目前，沙力搏尔式摔跤在阿拉善盟各苏木和新疆、青海、甘肃的部分蒙古族聚居区广为流行。

曼德拉山的岩画上刻画着羌族、匈奴、党项族等游牧民族狩猎、放牧、战斗、博克比赛、游戏等内容，表现了新石器时期的人们在面对敌人，以对抗来保护自己的生存领地时，双方会先比试彼此的力量，这便是沙力搏尔式摔跤最

牧民十分喜爱沙力搏尔式摔跤
（陈小蓉拍摄）

早的由来。在蒙古族史诗《江格尔》中多次提及沙力搏尔摔跤的比赛情景。多数专家学者认为，这一史诗创作于6—12世纪，而沙力搏尔摔跤被记载其中，就说明沙力搏尔摔跤的形成至少早于《江格尔》的创作。

沙力搏尔摔跤选手出场前必须头戴盖头（陈小蓉拍摄）

沙力搏尔摔跤的比赛场地选择较为灵活，柔和的草坪、沙漠或沙滩都可以进行

比赛。但特别之处在于，沙力博尔摔跤手在上场时会头戴盖头，盖头是摔跤手上场时遮盖头部的一种服饰。沙力博尔是摔跤时穿的一种特制的短裤，多用公牛皮、鹿皮、褡裢布等制成。腿上的绳圈用丝绳、皮革、麻绳制作，在阿拉善部分地区也会用驼鬃制作。沙力博尔摔跤比赛的裁判在清代大多是由苏木以上的官员担任，服装均为官服。

全国少数民族运动会上的沙力搏尔式摔跤比赛
（陈小蓉拍摄）

正规的乌日斯那达慕沙力搏尔式摔跤在正式开赛之前，会将摔跤手分为左翼和右翼两个方队，双方都有人高唱战歌以助声势。唱过3遍后，由裁判宣示开赛，左翼和右翼摔跤手在引跤员的带领下，将面部用盖头蒙住进入赛场，两位摔跤手迎面相对并掀掉盖头。首先摔跤手会向观众行大礼；其次双手握土起脯，抛洒四方，拍掌拍胸；最后双方摔跤手摆出半蹲姿势。当摔跤手抓稳对方系带的固定处并摆出公平坐式时，裁判则会宣布比赛正式开始。在乌日斯那达慕盛会上经过筛选获胜的选手，可以得到白骆驼、牛、绵羊、砖茶等81种奖品及"神圣摔跤手"的称号。

阿拉善地区素有"驼乡"之美称，阿拉善沙力搏尔摔跤的起势和技艺很大程度上模仿了公驼之间的争斗架势，动作技巧的名称也与骆驼攻击方法的名称相同。沙力搏尔式摔跤技巧包括前攻、猛背、偷袭、后推、左拉右拧、内外夺脚、旋转猛压、上压、空旋、单打、松肩、硬抗、上翻、下扣等。优秀的摔跤手需要有强壮的体魄、持久的耐力、聪明的头脑，灵活运用各种摔跤技巧。

4. 山西：挠羊赛（编号：国Ⅱ-Ⅵ-41）

挠羊赛是一种流传于山西省忻州、定襄和原平等地的民间摔跤活动，由于比赛获胜者所得奖品是羊，故称为"挠羊赛"。

忻州挠羊赛现场

有关挠羊赛的起源，众说纷纭。经考证，最早关于忻州摔跤的记载是北宋《角力记》："忻、代州民秋后结朋角抵，谓之野场，有杀伤者。"文中的"忻、代州"是指现在的忻州和代县，"秋后结朋角抵，谓之野场"则与现在的挠羊赛在秋后举行相印证。由此可见，北宋时期忻州挠羊赛已具规模。随着挠羊赛的传承与发展，比赛由起初随意性的摔跤活动，逐渐演变成以羊作为奖品的有组织的正规赛事。

挠羊赛的特点是摔跤手光背不着上衣，摔跤方法以抱、抓为主。在比赛过程中，不允许抓扯对方的裤子、面部。除摔跤手两脚原本就站在地面之外，身上其他部位只要沾地就算输。忻州挠羊赛规则独特，摔跤场上不铺垫子，也不划定范围，通常就地进行，摔跤手不分体重

挠羊赛是以其胜利后所得的奖品为羊而命名的

级别、年龄大小，比赛不计时间，摔倒着地即分胜负。

当地村民在田间地头参与摔跤比赛

赛场上，除了两名摔跤的选手外，还有
1名裁判员，俗称"喝跤人"，其职责除了判
定胜负之外，还兼现场解说，以活跃气氛。

挠羊比赛为淘汰赛，每个摔跤手只能
上场一次，禁止循环比赛。输者淘汰出场，
赢者继续进行比赛。摔跤场上，摔倒1～2
人者属于一般摔跤手，而连续摔倒3人的
便算是好摔跤手了，赛后会给予其相应的
奖励。连续摔倒的人数越多，奖品就越丰
厚，直到连续摔倒6人，这场挠羊赛便宣告
结束。有时，为了满足观众的兴致和要求，
组织者一般要在一晚上安排两场或三场挠
羊赛。第一场摔倒6人者叫挠了"头羊"，

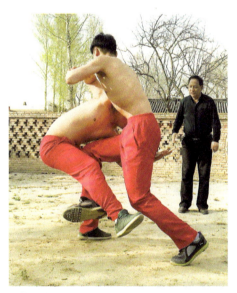

青少年进行摔跤训练（陈小蓉拍摄）

比赛结束。当有人在重新开始的下一场中连胜6人者，便是"二羊"的获得者，以此
类推。胜利者被尊称为挠羊汉（挠羊汉是对凡是参加挠羊比赛的或曾经取得过好成绩
者的一种泛称），作为最高奖励的大绵羊便归其所有。同时，挠羊汉要肩扛大绵羊绕
场一周以示感谢。

（除署名拍摄外，其余图片均由代表性传承人崔富海提供）

5. 云南：彝族摔跤（编号：国Ⅲ扩-Ⅵ-21）

石林县是全国著名的"摔跤之乡"。石林彝族摔跤既是一项对抗性的竞技运动，又是一种祭祀神灵的传统民俗活动，是当地彝族撒尼人文化的重要组成部分，也是撒尼人一个特殊的文化符号，代表着撒尼人历史文明和智慧的结晶。

摔跤活动在盛大的节日中进行

传说，石林彝族摔跤源于一户叫磨枣的彝族三兄弟，他们放羊时看见羊群膘肥体壮，高兴得一个搂着另一个的腰和脖子在地上打滚，放羊的老人以为他们打架，忙来劝解，他们说是心里高兴。老人说，趁着高兴劲，你们比比谁的力气大，背脊着地为输，三次两胜为赢，于是，三兄弟就摔起跤来。这一传说反映出石林彝族摔跤与彝族先民的生产娱乐活动有关。

早期彝族传统摔跤无论是在技术动作上，还是规则标准方面，都是比较随意的，没有统一的规定。如今，石林一部分村寨现今仍然遗存这种摔

当地民众在摔跤比赛前举办祭祀活动

跤习惯。

每逢祭祀之日，便由村寨里的毕摩（专伺祭祀活动的主持人）和长老领头，人们跟随用长杆抬着"挂红"的红布入场，绕场一周，然后烧香祭拜，最后年轻人围着挂红跳起敬神舞蹈。仪式结束后，便开始进行摔跤、舞狮子和斗牛等各项体育活动。

石林彝族摔跤男子是光背，不穿上衣，腰间系上红色或黑色的腰带，下身穿长裤或短裤皆可，女子要穿轻便上衣。在一定场合，摔跤活动不记人名也不记村名。摔跤手在腰间系根红带子，赤脚裸胸，比赛后，连胜3人的大力士就奖给其一条三丈的红布带，多胜1人红布多一丈，名次越高，布带越长。在摔跤比赛中，腰带是必需的，双方摔跤手围绕对方的腰带进行拉、提等动作，腰带是主要的着力点。

女子参加摔跤比赛

通常在摔跤比赛前，裁判会先进行一个简短的仪式。石林彝族摔跤不分体重级别，没有时间限制。一般先入场的都是年轻的新手，一对摔跤手比赛结束后，负者主动退场，胜者留下再战。摔跤的过程中，使对方双肩着地为胜。一场摔跤比赛通常为三局，胜两局者为胜，双方一同倒地视为平局。连续战胜两个以上对手的就能得奖。

鸣土炮三声后，表示比赛停止。裁判员报出自己所负责的摔倒对手最多者。连胜不同对手9人者名列第一，叫"挂大红"。摔倒3人以上者由1位裁判员携手绕场一周，在摔跤场举行"挂红"仪式。当获胜者在场内挂红时，青年男女欢跳"大三弦"祝贺。此外，还有一种在婚礼上进行的摔跤活动，女家的摔跤手作为主方，先站出来说"请"，男家便随即走出1名摔跤手，比赛就开始了。到全部约定的人数赛完，再由胜方出两人表演一场。

（图片均由代表性传承人毕有恒提供）

6. 新疆：维吾尔族且力西（编号：国Ⅲ扩-Ⅵ-21）

且力西，维吾尔语意为"搏击、较量"，即摔跤，是新疆维吾尔族重要的民间传统体育项目之一，也是中国民族式摔跤六大跤种之一，多在节日和巴扎（新疆南疆地区集市）时进行。此外，在田间地头、街头巷尾，随处都能看到群众性的且力西比赛。

当地摔跤手在激烈的比赛中

维吾尔族的摔跤历史悠久，在南疆巴楚县乔提木废墟中发现的古代摔跤力士的陶塑像真实地展示了7—10世纪维吾尔族摔跤大力士的动作和技巧，其技术动作也已达到较高的水平。《新疆图志》有着这样的记载："婴儿四五岁父母择日遍告戚友延莫洛大诵经行割礼，诸戚友相率馈物致贺，富家大族则杀羊马飨宾客，为赛马斗跤之乐。"在部落时期，摔跤甚至成为定夺汗位和选拔部落首领的重要办法。元代时，在西域还专门设立了"校署"，统管各民族部落的摔跤等竞赛活动。千百年来，摔跤运动相沿成习，成为新疆各民族喜庆活动中用来助兴的项目，并经过不断地改进、发展，形成了多种多样的形式。

且力西比赛大多在维吾尔族的肉孜节（开斋节）、古尔邦节、巴拉提节、冒德路节、诺鲁孜节、都瓦节等节日，或国庆节、五一劳动节及农闲时举行。传统的且力西一般是赤脚比赛，比赛时双方都要系上宽松且颜色不同的腰带，双方先抓好对方腰带才开始比赛。双方摔跤手的头必须在对方的肩上，不允许头对头、抱后腰，身上不允许携带利器。

比赛设有1名裁判，一般由德高望重的老人担任。整个比赛对服装和参赛者的体重、年龄、性别都没有统一要求，大家自愿选择对手，这种竞赛的方式与摆擂台类似，不管谁上来，能把对方摔倒，就算胜利。在摔跤中，可以用扛、勾、绊脚等动作将对方摔倒，使对方肩胛骨着地、侧身着地或臀着地为胜。

民间且力西比赛的场地没有特殊的规定

且力西比赛需要靠巧劲取胜，有的靠臂力和脚力的配合，将对方一拉一绊，使其轻而易举地摔倒；有的是靠速度和猛劲，比赛一开始，先做个虚晃的动作，接着就弓腰抱腿，用头顶着对方的肚子，使对方失去平衡后双肩着地而失败；有的是利用腿上的技巧，双脚先远离对方，然后迅速靠近对方的一脚，并用自己的一脚绊住对方，同时，双手用力推住对方的双肩，迫使对方失去重心而摔倒。这些技巧都是在一方较强、另一方较弱的情况下才容易施展开来。如果双方势均力敌、互不相让，那么将是一场精彩的表演，也是一场激烈的比拼，双方都会使出浑身解数，拼体力、拼技巧、拼心理素质进而战胜对方。

且力西比赛深受当地民众喜爱

（图片均由岳普湖县文化馆提供）

7. 吉林：朝鲜族摔跤（编号：国Ⅲ扩－Ⅵ-21）

朝鲜族摔跤历史悠久，是朝鲜族人民在长期的生产、生活中不断发展形成的习俗。每逢端午节、中秋节时，妇女进行秋千、跳板比赛，而朝鲜族男子便在沙地上进行朝鲜族摔跤比赛。朝鲜族摔跤是19世纪后期传入我国的，也是朝鲜族流传下来的特色文化，它不仅要拼力气也要拼技巧，其敏捷、机智、勇敢的风格反映出朝鲜族积极进取、乐观向上的民族精神。

朝鲜族摔跤比赛场地（陈小蓉拍摄）

公元前1世纪高句丽时期的角抵冢玄室的古墓壁画上就有摔跤的场面。18世纪的朝鲜学者抑得恭在《京都杂志》中，描述了朝鲜族摔跤内勾、外勾、箍脖等动作。古老的朝鲜民族一直过着男耕女织的田园生活，在劳动之余，男子们为了消遣和显示健壮的身体在田间地头松软的沙地上进行角力，还陆续制定、完善比赛规则和比赛方式，使其逐步发展成为节日或重大活动中不可缺少的比赛项目。

朝鲜族摔跤的特点是场地简单。目前，正规比赛场地为平坦的细沙质场地，分内场和外场两部分，内场为比赛区，外场为保护区。比赛区呈圆形，直径为8米，沙层高度为30～70厘米，保护区宽为1.5米。摔跤使用的腰腿带为一带两用，既可作腿带也可作腰带。参加比赛时，不同颜色的摔跤带分别代表比赛双方，比赛者上身赤膊，下身穿短裤，赤脚。

当地朝鲜族青年参加激烈的摔跤比赛（陈小蓉拍摄）

传统民间朝鲜族摔跤一般按年龄分为少年、青年、壮年三级。每次正式比赛都由少年摔跤开场。朝鲜族摔跤一般根据参赛人数先进行预赛，选拔出八强或六强参加决赛，决赛的争夺冠、亚军赛放在最后进行，是整场比赛的高潮部分。为了鼓舞士气、活跃气氛，决赛前先将披红挂彩并作为获胜者奖品的大黄牛绕场一周，然后拴在场边等待新的主人。传统的朝鲜族摔跤还有一大特点：只要来到摔跤场，观众也可以参加比试。因此，摔跤时围观者甚多，有时可达上千人，热闹非凡。

披红挂彩的大黄牛奖给优胜者
（陈小蓉拍摄）

比赛开始前，双方面对面双膝跪地，各自用右手抓住对方的腰带，左手抓住对方的腿带，相互搂住对方的右肩。双方各自抓摔跤带，听裁判员"起"的口令，慢慢地起来，保持右手抓住对方的腰带、左手抓住对方的腿带、相互搂住对方右肩的站立姿势不动，等裁判员鸣哨比赛。当场上裁判员鸣哨宣布比赛开始时，双方同时用力并通过内勾、外勾、箍脖和抱腿等技术，将对方摔倒。正式比赛中，只要任何一方膝盖以上的身体任一部位着地即为输。每场比赛采用三局两胜制，每局时间为3分钟。比赛结束后，由裁判长宣布比赛名次。冠军得到那头膘肥体壮、披红挂彩的大黄牛。

8.辽宁：沈阳北市摔跤（编号：国Ⅴ扩－Ⅵ－21）

沈阳北市摔跤源于清朝满式摔跤（满族语为"布库"），融合了汉族的角抵，已有近百年的历史。其又称为武相声，既是一个体育项目，又是一个文化娱乐项目，在比赛的过程中有解说、切口、笑话、买卖嗑。互掺其长，融会贯通，沈阳北市摔跤是展现沈阳人精神面貌、凸显东北地域文化的一个窗口。

沈阳北市摔跤的特点是武术加摔跤

据满文档记载，清皇太极天聪六年（1632年），太宗赏在布库中获胜的三力士门都、杜尔麻、特木黑为"巴尔巴图鲁"（清朝勇士称号）。清朝入关后，在康熙八年（1669年）建立善扑营，即清王朝的国家摔跤队。善扑营分左营和右营，时间从1669年持续到1911年。其间，涌现了大批优秀的摔跤手。

据史料记载，清末民初有名气的摔跤手有很多，其中具有代表性的为崔秀峰，他一生授徒无数，其中最高水平者为卜恩富。卜恩富于20世纪40年代来到沈阳，收徒授教，他带出的徒弟即为被摔跤界誉为"一霸一王"的栾树生和董永山。

沈阳北市摔跤在初创时期最出名的摔跤手叫徐俊卿。当时有位日本相扑高手来沈阳比赛，曾被徐俊卿摔倒在地，从此徐俊卿出了名，收了很多徒弟，随后在西北市场设立了摔跤场。

中华人民共和国成立前，北市摔跤场既是摔跤艺人的谋生之地，又是武林人士云集的聚会场所。董永山、栾树生、刘长青合伙在北市设立了摔跤场，并将北市摔跤场发扬光大，使其逐渐成为扬名全国的摔跤场，后形成了北京、天津、沈阳三大跤场。

北市摔跤比赛

沈阳北市摔跤使用的主要器械有练习力量的石推和砖推、练习左右开弓把劲与臂力的皮条、练习横劲和拧劲的大小棒子、练习绊子准确性的地秤、练习披挣的滑车、练臂力的石板和练习虎口抓人力的推砖等。

摔跤着装方面，摔跤手所穿的上衣通常为跤衣，俗称褡裢，呈半截袖式的跤衣由数十层白布缝制而成。天扣（腰带）原为骆驼绒绳，现改为布带。在跤衣上分把位（抓握处）有左右大领、左右小袖、左右偏门、直门、反挂门、前后中心带等。下身穿运动裤，脚穿运动鞋（旧时为靴子）。

代表性传承人关贵林传授摔跤技艺

沈阳北市摔跤场的大掌柜董永山，将满蒙摔跤技法与辛家拳精髓结合起来，创建了"武术加跤"的新摔跤方法，战胜了全国众多一流摔跤高手。自此，"武术加跤"便成为沈阳北市摔跤场的特色。北市摔跤场上常用的术语有"抢把、千手快、蹚跤如来技"等。"千手别""腰上飞"是北市跤场摔跤的两种绝技。

北市摔跤的基本功法有三种：一是四脚步服，俗称"跳蹦子"，是练习杠杆力的方法；二是走空，是使用绊子的练习方法；三是矮子步，是在身体失去重心的情况下，仍可反击对手的平衡练习。

北市摔跤的技术主要是用手控制对方，用腿绊倒对方，使对方倒地，而自己站立。讲究练习基本功，练习人的"手、腰、腿"的三力合一。要求手是两扇门，全凭脚胜人。所练的绝活有"千手别""腰上飞""乌龙摆尾""夜战八方""寒鸭浮水""苏秦背剑"等。

（图片均由代表性传承人关贵林提供）

9. 贵州：侗族摔跤（编号：省Ⅰ-Ⅵ-3）

侗族摔跤是一种集武术与娱乐为一体的传统体育竞技活动。以侗族摔跤为主要内容之一的"摔跤节"是贵州省黎平县双江镇的坑洞、四寨一带侗族人民的传统节日，至今已有600多年的历史。按照惯例，"摔跤节"一般于农历二月十五在坑洞进行初赛，优胜者再于农历三月十五在四寨进行决赛，最终决出本年度"摔跤王"。"摔跤王"是侗族摔跤手的最高荣誉，在侗族人民心中享有很高的地位。

黎平侗族摔跤节

关于侗族摔跤节的起源，当地民间有不同的传说。

一说是在明朝熹宗年间，为保卫村寨、共拒匪盗，两寨分别推选出德高望重、武艺高强的公蛮与公柳两人作为首领候选人，并通过比武选出首领。然而，大战一百多回合后二人仍难分伯仲，最后，大家就拥戴他俩同为首领。当地人为了纪念公蛮、公柳，决定每年的农历二月十五日在坑洞、三月十五日在四寨举行摔跤活动，天长日久，逐渐形成民俗，成为当地的一个固定节日。

二说是相传侗族的祖先都囊生得威猛，一次在上山途中打死了山中恶虎。消息传开后，侗族民众便希望跟着都囊学习摔虎招数。都囊见要求学习的人数越来越多，便决定每年农历的二月十五日和三月

侗族摔跤技术之一——绊脚

十五日，分别在坑洞和四寨集体传习，并举行摔跤大赛。这样就形成了当今的侗族摔跤节。

侗族村寨在举行摔跤比赛之前，须先举行祭祀仪式。祭祀结束后，各参赛村寨在寨老的带领下，伴以锣、钹、芦笙开道，由本寨前往摔跤场。各摔跤队在寨老的带领下，绕场3周。双方寨老按传统习俗互相交换摔跤用的"跤带"，在摔跤场上象征性地示范摔跤动作后，各参赛队伍退场。随后，各队选择适宜位置竖上角旗并确定本寨摔跤队席位。各寨寨老席地而坐，将象征神灵的雨伞、芦笙和跤带等集中摆放于席位。

寨老在"萨神"的护佑下担任裁判，他们以目测的方式进行比赛裁判工作。伴随赛会放火铳炮响3声，主持人宣布比赛开始。各队派出一名摔跤手，手持寨老授予的"跤带"入场。入场队员相互施拱手礼，随即相互将右手插过对方的左肋，右肩互抵，两手抓牢系扎于对方腰背部位的"跤带"。此时，裁判发出口令，比赛开始。

"摔跤节"比赛场面（杨祖华拍摄）

侗族摔跤的基本技术有提摔、绊脚、拉摔等，双方以腰、背、腿之力进行角力，比赛为三战两胜制。比赛时常有上百对摔跤手参赛，而且大多是青壮年，如能连摔数人至数十人而不败者，即可立旗"挂榜"称雄。同时，被大家公认的"挂榜"者，将获得摔跤节的摔跤英雄称号。

（图片均由黎平县非物质文化遗产保护中心提供）

10.云南：彝族摔跤（编号：省Ⅱ-Ⅶ-32）

云南小凉山的彝族摔跤是小凉山彝族最为普遍的、深受广大青少年男子喜爱的体育项目。在彝语中，小凉山彝族摔跤被称为"诺苏史"。在这里，摔跤在孩童时期就开始练起，并由彝族（诺苏）地区的老摔跤手口传身授、代代相传，具有广泛的群众性和民间传承性。

彝族摔跤深受当地民众喜爱

在彝族传说中，有一次天上的大力士被地上的大力士摔跤摔死了，天神被激怒后放蝗虫来吃地上的庄稼，人们用火来烧蝗虫避蝗灾。人们为了纪念这件事，创造了火把节，并举行了摔跤比赛。在彝族的历史中，阿鲁举热、惹地毫星等英雄和传奇人物都是摔跤高手。彝族有句谚语道："请客没有酒不行，快乐离不开摔跤。"可见，摔跤活动在彝族的普及性。

把对手抱起腾空旋转是彝族摔跤的一种摔法
（陈小蓉拍摄）

旧时，小凉山彝族摔跤不分级别，没有服装要求，有很大的灵活性，摔跤不仅是个人之间争输赢的方式，也是村寨之间争夺山林和地盘时解决纠纷的方式，即以摔跤来定是非。

彝族摔跤在集体的节庆、婚丧时都可进行，如火把节和彝族过年时，但更多的摔跤比赛则是在婚庆之际举行的。参赛的人男女老少都有，但以成年的男性为主。所以，不论在山野牧场还是田边地埂，都能看到彝人邀约摔跤比赛的身影。

小凉山彝族摔跤比赛有许多规则，如不能抓扯对方衣裤、不能用力将对方推倒在地或从上往下压倒对方等，违者即使将对方摔倒在地上也不算赢，甚至会被取笑为不懂规矩。

乡村举办摔跤比赛

小凉山彝族摔跤的方法多种多样，如抱摔法、胸摔法、抱腰摔法等。但不论何种摔法，一般都是被摔在地下或先倒地者为输，并列倒地为平，每局比赛以三局定胜负。

此外，小凉山彝族摔跤不能赤背，须身着形似斗篷的白色披毡。在摔跤场上，开始先由一位德高望重的老人出来挑选对手，双方摔跤手的体格要大体相当。选定对手以后，双方将自己的包头解下来或由长老将两条布带分给对方，分别系在摔跤手腰上，抓扯对方的腰带，对抱抵肩做好准备，观众齐声叫喊"开始"。此时，双方寻找进攻时机而在场内来回退让，四周观众呼喊助兴。两个人便顺势相互攻防，轻呼"摔！摔！"两声后开始用劲，双方都力图把对方双脚提起离地，然后把对方摔倒在地取得胜利。有时虽然没有把对方摔倒，但把对方提抱起来腾空旋转三圈也算取得胜利。

（除署名拍摄外，其余图片均由元谋县教育体育局、元谋县非物质文化遗产保护中心提供）

11. 新疆: 哈萨克族库热斯（编号: 区Ⅲ-Ⅵ-20）

库热斯在哈萨克语中意为"攻不破、摔不烂、持久永恒"，是哈萨克族男儿的五艺之一。在新疆北部生活的哈萨克族的聚落里，无论是其民俗节庆活动还是各种仪礼仪式，库热斯都是一个不可缺少的部分。

库热斯是哈萨克族男儿的五艺之一（叶尔哈拉木拍摄，新源县文化馆提供）

哈萨克族库热斯的产生距今已有近两千年的历史。早在公元前1世纪就开始于西域各地流行的萨满教，在祭祀活动中经常举办摔跤等传统体育活动，此后其随着宗教之风的盛行得到了一定的发展。另据《汉书·张骞传》记载：公元前2世纪，西域的摔跤已经颇为盛行，当时被称为"角觝"。哈萨克汗国建立后，汗王为了巩固统治，明确规定哈萨克族男子必须具备摔跤、赛马、马背拾物三项技能。哈萨克族摔跤，起初具有很突出的军事体育性质，主要用以锻炼体力、毅力和技巧等。哈萨克汗国时期每逢举行重要宴会，都以摔跤竞技助兴，同时，还将摔跤定为武举取士的一项重要内容。

哈萨克族摔跤比赛场地要求简单，只要有一片草坪或松软空地，观众席地围坐，摔跤手就可以在中央进行比赛了。比赛前，双方都会高唱挑战歌以助声势，唱三遍后，双方摔跤手跳跃而出，做着雄鹰展翅的舞姿进入会场。比赛开始，选手争斗相扑，盘旋相持，腿膝相击，分毫不让，即使是同胞兄弟也不例外。有意输掉者，反会被对方视为心不坦诚，不值得交往。绝少出现因摔跤场上的胜负而彼此不愉快的场面，如果某个摔跤手恃强凌弱，在已经取胜的情况下，还使用过激的摔法，就会被大家视为不道德。

女子参加库热斯训练（陈小蓉拍摄）

库热斯分为古典式摔跤和自由式摔跤两种形式。其中，古典式摔跤也分两种，一是两人互抓对方的腰带，躬身对顶，可以将对方抱起，也可以扭对方脖子，只要设法让对手仰面倒地、摔倒就算胜利；另一种是古老的哈萨克式摔跤，选手两腿各套上麻袋，然后将袋口系在腰间，双方只能用上肢进行较量，下肢用于保持身体平衡，以使对方跌倒为胜。自由式摔跤比赛时，须选出一名有威望的长者作为裁判，比赛规定，年纪小、水平低的摔跤手先上场，年龄大、水平高

青少年在接受库热斯训练（陈小蓉拍摄）

的摔跤手后上场。双方各有一名骑手相随助威，当对手被摔倒在地后，得胜方的骑手迅速将己方的摔跤手驮在马背上，离开赛场返回自己的队伍，否则对手爬起来再战，就不算最终获胜。

传统的库热斯比赛中赢得的荣誉属于获胜者所属的部落。凡上场参加比赛的人，都可得到一份奖品。按照传统，第一名选手将得到一峰白毛骆驼，其次是一匹骏马、一头牛、一只羊、一双马靴等。现在摔跤比赛的第一名经常奖马一匹，第二名奖牛一头。

12. 河南：沈氏摔跤（编号：省Ⅲ-Ⅶ-29）

中国摔跤运动已有愈千年的传承历史，早在秦汉时代就有文字和文物的记载。沈氏摔跤在技艺上沿袭了中国式摔跤的技术特点，传承人以沈氏家族为主体，从北京天桥传入河南开封并延续至今。

沈氏摔跤开创于清代，创建者沈芳身高有一米九，人称沈大个，说话嗓音洪亮。他身上肌肉发达，平衡能力甚佳。其以编外扑户的资格参加清朝善扑营的表

沈友三于1931年获得北平市摔跤比赛冠军

演和比赛活动，因跤艺超群，被恩准入营晋升二等扑户。沈芳传其子沈友三（亦名沈三），在天桥练把式摔跤为生，也颇受人欢迎，因其摔跤技艺超群成为"天桥八大怪之一"，逐渐形成了沈氏独特的摔跤技艺。沈友三传其子沈少三，父子二人在北京天桥摔跤卖艺，1943年沈少三同父亲到达开封，以在相国寺卖艺为生，并在东大寺内教授摔跤技艺。沈少三曾作为国家队教练员带队参加国际比赛，培养了很多优秀的选手，沈氏摔跤在中原地区得到了快速发展。沈少三的儿子沈志刚、沈志坤和其孙子在摔跤项目中都取得了显著的成绩。

如今，沈氏摔跤经历了家族的五代传承与发展，已形成了相对完整的技艺及技法理论，并著以相关专业书籍，为促进"沈氏摔跤"的发展奠定了良好的理论基础。

北京天桥广场的天桥八大怪之沈三雕像

代表性传承人沈少三传授穿腿技术

　　沈氏摔跤以"散手快跤"为主要特点，技术与基本功环环相扣。器械的辅助练习加强了对基本功的练习与掌握，深化了技术动作的实用性。器械辅助技艺主要包括推子技艺、皮条技艺、石锁技艺等，用到的器械主要涉及小推子、大推子、小棒子、大棒子、大拧子、大砖、皮条、沙袋、石锁、地秤子、天秤子、滑车塑绳（大绳）等。同时，部分辅助器械练习还可以单独作为表演内容，如"石锁""皮条"等。徒手基本功主要包括摆腰、涮腰、盘、抽、咯噔步、跳八扇等。练习过程中突出"练、摔、说"三个字。在练习时两人要穿摔跤衣，练习摔跤绊子，揣、入、钩子、别子、坡脚、披、挫、川腿、大得合、小得合等。在个人徒手练习时，练习以摆腰、长腰、涮腰、旋转腰为主的腰功，以踢、盘、跪、过、抽为主的腿功，以背步、盖步、车轮步、败步、咯蹬步、矮子步、跳八扇、跳黄瓜架等为主的步法等。

　　（图片均由代表性传承人沈少三与沈志坤提供）

观龙舟（现藏于故宫博物院）

中国体育非物质文化遗产精粹

第四章

龙舟竞渡类非物质文化遗产

龙作为一种超现实的形象，在我国具有广泛而深刻的影响力。龙的观念最初来自乌云、雷电一类的自然现象，龙具有布云施雨、掌管水域的神职。在我国漫长的农业社会时期，人们对于风调雨顺的虔诚渴求促使对龙的崇拜与信仰尤为昌盛。

龙舟竞渡作为最能展现龙亲水性的文化习俗，千百年来一直广受我国南方地区老百姓的喜爱。每年农历五月初，人们会举办一年一度的龙舟竞渡活动，祈求龙神保佑本地风调雨顺。龙舟作为我国龙文化的一种表现形式，千百年来世代相传，延续至今。

一、龙舟竞渡的起源与发展

龙舟竞渡的历史非常悠久，现存关于"龙舟"一词最早的古文献记载可以追溯到公元前5世纪至公元前3世纪成书的《穆天子传》。

龙舟竞渡的起源众说纷纭，有纪念屈原、伍子胥、越王勾践、曹娥等多种说法。其中，"纪念屈原说"是最广为人知的一种说法。屈原是战国时期楚国的一名文学家和政治家，闻讯楚国都城被秦军攻破后，自沉于汨罗江，以身殉楚国。民众听闻屈原投江自尽后，自发组织划船前去打捞屈原真身，为了不让鱼虾咬食屈原，便将饭团等食物丢进江水中。后世以五月初五端午节龙舟竞渡来纪念屈原。"纪念伍子胥说"在吴地广为流传，史料也有相关记载。伍子胥最初为楚国人，但是父兄皆遭楚王杀害，致使伍子胥助吴伐楚。因夫差听信了佞臣对伍子胥的污蔑，赐伍子胥自刎。夫差命人将伍子胥尸首于五月初五投入大江之中。多年之后，越国灭吴国成真，吴国民众便在五月初五端午节以龙舟竞渡纪念伍子胥。"纪念越王勾践说"也有史料记载。传说，越国早初在诸侯战争中败于吴国，越王勾践由此提出以划龙舟来操练士兵的计谋，并将划龙舟作为战争中快速运送士兵的方式，这一做法最终让勾践成为春秋霸主之一。端午节龙舟竞渡是纪念越王勾践的说法也由此诞生。

另有学者认为，龙舟竞渡早已有之，且各地各民族间关于龙舟竞渡所表达的意涵亦存在显著差异。例如，湖南湘西的苗族认为，龙舟竞渡源于纪念本民族的祖先盘瓠；贵州黔东南的苗族认为，龙舟竞渡是纪念烧死恶龙的民族英雄的；云南傣族在泼水节期间进行龙舟竞渡是纪念本族前代英雄严红窝的。此外，白族、布依族、水族等民族民间也都有各自的说法，无论哪一种说法，都带有古代人民对英雄的崇拜色彩。这凸显了龙舟竞渡文化在中华大地上的丰富与多样性。

《楚辞》《山海经》等中国古代著作中也有关于龙舟的记载，这时的龙舟以娱人和娱神为主。秦汉时期，龙舟得到延续发展。西汉淮南王刘安所作的《淮南子·本经训》中也曾记载："龙舟鹢首，浮吹以娱。"魏晋南北朝时期，端午竞渡已经较为繁荣。据史料记载，关于"竞渡"一词的出现，即在这一时期，南朝梁代的吴均在《续齐谐记》中对于端午竞渡来源的说法，为竞渡纪念屈原提供了史料参考。

隋唐五代时期，竞渡得到了极大的发展，形成了一定的规则，竞渡河岸两畔鞭炮锣鼓喧天，盛况空前。唐代文献中也有关于鹢首鸟舟的记载。唐代大诗人张说《岳州观竞渡》诗中有："画作飞凫艇，双双竞拂流。"这说明，当时竞渡的船头是鹢形，唐人多称此为"彩舟"。唐代描写龙舟竞渡的诗歌颇多，其中以张建封所著《竞渡歌》最为生动，其写道："鼓声三下红旗开，两龙跃出浮水来，棹影斡波飞万剑，鼓声劈浪鸣千雷。"通过这首《竞渡歌》的描述得知，竞渡时两岸仕女如云，罗衣成群，银钗映日，观者如堵，双龙竞渡的激烈场面更是惊心动魄[1]。

宋元时期，不但皇室贵族经常参加龙舟竞渡，而且民间龙舟也得到了积极的发展。龙舟与绘画、鼓乐、杂技等实现了融合，出现了龙舟画舫等与龙舟竞渡相关的文化表现形式。南宋文学家叶适诗曰："一村一船遍一邦，处处旗脚争飞扬，祈年赛愿从其俗，禁断无益反为酷。"描述了龙舟竞渡在温州的热闹景象。

元代端午节龙舟比赛在南方地区依然盛行。元三十年（1293年），朝廷因福州发生龙舟比赛淹死人的事件，禁止了龙舟比赛，但此举并没有产生多大效用。大德五年（1301年），江南行御史台奏称，"去岁端午，纪机察等率众桦舡，淹死六七人"，朝廷再度下令禁止[2][3]。

明清时期，龙舟竞渡相关的史料记载较为丰富，包括少数民族聚集区在内的各地龙舟竞渡活动。明弘治九年（1496年）的《夷陵州志》记载："屈原以五月望日赴汨罗，士人追至洞庭不见，因而鼓棹争归，竞会亭上，习以相传，遂为竞渡之戏。"[4]

宋（960—1279年）《龙舟竞渡图》

元《龙池竞渡图》（局部）（现藏于台北故宫博物院）

［1］钟敬文.中国民俗史（隋唐卷）［M］.北京：人民出版社，2008：228-229.
［2］刑部十九·诸禁·杂禁·禁斂迎木偶［M］//元典章.1322：2109.
［3］钟敬文.中国民俗史（宋辽金元卷）［M］.北京：人民出版社，2008：597.
［4］程锡勇.民国时期的宜昌龙舟竞渡［N］.中国档案报，2018-06-15（3）.

《清朝野史大观》和《帝京岁时纪胜·里二泗》中记载："明清两代不仅民间龙舟盛行，多位皇帝均有龙舟竞渡之举。"[1]清朝乾隆年间徐家干所著的《苗疆闻见录》中描述了这一情形，"好斗龙舟，岁以五月二十日为端节竞渡于清水江宽深之处。其舟以大整木刳成长五六丈，前安龙头，后置凤尾，中能容二三十人。短桡激水，行走如飞。"这些史料反映出这一历史时期龙舟竞渡参与人群之广。

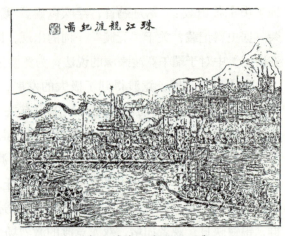

清代《珠江竞渡纪图》

从文献和各地方志记载来看，我国各省在农历五月都有划船送灾的风俗，也是民众祈雨禳灾的方式。各船的船主都想自家的船比其他船先把不祥送走，争、胜、赢的竞速成为比赛的主要目标。随着人们逐渐淡忘龙舟遣灾的本意，比赛竞速意识越来越强，龙舟竞渡渐渐成为娱乐性的民俗体育活动。

近几十年来，我国民间龙舟活动蓬勃发展。1983年举办了全国"屈原杯"龙舟赛。同年，龙舟竞渡被国家体委列为全国正式比赛项目。1985年，中国龙舟协会成立，为了规范龙舟竞渡比赛，于1988年正式出版了《龙舟竞赛规则》《龙舟竞赛裁判法》。1991年6月24日，国际龙舟联合会在香港正式成立，成员有包括中国在内的各大洲的龙舟协会共12个。1992年8月23日，亚洲龙舟联合会在中国北京成立。国际龙舟联合会现已拥有来自五大洲将近60个国家和地区的成员，龙舟运动在全世界各地得到传播与发展。

根据2014版《中国龙舟竞赛规则和裁判法》规定，22人、12人、5人和冰上龙舟的比赛，必须配备龙头、龙尾、鼓、舵，以此保持我国民俗传统。根据区域民俗不同特点，龙舟在头、尾造型设计方面均可保留原有规格和名称。龙舟竞渡的形式包括直道竞速赛、绕标赛、拉力赛、往返赛、拔河赛。比赛场地必须在静水水域，赛道的长度和宽度须经过专业人员测量并有精确的平面图纸。

二、龙舟竞渡类非物质文化遗产的分布

在我国第1~5批国家级和省级非物质文化遗产名录中，共有55个竞渡项目。从申报竞渡类非物质文化遗产项目空间分布看，我国竞渡类非物质文化遗产项目主要分布在南方，

[1] 胡娟.我国民俗体育的流变——以龙舟竞渡为例[J].体育科学，2008（4）：21-27.

最多的是华南地区。我国的龙舟竞渡类非遗项目的分布从总体来看并不均匀，受其开展环境和场地的影响，具有较强的空间集聚性和区域差异性。通过核密度分析发现，龙舟竞渡类非遗项目以广东省为中心形成了一个高密度核心圈。我国的贵州省、四川省、重庆市等多地都分别沿袭着举办龙舟赛的习俗，在贵州地区更有着独特的独竹漂和独木龙舟水上竞渡非遗项目。此外，我国的竞渡类非遗项目还分布于华东与华中一带。由此可见，传统的龙舟竞渡主要分布于珠江流域、长江流域、澜沧江流域，以及东南沿海诸河流域。

三、龙舟竞渡类非物质文化遗产的类别

龙舟竞渡所使用的龙舟大致可以划分为专用龙舟和普通龙舟两大类别。专用龙舟是指专门用于竞渡而建造的龙舟，每年比赛结束后便被放置在库房或沉入水中保存。业余龙舟是由日常生产生活所使用的舟船改造而来的，待竞渡结束后可以恢复其日常生产生活使用性质。

龙舟的构造一般由船身（包括桨艄或橹）、龙头、龙尾、各种装饰及锣鼓等组成，船体呈现两头尖窄细、中间较宽的梭子形状。各地龙舟的长度差异较大，短的十米左右，可以坐十名左右划手，长的可达三十米左右，可以坐上百人。从龙舟结构看，种类繁多，如独木龙舟的母子舟、凤舟、龙艇、凤艇、造型船等。从龙头、龙尾及龙舟上的装饰上来说，各地之间并没有统一标准，尤其是龙头的造型差异较大，各具鲜明地域和民族特色。

不同地域也有特型龙舟，如贵州清水江畔的苗族独木龙舟，其造型与普通龙舟有一定差异。造型龙船是专门用作观赏游览的龙船，这种龙船往往造型较大，不进行速度比赛和游乡，船上的装饰复杂而优美，有的还在船上演戏等，目前在国内已逐渐失传、较为少见，曾主要分布于江苏、浙江、广东、广西一带。凤舟也是一种独特的龙舟类型，分为凤舟和龙凤舟，传说是古代越族的鸟舟与龙舟融合后留下的痕迹。龙艇和凤艇主要分布在广东南海、顺德、清远等地，艇身轻便灵巧、速度快，只乘3～5名桡手，平时放在屋檐下，赛时取下即可用。

我国大多数龙舟非遗项目的舟艇是普通龙舟，平时用于生产、生活，在龙舟竞渡比赛前，稍加改饰，装上龙头、龙尾，即可参加比赛。比赛结束后，卸掉龙头、龙尾，就恢复成了普通船只。这类舟船本身的日常用途存在差异，因而龙舟样式不统一，在地域间差别明显，船的装饰与大小均不相同。

1. 贵州：苗族独木龙舟节（编号：国Ⅱ-Ⅹ-75）

自古以来，端午节划龙舟的习俗就深受我国各族人民的喜爱。与汉族习俗不同，贵州省黔东南苗族侗族自治州台江县、施秉县清水江、巴拉河流域的苗族同胞选择在农历五月二十三至二十六举办"苗族独木龙舟节"，当地人把这几天称为"大端午"。苗族独木龙舟竞渡之日，清水江、巴拉河畔锣鼓喧天，游人如织。几十条独木龙舟分别在施秉县的双井镇平寨码头、铜鼓塘码头，台江县的老屯乡榕山码头、塘龙寨码头、施洞镇芳寨码头等地举行为期 4 天的比赛和表演。

农历五月二十三平寨码头赛独木龙舟

苗族独木龙舟文化历史悠久，融合了苗族的竞技文化、祭祀文化、服装文化、歌舞文化等，颇具魅力。

短桡激水，行走如飞

苗族独木龙舟制作技艺，苗语称为"掩星翁"或"掩星勇"。其中，苗语"掩"即制作，"星"即船，"翁"即"龙"，意译为"做龙船"或"制作龙船"。从采木到凿舟，从下水到竞渡，其程序都有严格的规定，蕴含着古老而神秘的文化气息。苗族独木龙舟古朴硕大、别具一格，舟身用3根巨大杉木抠槽掏空制成。中间的一根杉木称为母舟，直径约70厘米，长度为22～26米；两边的杉木叫子舟，直径约50厘米，长度为15～17米。两只子舟平时分开搁置，竞渡前众人将其抬下水，用麻绳或竹篾捆绑在母舟两旁。

苗族独木龙舟竞渡（宁克强拍摄）

从传统的村寨之间互相邀约产生的一对一挑战比赛，到现代的独木龙舟竞技比赛，其间经历了长期演变发展。最初举办苗族独木龙舟节，是以各寨吃到"龙肉"（端午节的一种食物）的先后顺序来确定各村寨的龙舟活动，随着时间的推移，人们觉得这不仅耗时、耗力，还不够热闹，于是经过协商把地点确定为：农历五月二十三在平寨码头"赛龙头"；五月二十四在铜鼓塘、老屯乡榕山村等地开展"分龙"竞赛；五月二十五在施洞镇塘龙码头"赛龙身"。

划龙舟的时候，龙舟上人员一般不少于37人，包括鼓头、锣手、撑篙、火铳手、理事各1人，艄公1～3人，他们坐或站在母舟上，两边的子舟上则各站着16名桡手（划手）。大家各司其职，按照母舟上的排列位置，排在第一位的是"鼓头"，通常由寨老担任，并在比赛时负责发号施令。排在第二位的是"撑篙"，主要负责停靠龙舟。排在第三位的是火铳手，比赛时负责鸣放铳炮，制造声势。排在第四位的是理事（记账人），专门负责登记亲友送来的礼物并向大家公布（他坐在鼓头与锣手之间）。排在第五位的是锣手，通常由一个男扮女装的10多岁的小孩担任，负责在比赛中敲锣。艄公站在母舟的尾部，负责掌握龙舟的方向。其余的桡手分成两排，站立在两只子舟上，比赛时按照锣鼓的指令用桡统一划水，奋力向前，桡手是决定龙舟比赛胜负的关键力量。

（图片由台江县非物质文化遗产保护中心、施秉县非物质文化遗产保护中心和宁克强提供）

2. 湖南：赛龙舟（编号：国Ⅲ-Ⅵ-65）

据史料记载，湖南省怀化市沅陵县龙舟早在屈原之前就已存在了。传说，沅陵龙舟是为了纪念畲族与瑶族的祖先盘瓠。因此，在进行龙舟比赛之前，要先举行祭祀仪式。人们祭祀祖先，祈求五谷丰登、风调雨顺，然后才能下水进行龙舟竞渡。

湖南省怀化市沅陵县是中国传统龙舟之乡

沅陵龙舟发源于远古，龙舟活动祭祀的对象是五溪各族共同的始祖盘瓠。盘瓠是远古帝喾时代的人物。传说中，他是帝喾的宠犬，因立军功而娶公主辛女为妻，落户沅陵半溪石穴，生六儿六女。后来，儿女互为婚配，繁衍成苗、瑶、侗、土、畲、黎六个民族。盘瓠死后，六族人延巫请神，为其招魂。因沅陵县山多水密，巫师不知盘瓠魂落何处，就让各族各打造一只龙船，逐溪、逐河地寻找呼喊，后演变成划龙舟招魂的荆楚巫祭活动。

据说，当时的沅陵龙船赛和如今一样热闹，观众人山人海，而且岸上的人们也像今天这样为船上的人着急，不断地攒拳跺脚，高呼着"嗬哉、嗬哉"，为船上的人鼓劲加油。唐代大诗人刘禹锡是河南洛阳人，他听不懂沅陵人喊"嗬哉"的意思，认为是"何在"的谐音，因而通过自己的人生际遇联想到屈原，所以认为沅陵人赛船齐呼"嗬哉"

龙舟上制作精美的龙头

是为屈原寻找亡魂，还特地在他的《竞渡曲》前加了一段小序：竞渡始于武陵，至今举楫而相向之，其音咸呼云"何在"，斯招屈之意。结果，此诗一出，影响千古，于是五月端午划龙船，是为了纪念屈原的说法，延续至今。

沅陵龙舟大小和桡手人数不一。龙舟狭长、细窄，船头饰龙头，船尾饰龙尾。龙头一般以木雕成（也有用纸扎、纱扎的），姿态不一，有红、黑、灰等颜色。龙尾多用整木雕，上刻鳞甲。除龙头和龙尾外，龙舟上还有锣鼓、旗帜或船体绘画等装饰。湖南龙舟大多长16～22米，桡手24～48人。比赛是在规定距离内，各龙舟同时起航，以到达终点先后决定名次。

沅陵龙舟赛的主要特征为横水竞渡，赛船多，划手多，观众多，赛时长。比赛时，有跪式划、坐式划、坐式和立式并用的；也有双槌催船、单艄掌舵、双艄齐下的。"偷料""关头""绕河""绕庙""赏红""抢红""冲滩"等独具风格的传统民俗与体育竞技有机结合，显得其独特而饶有趣味。

沅陵龙舟赛的参赛船只上人员分工十分讲究，责任相当明确，每只船队员48人，其中包括桡手42人，锣手、鼓手各1人，头旗、二旗各1人，头桡、艄公各1人。从船头到船尾的布局包括头桡、引水、前羊角、鼓仓、后羊角、夹艄、艄公7个位置。一般情况下旗是指挥，鼓是号令。

沅陵龙舟比赛中赛手分工十分讲究

沅陵龙舟赛的规则：赛时一般定在五月初五端午节至五月十五；赛区设在县城龙舟广场竞赛基地；横江而竞，以沅水江面水涨水落自然距离而定；比赛时，两只赛船由南向北划行，可以选择跪式划、坐式划、立式划，单槌擂鼓或双槌催船，单艄掌舵或双艄齐下均可，以先到终点线者为胜。

（图片均由代表性传承人张义成提供）

3. 广东：赛龙舟（编号：国Ⅲ-Ⅵ-65）

广东省东莞市地处珠江口东岸，东江下游的珠江三角洲，水乡泽国，河流纵横，水面广阔。自宋代以来，赛龙夺锦，沿袭至今。龙舟月已成为东莞一大特色，历来是各村联系世好、世交、婚盟乡村的纽带，也是村民团结、友爱、共进的契机。每年农历四月初八开始，到五月三十，东莞人划龙舟、洗龙舟水、趁龙舟景、吃龙舟饼、食龙舟饭、唱龙舟歌，形成了龙舟月。龙舟月的主要活动是龙舟竞渡。

热闹非凡的万江龙舟竞渡比赛（王铮拍摄）

龙舟月源于祭祀屈原。东莞氏族是宋代从中原南迁而来的，保持中原习俗，以示不忘根本。不少历史资料对东莞龙舟活动均有记载。其中，由清初广东著名学者屈大均著的《广东新语》记载最为详尽："五月时，洪流滂沛，放于百里。乡人为龙舟之会，观者画船云合，首尾

明代龙舟头

相衔，士女如山，乘潮下上，日已暮而未散……广中龙船，惟东莞最盛。自五月朔至晦，乡乡有之。如彭峡者可纪也。"清代东莞诗人罗瑞球提道："朱旗画楫蔽江下，潮走万江飞水马。"每年的东莞龙舟景都始于"东莞龙舟第一景"的万江区。

东莞龙舟竞渡系列活动涉及的相关制品主要有龙舟制作、食品及香囊这三类。东莞市龙舟特征为"大头龙舟"，制作十分考究，包括选底骨、起底、起水、打水平等15道工序。食品主要有煮龙船饭和裹粽（角黍），都是龙舟竞渡的传统习俗。香囊原是姑娘们为自家弟妹准备挂上的，目的是在节日里比试女红。因为当中有放樟脑、檀香粉的材料，故还有驱虫祛病的妙用。如今人们生活条件有所进步，香囊制作在东莞也逐渐减少。

东莞民谚有云："初一初二，万江、西塘坡，初三初四，大汾、牛涌尾。"之后各地互让互利，定出自己的龙舟景日子。万江龙舟月传承方式，属于家族和集体传承，大部分村社都有自己的传承谱系。各村龙舟，必须到世交（互有婚嫁的村庄）、世好、同姓的村庄趁景，保持世代开创的友谊。旧例龙舟堂口由各村、坊轮流当值，主持当年活动。主持者要在四月初组织、筹款、安排一切活动。目前，设标景点有十三四个镇，连村级有三四十个景点。

新船须在四月完成。新龙船下水，先祭龙头。新船下水后采青，再由夺过第一名的划手"旺船"（多是外村人），再由本村人划回村，先到妈祖庙（即天后庙）祭祀。龙船朝庙门，进退三次，意为三叩首，祭祀时，以爆竹助威助势，以示龙威，增强夺标的信心。新船及木桨、划手衣服的颜色，由当地的庙宇主神决定。

龙舟比赛中的采青习俗

东莞龙舟月的龙舟竞渡活动主要包括起龙、抢青、设标、趁景、竞渡5项基本内容。在改革开放前，作为重头戏的竞渡每景都有数十条龙船参加。真正有实力参加比赛的，约10多条龙船。水乡各镇村龙舟赛均绕道经万江金鳌洲塔，以便让东莞中心人口最多的莞城人观赏助兴。赛时4～6个小时不等。如今，都是短途比赛，赛时为1～2个小时。

（除署名拍摄外，其余图片均由东莞市文化馆提供）

4. 香港：大澳龙舟游涌（编号：国Ⅲ扩-Ⅹ-3）

大澳位于香港的西面、珠江口的东岸，曾是连接香港、澳门、万山群岛、珠江三角洲及邻近地方的交通枢纽。1970年以前，大澳是一个丰富的渔场，多样的渔业生产促成了各种渔业行会的成立，主要有"扒艇行""鲜鱼行""合心堂"三个行会。行会团结同类型渔业生产的会员，排解会员之间的纷争，积极组织开展地方宗教活动，其中便包括端午节龙舟游涌活动。每年端午节，大澳的三个传统渔业行会都会共同组织、举办龙舟游涌活动，祭祀水幽，祈求大澳水陆居民合境平安。

端午节大澳龙舟游涌活动（左逸帆拍摄）

相传，在100多年前，大澳发生瘟疫，致使社区内上百人死亡。为了纪念此事，大澳人便在端午节之夜划着龙舟，拖拽着载有神像的小艇巡游大澳的各个水道，其间不敲锣打鼓，当地称为"游夜龙"。后来，大澳社区居民便在每年的端午节延续着这个传统，以求祈福避害、人神祭祀。

大澳龙舟的特点是头尖、腰细、尾较窄、船身修长，长约21米，可坐32个划手、2个鼓手、1个锣手。香港大澳游涌的器材包含龙舟、鼓、锣、神艇、菩萨小神像，装饰物有龙头、龙须及龙腮、龙尾及尾腮、罗伞、

2017年大澳民众参加龙舟竞渡活动

头牌等。

　　每年端午节，由大澳三个传统渔业行会共同组织、举办龙舟游涌活动，活动内容主要为喝龙、开光、采青、接神、游涌、送神、龙舟竞渡。大澳龙舟游涌三个行会在活动流程的时间安排上各有不同，鲜鱼行及合心堂两个行会在农历五月初四早上，为龙舟进行"采青""接神"仪式，成为"行身"，将菩萨小神像接返至各自行会的"龙趸"（临时活动场所），安放供奉，让会员成员前来参拜。而扒艇行龙舟的"接神"仪式则在初五早上进行，行程和路线都与鲜鱼行、合心堂相同。当扒艇行龙舟完成"接神"仪式后，三艘龙舟按照扒艇行、鲜鱼行、合心堂龙舟的顺序开始游涌，大澳本土居民亦称"游神"。

龙舟比赛前的开光仪式（左逸帆拍摄）

　　游涌仪式由三艘龙舟拖着神艇巡游大澳的各水道，神艇摆放着各自请回来的菩萨小神像。在龙舟拖行着"神艇"游涌过程中，"神艇"上的人们会通过烧金银衣纸为水中的幽魂"化衣"、撒"水饭"（由饭、蔬菜和水混合起来的祭品），以达到保佑水陆居民平安的目的。沿途的棚屋居民，向经过的龙舟、神艇烧香拜祭，祈求通过这些仪式安抚水中幽魂，希望水鬼不要给他们带来麻烦，同时，也祈求通过这些仪式保佑他们工作平安，并获得丰富的渔产。送神仪式结束后，再举行龙舟竞渡活动。如今，大澳龙舟竞渡活动已有 10 艘龙舟队伍参加，主要来自大澳区内的居民组织。在端午节晚上，各行会还会举行晚宴，庆祝端午节。

　　（除署名拍摄外，其余图片由香港大澳传统龙舟协会提供）

5. 湖北：洪湖凤舟（编号：省Ⅱ扩-X-13）

坐落在洪湖岸边的湖北省洪湖市乘风村素有"凤舟之乡"的美誉，是荆楚地区的一朵奇葩。2011年洪湖凤舟成功申报为湖北省级非物质文化遗产。2015年，乘风村获得省级"凤舟文化之村"荣誉称号。

乘风村民众参加凤舟比赛（梁泽鹏拍摄）

洪湖独有的凤舟文化起源于清光绪年间，至今已有100多年历史。相传清光绪十四年（1888年），在洪湖新堤举办的元宵花灯会上，龙灯非常高大，气派雄伟，而一旁的凤灯却很小，也不及龙灯精美。有人见状便将此事奏报朝廷，慈禧太后闻讯大怒，认为该镇的凤灯比龙灯小是对自己的一种蔑视，随即下令斩了指挥彩灯的州同知，摘了沔阳知州的顶戴。此事震惊朝野。

后来端午临近，沔阳州大丰收，当地人民想要庆祝一番。新任的沔阳知州想借此机会取悦慈禧太后，便派官员赶赴新堤，召集商会头面人物，紧急磋商端午节的龙舟竞赛事宜，并提出既有凤灯之祸，为何不可以造凤舟之福？人们一听，觉得很有道理，当时就有人提议：就借西太后的"西"字之吉名，让西岸划凤舟。沔阳知州听此提议大赞，还下令只能让凤舟赢。

端午节当天，凤舟果然遥遥领先，一举夺标，将龙舟远远地甩在了后面。慈禧太后知道后大悦，并予以表彰。此消息传开，西岸周边的现柏枝、新旗、远景、乘风、云峰、杨咀、小河村竞相赶制凤舟。从此，洪湖就形成了端午节东岸划龙舟、西岸划凤舟的习俗，沿袭至今，经久不衰，使现在的新堤镇成了全国独特的"凤舟之乡"。

洪湖竞渡凤舟赛前举办隆重的祭祀仪式（张得保拍摄）

洪湖竞渡凤舟有起船、舞蹈表演、凤舟祭祀仪式、送船、下水五个环节。起船时，由桡手将凤舟从栖凤阁搬出。在祭祀仪式前，由当地村民表演《荷花丛中听渔歌》舞蹈。表演过后，由一名道士对着凤头进行祭祀仪式，主要内容是给凤舟开光和雄鸡点睛，仪式完后由桡手将凤舟送至码头，各大凤舟下水并准备竞渡。

装扮靓丽的凤头（梁泽鹏拍摄）

凤舟舟长 27.8 米，舟宽 1.4 米，舱口 31 个，桡子 27 对。上船人数共计 59 人，其中踩头 1 人、中舱指挥 1 人、鼓手 1 人、锣手 1 人、保艄 1 人、桡手 54 人。

6. 广东：九江传统龙舟（编号：省Ⅳ扩－Ⅵ－6）

　　划龙舟与佛山市九江镇多水的自然环境有关，在古时的居民生活中，舟成为重要的交通工具，而竞渡只不过是他们水上活动的一种娱乐方式而已。在九江，人们非常热爱龙舟运动，把传统龙舟活动作为庆祝节日的休闲娱乐方式，同时也举办众多竞渡比赛，并融入了很多当地的民间风俗，具有浓郁的民俗特性及文化价值和科学价值。

传统龙舟竞渡民俗活动

　　九江划龙舟在清代就开始盛行，龙舟竞渡遍布各个村落，是九江最具特色的节日民俗活动之一，清代《九江儒林乡志》对此早有记载。如今，九江有龙舟 100 多艘，其中舟龄最大的要数下西村"翘南洛溪社"的龙舟，有着 300 多年的历史，足以见证九江传统龙舟的历史悠久。而沙咀龙皇、大谷老龙等也已超过 200 年历史。自古以来，九江龙舟盛会常在每年的端午节举行，后由于水位、气候、农忙等原因，改为每年 10 月举行。

　　九江传统龙舟表演涉及的器材包括龙舟、桡、舵、鼓、锣，其中鼓和锣是用来控制划龙舟的节奏、助威振奋划手精神的。此外，还包括装饰物，如龙头、龙尾、罗伞、帅牌、彩旗、七星旗等，以及不同的服装搭配，如虾公帽、白笠衫、绸纱带、长胡须等。

　　九江传统龙舟的活动内容包括起龙—龙船采青—请阿契—吃龙船饭—龙船会（游龙、竞渡、竞艳）—龙船出海—收龙。在龙舟会之日（通常是 10 月 1 日），龙船在九江涌或西江穿梭游弋，船上持桡。按桡舵张旗打鼓者服饰统一，虾公帽、白笠衫、绸纱带，亮丽威武。涌面锣鼓喧天、阵阵吆喝，岸上爆竹轰鸣、声声喝彩。

水乡龙船景（梁国雄拍摄）

从九江传统龙舟的活动形式看，可将其粗分为三类，即赛龙、彩龙和游龙。赛龙也称竞渡，重在欣赏速度之美，竞速时不分龙头、龙尾，随时可反方向而行，至赛龙节目，则百舸齐发，如离弦之箭，千桡劈浪，若挥剑击波。彩龙也叫艳龙，是一种专门用来比美竞艳的龙船，越是有特色、越是

龙船大赛前夕的"龙船饭"

漂亮的艳龙越能在争奇斗艳的比赛中赢得观众的喝彩。游龙之美重在神韵，龙舟上的龙筋部位十分柔韧，游动起来宛如神迹。"中州锣，杉桥舷"的说法，被九江人广为传颂。所谓"中洲锣"，就是指号称"中洲"的一艘龙舟，其敲锣者有一手"飞锣过桥"的绝招。每当龙舟飞速前进，将要穿过横跨河面的小桥时，敲锣者就把直径一尺（约0.33米）左右的铜锣凌空抛过一两米宽的小桥，龙舟刚跨过桥底，锣者便眼明手快地把铜锣接住，继续敲打。这些精彩的表演，观众无不为之倾倒喝彩。

（除署名拍摄外，其余图片均由佛山市南海区博物馆非遗中心提供）

7. 广东: 东凤五人飞艇赛 (编号: 省Ⅳ扩-Ⅵ-6)

广东省东凤五人飞艇是中山市东凤镇百姓在承袭我国古老的龙舟传统文化的基础上, 根据自己所掌握的劳动和生活技能而创造的一项以庆祝秋收为主题的传统体育活动, 俗称"小龙舟""水上马拉松"。比赛赛程长达数十千米, 比赛时间一般在三个小时以上, 充分展现了当地百姓的强健体魄和意志力, 在推动群众开展体育锻炼, 培养力争上游、团结合作精神等方面具有积极意义。

东凤五人飞艇的历史可以追溯到明代, 从最初的赛龙舟、赛农艇和赛桑艇, 发展到后来赛五人飞艇。至清末, 属于冲积地带的东凤镇人口逐渐稠密, 人们在秋收过后举行划艇比赛, 以庆祝一年的收成, 东凤五人飞艇由此诞生。东凤五人飞艇赛对传统赛龙舟习俗既有所承袭又有所创新, 并将其发展成为传统体育项目, 在中秋节等农闲季节或喜庆节日, 以不妨碍农务为前提, 自行确定时间举行。

东凤五人飞艇俗称"水上马拉松"

东凤五人飞艇赛飞艇的艇身长度约 12.8 米、艇头艇尾为 15～20 厘米、艇身宽度为 52 厘米, 由木质轻盈、浮水性强的杉木做成, 这种构造有利于比赛时快速前行。赛艇由一条龙根作为牵引, 由一块 30 厘米宽的艇底板贯穿全艇, 并由摊水 1 块、夹根 2 块、旁舷 2 块等板块构造成长条形艇型, 总重量达 60 千克, 并配木桡 5 支作比赛划行工具之用。

五人飞艇赛以本镇的河涌作为赛道（陈锦绵拍摄）

东凤五人飞艇赛一般在秋收之后的农闲季节举行，比赛地点在镇内的河涌环回举行。在比赛日早上，参加比赛的"扒仔"会到村头的社头（土地公）烧香烛衣纸进行"出食"祭祀，祈求土地公保佑比赛顺顺利利，取得好名次。比赛规定，每队必须由五名男性参赛者组成，以身体健

当地村民踊跃参加划艇竞技

硕、有坚韧耐力和持久体力的中青年为主。五人各司其职，其中，"头工"负责整只艇的带桨、指挥，"二带桨"协助"头工"掌握船的方向，"淋头"的职责是务求赛艇快速前进，"戽水"主要负责不断地将艇舱内的积水戽干，"舣工"则起"舵手"作用。

此外，比赛还涉及执筹、放龙、抢闸、比赛、中途补给、裁判、夺标、收龙八个程序。"放龙"之后，赛艇从外面宽阔的河面进入了堤围内的指定河涌开始正式的赛程。东凤镇堤内的主河涌刚好形成一个环回的"围"，因此，参赛的飞艇就沿着这个"围"进行比赛，每个"围"一圈距离约为6.8千米，赛艇划每一圈约需20多分钟。一般每次赛事需要划7～8圈，总赛程约为40千米，比赛时间需要近3个小时。因比赛时长、消耗大，比赛当天河涌沿途中均设有同村送粥艇提供熬好的稀粥、龙眼叶茶水等补给。等到裁判宣布"收龙"时，表示比赛进入最后一圈赛程，各艘参赛飞艇进行最后冲刺，争先进入龙门以夺冠。龙门一般搭在裁判席附近的桥梁上，等到赛艇进入最后一圈比赛时，组织者就从龙门吊下一绣球，最先冲进龙门的飞艇将绣球摘下，谓之"夺标"。

（除署名拍摄外，其余图片均由中山市东凤镇宣传文体服务中心提供）

8. 海南：泊潮海龙舟（编号：省V-X-11）

泊潮海龙舟是以海南省泊潮村命名的一种海上龙舟。泊潮村地处海南省儋州市西北部的沿海地区，广阔的海域造就了泊潮村独特的海上龙舟。在泊潮村，渔民认为农历五月初五端午节是很重要的节日，也是最幸福的日子，而泊潮龙舟则是端午节不能缺少的重要部分。每年端午节，人们都会到海边观看龙舟竞赛，其场面热闹非凡，人山人海。泊潮村端午节的龙舟活动分为表演和竞赛两个部分，首先由泊潮村和各村青年男子组成的龙舟队沿海岸进行娱乐表演，表演过后，各个龙舟队便会自发地组织激烈的龙舟竞渡比赛。

造型独特的海南泊潮海龙舟

泊潮村端午节的海上龙舟活动始于清代。在泊潮村一直流传着一个传说，在一千多年以前，曾有姓陈与姓杨的两位将军驻军泊潮，泊潮村民为了感谢两位将军的守卫，便在村中修建了陈杨庙。当时曾有很长的一段时间，泊潮村的村民出海捕鱼一直都是无功而返，对于这个以捕鱼为生的临海村庄，饥饿的威胁逐渐蔓延开来。无奈之下，村民便准备了贡品和香烛到村中的陈杨庙祈祷。不久之后，村民出海便能满载而归了。从此以后，泊潮村的村民便会定期到陈杨庙中祈祷风调雨顺、鱼儿满舱。久而久之，到陈杨庙祈祷也成了当地端午节开展龙舟活动的一项重要仪式。泊潮村村民的端午龙舟活动不仅是当地村民的一种娱乐休闲方式，也是泊潮村民祈祷一年风调雨顺和幸福平安的祈福仪式。

在泊潮村，大多数的村民都会扎制游龙。编扎精巧的游龙头，其鼻子、眼睛和龙嘴都非常灵活，比赛时龙目活态尽显，龙嘴更是能吐出寄托着泊潮村民美好生活愿望的对联。与灵活的龙头相比，泊潮海龙的龙身则需要稳定的骨架来经受海上的风浪。等到整体骨架扎制完成之后，便会贴上村民自制的画纸。此外，村民还会把将要放置游龙的渔船涂上亮丽的颜料。

在端午节当天上午，泊潮村的村民就会将扎好的游龙固定在渔船上，再去村中的陈杨

端午节前村民扎制龙头

庙。此时，会有歌手唱起儋州调声以祈福祭拜，村里德高望重的老者将主持仪式，亲手持笔沾上墨水后郑重地给游龙点睛，寓意赋予游龙生命，点睛之后的龙舟便可以下水了。

泊潮海龙舟的表演活动

在龙舟活动开始的同时，村里的人会搬出十只大鼓，奋力地敲击来增添节日的喜庆，身穿盛装的年轻人一边划着龙舟，一边做出幽默风趣的表情，给岸上的村民带来欢乐。随后，村民纷纷走到海边尽情地游泳，俗称"洗龙水"。之后，将进行激动人心的龙舟竞赛，岸上的村民会击鼓呐喊，为自己所喜爱的龙舟加油助威，场面热闹非凡。最后获得胜利的龙舟队伍将获得村里提前准备好的大竹筐，里面装满了粽子等多种简单的奖励品。事实上，大家并不十分在意竞赛的输赢，更多在意的是尽情享受泊潮龙舟带给大家的欢乐。

（图片均由儋州市文化馆柯人俊提供）

9. 台湾：礁溪二龙竞渡

二龙竞渡是台湾宜兰县礁溪乡二龙社区下辖淇武兰和舟仔尾两个村落共同传承的一项传统民俗活动。据《礁溪乡志》记载，其至今已有两百多年的历史。二龙竞渡在龙舟造型、竞渡模式，以及祭祀特点上均有其独特之处。

台湾宜兰县礁溪乡二龙社区竞渡比赛（陈荣杨拍摄）

关于二龙竞渡的起源，由于缺少文献和实物资料而难以考证，主要有两种说法可供参考。

一种说法认为，该习俗源于原居住该地区的平埔族噶玛兰人的一种祭祀性的体育活动，目的是锻炼和娱乐或驱魔祈福。清代时，福建漳州汉族人进入该地区，继续延续并与汉族文化交融后形成现在的习俗。

另一种说法认为，在福建漳州汉族人进入该地区后，由于二龙河水湍急，历史上不时发生村民溺水事件。长此以往，当地村民就认为河中有怪物。为了达到辟邪驱魔和娱神祈福的目的，他们选择用中原古风以龙舟竞渡的形式来进行祭祀、驱魔及祈福。

二龙竞渡所使用的龙舟与常见的龙舟不同，二龙竞渡的龙船除去彩绘部分，更像是日常见到的小货船的造型。目前所用龙舟依旧沿用当地货船造型，并加入彩绘装饰。其彩绘装饰内容也很独特，有龙、祥云、花、双鱼图等元素，船尾有两个分别写有"风调雨顺"和"国泰民安"的旗帜。除此之外，龙舟所用的划桨也很特别，淇武兰村持绿色桨，即阳极在上；而舟仔尾村持红色桨，即阴极在上。

二龙竞渡的龙船彩绘造型独特（陈小蓉拍摄）

由于二龙竞渡活动背后具有祭祀属性，其全程大致可分为两个阶段。

第一阶段为祭祀。在端午节当天上午举行祭祀仪式。清晨，两村落各自主事者召集本村男丁将龙舟从龙舟厝中抬出，并在龙舟厝与歌仔戏台前的广场上妥善安放。接着，村中长者烧香请"老大公"附船身，并绕龙舟一圈进行折香净舟。之后，村中男丁各向龙舟献一炷香，再由长者引领进行龙头点睛、烧纸钱、燃炮等仪式。最后，伴随村中长者的引锣，村中男丁合

赛前两个村落男丁将龙舟从龙舟厝中抬出
（陈荣杨拍摄）

力将龙舟抬入河中。进入河道后的龙舟还要进行游港祭祀。

第二阶段为竞渡。二龙竞渡由两村轮流主持开展，因此每年会有主客队的概念。主客队双方在当天中午 12 点左右一起将龙舟划至正式竞渡河段。双方到达竞渡河段后，由客队优先选择竞渡水道。然后，两队分别在各自水道上进行鸣锣、献头纸、燃放鞭炮等仪式，以祈求竞渡平安。此时，每艘龙舟上应有 22 个人，其中两人分别为锣手（兼夺标手）和船尾舵手，其余 20 人皆为划手。

二龙竞渡的竞渡水道单程长约 200 米，其起点设在上游，以独特的"启航大绳"为起点，以树立于河中间的两根龙舟旗为终点。划龙舟时，皆采用跪姿，以达到充分利用腰背力量的目的。竞渡的正式开始是以双方同时响锣为标志，如若只有其中一队引锣，则无效，需要返回起点重新开始。到终点之前，锣手便转为夺标手，先取得标旗的获得本轮胜利。

清代《擦石竞赛图》
（西藏布达拉宫壁画(局部)）

第五章

赛会类非物质文化遗产

　　"赛会"是由两项及两项以上的传统体育竞赛项目组合而成的集祭祀、竞赛于一体的综合性民间体育赛事集会。赛会类非遗项目在中国拥有非常悠久的历史，伴随着不同地域的各民族文化的发展，形成了各不相同的展现形式。赛会类民俗活动具有满足人们的身心需求、娱乐健身、社会交往和经济流通等诸多功能。

清代《较量图》（西藏布达拉宫壁画）

一、我国赛会类民俗活动的起源与发展

　　追根溯源，赛会类民俗活动多源于先民对部落图腾、祖先英雄和自然的崇拜。在原始社会，先民们通过祭祀仪式祈求风调雨顺、丰收平安，寻求心灵慰藉，借此向上天表达崇拜之情，逐渐出现了部落和本族的聚集性的祈求仪式。随着社会变迁和人们生活的稳定，原始的祭祀性聚集活动融入了娱乐和运动的元素。例如，内蒙古那达慕就是典型的赛会类非遗项目。游牧型的生产生活方式使蒙古族人擅于骑马、射箭和摔跤。于是，人们定期聚集起来，举行传统骑马、射箭和摔跤三艺比赛，并

逐渐演变成集祭祀、竞赛、表演、旅游、经济贸易等多位一体的大型综合民族庆典活动。

汉代《马戏图》(藏于山东博物馆)

我国赛会类非物质文化遗产申报名称多采用"赛""会"和"节"等,如内蒙古那达慕大会、玉树赛马会、广东雷州风筝节、左州金山花炮节、广西宾阳炮龙节等。这一类的非物质文化遗产项目相当于区域性、综合性运动会和岁时节庆民俗体育活动聚会,在特定的时间、地点定期举行,在传承地深受当地人民喜爱,参与面广泛。

赛会类非遗项目具有岁时性、综合性、集聚性、仪式性等特点。

赛会举办时间或时间段是按照当地岁时习俗固定的。这与农业耕作和收获的生产生活方式有关,以此形成春季祈福风调雨顺、夏秋之际庆祝丰收的传统赛会习俗,使之具有岁时性特点。

赛会不是单一项目的赛事,而是由多个不同单项运动组成的综合大型赛事。赛会期间,除了具有带有本民族特色的传统体育项目之外,甚至还囊括现代体育运动,如田径、户外越野等。除了各种运动赛事外,当地民众还会在赛会举办之际,进行文化表演和商贸集会，如歌舞表演、民族服饰表演、美食节、货物售卖等。这种综合性赛会的举办不仅丰富了各民族人民生活，促进了交流合作，还吸引了外地游客。

《马术图》（藏于故宫博物院）

以放牧为主的少数民族的生产生活方式具有逐水草而迁徙的特点，牧民要随着季节游走放牧。因此，凡是遇到重大的事件，或有物件交流等需求时，都要以聚集的形式进行商讨、交流。另外，有些偏僻的农业地区，由于山地的阻隔，交通不便，为方便人们的交流，也会创建聚集性活动。随着社会的变迁和稳定发展，很多习俗得以世代保留沿袭下来，由此发展成现在的具有聚集性的大型赛会。

赛会不仅是单纯的体育赛事，民间信仰大型祭祀活动也是其非常重要的组成部分。大多数赛会开始都有隆重的祭奠仪式，以显示出本赛事的神圣和隆重，彰显其悠久的历史积淀和文化内涵。不同民族的赛会祭祀仪式具有本民族的文化特点，通常在仪式结束后再进行其他活动。从古到今，这种大型祭祀仪式已经成为各民族的一种文化传统，是各民族的精神寄托。

二、赛会类非物质文化遗产的分布

在我国第 1～5 批国家级和省级非物质文化遗产名录中，共有 51 个赛会类体育非遗项目。从申报赛会类体育非遗项目的空间分布看，我国赛会类体育非遗项目分布多为少数民族聚集区。赛会类非遗项目最多的是西南地区，其次是华北地区，西北地区赛会类非遗项目也相对比较丰富。

通过对我国的赛会类非遗项目进行可视化处理发现，我国的赛会类体育非遗项目分布并不均匀，分别在川南和广西西南地区形成了 2 个高密度核心圈，在黑龙江、内蒙古等地区形成了 5 个次级核心圈。

由此可见，赛会类体育非遗空间分布受地形、水源、民族分布、生产生活方式、历史移民融合的影响。其项目多分布在少数民族自治区或多民族融合的聚集地区。赛会类体育非遗在新时代背景下，能够弘扬民族优秀传统文化，增强各族人民文化自信，为民族文化遗产旅游开发提供了思路。

1. 西藏：当吉仁赛马会（编号：国Ⅱ-Ⅵ-43）

　　流传于西藏拉萨当雄草原的当吉仁赛马会是一项具有民族和地域特色的民间体育竞技活动。在藏语里"当"是指当雄，"吉仁"是指祈愿法会，"当吉仁"是当雄的祈愿法会。当吉仁赛马会是当雄牧民世代相传的民间体育竞技活动。它既具有悠久的历史和广泛的群众基础，也具有浓郁的民族特色和地域特色。

当吉仁赛马会历史悠久

　　早在吐蕃时期，赛马已盛行于青藏高原。草原民族被誉为"马背上成长的民族"，生活在藏北草原上的先民在很早之前便与马结下了不解之缘。当吉仁赛马节始于17世纪，至今有400多年的历史。据说清朝的蒙古骑兵曾在当雄草原上饲养军马，进行军事训练，并规定每年藏历七月十日在当雄草原上举行一年一度的骑兵检阅式。检阅式的主要内容之一即赛马活动，一直沿袭下来，成为如今当吉仁赛马会的主要内容。

　　当吉仁赛马会在当雄产生和发展的原因，一是牧民的生活离不开马，对马产生了特殊的兴趣和爱好，这是赛马会形成的现实基础。二是受到了格萨尔王《赛马称王》故事的影响。格萨尔王是牧人崇拜的英雄，他们所崇拜的这位英雄正是因为赛马获胜而坐上王位，所以牧人把骑马射箭看作是英雄必须具有的一种本领。三是有关史料记载，吐蕃时期骑马射箭备受重视，因此骑马、射箭成为重要的体育文化活动。四是17世纪时，内蒙古军队驻扎当雄，在当雄草原举行骑兵检阅仪式，对"当吉仁"赛马会的正式形成和发展起到了极大的推动作用。

　　当吉仁赛马会以赛马为主。每年参加赛马比赛的有300余名选手和300匹马。不同项目使用的马匹数量也不尽相同，长跑马100匹、短跑马21匹、走马43匹、马术表演39匹，余下约100匹是其他赛马项目所使用的。

当吉仁赛马会是一项群众性活动，参与人数和比赛项目众多，如锅庄舞表演有 160 人、拔河有 144 人。此外，藏式举重又称"抱石头"，共计 16 人，参赛者须抱起重达 100～150 千克的石头。赛牦牛比赛由 8 个乡（镇）各选派 2 头以上牦牛，共计 18 名骑手和 18 头牦牛，两两分组进行比赛。而服饰表演则是 80 人（男女各一半），身着各式各样美丽的藏服或当雄的传统民族服饰，进行表演走秀。

赛马会上的射箭比赛（丹增曲培拍摄）

当吉仁赛马会在每年藏历七月举行。该盛会主要举行 3 天，旧时延续 1 个月，现今改为 7 天。当吉仁赛马会没有整体表演，只有分项表演，如马术表演、文艺表演、篝火表演等。赛马会期间的主要内容是赛马，赛马比赛项目主要有马长跑（10000 米）、马中跑（5000 米）、马短跑（3000

男子拔河比赛（丹增曲培摄）

米）、走马（5000 米）、马术表演、跑马射箭、马上捡哈达等。

如今的当吉仁赛马会除了保留传统的活动内容，还增加了独特的藏北锅庄、赛牦牛、拔河、抱石头、传统服饰表演、田径比赛、拉歌会等多种丰富的民间文体活动。当吉仁赛马会既传承着历史，又反映着时代的变迁。

与此同时，一年一度的当吉仁赛马会实际上也是一次盛大的物资交流会，来自各地区的商人在一周的时间里搭起许多大小不一、样式各异的帐篷，一方面体验牧区的生活，另一方面进行农畜产品的交换。帐篷星罗棋布，商品琳琅满目，交易的货品主要是生产工具、家具、日常生活用品等各种独具特色的产品。

（图片均由西藏自治区非物质文化遗产保护中心提供）

2.青海：玉树赛马会（编号：国Ⅱ-Ⅵ-43）

　　玉树赛马会又称赛马节，每年的公历7月25日至8月1日分别在青海玉树藏族自治州的玉树县扎西科草原与巴塘草原举行。赛马会的主要内容有跑马射箭、乘马射击、跑马拾哈达、跑马倒立、跑马悬体等马术表演，还有远距离的跑马赛、走马赛、牦牛赛，以及民族民间传统歌舞、民族服饰展示和寺院跳神等表演项目。玉树赛马会有三大特色：马术表演、民族民间传统歌舞和帐篷城。

赛马会是玉树地区最隆重的传统节日（郭晓虹拍摄）

　　在藏族的谚语中，骏马代表充满力量、精神顽强和品格高尚的青年才俊。藏族史诗《格萨尔王传·赛马称王》中就有对藏族英雄格萨尔在全部族参加的赛马大会上一举夺魁，赛马称王，得到草原上最美丽的珠牡姑娘的描述，真实地反映了赛马运动在藏族人民生活中的重要地位。

　　在佛教尚未传入吐蕃之前，藏族祖先的赛马竞技并非是纯娱乐性质的，而是为战争和械斗进行的习武活动。吐蕃时期的藏族人，勇猛好战，善于骑射，曾以金戈铁马东攻盛唐，南降毗邻诸国，开拓疆域。佛教兴盛于吐蕃后，藏族人虔心礼佛，将曾经为征战而习练的马上竞技演变成娱神益人的民间活动。

　　这种传统的民间赛马

跑马耍枪射击

活动在青海玉树世代相传，如今祭山敬神、迎送宾客、操办婚事等重大喜庆节日，都离不开赛马这一民俗活动。赛马竞技活动已成为藏族群众生活中必不可少的一种传统文化习俗。

赛马会的赛场一般设在地势平坦、水草丰美的草地上。玉树赛马会选玉树县扎西科草原为主会场、巴塘草原为分会场。另外，马匹的选择尤为重要。玉树地区县县赛马，村村养马，家家都饲养良马。想要在赛马会中夺魁，马匹不仅要速度惊人，优于群马，其驰骋脚力还要完全符合"走马"奔跑训练标准，骤驰飘逸，快速领先，这二者皆备才可夺魁。

跑马倒立

马术是将马的驰速和骑手的马上技巧相结合的一种运动，又称为"轻乘赛"，大都属于单项比赛，有规定动作与自选动作。项目以单人单马为主，进行马上射箭、马上射击、马上投掷等。还有一种马上技巧比赛因受到习武活动的影响，含有许多惊险刺激的表演形式，如快速跃登、马背前迎、镫里藏身、鞍心倒立、左右侧翻等高难度动作。赛马竞技结束后，还要进行饶有趣味的赛牦牛、藏式摔跤、藏式举重、拔河比赛等项目。

（图片均由玉树藏族自治州文体旅游广电局提供）

3. 山西：尉村跑鼓车（编号：国Ⅲ-X-135）

尉村位于山西省临汾市襄汾县汾城镇西北部姑射山，与乡宁县相邻，是我国著名的历史文化名村。这个古老的村庄流传着一项具有2000多年历史的文化民俗——尉村跑鼓车。尉村跑鼓车以其悠久的历史文化，成为晋南最有影响力的民族传统活动之一。

热闹的尉村跑鼓车开幕式

尉村又名鄂公堡。据史书记载，尉村跑鼓车源于春秋时期，为了强身健体、舒活筋骨，将士们便在闲暇时进行一些战车、战鼓及擂鼓进军的演练。久而久之，这种军事演练演化成为一种民间竞技活动。

唐代初年，因为尉迟恭为大唐的建立立下了赫赫战功，汾城、尉村一带成为尉迟恭的封邑，跑鼓车文化也在此时期得以发扬光大。之后，历代尉村人传承了这个民间赛事。

明清时期，尉村跑鼓车赛事的发展达到了鼎盛时期。尉村的跑鼓车不仅在本村进行比赛，还与邻村相互竞赛。特别是到了康乾盛世，尉村生活物资富足，重视子弟教育，逐渐形成了崇文尚武的民风。

跑鼓车的车身和车轴均由结实耐用的木料制成，如

跑鼓车队员正在狭窄的巷子奋力奔跑

槐木或榆木。车轮和车辐则是由木头做出形状后再包一层铁皮。一般来说，跑鼓车的车身长约为 3.7 米，车宽约为 0.9 米，车重约为 500 千克，铁轮直径约为 1 米，滚过地面时会发出沉闷的震动声。

跑鼓车中大鼓鼓身的主要材料是木头，所使用的木头则以结实耐用的杨木或榆木为主。鼓饰各式各样，五花八门，其寓意也各有不同。

庙巷和合二仙鼓

现代跑鼓车的比赛规则是结合古代规则和现代实际情况制定成的。具体是先由各院落派出代表进行抽签，决定顺序进行比赛。比赛实行的是淘汰赛制，由最后胜出的两辆跑鼓车进行决赛。比赛程序由比赛几方商议而定，而比赛决出胜负的规则多是追赶式，即一辆跑鼓车追上另外一辆跑鼓车就判定为赢。但为了增加难度，有时也有追上后超出 100 米才算赢的规则。

跑鼓车是一项集智慧、勇气和耐力于一体的集体性体育竞技运动。在比赛的过程中，团队的协调是决定胜败的关键。比赛时，鼓横嵌在战车上，车的后端有两位乐手擂鼓，掌握鼓车的节奏，车辕需要 3 个壮汉来驾驭。一位主舵手撑辕，两位副舵手抱辕。鼓车一边一根粗绳，二三十名甚至更多青壮年人分列两边拉梢绳，拖拉着鼓车向前急速奔驰。同时，跑鼓车又是一个接力跑的运动。比赛时，当一批拉车的人体力不够的时候，可以换另一批，这样就可以使跑鼓车始终保持高速行驶，也增加了比赛的激烈程度和观赏性。因为是一辆鼓车追上另一辆鼓车，将梢绳套上前面的鼓车才算胜出，当地人也称此项比赛为"鏖战"。

（图片均由山西省非物质文化遗产保护中心提供）

4. 西藏: 恰青赛马会（编号: 国V扩-VI-43）

那曲羌塘恰青赛马会又称藏北赛马节，简称为"恰青"。藏语"恰青"意为赛马，恰青节就是赛马节，是藏北地区规模最大的体育竞赛盛会，又称"草原盛会"。其在每年藏历六月举行，为期5～15天。传说，恰青节起源于格萨尔王的羌日西部军训，后来演变为藏北草原人夏季的一大节日，距今已有数百年的历史。

赛马比赛（丹增曲培拍摄）

羌塘恰青赛马会有着悠久的历史。传说，格萨尔王当年出征北方降魔国，途经那曲时，在那曲"成兴卡托"安营，并整顿军纪，举办"亚吉节"，开展赛马等活动。旧时，那曲宗（相当于那曲县）和羌基（相当于现行政公署）每年在那曲组织服役兵差进行集训，将阅兵仪式与传统"亚吉节"结合，从而产生了藏北"那曲恰青赛马会"。17世纪中期至18世纪初，清政府几次出兵平定西藏叛乱，在那曲与当雄一带驻守军队，组织"索玛集堆"，开展了一定规模的兵差集训活动，结合当地"亚吉节"，形成了"恰青赛马会"。

自古以来，牧民崇尚马，每个人都希望自己拥有一匹或几匹骏马。通常获得骏马的途径是高价购买或自己培育，而培育骏马首先要有良种母马。牧民按照马一般都随母亲血缘的遗传规律，精心选育骏马之母。

恰青节的抱石比赛场地

在恰青节上，赛马的额毛向上绑，头顶插支白羽毛，尾毛梳成若干辫子，用五彩绸带装饰。其他的道具主要有服装、配饰、箭、哈达等。赛马会时，普通的男女老少都会穿上鲜艳、华丽、装饰昂贵的盛装。赛马手则有专门的服饰，通常是身穿丝绸缎袍，头顶插白羽，脚穿短皮靴。

羌塘恰青赛马会的内容集传统文化与现代体育、经济贸易、旅游等活动项目为一体，主要分为四大类，即赛马比赛、各种体育竞技（赛牛、抱石、射箭、摔跤、"吾尔朵"等）、文化艺术活动和经贸活动。

最为核心的赛马又包括大跑、小跑、骑马射

赛马节上的拔河比赛

箭、乘马拣哈达等比赛。大跑比赛主要是比马的速度、耐力，赛跑路程约十几千米，按到达终点的先后次序确定名次；小跑比赛主要比马的小步跑，步调平稳，不能以大步跑代替小步跑；骑马射箭比赛主要是在快马乘骑中以惊险、优美的姿势射箭并命中靶心为得分标准；乘马拣哈达比赛具有较大风险，但观赏性极强，在快马乘骑中以高难度马术动作拣哈达多者为最佳选手。

（除署名拍摄外，其余图片均由米玛顿珠和琼琼拍摄）

5. 安徽：轩辕车会（编号：省 Ⅰ-Ⅵ-83）

轩辕车会是以祭祀轩辕黄帝为主题的民间社火集贸大会，是安徽黄山脚下先民为纪念中华人文始祖、车的发明者和传播者——轩辕黄帝而开展的一项大型民俗活动。每年农历七月十八至二十四共七天为会期，分为"洗车""正车""祭车"等五个程序，以滚车表演为主，祠堂庙宇、大街小巷都要滚到，以示降福祛邪。轩辕车会的道具工艺浑厚精美，表演技法精妙大气，集观赏性、趣味性、参与性为一体。

轩辕车会上的滚车表演

古黄山山越人尊称轩辕黄帝为"车公"。元代时，这种祭祀汉民族始祖的活动受到了限制。元代后，仙源镇、甘棠镇出现的黄帝祭祀场所就是"车王殿"。

明代末期，群众在县城南门外重建名"忠烈庙"。明代后，华夏大地又被清朝统治。清顺治年间，甘棠镇的"车王殿"又变成了"东平王庙"。"东平王庙"是顺治初年甘棠崔姓在祠西兴建的，但是其祭祀活动和内容依旧是滚车大会，百姓还称呼它为"车王

滚车游行

殿"。中华人民共和国成立前，与甘棠镇、仙源镇毗邻的三口镇、谭家桥镇一带也曾盛行庙会，这些民间社火集贸大会也是以祭祀轩辕黄帝为主题的。

轩辕车会有固定的会期安排：每年农历七月十八"洗车"，将车从庙里请出洗净浸泡；七月十九"落地车"试车、试路，会首给每辆车披红；七月二十一"正车"，先在轩辕黄帝塑像前焚香、烧黄表纸、放鞭炮、出车上路（路线是固定的）；七月二十三、二十四"正车"；七月二十四傍晚"祭车"，然后"收车"进庙，一届车会结束。

轩辕车会涉及的主要器材有火轮车、服装配饰，以及乐器等配套物品。其中，火轮车车身为圆形、木质，全高八尺四寸，宽六寸（老尺，一市尺等于老尺九寸五分），由大圈、子圈、车轴、幅条、头道档、二道档、短撑、木栓和铁镲组成。大圈两面漆黑底、绘朱红色火焰图案，

村民制作火轮车

子圈漆兰底白花，铁镲本色，其余为朱红色，每辆车重约270千克。参与者的服饰则为山越服饰，兽皮短裙、草裙、麻制汗巾（扎于额头，阻挡汗水流入眼睛）、红布搓制麻绳（缠绕双臂和双腿）、粗布山袜和草鞋。其他配套物品还包括成套打击乐，以及幡旗、舵旗等。

轩辕车会年年以滚车形式纪念轩辕，忠烈庙和东王平庙两座庙宇各有车会，公推会首。经费源于善款捐助，各拥有八辆火轮车。火轮车白天在街道、广场滚车，家家爆竹迎接，或给车披红，或用公鸡祭车。"车手"（滚车人）很多，均无报酬，都是参加车会的男性青壮年。一般是两人滚一辆车，技术高超的则一人独自操作。滚法有"平滚车""夹篱笆阵""飘反车""发绕车""拍绕车""螺旋车"六种。

一辆火轮车200多千克，两人合滚一辆难度不太大，会的人也多。一人独操一辆发绕车、拍绕车则需娴熟的技巧。螺旋车是一王姓人独创的，他有些武功底子再加技艺精湛，每次出手均博得观众惊叹。绕车、螺旋车在广场表演时，车手和几千观众齐声呐喊助兴。锣鼓、鞭炮声震天动地。

（图片均由代表性传承人项元林提供）

6. 广西：侗族花炮节（编号：区Ⅱ-98）

　　抢花炮是广西柳州市三江侗族自治县的一项侗族传统体育活动。侗族花炮节一年一度，每年的农历三月初三就是三江县富禄镇、古宜镇等地的花炮节，其中以富禄镇的花炮节最为热闹。每年三月三，黔、湘、桂毗邻地区的侗、苗、瑶、壮、汉等兄弟民族同胞，纷纷前来富禄镇参加抢花炮活动。按照当地的习俗，三月三是侗族继春节之后的一个大节日，这个节日之后，各家的芦笙就要收起来了，人们将全力以赴地投入春耕生产。因此，在这一天，各村寨的民众便将土特产背到镇上去卖，并将所需要的日用品买回来，从而形成了一个十分热闹的节日。

抢花炮是当地的一项侗族传统体育活动

　　在富禄镇，侗族花炮节的抢花炮活动源于一个美丽的民间传说。据说，很久以前有一位侗族姑娘，从河边的水蛇口中救了一条小花鱼。在第二年农历三月初三，该姑娘来到河边洗衣时，突然出现了一位向天空撒花的少女，自言是龙王的女儿，奉父王之命前来感谢她的救命之恩。从此以后，龙王的女儿经常来与侗族姑娘做伴玩耍，但她经常来人间的事情让龙王知道了，龙王担心女儿惹出麻烦，便断绝了她与人间的来往。当地人为怀念这位龙女，于是便在三月初三聚集在河边，不断往河里撒花祈祷，希望她回来。长此以往，撒花怀念演变成花炮节的习俗，认为花炮是龙王的女儿带来的吉祥物。

　　另据史料记载，抢花炮始于清乾隆年间，兴盛于嘉庆年间，距今已有近300年的历史。起初，是广东的码头工人将抢花炮作为日常生活中的一种娱乐活动，而在福建，抢花炮则是祭祀神灵、表达心愿、祈福求财的一种祭祀活动。当时，由于经济交流与人员往来，广东、福建的商人到广西三江侗族地区进行贸易者众多，同时，也有部分商人在三江侗族地区安家落户。天长日久，这些人便将抢花炮引入当地并传播开来，其中，以广西三江县富禄镇的抢花炮活动开展的最为广泛。

侗族花炮节第一炮

侗族花炮节抢花炮的器械主要由花炮、送炮器、花篮架、花篮组成。传统的抢花炮活动不受人数、性别、场地等限制。赛场通常设在较为平整的河岸或山坡上，赛场四周没有规定的界限。在比赛时，花炮一般为一场三炮，三炮两胜的一方获得最后胜利。这三炮的名称各有寓意，头炮为丁炮，寓意人丁兴旺；二炮为财炮，寓意财源广进；三炮为贵炮，寓意加官晋爵。所以，双方会拼命抢夺每一炮，比赛场面异常火爆刺激。

参赛者奋不顾身地抢夺花炮

花炮是一个直径5厘米的钢圈（花炮圈），外用红布或红绸缠绕，置于铁铳之上，点燃铁铳后，火药把花炮轰上天空，当花炮圈落下时，参加者蜂拥入场，奋力抢夺。花炮圈会落在树上、屋顶，甚至水塘里，无论落到哪里，大家都会一哄而上寻找花炮圈并奋不顾身地抢夺。赛场上允许挤、抢、护、拦、传，但不得有伤人动作。比赛不限时，抢得花炮圈者，要凭借自己的实力摆脱众人的围追堵截和抢夺，并将花炮圈送到寺庙神台或指定的报炮区（台）后方为胜。凡是抢得"头炮"者，来年的抢花炮活动便由该村寨主办。抢到花炮即寓意吉利幸福，可获得奖品，如猪、羊、红蛋、酒和镜屏等物品。

（图片均由三江团县委提供）

7. 四川：藏族尔苏射箭节（编号：省Ⅱ-Ⅹ-22）

射箭节，藏语为"错乃屋"，是四川省凉山彝族自治州甘洛县的尔苏藏族的传统节日。射箭节，顾名思义为射箭习武的节日，在每个农历的三月初一进行。相传，这是为了纪念古代藏族英雄车莫阿刚发明弓箭、教人狩猎、训练箭术、抵御外敌、抗拒灾害、安排农事生产而产生的纪念性节日，同时，也是祭祀神灵、祈祷丰收的传统活动。

村民在射箭节上展示射箭技艺（吉孜哈土拍摄）

藏族射箭始于青藏高原原始社会末期，迄今已有 2000 年以上的历史。其骑射雏形约形成在吐蕃奴隶社会上升的历史时期，发展于吐蕃王朝以武力扩张领土的一系列战争中。9 世纪中期，射箭这一军事体育项目传入民间，逐渐扩大到青藏高原各

射箭习武是藏族尔苏每个男子的必修课（吉孜哈土拍摄）

地，成为藏族在喜庆节日期间举行的射箭表演及比赛活动。藏族尔苏人在漫长的迁徙和定居过程中，为了生存和发展，凡有聚会，就要进行射箭比赛。射箭习武是藏族尔苏每个男子的必修课。为了提高技艺、加强团结，当地每年都要举办射箭比武大会，后来逐渐沿袭，将其固定成了射箭节。射箭节所包含的文化信息内容多、涉及面广，如射箭、祭祀、酿酒、民歌、舞蹈、语言、服饰、民族、历史、医药、天文、历法、风俗等。

射箭节有许多程序，依次为入场仪式、祈福仪式、射箭仪式、宗教仪式、比武仪式、祝酒许愿仪式、安排农事、赛歌活动等。藏族尔苏射箭节涉及的节庆项目有三种：射箭、坛坛酒、藏族舞蹈。

射箭比赛在室外，采用地靶来进行。在比赛之前，藏族尔苏青年要准备好弓箭。弓箭从选料到制作有一套严格的程序。上山采木料之前，要敬山神念祭词。把木料选好采回以后，按规定尺寸进行加工制作，还要选择一块上好的、有弹性的牛骨装在弓身之内，用生铁做好箭头，用一块牛皮制成箭袋，最后上漆绘制图案并镶上金银饰品。除正常比武之外，射箭还代表其他含义，如青年拉弓放箭射向远处画有鬼头的靶子，如中靶心则意味着该青年年内会得贵子等。

代表性传承人王连清向徒弟传授制作弓箭工序（吉孜哈土拍摄）

射箭节前，各家各户均要酿制坛坛酒。年景困难时节，村寨或家庭按人凑粮，大人一斤，小孩半斤，集中交给酿坛坛酒的妇女，酿造成酒，在射箭节那天供全体人员饮用。射箭节这天要举行品酒比赛，由德高望重的老人进行评比，发放奖品，希望能够把酒做得更好、味道更美。

射箭节有舞蹈，所以这一天大家还需要穿上本民族服装。不论男女老少，头上都缠帕子，上身惯以披毡褂，腿布用土布，在射箭节上跳的舞种主要是乌扎哦、锅庄舞，多为祈福集体舞。

（图片均由四川省凉山州甘洛县文化广播电视和旅游局提供）

8. 西藏: 白朗斗牛节（编号: 区Ⅲ-101）

西藏是牦牛的故乡，斗牦牛与赛牦牛是藏民的传统比赛项目。日喀则市白朗县的斗牛节则是江雄草原一年中最为隆重的牧区传统节日。由于西藏地广人稀，牧民以家庭帐篷为单位，长年孤寂地生活在深山草场中，对于参加斗牛

斗牦牛与赛牦牛是藏民的传统比赛项目

节有着极大的兴趣和热情。通常斗牛节为一周左右，人们大都带着帐篷和炊具，如同换季转移牧场一样，携带牲畜，举家前往。因此，斗牛节期间，江雄草原上帐篷遍地，人欢马叫，分外热闹。

白朗斗牛节最早出现于吐蕃松赞干布时期，至今已有1400年历史。最开始为一种"数羊头"活动，即为牧民之间的劳动成果展示活动。"者下斗牛节"在历史上原称为"果孜"，它的藏语意思为"数羊头"。

"数羊头"活动开始，参赛牧民向大伙儿展示自家养出的一群又肥又大的好羊。当羊群进入羊圈后，身着节日盛装的牧人，身背装有羊腿、糌粑、盐、茶等食物的皮口袋，在人们呼喊着"曲谐"的吉祥祝词中，一边向空中抛洒着糌粑，一边以极富文学色彩的语言夸奖自己的羊群。随着时间的推移，"数羊头"活动的规模越来越大，内容也越来越丰富，慢慢形成了如今天以赛牦牛为主的民族传统体育节日——斗牛节。

斗牦牛

在牧区举行大型斗牛节活动，需要的道具器材很丰富，主要有参赛的牦牛、骑手服装、牛鞍及装饰缨穗等。参赛牦牛的鼻子被穿了孔，披上五颜六色的缨穗装饰及一整套考究的牛鞍。在服装上，下乡的牧民会穿上喜马拉雅山区古朴、庄严的传统服

饰，参赛牦牛的骑手则身着古老的高原骑士服装。

斗牛节主要分为斗牦牛与赛牦牛。

斗牦牛是斗牛节上的重头戏，也是整个节日的高潮。参加斗牛的牦牛都是种牦牛，通常一个牦牛群里只会有一只种牦牛。参赛的种牦牛将会在几十头母牛的陪伴下进场，强壮粗野的种牦牛背上挂着类似锦旗模样的锦缎挂毯，显得异常的威武。斗牦牛以单淘汰的方式进行，分为"青年组"和"成年组"，对阵通过

赛牦牛是参赛骑手驾驭牦牛的速度赛

抽签决定。在人们的欢呼和祝福声中，种牦牛一个个眼红脖子粗，或摇摆尾巴，发出"哈尔、哈尔"的沉重叫声；或在地上打个滚，磨一磨本就十分锋利的牛角，以此先向对方示威。在交战时，牛角的碰撞声回荡在山谷之中，在最后的角逐中产生出江雄草原上新一代的"牦牛至尊"。

赛牦牛时，参赛骑手驾驭牦牛，一字排开站在起跑线上。当裁判一声令下，骑手拼命地挥动手中的牛鞭，一众牦牛便摇头晃脑地向着终点奔去。但往往比赛到了一半里程时，就会发生一些戏剧性的变化。例如，一些牦牛奋力扬蹄，直奔终点；一些牦牛则停止不前，任骑手呵斥鞭打也无动于衷；还有一些牦牛扭头跑出了赛场，让骑手无可奈何；甚至一些牦牛干脆掉头往回跑，丝毫不顾及骑手的脸面。

白朗斗牛节活动形式多种多样，内容丰富多彩。为丰富节日活动，斗牛节上还增添了数羊、赛马、歌舞、短跑、抱石头等传统活动，以增加农牧民群众参与的积极性。在对传统民族文化的传承和发扬上，除了保留了者下乡特色的六弦琴演奏队之外，还新推出了学生藏戏团表演。

（图片均由米玛顿珠和琼琼拍摄、提供）

9. 青海：热贡马术（编号：省Ⅳ-Ⅵ-1）

　　热贡马术是青海省同仁市隆务寺周边地区流传的一种民间赛马活动，主要分布在牙浪乡牙浪村、娘落村、加毛村、祝村、塞杂村、阿如村、阿宁村、阿庄村。热贡马术不仅是当地传统民间竞技体育活动，具有原始性、民族性和地域性，同时，也是以祈求风调雨顺、五谷丰登、人畜平安为主要内容的民俗活动。

　　据历史考证，热贡马术源于18世纪初期，当时为庆祝由第二世夏日仓活佛和"热贡十二族"主持的首次热贡祈愿大法会，当地牙浪乡群众自发举办了首届赛马会以示庆祝。从此沿袭成为习俗，并逐渐成为当地的民族体育竞技活动。

热贡马术具有近300年历史（角巴才让拍摄）

　　热贡马术中使用的器具均为传统方法自制，主要有马、火枪、长矛、火药、导火线、火药管、头巾等。与其他藏区的赛马不同，热贡马术比赛过程中不仅要比骑马速度，还要比点火枪速度。

　　比赛开始，一匹引马在前奔跑，火枪手纵马脱缰尾随。表演时，火枪手头部围

乘马点火枪是比赛的重要内容（华华拍摄）

插一排冒着烟的火绳，口衔两排火药直筒。在策马飞奔的同时取下一个直筒，并将火药从枪口装入枪管。紧接着从头上拔下一根火绳，点燃枪内火药。在长达 1 千米的赛道上，优秀骑手装火药、点火枪的次数可达 20 余次。

代表性传承人正在给儿子讲授赛马表演时配用器具的使用方法（华华拍摄）

改革开放以后，随着社会经济文化及旅游业的发达，人们对文化生活的需求也逐步提高，而牙浪乡"热贡马术"作为藏传佛教文化保留、传承下来的非物质文化遗产，得到了县委县政府的大力支持与扶持。自 2010 年以来，同仁县本着加大民间传统项目的宗旨，恢复举办热贡马术活动，每年举行赛马比赛及表演赛，旨在传承和保护这一传统竞技体育项目，激发文化自觉，不断增强民族文化自信，将热贡马术作为牙浪扩大对外开放的重要平台和桥梁。

（图片均由青海省非物质文化遗产保护中心提供）

10. 广东：雷州风筝节（编号：省Ⅳ-Ⅹ-52）

广东省雷州市（县级市）地处雷州半岛中腹，是国家历史文化名城。雷州风筝节是古雷州端阳节三大赛事"东岳赛鹞、夏江龙舟竞渡、麻扶讴歌"之一。它是以雷州北门关为主，辐射周边县、区部分乡镇，于端午节期间以表演竞放风筝为主要活动，兼涉游艺、文化娱乐的庙会活动。经过几百年的传承和发展，已不断壮大，雷州风筝节成为当今雷州半岛最具代表性和影响力的端午节活动之一。

2009年雷州风筝节（丁智明拍摄）

传说嘉靖年间，雷州半岛飓风不断、暴雨成灾、鼠盛虫多，农业生产连年减产，百姓苦不堪言，官府束手无策。嘉靖三十三年（1554年）一夜，东岳庙神明及风神托梦知府罗一鸴说："汝当扎制诸鸟形纸鹞三百、大母鸢一只，升空飞舞作势，必定鼠灭虫消、风调雨顺、国泰民安。"翌日，罗知府广招全城能工巧匠，以纸篾扎成鹰、鹊、蜈蚣、龙、凤等各式各样的风筝几百只，于端午节带领民众祭过东岳诸神及风神后，到达庙北五里坡校场竞放风筝。霎时，雷州上空"百鸟"齐飞，龙腾凤舞。事后果然神验，雷州顿时鼠失虫消、风调雨顺。自此，周边县、区一部分乡镇的风筝爱好者数百年来都在每年的五月初五在五里坡校场竞放风

当地民众齐心合力放飞风筝

筝，年年不断，代代传承，周边人闻讯，也都相邀前来竞技，一时成为古雷州文化体育活动的一大盛事，形成了历史文化名城的一大文化习俗。

雷州风筝节所用的道具器材，是大大小小各式各样的中小风筝和两翼面积共几十平方米的大型"过冬婆"风筝（"过冬婆"本是一种鸟名）。加之六国旗、八宝幡、葫芦伞、狮龙、鼓锣和刀叉等。

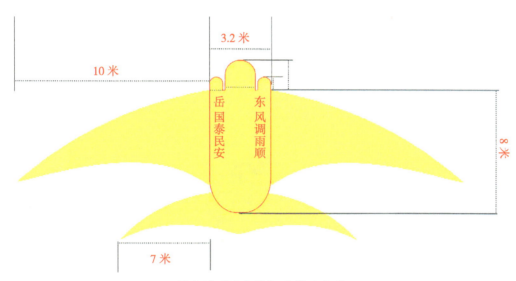

10 米

3.2 米

岳国泰民安

东风调雨顺

8 米

7 米

巨大的"过冬婆"风筝尺寸图

每年的农历五月初五端午节，雷州北门关的群众会选出首事头人主持该赛事，组织和联系本地和外地的风筝爱好者参加竞赛。当日大清早，由各社区组织的队伍穿着古服，举着六国旗、八宝幡、葫芦伞、八卦旗、五色旗，舞狮闹龙、击鼓鸣锣，祭过东岳庙及风神庙神明后，扛着庙牌，抬着祖先灵牌，神轿和神像浩浩荡荡从北门关出发，环城一周，返回五里坡校场。人们在平坦的坡地上围成一大圈，递次表演武术、龙腾狮跃，好不热闹。

由发起者扎制一只风筝王"过冬婆"，又叫作"母鸢"，鸢身及两翼面积共约80平方米，尾部依次插着八把钩镰，用粗缆索做鸢线。该风筝王由 30 名彪形大汉拉线才能放飞。其他参赛者随意扎成蜈蚣、龙、凤、蝴蝶、喜鹊、鸡母卢、水桶、八角、雄鹰等各种各样的风筝。

关里的群众各家各户还会插艾叶、包粽子，小孩佩戴香袋祈求平安。

（图片均由雷州市文化馆与雷州市风筝文化协会提供）

11. 台湾：排湾人五年祭

排湾人是台湾原住民的第二大族群，是一个具有独立信仰的族群。每五年举办一次的五年祭（Mal Jeveq）是其最为隆重与盛大的祭典，蕴含着祖灵归来和慎终追远的意涵。五年祭中的刺球仪式，饱含祖灵赐福的文化内涵，不仅是五年祭中的重要部分，也是一项难度较高的体育活动。

刺球是一项难度颇高的民俗体育项目

有关五年祭的溯源，民间中有两种传说。一是远古时代，排湾族的祖先到了仙界，向女神学习农田耕种和祭祀仪式。同时，与女神约定，每隔五年举行祭祀，迎接神明降临人间，接受族人的献祭。二是每隔五年祭祀从北大武山降临人间的祖灵，以求保佑未来五年五谷丰登、猎物满盈。两种起源传说的说法均体现了排湾族人感念神灵和先祖的意涵，所以五年祭也被称为"人与神的盟约祭"。

五年祭中的刺球，也称"刺福球"，是整个五年祭的重头戏，也是族人在五年祭时最为期待的仪式。在清康熙六十一年（1722年），清代第一位巡台御史黄叔璥所著《台海使槎录》中就有排湾族刺球的场景描述，这也是有关刺球最早的文史记载。

五年祭中刺球活动所涉及的道具包括祭竿、祭球、刺球场与刺球架等。其中，祭竿通常由刺竹做成，长15～18米；祭球通常是由相思树皮、血藤制成的实心球；刺球

圆环状的刺球架

场通常搭建在部落的空旷地上，刺球架用木材搭建，再以藤皮、铁钉和铁丝固定而成。

旧时，五年祭通常根据小米收成的岁时祭仪来确定举办的具体时间。刺球仪式作为五年祭中最主要的环节，属于五年祭的正祭部分。参与刺球仪式的人必须由部落首领钦选，通常是三种人：首领的子弟、勇士（猎手）、对部落有过大功的人。刺球仪式参与者包括多位刺球手和一位抛球手。刺球手坐在刺球台上，座位排列呈圆环状，手持刺球竿。抛球手手持祭球上方的绳子，手臂以肩与肘关节为圆心绕圈甩动，利用绳子的甩动和回旋力，

由下至上将祭球向天空上方直直抛起。有时，抛球手会双脚弹跳，蹬离地面，以期增加抛球的高度。待球下落时，刺球手用刺球竿的竿尖争相刺向藤球。如未刺中，则进行下一轮抛球。刺中藤球的选手，可将刺中的藤球绑在腰间，继续参与下一轮，能力强者有时能刺中两三颗球。

刺球仪式中，前十多颗福球均代表各种福运和预示，只有最后一颗球代表不确定的含义，可能大好也可能大坏，预示着刺中这颗球的族人需在未来五年中多加留意自己的言行举止，谨言慎行为上。待最后一颗祭球被刺中后，所有选手马上截断刺球竿的竿尖，一起跑向大首领的家中，集合唱歌庆祝。

（图片均由郭东雄提供）

祭球与祭竿

12. 台湾：恒春抢孤及爬孤棚

台湾屏东县恒春镇的抢孤与爬孤棚活动，传承至今已有 300 年的历史。该活动于每年农历七月十五的中元节在恒春古城的东城门外举办。这一天，各方好手争相攀爬 36 根约 15 米高且涂满牛油的孤棚立柱，力争攀上孤棚顶，并摘取顺风旗。其场面万头攒动，人声鼎沸，盛况空前。

恒春抢孤相传源自福建，演变于台湾（张顺兴拍摄、提供）

关于恒春抢孤的起源有两种说法。一种是源于清光绪年间。时任台湾钦差大臣沈葆桢从福建招募大量单身男丁赴台开垦。后来，镇内的善心人士为了祭奠这些客死异乡的孤魂，便于中元期间为其普度，而祭祀后的祭品，则供当地的穷苦人家自行拿取。后因避免拿取祭品而发生纠纷，于是便集中祭品，定下争抢祭品的规则，从而形成了早期的恒春抢孤。另一种是源于清代恒春建城之初。在中元节普度后，城内的富贵人家将祭祀后的祭品赠给城外的贫苦百姓，但经常发生争抢斗殴的情形，故后来改为将祭品集中在恒春镇福德宫庙前广场，待中元节举行完"公祭"后供民众抢夺。

孤棚是搭建在孤柱上的铁质平台（陈小蓉拍摄）

恒春抢孤与爬孤棚活动，主要涉及的道具器材包括孤棚、孤柱、牛油、顺风旗、安全网、擦油布、绳子或帆布等。

爬孤棚竞赛是每年恒春国际竖孤棚观光文化活动的重头戏。赛前，由主办单位在当地福德祠掷筊杯，得到土地公指示后方可开始比赛。爬孤棚竞赛开始前，从孤棚上方放下五根长鞭炮。

竞赛分为第一阶段、中场休息和第二阶段。第一阶段限时 60 分钟，团队成员用叠罗汉的方式，用布条尽量将孤柱上的牛油擦拭或刮掉，但不允许在柱上绑布条或打结攀爬。每队以撕下大会贴于孤柱上的号码布条视为其第一阶段完赛。中场休息的时间由裁判长视现场状况而定。第二阶段开始，此时各队以叠罗汉的方式将攻击手送上尽量高的位置，再由攻击手向上攀爬，第一个攀爬上顶台者立即击锣三声，且经裁判宣布无违规事项的队伍即为冠军队。

爬孤棚比赛进行中（蒋婷拍摄）

爬孤棚每队限报 8 人参赛，其中 7 人采用叠罗汉的方式，负责在第一阶段擦牛油，以及在第二阶段将攻击手送上孤柱上方；另外 1 人是攻击手，负责在第二阶段向上攀爬，直至爬上孤棚。向上攀爬时，攻击手只能借助两根绳子，要将绳子绑在孤柱上打个绳结，一只脚踩住打结扣的部位，再向上捆绑另一个绳结，将另一只脚踏上固定，随后弯腰去解开原本的绳结，再向上捆绑，不断重复以上动作，直至登顶。很多攻击手因为体力关系或绳索松开，常常会在中途滑下来，只能再一次从头开始。这对攻击手的耐力是一大考验，也让比赛过程精彩纷呈。

13. 台湾：布农人射耳祭

　　射耳祭，又名打耳祭、鹿耳祭。射耳祭是生活在台湾的布农族人唯一的全部落参与的重要祭典，也是在布农族人所有祭典中唯一与狩猎直接相关的祭典，主要分布于花莲、南投、台东、高雄等地。

布农人向孩子们传授射箭技艺（陈小蓉拍摄）

　　射耳祭的起源与布农族的发展背景有密切的联系。早期的布农人生活在海拔 1000 米以上的高山上，当时未形成部落而处于散居状态，所以旧时的射耳祭为家族模式。直到 20 世纪 30 年代逐渐形成了部落，但大多依旧以家族形式举办射耳祭为主。

射耳祭极富地方和族群特色（陈小蓉拍摄）

　　各布农族部落举办射耳祭的方式差异不大，但在具体内容上会有一定区别，采用的道具器材也有所不同。一般射耳祭会使用的道具包括鹿耳、弓箭、猎枪、木头、锯子、小竹笋、水桶、姑婆芋叶等。布农族猎人最希望猎得的猎物为山鹿，视其为幸运和英雄的象征。所以，旧时以山鹿耳朵为箭靶，训练男孩子射箭的技巧。进入现代社会，山鹿数量减少，现在多由家猪耳朵替代。

射耳祭内容丰富，且多源于古时布农族人的日常生活，除了有猎前枪祭、置头骨祭、过火祭、射耳祭、吹耳朵洗眼祭，以及报战功吟唱古调曲等仪式化内容外，还会添加锯木头、拨竹笋、摔跤等传统竞技比赛，以使活动更加热闹。

当今，举办射耳祭可以分为三种形式，即氏族部落射耳祭、全乡射耳祭，以及全台湾射耳祭。最传统的射耳祭是氏族部落性质的射耳祭，其过程相对完整地保留了射耳祭在文化教育、生活技能传授，以及领地巡视等方面的多种功能。整个射耳祭大致可以分为三个阶段，即前期筹备阶段、射耳祭阶段、传统竞技阶段。

在射耳祭举行的前几天，族内成年男子会组成狩猎队去猎场打猎。出发前，司祭便集合部落男人，举行祭枪仪式，祈求所有的猎物都能被这些枪所捕获。祭枪仪式后，第二天狩猎队进行占卜解梦，以占卜结果的吉或恶来决定是否上山。如猎得大型猎物，则将下颚骨保留下来，象征猎物神。同时，留在家中的妇女也开始配合打猎回来的时间酿制小米酒及织布，准备射耳祭要使用的东西。

传统竞技团队接力比赛——锯木头（陈小蓉拍摄）

射耳祭的主要步骤为猎骨祭、分食祭拜的烤肉、过火（走过火堆）、吹耳朵（除去身上的疾病）、射耳。待射耳祭结束后，男人围成一圈唱起八部合音（Pasibutbut），最后则是报战功（Malastapang），该部分的仪式完全开放，女人也可以参与，一起饮酒唱歌。

报战功完成后，接下来则举办传统的竞技活动，所有现场的朋友都可以报名参加，参与者均分为4组。传统竞技有姑婆芋叶运水、拨箭笋、锯木头三项活动。每个项目的优胜队将获得奖励。

《十美图放风筝》

中国体育非物质文化遗产精粹

第六章

游戏类非物质文化遗产

游戏是一种古老的社会文化现象，其本质就是快乐。游戏娱乐是伴随人类的物质生产劳动而产生的愉悦身心的活动。游戏融体力发展和智力发展为一体，与体育运动有着密切的关系[1]。游戏类非遗项目产生于大众闲暇的娱乐生活中，是各民族在长期生活实践中共同创造的财富，反映了各民族的文化特色。游戏本身的技能性、竞赛性和交际性等特点，常常使某些游戏活动对人们的社会生活产生重要的影响[2]。游戏类非遗项目在促进人的身心健康和精神愉悦等方面起着重要作用。

一、中国传统游戏的起源与发展

在数千年的历史发展进程中，我国各族先民创造出丰富多彩的游戏活动，包罗万象的各类游戏有不同的起源与发展历程。有的游戏随着岁月的流逝而消失，有的游戏却历经千年繁盛，至今依然受到大众的喜爱。我们的祖先在渔樵耕读之余，创造并纵情于各种游戏，如出奇制胜的围棋、象棋，古朴文雅的投壶，搏击长空的风筝，激烈有趣的斗禽等，这些都是古人闲暇时不可或缺的游戏活动。游戏是一种与人类关系非常密切的文化现象，具有重要的文化价值和社会意义[3]。

根据文献记载，西周王朝每年冬季农闲时都要举行"讲武"之礼，其中有角力、御马、射箭、投掷、跳高和跳远等竞技比赛活动，本意是训练和提高将士的战斗能力，却间接促进了民间竞技活动的发展和传播。《战国策·齐策》中曾云，临淄之民因富盛而擅于音乐、博弈等各种游艺之技。汉代则是民间游戏与竞技不断发生、发展和流传的历史时期。汉承秦一统之局面，国力增强，社会经济稳定增长，为百戏的盛行奠定了深厚的物质基础。

东汉投壶画像石拓本（河南南阳出土）

［1］李重申，李金梅，陈小蓉.敦煌古代体育图录［M］.兰州：甘肃教育出版社，2011：22.
［2］蔡丰明.游戏史［M］.上海：上海文艺出版社，2007：186.
［3］黄水云.传承与拓新：唐代游艺赋书写［M］.台北：文津出版社，2012：1.

秦、汉宫中艺人的杂技演出，加上民间的百戏活动和季节性的民间游戏，促使了游戏与竞技的发展[1]。班固《西都赋》："于是既庶且富，娱乐无疆。"（《全后汉文》卷二十四）描写了西汉京城长安因富庶而极尽娱乐之现象。因此，只有社会稳定、经济昌盛，百戏游艺方能持续成长。魏晋南北朝虽然是政治历史上的颠沛时代，却也是学术文化史上的灿烂年代。这个时期，名士精神自由，注重人生的享受，因此各种棋类、巧艺等娱乐游戏乃成为文士生活中的一部分。此时文人雅士已体会到健康的游艺活动对陶冶性情的积极意义，因此六朝游艺在两汉基础上有了进一步的发展，内容题材自然更加丰富多彩。

唐代国力强盛、政治安定、经济繁荣，人民拥有安乐的太平生活，歌舞升平，此时不仅传统的百戏得到较大的发展，群众性的游艺活动亦颇为丰富，加上广泛吸收了外来文化，妇女在游艺中扮演了重要角色，更因宫廷与民间的游艺活动相互影响，唐代的游艺活动十分丰富，游艺赋作达到了拓新的境地。

宋太祖建国以后，即奉行"崇文抑武"政策，提倡"娱乐消费"。宋代社会出现享乐化的发展趋向，尤其城市经济繁荣和市民阶层成长，北宋游乐风气已十分鼎盛。时至南宋，游乐之风愈演愈烈。教坊乐部之庞大，都市瓦肆伎乐之兴盛，娱乐游艺活动异常丰富，百戏演出的场所勾栏瓦舍遍布城乡，演出的节目可达百种，不仅有固定的艺人队伍、艺林高手，也有少数的流浪艺人卖艺。

辽《儿童跳绳图》（宣化张匡正墓）

---

[1] 郭泮溪.中国民间游戏与竞技［M］.上海：三联书店，1996：273–277.

　　元、明、清之游艺活动，大多继承唐、宋以前的传统游戏，如球类、射柳、竞走、角抵、划龙舟、放纸鸢、荡秋千等。自明代中叶以后，民间的娱乐和游艺活动普遍兴盛起来，尤其是棋牌类游戏，在明清时期可谓达到巅峰状态。清代对传统的游艺活动进行了嬗递与创新，众多的游艺形式在清代臻至顶峰，达到空前高超的水平。据李声振《百戏竹枝词》记载，清代过年时，京师之百戏就有霸王鞭、十不闲、踏谣娘、打盏儿、八角鼓、打花鼓、太平鼓、莲花落、大头和尚、跳钟馗、秋千架、影戏、反腰、竖蜻蜓、角抵、扎高脚、台阁、舞中幡、五索、刀山、飞刀、舞叉、射天球、弄丸、舞冰盘、坛技、扇技、蹬梯、拔不倒、旱船、吞剑、吞火、飞钱、走马灯、狮子、滚绣球、龙舟跨鼓、杠箱、杠子、双石、秧歌、五虎棍等[1]，可见清代节日活动比以往更丰富多彩。纵观元明清时期之游，亦复偏好。

清代踢毽子版画（江苏苏州木版画）

　　在我国古代的少数民族群体中，亦有许多民间游戏活动。

　　生活在我国北方的少数民族有十分丰富的特色游戏。例如，朝鲜族跳板、顶瓮竞走，鄂伦春族撒布卡，满族点顺星接力、走百病，由满族、蒙古族、锡伯族等少数民族所共有的抓嘎拉哈，维吾尔族和哈萨克族的追姑娘、赛马、马上摔跤等。南方的少数民族特色游戏项目也十分丰富，如苗族的手拍鸡毛毽、掷鸡毛球、穿针赛跑、穿花

[1] 陈宝良，王熹. 中国风俗通史·明代卷 [M]. 上海：上海文艺出版社，2005：1086-1087.

衣，苗族、瑶族、仫佬族等民族所共有的古代飞铊，以及布依族的丢花包、仫佬族打篾鸡蛋，黎族的打狗归坡、打狗棍；壮族的板鞋竞速，土家族和白族所共有的抢贡鸡，土家族、苗族和布依族等许多少数民族共有的踩高跷，傣族、京族、黎族、苗族的跳竹竿，彝族的披毡舞、达体舞、望骂掷、跳大海、绵羊拉绳、尔满古等。

中华人民共和国成立以来，各种传统民间游戏在城镇、乡村各族民众中广泛开展，在各类学校的青少年中得以传承发展。同时，为了提高民众的参与度，许多传统游戏项目融入竞技元素，完善规范比赛制度，举办各级别和各区域的比赛活动。

1928年12月，举行了我国第一次踢毽子公开比赛。1933年10月，全国体育运动会将踢毽子列入比赛项目。中华人民共和国成立后，1963年，踢毽子同跳绳等被列入国家提倡开展的体育活动，踢毽子运动还被编入了小学体育教材。1984年，毽球被列入国家体委正式开展的体育比赛，并开始试行《花毽竞赛规则》。1985年4月，举办了首届全国毽球锦标赛。1982年，在第2届全国少数民族传统体育运动会上，秋千即列入表演项目。1986年2月，国家体委制订了《秋千竞赛规则》（草案），同年，秋千被列为全国少数民族传统体育运动会正式比赛项目。我国于1997年申请加入了国际拔河联合会，并成为国际拔河联合会的正式会员。2003年8月，中国拔河协会出版发行《拔河竞赛规则和裁判法》，标志着我国的拔河运动走上规范化、竞技化、国际化的轨道。目前，拔河运动现已被我国列为全国体育大会、全国农民运动会和全国少数民族运动会的比赛项目。

二、游戏类非物质文化遗产的分布

在我国第1～5批国家级和省级非物质文化遗产名录中，共有100余项游戏类非遗项目。从申报游戏类非物质文化遗产项目空间分布及其核密度来看，我国的游戏类非遗项目在江浙地区形成了一个高密度核心圈，除此区域外，在全国的其他地区也零星形成了一些较小的区域，但并未出现高密度聚集的区域。总体来看，游戏类非遗项目主要集中分布在华东的沿海区域，中部地区分布较为均匀，而在青海、西藏、新疆等部分地区的分布密度相对较低。

三、游戏类非物质文化遗产的类别

我国游戏类非遗项目种类繁多，从其具体表现形式上，大致可以分为竞赛类游戏、技艺类游戏、角力类游戏、竞力类游戏和秋千类游戏等五个小类。

竞赛类游戏主要是游戏的竞争性特点突出。这类游戏竞技性强，对抗激烈，需要一定的体力和技巧。例如，西藏林芝工布毕秀竞赛、新疆哈萨克族的叼羊和姑娘追，以及宁夏的打梭等。

技艺类游戏对技艺要求高，技巧性特点突出，需要经过较长时间的学习训练，才能够掌握其高难度技术，如山东青州花毽、贵州瑶族民间陀螺竞技、北京抖空竹、内蒙古布鲁等。

角力类游戏主要是力量性对抗特点突出，游戏中两人或多人对抗，突显出力量素质的优劣。例如，贵州布依族抵杠、四川羌族推杆、四川彝族三雄夺魁、内蒙古达斡尔颈力赛、吉林朝鲜族拔草龙等。

竞力类游戏是类似举重一类的游戏，但比赛中还要展示各种技巧和花式。参与者必须经过长期的训练，力量素质和技艺技巧达到一定水平，才能在比赛中获取优异成绩。例如，河南撂石锁、上海耍石担石锁、江苏殷巷石锁等。

清代抖空竹

清代　张恺　王继明　张启明　屈兆麟绘《普庆升平图》（卷）之扔石锁（故宫博物院藏）

秋千类游戏在我国各民族中广为流传，秋千种类丰富，如荡秋、磨秋、观音秋、纺车秋、转轮秋、二人秋、多人秋、担子秋等。依据器材，其可分为三种。第一种是钟摆秋千，即"值木为架，上系两绳，下拴横板，人立于板上"，像钟摆一样来回摆荡，是最为常见的秋千。第二种是车轮秋，如磨秋、观音秋、纺车秋等，它是"植大木于地，上安车轮状圆轮，在呈辐射状横木上，系绳于下，以架坐板"。活动时，坐秋千的人用脚蹬地使车轮旋转，然后悬空转动。第三种是担子秋，也叫二人秋，"竖长柱，设横木于上，左右各坐一人，以互落互起而飞旋不停"，类似旋转跷跷板的旋转秋千游戏。

清代《秋千图》(选自《故宫藏画大系(十)》)

竞力类游戏

1. 浙江：嘉兴掼牛（编号：国Ⅲ-Ⅵ-67）

浙江省嘉兴市南湖区地属长江下游冲积平原，属亚热带气候。嘉兴种植水稻的历史悠久，7000 年的稻米耕作史孕育了我国的稻作文化。牛不但是稻耕的生产工具，也是当地人的主要食物来源，"嘉兴掼牛"活动即在这种关系中应运而生。嘉兴掼牛，是嘉兴回族一项传统民族体育活动，时任国务院副总理万里观看后称为"中国式斗牛"，嘉兴掼牛因此名扬海内外。

掼牛是嘉兴回族一项传统民族体育活动

据《嘉兴市志》记载，元代时，回族人民大多从河南、山东回族聚居地南迁，在嘉兴市南湖区角里街聚居，并建有规模较大的清真寺。在开斋节、古尔邦节上，"掼牛"常被作为表演项目。

掼牛士的基本服饰包括白色回族礼拜帽、绛红色风氅和上衣、黑色宽松功夫裤、宽牛皮皮带、黑褐色短筒牛皮靴、牛皮制护腕、黑色羊皮且露指半截的手套。根据掼牛士段位高低，出场着装有区别：最高段为四段，四段掼牛士的风氅镶边为三条金色丝带；其次是高段（三段）掼牛士，风氅镶边为两条金色丝带；中段（二段）掼牛士的风氅镶边为一条金色丝带；初段掼牛士及学员的风氅镶边为银色。

嘉兴掼牛被称为"中国式斗牛"

掼牛首先要选牛，一般选择成年体壮的黄牛或水牛，重量要求1千斤以上。牛的姿态雄壮、有斗志，犄角丰满并前冲。因水牛的斗性较差，绝大多数掼牛选择黄牛。用牛角吹响开场号，助手牵着牛出场，绕场一周。助手先对牛进行挑逗，使牛兴奋，将牛逗得横冲直撞，然后掼牛士出场。此时，四面牛皮鼓擂起鼓乐，助手退出场地，掼牛士开始准备斗牛。面对怒牛，掼牛士择机将双臂紧抵牛犄角，依靠臂力将牛头拧向一侧，牛拼命挣扎。然后紧紧抱住牛头，用肩扛住牛下巴，运足力气，拧住牛脖子，使牛顿时失去平衡，掼牛士随即将身子往牛的颈部一压，便将强壮的公牛摔倒在地。这一拧、一扛、一压的绝技，是嘉兴掼牛的主要特征。

嘉兴掼牛规则简单，过程独特。掼牛士有自己的级别评定规则，每个段位的规则都不尽相同。初段位，允许借助腿劲将牛腿别倒，称为"双臂单腿别摔"。中段位，不得借助别腿动作，称为"双臂摔侧"。高段位不允许出现别腿动作，称为"肩扛摔"。最高段位，须有"头功"等功力底承，称为"顶摔"。根据这几个的不同结果，确定掼牛士本场得分，以此作为评定掼牛士段位高低的依据。

嘉兴掼牛作为回族文化的一部分，其保护意义重大。保护嘉兴掼牛也就是保护回族文化和我国民族文化的多样性。嘉兴掼牛的发展历史也是嘉兴回族和汉族两大民族和谐相处的历史，体现了祖国文化对少数民族优秀文化的包容性。

（图片均由代表性传承人韩海华提供）

嘉兴掼牛被誉为"东方绝技"

2. 甘肃: 万人扯绳赛（编号: 国Ⅴ-Ⅵ-102）

　　甘肃省临潭县传统的"洮州元宵万人扯绳"（当地人称拔河为扯绳）因其规模宏大而声名远扬。临潭县位于甘肃省南部，古称洮州，历史悠久。在历史上，临潭不仅是"茶马互市"的商贸重地，也是国家边塞的军事重镇。古时，"万人扯绳赛"曾为明代驻洮州临洮军中的强体游戏，至今已有 600 多年的悠久历史。

万人扯绳场面壮观

　　"拔河"源于古代水乡拉纤和驻军的操练活动，后来被作为军中游戏用于训练兵卒体力。据《明太祖实录》记载："洪武十二年（1379 年）春正月，洮州（临潭）十八族番叛，命沐英移兵计之，英军至洮州旧城。英部将士之中多为江淮人。"唐代封演《封氏闻见录》云："拔河，古谓之牵钩。襄汉风俗，常以正月望日为之。相传楚将伐吴，以此教

参加万人扯绳赛的民众热情激昂

战。"由此可见，扯绳源于军中的"教战"活动。沐英将军率队驻扎在旧城期间，以当地

的"牵钩"（即拔河）作为军队中的游戏，用以增强将士体力。后来明朝实行了屯田戍边的制度，许多将士落户于洮州，扯绳之俗便由军队之中流传成为汉族民间的一种运动。当地人把扯绳作为"以占年岁丰歉"（《洮州厅志》）的象征，不仅可以鼓励人们积极参与扯绳运动，也能表达出各族民众渴望丰衣足食、国泰民安、民族团结和安居乐业的美好愿望。

自古以来，随着参加万人扯绳赛人数的不断增多，万人扯绳赛所用的道具——扯绳也不断发生着变化。起初采用麻绳，俗称"龙抬头"，向后逐渐减小并分为两股，俗称"双飞燕"，长达二三百米，两股之末又连小绳若干。但这种扯绳在扯动时常在双方僵持阶段断裂，绳一断，既易伤人又难分出胜负。后来，麻绳便换成了在钢丝上缠绕麻绳的新扯绳，当地人称油丝绳。

参加万人扯绳赛的民众往往热情激昂，双方队员互不相让，时高时低、时进时退的"斗绳"，一时半会很难连上。在万人扯绳赛的三晚中，每晚进行三局比赛，三晚共九局，五局为胜。其中，每晚比赛最后一局的获胜者，要负责把拔河绳拖出1千米以外，丢在河滩或草地上以示彻底胜利。而失败者则要负责在第二天上午

当地民众踊跃参加扯绳比赛

将拔河绳拖回来。同时，派人去自己所居住的地区和乡村求援，并发动更多的人参加比赛，以期获胜。

在过去，人们对万人扯绳赛的胜负极其看重。大家认为赢得比赛的一方，在来年必然会六畜兴旺、五谷丰登、人口平安、万事如意。直到今天，当地民间还流传着"哪片赢了，哪片庄稼就成"的说法。

临潭"万人扯绳赛"民俗体育活动源于江淮习俗，在战争、迁徙、化解、融合的历史时空中，逐渐适应了北方的环境，认同了独特的高原文化并与之融为一体，变成了极具儒家文化色彩和高原生态文化色彩的民俗活动。万人扯绳赛既是古代军队中独具特色的练兵形式，同时也是展现民族团结和互助意识的一项民间传统体育活动。其在历史进程中逐渐形成了固定的形式与内容，属于全民性参与的民间体育活动，体现出了劳动人民勇敢的尚武精神和民族气质。

（图片均由甘肃省非遗保护中心提供）

3. 内蒙古：达斡尔颈力赛（编号：区 I-NMVI -7）

达斡尔颈力赛是达斡尔族民间传统活动之一。目前主要分布在我国内蒙古自治区莫力达瓦达斡尔族自治旗地区和新疆维吾尔自治区塔城阿西尔达斡尔民族乡之中。作为我国唯一的一个达斡尔族自治旗，莫力达瓦达斡尔族自治旗居住着大量的达斡尔人，保留着最为原始的达斡尔民族文化。

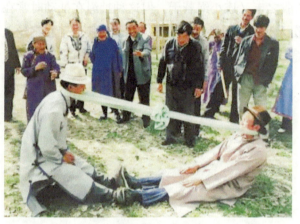

传统的达斡尔颈力赛

居住在我国北方边界嫩江沿岸的达斡尔人，拥有长期抗击外族侵略的历史。与此同时，辽阔肥沃的草原与紧靠嫩江的得天独厚的环境又铸就了达斡尔族悠久的鱼牧狩猎文化。长期的草原生活与抗击外族的历史经历使达斡尔人形成了骁勇善战、乐观向上、团结友善的优秀民族性格。达斡尔颈力赛作为达斡尔族传统的体育运动之一，其自身就是达斡尔优秀民族性格的一种活态表现。在既简单又激烈的达斡尔颈力赛中，仅用一根布腰带就考验了参与者的整体身体素质，又在比拼中极大地锻炼了参与者的意志品质力，同时也增进了参与者彼此之间的感情，是广大达斡尔人最为喜爱的运动项目之一。

传统的达斡尔颈力赛传承悠久。自从达斡尔族有了稳定的聚居地以后，颈力运动就已经形成和开展了起来，但关于达斡尔颈力赛具体起源的时间和地点目前尚没有明确的史料记载。达斡尔颈力赛与达斡尔扳棍赛十分相似，与其他的传统达斡尔体育项目相比，这两种传统运动都源于达斡尔人的

颈力赛保留着最为原始的达斡尔民族文化

日常生活之中，比赛只需要借助生活中随处可见的日常物品即可。

达斡尔颈力赛所使用的道具只有一根布腰带，腰带的颜色主要有红色和蓝色两种，

达斡尔颈力赛受到青年女性的喜爱

以长度能够系成环状分别套住两位参赛者的脖颈为基本要求。达斡尔颈力赛对场地没有特殊的要求，只要有一小块平坦的空地就可以比赛，居住在辽阔草原的达斡尔人往往都是直接在草地里席地而坐就开始比赛的。与此同时，在颈力赛中也没有对参赛者有明确的服装要求，不管是身着民族服饰还是日常便服都可参加比赛。

传统的达斡尔颈力赛规则简单易懂，对参与者的要求极低，即使从来没有听说过达斡尔颈力赛，只要看上一场比赛就可融入其中。

在比赛开始之前，参赛的双方需端坐在场地的中央，双腿伸直，两脚掌分别与对方脚掌相对并贴紧，双手叉腰或者放在双腿之上都可。与此同时，裁判会将系成环状的布腰带套在双方的脖颈后部，待裁判员哨声响起后，比赛正式开始。在比赛中，双方需要用颈部及全身的力量来努力牵拉对方，若在比赛中有一方出现被对方拉起或身体歪倒或屈膝的情况，那么被拉起或屈膝歪倒的一方即输掉了比赛。这种简单又激烈的达斡尔颈力赛不仅对参与者的全身力量要求很高，也特别能考验参与者的意志力。因此，意志力坚定的参与者往往能够在比赛的最后将对手击败。

学校教师向学生传授颈力运动技巧

（图片均由莫力达瓦达斡尔族自治旗文化馆提供）

4. 四川：三雄夺魁（编号：省Ⅱ-Ⅵ-3）

　　三雄夺魁是流行于四川乐山金口河区共安彝族乡、和平彝族乡等彝族聚居区的一项民族竞技体育活动。金口河区位于四川西南部峨眉山南麓、小凉山脉腹地，居住的少数民族以彝族为主。区内非物质文化遗产丰富，三雄夺魁是其中闪亮的明珠之一。该项目历史悠久，是一项集竞技、娱乐、观赏为一体，简单易行的娱乐与竞技活动。

三雄夺魁是集竞技、娱乐、观赏为一体的活动

　　三雄夺魁起源于明末清初，主要流行于小凉山彝族聚居区，突出"力"与"技"的结合。最初为军士和部落竞赛，后逐渐演变为各种庆典的竞技和表演活动，成为竞技与娱乐皆宜的项目。

　　相传，明末清初，战乱四起，脚备（彝族头人）率众乘势袭击平夷堡（现四川省乐山市金口河区共安乡境内）获胜，为展示将士身体强壮和战斗力，在庆功宴上进行摔跤与二人拔河竞赛，酒兴大发的将士觉得二人拔河太容易，便发明三人角力。之后，凡在结婚、过节、丰收等喜庆时都有三人角力竞技项目表演。

　　三雄夺魁历史悠久，与金口河人的生产生活历史密切相关，其来源于生活，创造于生活，娱乐于生活，对于研究古代彝族民族文化具有重要的参考价值。

　　三雄夺魁的用具简单，主要用麻绳、牛皮筋将三根绳的一端打结，绑在一起，另一端系成能套入肩膀的套，在适当的位置系上标志。

三雄夺魁比赛场地与器材

比赛是以三名年轻力壮的青年男子站在直径为2米的圆的内接正三角形的三个顶点上，套上三根打结于圆心的绳子，分别向不同的三个方向用力拉，最先将表示胜利的标志拉出圆外为胜。胜利者将赢得阿咪子（彝语，姑娘）送上的祝酒歌、泡水酒，还可以将心仪的姑娘背回家，也就是"背新娘"。该

三雄夺魁比赛现场

项目主要突出了男子的力和技，力就是要有能够拉动二人以120°分开后的合力；技就是要在拉的同时，使被拉二人晃动起来，形不成有效的合力，体现了彝族人智慧、粗犷、朴实的民族特色。

三雄夺魁竞赛具有广泛性、对抗性和娱乐性三大特征。该项目道具简单，场地易找，技术含量不高，在群众中易于广泛开展。同时，该项目致力表现男子的身体强壮和战斗力，是力的较量，具有较强的对抗性。此外，该项目集竞技、表演于一体，有较强的观赏和娱乐性。并具有典型的彝族文化特色、体育代表性和粗犷、朴实的民族特色。

（图片均由四川省乐山市金口河区文化体育和旅游局提供）

213

5. 四川：羌族推杆（编号：省Ⅱ－Ⅵ－6）

羌族推杆是由两人或者多人进行的角力比赛项目，主要流传于四川省阿坝州的汶川、理县、茂县、黑水、松潘、北川等羌族地区。羌族推杆的比赛方式非常简单，而且娱乐性强，通常在节日、婚礼等喜庆场合举行，是羌族人民的体育运动项目之一，也是羌族民族文化中有代表性的运动之一。

推杆是一种角力比赛项目（陈小蓉拍摄）

羌族自称"尔玛"，是我国的古老民族之一，早在殷商时期即有羌与西羌之说。据羌族史诗《羌戈大战》记载，在1000多年前，古羌族人南下迁徙至岷江上游时，与当地的戈基族人相遇并发生战争，于是，羌族人组织了一支手持长矛的敢死队。但由于羌族士兵大都是农牧民，不会打仗，一时间处于下风。在这期间，神明帮助了羌族先人，最终羌族人用长枪与白石击败了戈基人。寨主为勇士设宴庆功以庆祝胜利。为了找出谁是英雄，寨主把勇士使用的长矛的矛头取下，用长矛柄作木杆，以推杆的方法进行角力，最终选拔出力气最大的勇士。从此，这种推杆角力的比赛活动世代流传，逐渐演变成羌族一种独具特色的传统体育竞技项目。

推杆游戏不分年龄、性别，游戏形式多样，场地、道具要求简单，运动技巧易于掌握，具有很强的群众参与性，是羌族人民在节日、婚庆、丰收等喜庆日子举行的游艺、竞技活动的必选项目。

传统的羌族推杆有两种形式。第一种是推杆，有两人推杆和多人推杆两种形式。两人推杆是最基本的传统推杆，比赛前，双方相对持杆站于两边界线，杆上标记与中线相应。进攻一方与防守一方各一人，等待村中的长者或有威望的人发出比赛开始的口令，在五次击掌之后，比赛即为结束，最后以防守一方被推出的距离是否超过两尺决定胜负。两人推杆场面比较激烈，如果守方能战胜对手，则攻方会加至两人，依次增加，最后选出力量最大的人，作为寨子的勇士。

推杆的主要比赛形式是一对一（陈小蓉拍摄）

多人推杆又可分为一人对多人推杆和多人对多人推杆两种形式。在赢得一对一推杆比赛胜利之后，胜利者会继续挑战两人或三人，形成一对两人推杆、一对三人推杆的局面。多人对多人推杆，在形式上有点像拔河，不同的是，拔河是把对手向后拉，但推杆是把对手向前

妇女也加入推杆活动中（陈小蓉拍摄）

推。多人推杆的场地与推杆的时间由人数的多少而定，如果防守一方人数较少的，被推出的距离就要变远，进攻的时间也要相应变短，如果进攻的人少则与此相反。

第二种是仰卧抱杆起，通常是2～3人参与比赛。比赛时，参赛者把木杆一端抱至胸前，身体呈仰卧状，腿部弯曲。杆的另一端设有两名压杆者，将杆端压住，不能松手，然后抱杆人动作规范地做起身运动，反复多次，直至无力起身为止。胜负以次数多少为定。

除此之外，在推杆的基础上，羌族人民运用自己的聪明才智又创新出转杆、扭杆、爬杆等比赛形式，丰富了生活的内容与情趣。

6. 吉林：朝鲜族拔草龙（省Ⅱ-Ⅶ-2）

朝鲜族拔草龙是朝鲜族古老的传统民间游戏之一，源于朝鲜半岛。曾是朝鲜各部族比拼力量并兼有运动性质的一种群众游戏。经过漫长的历史演变，成为现代带有表演性质、深受朝鲜族群众喜爱的民间游戏之一。20世纪初，其随着大量朝鲜移民迁入延边地区而传入我国，主要流行于吉林省延边朝鲜族自治州安图县。据千寿山《朝鲜族风俗》的记载和韩国著名民俗学家张筹根的研究，古时的朝鲜各部族多因天旱争水而发生冲突，故以拔河争胜，后演变为以草龙为道具进行的带有表演性质的民间游戏，具有较强的观赏性和娱乐性，充分表现了朝鲜族人民乐观向上的精神和信念。

当地民众在秋收后的稻田里拔草龙

朝鲜族拔草龙和我国传统的拔河比赛相似。比赛时，共有两条长龙，头部相接，参与比赛的人数和男女比例相等，周围还有为各自队伍加油助威的群众，场面热烈。朝鲜族拔草龙主要表现为各部族联姻而采取的力量比拼游戏，是有代表性的朝鲜族群体性游戏之一，它聚合了体育运动、艺术表演和娱乐等众多元素于一体，是以娱乐为主的一种民间游戏，也融入了歌舞等众多艺术因素，更充分地展示了朝鲜族能歌善舞的特点。

朝鲜族拔草龙通过力量的比拼，反映了朝鲜族古老部族之间婚嫁风俗文化的特征。游戏时，把两条巨大的草龙头部相连，双方派出男女比例相等的人员，各执草龙身上的草绳，随着裁判的一声令下，双方开始比赛。两队分别代表"男方"和"女方"，比赛如若男方获胜，即新郎方胜，则用牛车迎娶新娘，欢天喜地一路载歌载舞而去；比赛如若女方获胜，即新娘方胜，则把新娘围起歌舞不停，以示胜利，然后再

赛前比赛双方扛着草龙入场

次举行比赛，直到男方获胜，成功赢得新娘为止。游戏中，双方都配足米酒，不论哪一方胜，都要狂饮米酒用以助兴。一般在表演中，大多数是以男方胜为结果，女方捧米酒敬男方亲友，然后女方亲友尾随男方队伍载歌载舞欢送。在原有的习俗上，一般女方大多都表现出一定的谦让，让男方获胜，使其较为顺利地赢得新娘。现在的比赛保留原有的寓意，但是女方不再主动谦让，尽量保持游戏的观赏性和娱乐性。

拔草龙之前需把两条巨大的草龙头部相连

（图片均由安图县文化馆提供）

7. 河南：石锁（编号：省Ⅱ-Ⅶ-11）

石锁是一种古老的武术功力项目，据传产生于唐宋时期，是武举考试的项目之一。北宋都城开封，撂石锁尤为盛行，习武之人以抓举石锁增加武功。元代，开封屯驻着大批的回族军人，他们上马出征、下马屯田，长期保持着军士尚武的习俗。其中，石锁被他们所喜爱，并将这一优良传统传承至今。明代，开封回族开始在清真寺内设武术馆，供回族子弟习武健身。其中，石锁是重要项目之一。

清道光年间，以东大寺为中心的开封群众崇尚武术，武术项目得到了空前发展，群众基础深厚的查拳、心意六合拳、七势门等传统武术门派名家辈出。石锁作为提高功力的重要手段，为武林界所青睐，并由此打下了坚实的群众基础，得以很好地继承和发展。

回族青少年表演石锁

东大寺现保存有清代石锁2把（28千克和16千克）、民国时期1把（20千克）、5～55千克的近代石锁40余把。石锁可一人单练，也可双人对练，亦可多人组合练习。演练时，沉重的石锁围绕身体上下翻飞，惊险巧妙，令人叫绝，讲究高、飘、稳、活、巧。演练石锁，一是看石锁本身的翻转运动；二是看演练者的身形、步伐及腾挪、躲闪、抛接的技巧；三是看多人演练时的默契配合。开封回族石锁是具有地方特色和民族特色的传统武术功力项目，须使用传统的石制器材，是一种体现雄壮武功的民间绝技。

1957年代表性传承人沈少三在三门峡史家滩为工友表演石锁

习练石锁可增强握力、腕力、臂力，以及腰部、腿部的力量，肢体同石锁接触要求眼明手快，既增长胆识又锻炼身体。撂石锁项目老少皆宜，其器械可根据习练者年龄、体质和爱好，采用不同重量的石锁，易学易练，所用场地不大，3～5平方米即可，长期习练可达到健身、益智，培养毅力胆识，增强

回族子弟习武必练石锁功

肢体协调性，从而达到增强武术功力的功效。

石锁花样有数十种之多，按运动方式可分为翻花、接花、组合套花，按形态和肢体舒展程度可分为小花和大花。习练石锁时要求发力科学、眼力灵敏、身体灵活、手感到位、借助惯性。石锁技法的基本要求是轻、巧，即轻飘和巧妙，具体要做到高、飘、稳、活、巧，从而达到完美的视觉效果。

石锁承载着丰厚的民族文化内涵。经继承发展，在当代已逐步成为一项大众喜爱的健身运动形式和休闲娱乐项目，在传承、丰富民族体育文化，繁荣体育事业中发挥着积极的作用。

（图片由代表性传承人沈少三、鲍峰和河南省非物质文化遗产保护中心提供）

8. 贵州：布依族抵杠（编号：省Ⅲ-Ⅵ-6）

"抵杠"是布依族传统体育活动之一，主要分布在贵州省安顺市羊昌乡布依族聚居的村寨。抵杠竞技表演蕴涵了布依族的体育精神、民风民俗和生活习惯，体现了布依族人民自信无畏的勇敢秉性，举办抵杠竞技表演比赛能增强布依族人民的自信心和民族凝聚力，对保持布依族的民族特色，传承布依族的服饰、语言、民俗文化有十分重要的作用，并成为联系布依族人民及布依族和其他民族之间的情感纽带。

代表性传承人王焕德传授抵杠技艺（陈小蓉拍摄）

关于布依族抵杠的起源说法不一，具有代表性的有两种。其一是清朝末年，当地布依族首领柏登扬为了增强族人的体质，以便他们能更好地适应艰苦的生存环境，便在黄腊（今西秀区黄腊布依族苗族乡）一带组织开展赛马、抱石、射箭、抵杠等一系列体育活动，并沿袭至今。其二是当地民间传说。传说有一天，一个力大之人拿起碗口粗约一米长的木棒，自己持木棒一端，另一端指向众人问道："谁能与我比试？"这时，便有不服的人上前拿起木棒另一端，在众人的加油声中，两人相互推抵，一决胜负。最原始的布依族抵杠就这样产生了，后历经数代人的传承，抵杠逐渐演变成为如今的模样。

布依族习俗认为，随着时光轮回，抵杠比赛中所用的"杠"在传承中独具神力，故平时收藏于寨老家中。每年布依族举行抵杠活动之前，首先要由寨老开坛祭祀，在村寨的土地庙前进行请"杠"仪式。

2021 年六月六抵杠比赛

布依族抵杠比赛有两名参赛者，两人各持杠的一端，蹲在直径为 3.2 米和 6.4 米的两个同心圆内进行比赛，为防止手掌受伤，木杠两端皆用红布缠绕。比赛规定，参赛者只能采用蹲姿，不可站立，也不可将木棒脱离右臂腋下，否则被视为犯规。比赛一般采用三局两胜制，使对手臀部着地得 1 分、

当地妇女参加传统抵杠活动

单肩着地得 1 分、双肩着地得 2 分、单手着地得 1 分、双手着地得 2 分，将对手挑出大圆得 10 分。三局比赛结束，累计分数最高者获胜，胜者由寨中老人亲自颁奖。

布依族抵杠竞技技法主要采用"抵"法、"挑"法、"摆"法。在势均力敌的抵杠竞技中，需要随时把握对方重心变化，此时多采用难度较大的"挑""摆"的技法，布依族抵杠对抗性强，胜者是力的象征，会受到布依族姑娘的崇拜和追求。因此，在传统布依族节日中开展的抵杠活动，也是布依族男女青年中常见的游戏活动。

（除署名拍摄外，其余图片均由代表性传承人王焕德提供）

221

秋千类游戏

1. 吉林：朝鲜族秋千（编号：国Ⅰ-Ⅵ-14）

荡秋千是朝鲜族妇女最喜爱的传统民间体育活动，具有悠久的历史和文化积淀，表现了朝鲜族人民热爱生活、富于创造和活泼大方的民族气质。

据说，旧时朝鲜族女性由于受到儒家文化思想的影响，平时禁止在公共场合抛头露面，不能外出看戏、去寺庙上香或远足游玩等，终日被束缚在庭院高墙内。只有每逢端午时节参加荡秋千活动，才能满足休闲娱乐、与他人交往、参与社会活动、亲近大自然等需求。

由于朝鲜族秋千运动的参赛者只能是女性，这成为朝鲜族秋千与其他民族的秋千运动相区别的重要特征。荡秋千活动一般在端午节和农闲期间举行。每逢荡秋千比赛，男女老少成群结队地来到事先搭建好的秋千下，欢歌载舞，等待身着艳丽多彩的民族服装的朝鲜族少女上场进行比赛，看谁能在秋千上荡得最高。

朝鲜族妇女在大树下荡秋千（中国朝鲜族非遗展览馆提供）

朝鲜民族荡秋千最晚源于13世纪。传说，当时因为妇女下地劳动生产，为了孩子在家里有玩处，便在大门的横框上拴上两条绳子，让孩子荡着玩，后来经过不断发展，遂形成一种盛行的体育活动。《成宗实录》中记载，在15世纪左右，每逢端午时节，汉城的居民都会将秋千架竖立在汉城的中央位置，汉城南北部分别组队参赛。至李朝时期已发展为大规模的竞赛项目，秋千广泛流行于市民阶层，成为普及性运动项目。自从19世纪朝鲜族集体移民以来，朝鲜族秋千与跳板一样，在延边的广大农村地区广泛展开。

朝鲜族女子参加秋千活动（李雪峰提供）

秋千主要由秋千架、系铃架、起荡台、脚踏板、秋千绳、安全带等构成。秋千绳为伸缩性小的芝麻绳、尼龙绳或棕麻绳。秋千绳上每侧各系一个用于固定参赛选手手腕的、用棉布制成的安全腕带。在秋千架的前方支起两根木杆，系有铃铛的绳子拴在两根木杆的中央，一般而言，铃铛离地10米左右，可以根据比赛者的水平和比赛的激烈程度调高或调低铃铛的高度。

秋千的玩法较多。起初，比赛以脚触碰到在一定高度上的花朵或树枝等标志物的参赛者为获胜者。后来，人们用铃铛取代了花环或树枝等标志物，以能碰到铃铛并让它"叮当"作响的参赛者为获胜者。有以响铃高度为取胜规则，也有以响铃次数为取胜规则等。在大型荡秋千竞技比赛中，常常可见到空中悬挂着一面皮鼓，荡秋千的姑娘在观众的助威声中高高荡起，在空中用力踢鼓，谁踢响的次数最多，谁就成为比赛冠军。在正规的荡秋千比赛中，一般分为团体赛和双人高度、双人触铃、单人触铃、单人高度四个单项比赛，后又增加了双人高度表演赛等。

小学生参加双人秋千训练（陈小蓉拍摄）

2. 青海：土族轮子秋（编号：国Ⅱ-Ⅵ-45）

土族是青海高原上的古老民族之一，在悠久的历史长河中，土族人民形成了独具特色的传统文化、风俗习惯和生活方式。土族有自己的民族语言，土族人能歌善舞，每逢节日，便会举行跳安昭舞、玩轮子秋、赛马、唱花儿等传统活动。

轮子秋是流行于互助县土族群众当中的一个项目，其中互助县威远镇小庄村、丹麻镇、东沟乡大庄村、五峰镇等地皆有轮子秋。"轮子秋"又叫转轮秋、车轮秋，土族语为"卜日热"，是"旋转""转轮轮"之意，它是土族民间一种传统的集体育和舞蹈于一体的娱乐活动。

轮子秋是土族民间传统的娱乐活动（邸平伟拍摄）

关于轮子秋的起源无具体的历史记载，土族从游牧民族转向农耕民族后，有了木轮车和碾场的碌碡。在某个日子的某个麦场上，顽童们无意间掀翻了大板车，爬上车轮随意旋转，这就是最原始的轮子秋。其后，每当秋收碾完场后，人们就会在平整宽阔的麦场或者宽敞的场地上，把卸掉车棚的大板车（木轮大车）车轴连同车轮竖起来，底下车轮压上碌碡，上面车轮绑上一根长木横杆，横杆两头拴上绳子做成秋千，打秋人坐在秋千上，观看的人不时地帮推木梯，转动车轮，使之加速旋转。后来随着社会的发展，其逐渐演变为农闲季节或喜庆节日的表演和比赛活动。

如今的轮子秋已经由原来的木轮改变为现在的铁轮，表演方式由无音乐伴奏、无群体伴舞、无动作名称，发展为现在的有音乐伴奏、群体安昭伴舞（男女老少不限）和丰富的表演动作。如今的轮子秋加入了不少新的文化元素，轮子秋上有车轮，中有车柱，柱头尖上有吉祥麦穗，下有圆盘带狮子样底盘固定在地，轮子秋的外部还会套上土族七彩绣饰。

姑娘们展示转轮子秋技艺（邸平伟拍摄）

　　轮子秋这项传统活动设备简单，不受场地等条件的限制，打麦场、草坪等都可以成为活动场所。既可以一人独自悠闲地荡动，也可以相互比赛。在正式转轮子秋之前，要先给来宾敬酒，男女青年绕着轮子秋唱歌、舞蹈。

　　比赛时，人站或坐在两边的绳子上，最初由人推送转动，随着惯性，转动速度越来越快。轮子秋参与者在轮子秋上旋转，并在上面表演难度大、花样多、技巧高的动作，其比赛方式有男单人对称、女单人对称、男女双人组合对称、男女三人组合对称、男女四人组合对称、男女五人组合对称等。下秋后以转时长、头不晕、眼不花、站立最稳当，并能在所转过程中做出多种漂亮动作的转秋者为优胜选手。村里的长者为其披红赏酒，予以奖励。

孩子们在轮子秋上愉快地玩耍（邸平伟拍摄）

　　（图片均由青海省非物质文化遗产保护中心提供）

3. 新疆：维吾尔族转轮秋千（编号：区 Ⅱ-Ⅵ-8）

　　维吾尔族转轮秋千在新疆南部喀什地区较为流行，并且在不同地域有不同的称呼：在阿克苏地区和阿瓦提等地称为"恰克皮来克"，汉语译为"空中转轮"；在岳普湖县称为"萨哈尔地"，汉语译为"吓得脸黄了"。转轮秋千是维吾尔族历史悠久的竞技性传统民间活动之一，具有较广泛的群众基础。各地维吾尔族转轮秋千的形制略有不同，但运动方式基本一样，主要靠高杆上的木轮旋转利用离心力带动系在木轮上的绳索旋转，从而让绳索上的人越飞越高。

维吾尔族转轮秋千在喀什地区十分流行

　　维吾尔族转轮秋千和中原地区的秋千在形式上不尽相同，但两者有着"血缘"关系。秋千源于北方少数民族，春秋时期传入中原地区，到了汉代传入宫廷。《三才图会》载："百戏起于秦汉，有弄瓯、吞剑、走火、缘杆、秋千……等类不可

少数民族运动会上的转轮秋千表演（陈小蓉拍摄）

枚举，今宫中之戏亦如之，大率其术皆西域来耳"；《荆楚岁时记》载："秋千，北方山戎之戏……"从这些记载可以看出，中原地区的秋千是从少数民族地区传来的。

维吾尔族转轮秋千一般安装在 200 平方米左右的空地上，竖一根粗壮结实的长杆，根基需要深埋，并且需要夯实四周的土壤，避免长杆晃动。长杆的顶端安装一个木制车轮，并涂抹润滑油，同时在轮子上方安装销子，防止车轮在旋转时滑出。在车轮上还固定"井"字形的双排木杆，木杆略长出车轮，每两个邻近的木杆上用铁丝固定一条又长又粗的绳索，固定好的绳索呈"U"字形，方便游戏者站立。在主杆的底部，用两根杆子固定在主杆的两侧，作为秋千推动把杆，并将顶部车轮上面垂下来的四根绳子固定在推动把杆两端，把杆上还要压沙袋，保持长杆顶上车轮的稳定。

维吾尔族转轮秋千由专人保管，传统节日、喜庆聚会时才会安装，用过后立即撤除。每次安装时，都要对其各部位进行检修，以保证在运转时的安全。转轮秋千表演动作丰富多彩、惊险刺激，具有一定的危险性，需要掌握熟练的技巧。表演时总会有一位主持人，他负责监督游戏过程，并在游戏中根据情况告知推转轮的人加快或是放慢速度，如果秋千上的人开始惊叫，他就要求减缓推动的速度，使荡秋千的人慢慢地落地。

在维吾尔族群众中，还有一种转轮秋千。游戏者以腿蹬地，使之旋转，随着速度增快，游戏者可离地飞转，每次可供 4 人游戏。这种转轮秋千转速是由游戏者自己掌握的，想速度快一点、飞得高一点就蹬得快一点，反之就蹬得慢一点，这种转轮适合青少年玩，危险性较小，对于培养年轻人的胆量、平衡性及心理素质有较好的作用。

维吾尔族转轮秋千表演主要在民族传统节日时举行，丰富了群众文化生活，给人们带来了节日的欢乐和精神的享受。在节日里举行这项活动时，还会有苏乃依、纳格拉等维吾尔族传统鼓吹乐演奏，使现场充满了欢快、热闹的节日气氛。

转轮秋千表演中的高难动作
（陈小蓉拍摄）

（除署名拍摄外，其余图片均由阿瓦提县非物质文化遗产保护中心、岳普湖县文化馆提供）

4. 四川：彝族磨尔秋（编号：省Ⅱ-Ⅵ-7）

　　甘洛县位于四川省西南部、凉山彝族自治州北部，素有"凉山北大门"之称。磨尔秋，彝语为"格丛"，是广泛流传于甘洛彝族民间、仅限于彝族年表演的一种传统体育活动，也是一项具有娱乐表演性质的传统民俗。磨尔秋历史悠久，参与性强，"彝族磨尔秋"在甘洛彝族青少年中最为盛行，它既可锻炼身体，又能培养人机智勇敢的精神，是彝族人民进行情感交流、展示自我、表达美好愿望、增强体质、自娱自乐的一个重要载体。

彝族磨尔秋历史悠久

　　据彝族创世史诗《勒俄特依》记载，在母系氏族社会，有一个勇敢的彝族青年石尔格铁，他在外出寻找父亲时，遇到了美丽漂亮的彝族姑娘自里石色，两人一见钟情，建立了家庭。男的不再外出打猎，过着男耕女织的田园生活。有一年粮食大丰收，夫妻俩特别高兴，石尔格铁灵机一动，发明了磨尔秋，同乡亲一道庆贺丰收。从此，每年秋后，择定日子作为彝族年，杀猪、宰羊、玩磨尔秋，流传至今。

　　磨尔秋为彝族人民的生活增添了节日喜庆气氛，成为彝族人在节日及婚庆场合必选的一项体育娱乐活动。婚礼中，若男女双方家庭条件允许，就会做磨尔秋供客人玩乐。随着历史的发展，磨尔秋活动已经在彝族地区广泛开展，并影响到其他民族，成为凉山地区民族体育活动的典型代表之一。

　　磨尔秋不同于常见的绳索和木板组成的沿纵向运动的秋千，它是由一根横木梁和一个支柱组成的沿水平方向旋转的运动。一般在每年11月中旬，即彝族年前的一两天，由村里年轻力壮的小伙子带酒上山，敬过山神后砍回木料。木料需要两根，要求主干笔直、极少分叉，木质坚硬，用于制作"磨尔秋"的立柱与横杆。

姑娘们赛前准备磨尔秋的横杆

彝族年的第二天一早，村子里的男女老少会身着节日盛装，簇拥着青年男子将制好的磨尔秋抬至事先选好的一块空地上，先将磨尔秋立柱打入地下约1米，然后加固四周，再在横杆的臼里抹些猪油或放上肥猪肉。这样做，一方面起润滑作用；另一方面，在磨尔秋表演过程中，臼里会发出各种悦耳动听的声音，仿佛为磨尔秋表演伴音助兴。然后，将横杆抬上立柱，使两者通过锥形槽结合在一起。

安装好磨尔秋后，先由1～2名男青年负责检查其安全性。待一切正常后，由青年女子中的领头人将事先准备好的彩带拴系在横杆两端，以准备在表演结束后奖励给优胜者。

启动时，玩磨尔秋的人先站在横杆两端，其中一端的人将腹部贴于横杆上，一手握紧安全锁，另一手把握住横杆顶端；另一端则由其他人将翘起的横杆压至地面，让另一人爬上横杆，推着横杆跑上几步，待横杆转速加快时便使劲蹬地升起。另一端的人继续如此动作，循环

甘洛彝族磨尔秋表演队参加全国秋千比赛

往复，绕着转动，状如推磨。磨尔秋活动，无论男女老少均可上杆表演。表演类型有两人、四人、正步、坐骑等。在玩磨尔秋时，技艺娴熟的表演者会做出吊手、翻坐等惊险动作，令观者喝彩不断。村中的年长者还有一项重要任务，那就是在观赏磨尔秋的同时，评选出俊男美女，凡被评选上的青年男女都会获得丰厚的奖励。

（图片均由四川省凉山州甘洛县文化广播电视和旅游局提供）

5. 陕西：华阴司家秋千会（编号：省Ⅱ-Ⅹ-33）

荡秋千是一种传承久远的民间体育活动。远古时期，先民的巢居和攀缘采撷生活应该是它最早的发端，当时的荡秋千只是一种生存需要和生理本能。随着人民劳动生存方式的进化，社会生产进入农牧时期，人们的攀缘采撷生活也随之退隐和消失，但其攀藤飘荡的体能记忆依然存在。人民精神生活的日趋丰富促使它转化为一种考验体能的娱乐活动，并一直在民间传承下来，逐渐形成荡秋千活动。

秋千会最兴盛时比赛项目有 10 余种

华阴司家的秋千活动传承久远，但作为古会定制，其创始于清咸丰年间。据考证，华阴司家秋千会的历史起源和当地的清朝军屯有一定的关系。司家村古称"南孟屯"，旧时是扼守军事要冲"潼关"

八卦秋

的驻军之地。据传，清末有一姓胡的军官，为了让士兵强身健体，活跃军事生活，经常组织士兵荡秋千。后来，随着战事减少，世道太平，这批军人就地退役转入农垦。

这些退役军人籍入农村后，便将荡秋千在当地传播开来，经数代人传承改良之后，即演变为华阴市司家村清明荡秋千的民间习俗，并形成每年一度的清明秋千会，一直传承至今。

司家村于每年三月清明节前后，举办秋千会，会期三天，清明节为正会日。这一天，该村民众及其十里八乡的亲戚朋友、男女老幼蜂拥而至。大会期间有戏曲、杂耍助兴，还有邻近县及山西、河南的客商赶着牲口来交易，为古秋千会增添了几分商贸气氛。荡秋、观秋者如潮，鼎盛之时，参会人数多达上万人，甚为壮观，热闹非凡。

水上秋

司家秋千主要的道具器材为木杆、木檩、铁环、竹竿、碌碡、石碾、各类装饰品（如彩旗、彩画、铜铃）、大绳、木秋板、铁架等，以及与祭祀有关的用器和供物。

据说，司家秋千开始时规模不大，种类也只有两三种，后随古会兴旺，秋千种类不断增加和创新，竞技性和游艺性也不断增强，最盛时多达 10 余种，但后来由于社会环境的变化，秋千活动曾一度长期中断。现保存并开展的有 9 种，分别为架子秋、线轮秋、牌楼秋、八卦秋、天平秋、水上秋、熊跌膘、竹竿秋、地轮子秋。

（除署名拍摄外，图片均由华阴司家村村委会提供）

6. 广西：壮族踩风车（编号：区Ⅵ-482）

壮族踩风车，又称"雄耍乐"，是广西隆林一带壮族民间的传统体育活动。踩风车习俗多见于桂西壮族地区，其主要流行地区为隆林各族自治县的新州镇、者浪乡、者保乡、平班镇等地。每年农历三月初三至初五，是壮族青年男女踩风车最热闹的日子，少则几百人，多则上千人参加活动。隆林壮族踩风车历史悠久、运动强度高，是当地民众日常体育锻炼的项目之一。

当地民众十分喜爱踩风车活动

隆林壮族踩风车活动始于清道光年间。据《隆林各族自治县志》记载，道光年间，新州镇那么村的一对夫妇婚后多年不育而感觉寂寞，在农历三月初三至初五，趁过节之时立风车自娱自乐，并邀众人相聚一同玩乐，数年之后便生育了子女。当时民间相传，这对夫妇每年都做风车给大家玩乐，积了大德，方才有了子女。其他不育者听闻这个传说之后，也纷纷学做风车。日久之后，便成了习俗。后来隆林便有了一个民间传统，凡婚后多年不育者可立风车积德，并且要连立风车三年方见成效，这样才会"多子多福"。苏宗经《广西通志辑要》所记载的"沿河驾车灌田"之车当为筒车，这应该是壮族踩风车的雏形。现在壮族的踩风车，则是在木条搭成的风车架上进行。

踩风车活动时间主要在每年正月十五及三月初三前后。这也是壮族青年男女踩风车的最热闹的时节。立风车时间为每年农历三月初三上午。立好风车后，主办人还要杀鸡烧香供祭风车，然后让风车空转三圈，祈求风车神灵保佑参加踩风车的人平安幸福。

风车的形状和大小与灌溉农田的水车基本相同。风车全部为木制，直径一般为3.3米，架在约3米高的支架上，悬离地面。轮辐4根，分别插入风车轮毂两端，形成两个十字架，再用4根木柱将轮辐两端相连，构成4个吊梁。吊梁上各套两个竹编吊圈，吊圈上系秋千绳和坐板。

踩风车主要流行于壮族青年男女中间，以四人为一组。开始四人分别手握木架，先由着地者用力蹬地，四人同时围着圆圈旋转，谁转到地面谁就用力一蹬，从而使风车不停旋转。

在比赛规定的时间内，以旋转圈数最多、姿态最优美者为胜。在转动过程中，转到地面的人可用双脚在地上用力多蹬几步，以助风车加速旋转。着地的人蹬得越用力，风车的旋转惯性就越大，其风车转速就越快，如踩风车的四人协作得好，风车转速可达到每2～3秒便旋转一周。在踩风车时，青年男女可显示自己的踩车技艺，争当英雄。技艺动作有双手吊圈、单手吊圈、360度翻杠、站立吊板等。踩风车是一项充满刺激性的运动，踩上几圈风车，便可让人大汗淋漓。

踩风车活动比较惊险，深受青年男女喜爱。这项活动可以锻炼人的意志，培养人的毅力，增强人的背力和腿力，促进人的身心健康，是一项丰富民众文化生活的娱乐竞技形式。

（除署名拍摄外，图片均由代表性传承人提供）

全国少数民族传统体育运动会上的踩风车表演（陈小蓉拍摄）

当地民众玩秋千

7. 台湾：下路头玄天上帝庙幌秋千

"北天灯，南蜂炮，中秋千"，意指台湾地区的三项民俗盛会。其中，"中秋千"指每年三月初六前后，在台湾嘉义市光路里的武当山玄天上帝庙广场举行的高空荡秋千赛会。据考，这一赛事延续至今已有 300 余年的历史。

每年大年初一，人们都会伴随鞭炮声的庆贺，在嘉义市光路里的武当山玄天上帝庙的庙埕中，搭建一座纯竹制成且无任何铁钉螺丝的大型秋千架。每当秋千架搭建完毕，即开始迎接各方好手前来练习，准备参加一年一度的嘉义秋千赛会。每年三月的玄天上帝圣诞之时，各地民众齐聚光路里，观看与体验高空荡秋千的魅力。

嘉义高空荡秋千赛会延续 300 余年（陈小蓉拍摄）

"中秋千"的起源，历来有两种说法。一是民间传说。下路头秋千赛会的举办与当地的玄天上帝信仰相关。康熙年间，当地瘟疫肆虐，天灾地变丛生。当地的赖姓公祠内供奉的从福建漳州请回的玄天上帝神像十分灵验，当地村民皆虔诚祈愿，期望玄天上帝帮助众人消灾止厄，渡过此劫。次日，村民皆在梦中得到玄天上帝口谕：办荡秋千可化解此难。大家遂遵循梦示举办荡秋千活动，后来瘟疫和天灾地变果然如愿消失。村民为感念玄天上帝神威，此后皆遵循古法，在玄天上帝诞辰（农历三月初三）前后，定期举办荡秋千活动，以此祈求风调雨顺、国泰民安。二是文史记载。康熙年间，当地暴发瘟疫，玄天上帝托梦，嘉义下路头地区乃"龙船穴"，需竖立帆船才能消灾除厄、顺风如意。当地村民便在玄天上帝庙前竖立起形似帆船的巨大秋千架，并荡高秋千象征帆船起航。当架起秋千架后，果然当地瘟疫绝迹。从此以后，为了感恩玄天上帝神威显赫，每个闰年在其诞辰前后，光路里均举行秋千大赛，以表达对神明的敬意和感念。

秋千架是秋千赛会最主要的道具，其架设的方式完全沿用古法，不采用任何铁钉和螺丝，仅使用紫藤和竹片进行固定。秋千架的原料为莿竹，竹子象征高风亮节、步步高升，且在宗教里有镇邪辟邪之寓意。架设好的秋千架形成"五支六空"的架构，象征"五子登科"和"六畜兴旺"。五根横杆也分别代表不同的寓意，第一层代表"一步一脚印"，第二层代表"双喜临门来"，第三层代表"天地人三才"，第四层代表"四季平安好"，第五层代表"五子登科吉"，寓意参加秋千赛的选手通过摆荡秋千将会喜获福运，荡得越高，福运越佳。

村民在赛前制作秋千架
（陈小蓉拍摄）

秋千赛共设置三个年龄组别，分别是少年组（25岁及以下）、青年组（26～45岁）和中年组（46～65岁）。各年龄组别再分别设置单人赛、双人赛和团体赛。为各单项组别的前三名选手进行颁奖，分发奖金、奖品以资鼓励。比赛设五名裁判，其中三位是玄天上帝庙委员，另外两位为临聘人员，以保证裁判的公平性。在秋千架的对面建筑墙上，绘有从下至上的十三级标杆尺，五位裁判分别用望远镜查看选手的摆荡情况，并依据标杆尺观看其摆荡的最高高度，最后将五位裁判的总分相加，算出平均值后得出最终得分。

选手参赛时，需预先穿上特制的安全衣，

选手进行比赛（陈小蓉拍摄）

衣服上的挂钩可与吊绳、踏板上的安全扣相扣，以保证安全。

技巧类游戏

1. 北京：抖空竹（编号：国 I - VI - 4）

空竹作为中国独有的体育文化遗产和载体，具有浓厚的老北京胡同文化特色，扎根于广大人民群众之中，是一项集娱乐性、游戏性、健身性、竞技性、表演性为一体的民间体育活动。

抖空竹是北京民众十分喜爱的娱乐项目

空竹在我国有悠久的历史，早年为宫廷玩物，后传入民间，可谓官俗民承。相传，早在三国时期，曹植曾作《空竹赋》，但诗赋内容已无考。名著《水浒传》中，宋江曾有诗云："一声低来一声高，嘹亮声音透碧霄，空有许多雄气力，无人提挈漫徒劳。"到了明代，刘侗、于奕正在《帝京景物略》中记述了空钟（空竹）的制作方法及玩法。另据原台北故宫博物院院长秦孝仪的考证，在其所编《海外遗珍》一书中，收有一件"剔红婴戏纹圆盒"，盒盖上刻有晏戏图。由此可知，在明永乐年间，空竹已成为当时市井生活中重要的娱乐活动，其成熟的造型特点与玩法，说明空竹有文字可考的历史至少在 600 年以上。时至清代，坐观老人就当时北京空竹的特点作了记述，曾在《清代野记》中写道："京师儿童玩具，有所谓空钟者，即外省之地铃。两头以竹筒为之，中贯以柱，以绳拉之作声。唯京师之空钟，其形圆而扁，加一轴、贯两车轮，其音较外省所制，清越而长。"可见空竹在清代深受京城百姓青睐，而尤为青少年喜爱。

明清至民国时期，北京各处土地庙每月逢初三、十三、二十三均有庙会开市。每逢开市之日，特别是春节和二月二龙抬头，表演和出售空竹作为庙会的重要内容，给节日的北京带来了吉祥之气。受其影响，北京广内街道的各街巷胡同都会有许多居

代表性传承人李连元展示自创的异型空竹（陈小蓉拍摄）

民当众表演抖空竹，曾成为当时市民生活中的一景。北京空竹与外省相比，有其自身特点，以双轮空竹为主。空竹所发出的声音对北京这座历史古城至今仍有象征意义。

空竹的材质一般为木材或竹质，是一种用线绳抖动使其高速旋转而发出响声的竹具。空竹轮盘四周的哨口以一个大哨口为低音孔，若干小哨口为高音孔，根据各圆盘哨口的数量可分为双响、四响、六响，直至三十六响。拽拉抖动时，轮盘高速旋转，各哨同时发音，高亢雄浑，声入云天。

空竹可分为单轮空竹、双轮空竹、双轴空竹、双轮多层空竹和异型空竹等。近年来，一些空竹玩家甚至将茶杯盖、茶壶盖、锅盖、酒壶、圆形桌面、自行车轱辘等器物纳入空竹系列并抖动起来，形成了一个庞大的空竹家族。

空竹作为一种民间民族传统文化遗产，具有极高的文化娱乐价值、健身锻炼价值和社会民俗价值。北京广内地区的空竹具有制作工艺高、品种多、样式多、花样多和极具观赏价值的特点。

巨型空竹

（除署名拍摄外，其余图片均由代表性传承人李连元提供）

2. 吉林：朝鲜族跳板（编号：国I-VI-14）

朝鲜族跳板是深受朝鲜族妇女喜爱的传统民间体育活动之一，是朝鲜族的代表性运动项目，一般在中秋节、元宵节和农闲期间举行。

在朝鲜族流传着"出嫁前若不会跳跳板，出嫁后就会难产""正月里跳跳板，能够保证新的一年脚不会进刺"等说法，可见跳板运动在朝鲜族女性体育文化中的地位和作用。参加跳板运动的一般为年轻的朝鲜族女性，姑娘们穿着鲜艳的朝鲜族民族服装，两人一组，各站在木板的一端，轮番向空中跳起，落下时用力踏板，将对方弹起至空中。

朝鲜族妇女闲暇时玩跳板（中国朝鲜族非遗展览馆提供）

朝鲜族跳板有着悠久的历史传统，其源自朝鲜族日常的各种物质生产活动、原始宗教礼仪和祭礼礼仪等信仰活动和岁时风俗，是一种蹬跳性质的体育游戏。跳板运动的起源时间虽然没有确切的记载，但相传在韩国高丽时期以前就已经开始

朝鲜族女学生参加跳板比赛（池春兰提供）

流行。跳板的起源有多种说法，如古时候，朝鲜族妇女为了逃脱庭院围墙的束缚，用跳板欣赏院外的风光；古时有一位妇女为了能够看到被抓进牢狱内的丈夫，最终做成跳板等。清乾隆年间，文人徐葆光所著《中山传信录》中，记载了"板舞戏"。

跳板器材主要由木板和板垫两部分组成。木板选用坚韧而有弹力的木料加工制作而成，长度为 5～5.5 米，宽度为 30～40 厘米，厚度为 5～6 厘米。板垫高度为 30 厘米，垫在跳板的中部，加重固定。技巧表演类的相关用具主要包括扇子、花环、彩带、手鼓、铃铛等。

学生课余时间习练跳板技艺（陈小蓉拍摄）

跳板选手在空中展现直跳、屈腿跳、剪子跳、屈体跳、分腿跳、大转身、跳花环空翻等动作，跳得越高，空中的动作变化也越丰富。在竞技比赛中，跳板比赛主要分为"抽线"和"技巧表演"两类。"抽线"是在跳板两端各置一线团，抽出线头系于比赛者的脚踝上，在规定时间内，根据比赛者弹跳时抽出的线的长度来丈量其跳起的高度，并以此来判定胜负。"技巧表演"包括规定动作和自选动作，主要根据比赛者腾空跳跃的动作难度和身体姿态进行评分。其中，规定动作表演须将规定的几种动作连接起来；自选动作表演既可以手持扇子、花环、彩带等物品，也可以不断做出劈腿、弓身、钻环、跳绳等难度类技巧。随着跳板运动的不断发展，其融合了更多的体操动作，难度更大，比赛也更加精彩。

3. 山东：青州花毽（编号：国Ⅲ-Ⅵ-69）

花毽又称"踢花毽"或"踢毽子"，融入了多种武术与舞蹈方面的技巧，技能花样多达108种，以青州花毽为代表。踢毽讲究身形、架步优美，以心意相随，眼到脚到，反应灵活，人随毽舞，毽随人转。不仅动作优美，而且能够强身健体，具有独特的民间体育特色。

独具齐鲁民间体育特色的青州花毽

我国花毽历史悠久，源远流长。历史文献证明，踢毽子源于我国汉代，盛行于六朝和隋唐时期。春秋战国时期，临淄是齐国首都且为青州治所，蹴鞠在青州非常盛行。汉代时，由蹴鞠演化出蹴毛丸，即踢毽子的雏形，在民间非常盛行。至宋代，高承在《事物纪原》一书中，较详细地记载了踢毽子："今时小儿以铅锡为钱，装以鸡羽，呼为毽子，三四成群走踢，有里外廉、拖抢、耸膝、突肚、佛顶珠等各色。"

明代进士、我国历史上有名的散文学家刘侗在《帝京景物略》中写道："杨柳儿青，放空钟，杨柳儿死，踢毽子。"这说明踢毽子已成为当时民谚的内容，而且发展为数人同踢的技巧运动。踢毽子的参加者更加广泛，主要是青少年，当时的童谣："一个毽儿，踢两半儿，打花鼓儿，绕花线儿，里踢外拐，八仙过海，九十九，一百。"说明踢毽子已经到了相当普及的程度。

青州花毽技艺高难多样（张红霞拍摄）

近代以来，民间踢毽爱好者更是用功苦练，以口传身授的方法代代相传。青州花毽代表性传承人经过不懈努力和潜心研究，将青州风土民情、山川景物等地方文化特色，用于花毽技术动作命名中，并不断发扬光大。

青州花毽在制作毽子及其花样的工艺过程中，考虑并掌握了力学平衡原理，具有较高的科学价值。青州花毽使用的毽子主要有两种。第一种是常见的传统花毽，高度一般在 12 厘米左右，多用火鸡毛或雕翎做毽身，塑料片做底座，看起来更加美观，踢起来弹性更佳。第二种是大毽子，毽身多用鹅毛制成，橡胶做底座，高 17～18 厘米，与传统花毽不同的是，大毽子较重，要求技巧性相对更强。

代表性传承人李贤臣夫妇制作的大毽子
（张红霞拍摄）

青州花毽不仅色泽艳丽、制作精良，而且花样也非常丰富，既有武术的阳刚之气，又有舞蹈的柔美之姿，灵巧多变、刚柔相济、扣人心弦，具有独特的艺术价值。

青州花毽比赛以踢毽和花样为基本内容。花样动作多达 108 种，如撑子跳、张飞大蹁、双飞燕、一柱擎天、铁拐李摔拐等。

踢毽的技术动作分为单踢、盘踢、压、颤、打、窜打等。单踢动作要领：髋关节外展，膝关节屈，踝关节内收并屈，用脚内侧触毽，控制毽上下飞行。盘踢动作要领：与单踢动作要领一致，在两脚转换踢毽时，注意毽的飞行位置要与触毽力量协调配合好。压的动作要领：以右脚踢为例，重心下降，左腿膝关节屈，上体稍微左转，眼看花毽，右腿膝关节屈，髋关节外展，踝关节内收至左腿侧后方，右脚内侧触毽，在触毽瞬间，重心后移，同时右腿向上提拉，将花毽踢起。颤的动作要领：略同于单踢，但连踢时，踢毽脚不能触及地面。打、窜打（男生窜打，女生打）的动作要领：跳起后，上身稍微右转，右膝屈，髋外展，踝关节内收至左腿后侧，触毽时脚内侧平面保持住，两臂自然摆动。窜打时，注意动作的连接要协调，触毽部位要准确。

4. 云南：打陀螺（编号：国 V - VI - 105）

打陀螺成为当地全民性体育健身运动

打陀螺作为一种民间体育活动，历经数千年漫长历史，深受人们的喜爱，被列为全国少数民族传统体育比赛项目。云南省景谷县是陀螺的发源地之一，当地群众非常喜爱陀螺活动，在景谷县的各乡镇均有开展，其活动场地简便易寻，只要有一块平整的空地即可进行。每到农闲时，各村各寨都会杀鸡宰牛，相约陀螺场，推选出本村的高手来一较高低。如今，打陀螺之俗也从农村走进城镇，成为全民性体育健身运动，故景谷有"陀螺之乡"的誉称。

陀螺起源于何时尚无文字可查，但从江苏出土的马家窑文化木制陀螺和山西出土的龙山文化陶制陀螺可知，早在新石器时代民间就有了打陀螺活动。在景谷县益智一带的傣族、哈尼族、彝族的民间传说中，陀螺起源于母系氏族社会时期的图腾崇拜。当地先民把女性乳房当作一种图腾加以崇拜，仿制了类似乳房的木制品，从而产生了陀螺，并把陀螺分为公陀螺（码刻陀螺）和母陀螺（平头陀螺）两种。

陀螺是一种用手、绳子或其他方式施力后使其旋转并能以一定的轴心转动的玩具或体育器具。传统的制作以栎木、柚木为材料，用刀斧砍削而成，大小因人而定，一般高度在 12～15 厘米，直径为 9～12 厘米。20 世纪 80 年代初，用车床加工的陀螺逐渐代替了人工斧削，所用材料也向塑料、胶木发展，继而出现各种观赏性较强的工艺陀螺。

手工制作陀螺

手工陀螺主要以柚木、黄梨木为材料，包括制作选材、削圆木、平头、制嘴、锭钉、手工调试等工序，规格为重 800～900 克、高 10～12 厘米、直径 9～10 厘米。

制作传统陀螺主要有公陀螺（码刻陀螺）、母陀螺（平头陀螺）、尖嘴陀螺等多个品种，因种类不同而尺寸规格也不等。

陀螺比赛形式多样，包括单人对打、双人对打、多人对打、旋散等。一方旋转陀螺为守方；另一方用自己的陀螺旋转撞击对方陀螺，使之停转或破裂，为攻方。攻守转换，决出胜负。正式的运动会对参赛的陀螺、绳鞭、赛场划分、计分方法等都有比赛规则，比赛分为团体赛和个人赛，角逐奖牌，比赛紧张而充满乐趣。

如今，景谷已经连续组织了20多届全县"陀螺王"比赛。2005年举办了全国陀螺邀请赛；2006年、2007年，连续举办了国际陀螺节。除此之外，陀螺制作带动了工艺制品的发展。人们制作陀螺，不仅用于比赛，而且可作为艺术品收藏，推动了陀螺产业的发展。

陀螺爱好者切磋技术

当地政府为传承和保护好这一传统项目，已制定了一系列的保护措施，如改善农村文化体育活动条件，保障民间打陀螺活动健康发展；建成"国际陀螺文化中心"，成为世界一流的培训、比赛、科研基地；研发观赏型陀螺工艺产品，并使之产业化。

（图片均由代表性传承人李少春提供）

5. 青海：湟中县却西德哇村古老游戏（编号：省I-Ⅵ-2）

在藏语里，"却西德哇"指地方，"德哇"为村落或部落的意思。却西德哇地处阿米嘉顶雪山地区，距离藏传佛教圣地塔尔寺16千米。当地各村落有着大致相同的传统民俗，过着农牧兼容的生活。在这里聚居的民族主要为藏族，还有回族、汉族等。由于高原气候严寒，生活在阿米嘉顶雪山下的群众便在闲暇时进行各种体育游戏以御寒，通过历代传承，形成了却西德哇古老游戏。

当地民众参加却西德哇古老游戏

却西德哇体育游戏历史悠久，最早的可追溯到四五千年前的青藏高原新石器时代，晚的也有二三百年的历史，是青藏高原游戏文化中最具代表性的民族体育项目。却西德哇体育游戏源于当地人的劳动生活，很多游戏本身就是生产劳动的一部分。例如，"抛尔石"就是当地人放牧牛、羊时当鞭子用的工具。

每年农历正月初八，来自湟中县共和镇新庄、曲弥廓－诺宇、纽隆、噶曲然、唐兰等10个村的近千名群众，会共同参与却西德哇体育游戏运动会。

却西德哇古老体育游戏的项目十分丰富，下面主要介绍开展较为广泛的三种。

冈朵（抛尔石的一种），可以两至十余人同时进行，每人选择大小适中的扁形石块，再选一块能够竖立的石板置于远处四五米。石板是被击打的目标，以石头击中石板时的响声为凭，击中者可以依次后续的击打步骤，最后以击中次数最多者为胜。

乌多（抛尔石的一种）是用羊毛或牛毛编织而成的长绳，长绳中间为兜袋状，兜袋中可装小石块，使用时用力甩动，然后松开一头的绳子，袋中的石头便可扔出数十米远，以准确地击中目标者为胜。

阿米惹阿与"老鹰捉小鸡"游戏类似。即一群妇女围成圆圈，保护圈中的小孩不被敌方的人闯入抢走。在规定时间里，圈中小孩未被抢走者为胜。

冈里（俗称打毛蛋）是用羊毛缠绕制成的拳头大小的小球，球心可以加入鸡毛，以增加弹性。两人以上进行比赛，动作从简到难，用腿或360度转身等方法拍打冈里（即小球），完成规定动作者为胜。此外，六七个冈里还可以几十人一起玩（类似现代拍小皮球的游戏）。

村民展示冈里技艺（娇学立拍摄）

除上述之外，还有井井康、老马抢四角、热则（俗称打羊窝）、朵决、撅添（俗称蹬棍儿）、淳斗、江塔（高杆秋千）、藏式拔河、藏族传统棋类游戏"久"、兴玛列、夏绰、骑马、骑牛、藏午、踢毽子、蹲沟蹲、拔桩等数十种游戏在当地民间流传。

保护与传承却西德哇传统游戏，不仅是对一项古老民俗与体育运动的追忆，更是对当地各民族农牧民世代生活的回忆。这是他们共同的传统文化财富，是融入每个人生活与血脉中的民族情感。

拉巴牛比赛（娇学立拍摄）

（图片均由兰州大学藏缅－阿尔泰民族非物质文化遗产研究所提供）

6. 安徽：叶村叠罗汉（编号：省Ⅱ-Ⅵ-5）

叶村叠罗汉是安徽省黄山市歙县三阳镇叶村开展的一项传统民俗活动。叠罗汉，古称"踏肩"，是中国古代百戏的一项节目，自明代传入古徽州后，至今已有500多年的历史。叶村叠罗汉是为纪念惠安法师及众僧保佑叶村百姓平安吉祥的活动，村民决定每逢大年（闰月）的元宵节，以叠罗汉的演出形式表示纪念，从而代代相传。

叠罗汉是三阳镇叶村的一项传统民俗活动

叶村叠罗汉分为大小年，大年"大叠"，小年"小叠"（大年即闰年，活动时间长，所有叠罗汉套路要演完，旅居在外的族人要尽量回村参加活动；非闰年即小年，活动套路可减略，旅外族人亦不一定要求回乡参加活动）。

叶村被誉为"叠罗汉之乡"

叶村叠罗汉表演形式包括选择"罗汉"、接牌位和"练谱"、游村、叠罗汉四个部分。

首先是选择"罗汉"。罗汉扮演者皆为男丁，由村中年高德劭的长者在岁杪年初集中推荐，由罗汉头确定。罗汉头接到推荐名单，对被推荐者的年龄、力气、体重、灵敏度进行通盘考虑确定，然后向入选"罗汉"发出《罗汉帖》。接到《罗汉帖》的男丁深感荣幸，将帖供于堂前，届时参与。

其次是接牌位和"练谱"。叠罗汉活动一般在每年农历正月初六开始，正月十八结束，为期 13 天，其中排练 9 天，正式演出 2 天。初六傍晚，敲锣鼓、放爆竹，罗汉头领众罗汉去解元寺请罗汉老郎牌位。接老郎牌位队伍回村时，村人执点燃的棒香夹道迎接，锣鼓、爆竹喧天，群情欢腾，簇拥着将牌位安置在排练处的香案上。当晚，罗汉开始按《罗汉谱》的 66 套程式套路进行"练谱"，至农历正月初十结束。

接着进行游村。正月十五夜（昔为白天），罗汉化妆游村，与其他配套活动进行，其队伍序列为："尖顶"捧罗汉老郎牌位前导，锣鼓相随开路，接着是钟、鼓形灯，滚灯，五兽灯，动物灯，人物灯，十二生肖灯，花、草、虫、鱼灯。游行队伍要游遍全村每一条巷，游到谁家门口，谁家就要焚香放爆竹迎送纳吉。游村后走台，叠罗汉活动拉开序幕。

最后是叠罗汉。叠罗汉分成上下两段进行。上段采用戏剧的表演形式，先是演罗汉。由 12 个罗汉分组出场表演几套拳脚功夫；然后是"出菩萨"。随后，18 罗汉相继出场，拜过观音后分别打坐。下段为罗汉上场，进行堆叠。众罗汉戴头套、画

叠罗汉表演

脸谱、赤膊胸背，堆叠各种人体造型，如"童子拜观音""金鸡飞""挑担卖柴""宝塔连""普陀崖""莲花座"等 66 套程式套路（取六六大顺之意）。

正月十六白天继续罗汉游村，晚上继续叠罗汉。叠罗汉结束，众罗汉参拜罗汉老郎牌位，谓之"收台"，然后送老郎牌位至解元寺归位，叠罗汉活动告一段落。

（图片均由黄山市体育局提供）

7. 新疆：哈萨克族姑娘追（编号：区Ⅱ–Ⅵ–13）

姑娘追，哈萨克族语称为"克孜库瓦尔"，是哈萨克族青年最为喜爱的一种传统体育活动。在盛夏时节，哈萨克族青年男女借助骏马在草原上驰骋、追逐，互相传递爱慕之情，展现了哈萨克族青年争强好胜、热情勇敢的精神风貌，使姑娘追成为一种具有浪漫主义色彩、方式独特的马上运动项目。

前去参加姑娘追活动的村民（陈小蓉拍摄）

哈萨克族姑娘追历史久远（张俊杰拍摄）

在哈萨克族民间关于姑娘追的传说非常多，广为流传的便是萨丽黛和巴吐尔的故事。相传，在遥远的古代，巩乃斯草原上有一位勇敢机智的猎人，名为巴吐尔，他吃苦耐劳，常年在草原上狩猎，经常给贫苦人家送猎物，被人民所称颂。某天，一只天鹅化身为一位貌若天仙、倾国倾城的美女，名为萨丽黛。他们二人郎才女貌，一见倾心，在交往中对彼此产生了好感，并结为秦晋之好。他们在草原上放牧，生儿育女，过着幸福的生活。

哈萨克人普遍认为这对夫妇便是他们的祖先，姑娘追也成为情侣之间表达爱意的最好方式并流传至今。

哈萨克族姑娘追分为两种形式，一种为青年男女相互追逐，另一种为姑娘追小伙子。举行姑娘追时，由不同氏族部落或地区的青年男女交错组合，一男一女为一组。

姑娘追活动开始前，要由姑娘和小伙子从骑马观众所携带的马匹中选取好马，马的主人会非常配合，并向骑手交代马的性情和最近的身体状况。安全起见，马匹上的马鞍、马鞭等配套设备必须齐全，尤其是姑娘的坐骑。姑娘和小伙子在前往指定地点时，小伙子可以向姑娘逗趣、开各种玩笑，以激起姑娘在竞技中的求胜欲望，但绝不允许跨越道德防线。到达指定地点后，小伙子立即纵马疾驰往回返，姑娘则在后面紧追不舍，追上后便用马鞭在小伙子的头上频频挥绕，甚至可以轻轻抽打或将小伙子头上的帽子打落在地，以报复小伙子的调笑，小伙子不能还手。姑娘一般不会真打，若她本就一直爱慕小伙子，就会把马鞭高高举起，轻轻落下。

少数民族运动会上的姑娘追表演（陈小蓉拍摄）

旧时，姑娘追是哈萨克族青年男女互相认识、互相了解而萌发爱情，最终结成伴侣的一种方式。如今，它已成为一项饶有风趣的群众性体育活动。姑娘追展现了哈萨克族青年勇敢、幽默、豪放、宽容的性格，对丰富群众文化生活、愉悦身心具有一定的作用。

8. 内蒙古：沙嘎游戏（编号：区 II-NMⅥ-19）

"沙嘎"为蒙古语，俗称羊拐，汉语称为"躁骨"，是牛、羊等牲畜身上连接后蹄与小腿的一块游离的骨头，共有 6 面 6 种形状。沙嘎游戏作为备受蒙古族喜爱的一项传统体育游戏，已融入蒙古族的历史文化、家庭教育、经济交往、生活习惯和宗教信仰等诸多领域。沙嘎游戏是蒙古族民间文化的重要组成部分，也是蒙古族原生态的体育文化之一，同时还是蒙古族传统家庭教育的重要方式之一。

阿拉善盟千人沙嘎艺术节（陈小蓉拍摄）

沙嘎作为一种传承悠久的蒙古族棋牌游戏，融进了蒙古族人民长久以来的游牧生活之中。随着沙嘎文化的传播，除了内蒙古地区，在黑龙江、辽宁、吉林、甘肃、青海、新疆等地都有沙嘎游戏的影子。此外，沙嘎文化还传播到了蒙古及俄罗斯联邦的卡尔梅克共和国、布里亚特共和国、图瓦共和国等中亚地区。

沙嘎游戏的种类、玩法繁多，每逢牧区的冬闲季节和那达慕盛会，不论男女老少，大家都会在一起玩沙嘎游戏。沙嘎游戏本身是蒙古族悠久历史文明、生活习俗、宗教信仰的一种体现，其中蕴含着蒙古族人民特有的思维方式与想象力。

沙嘎游戏的起源要追溯到从旧石器到新石器时代的过渡期，蒙古族先民在蒙古高原的狩猎与游牧生活中创造了最原始的沙嘎游戏。《蒙古秘史》中记载，早在元朝时期，沙嘎游戏就成为在宫廷贵族与普通庶民中广为流传的一种游戏，每到牧闲时节和那达慕大会期间，牧民家的男女老少都会玩沙嘎游戏，以益人之神智。

沙嘎游戏的主要道具——沙嘎，形状不一，有宽有窄、有凸有凹、有正有侧。民谚形容其："高高山上山羊走，深深谷地绵羊过，向阳滩上骏马跑，背风湾里黄牛卧，正立抓个大骆驼，倒立起来翁格。"

沙嘎游戏的玩法丰富（陈小蓉拍摄）

　　沙嘎游戏传承悠久，很早以前蒙古族只是利用沙嘎进行占卜算卦，随着社会的发展与进步，沙嘎才逐渐演变为一种民间的棋牌游戏。沙嘎的游戏形式多种多样，其玩法可达上百种，并且有鲜明的民族特色。其中，抛羊拐、骆驼下羔子、摆金龟、丢羊拐、接马儿、打运马儿、智力锁、垒青蛙、赛马等都是沙嘎的主要玩法。抛羊拐的规则：参与者出4枚老子儿，让参与的人轮流抛掷，如果出现"4只绵羊"，则是"4个一样"，须向坐在上首的人要4枚羊拐；如果出现4匹马，便是"40匹黄马"，向上首的人要40枚羊拐。

小学生们在"摆金龟"（陈小蓉拍摄）

9. 贵州：仡佬族打篾鸡蛋（编号：省Ⅱ-Ⅵ-73）

仡佬族打篾鸡蛋又称篾绣球，是流传于贵州省境内的一项少数民族传统活动。其源于古老的少数民族仡佬族，是仡佬人独有的融体育和娱乐为一体、集庆礼与竞技于一身的传统民族文体活动，如今主要流传于贵州省遵义市播州区西部的平正仡佬族乡。打篾鸡蛋与现代体育的一些球类运动相似，主要是以抱、踢、抛、打篾鸡蛋的形式进行。

仡佬族打篾鸡蛋的玩法多种多样（杨世如拍摄）

仡佬族打篾鸡蛋起源于宋代，在黔北仡佬族中广泛流传。宋代朱辅《溪蛮丛笑》记载有古犵狫（今仡佬）人打"飞紽"的习俗，与打篾鸡蛋颇为相似。平正仡佬族乡作为仡佬族的聚居区，打篾鸡蛋或许正是受打"飞紽"启示，不断演化承续而来的。

篾鸡蛋在仡佬族中有诸多美好的寓意。仡佬族人将铜钱等寓意美好的物品放入编好的篾鸡蛋中，认为篾鸡蛋可以带来钱财与好运，是财运的象征。与此同时，在仡佬族中，篾鸡蛋也是爱情的象征，是年轻人之间的定情信物。

篾鸡蛋由竹子制作而成（陈小蓉拍摄）

篾鸡蛋的主要制作材料便是"篾"，即竹子劈成的竹片。篾鸡蛋的制作要选取韧性较好并且成对的长节竹子，将竹子削制成竹片再进一步编制即可成型，重量约为250克。编制的过程中，仡佬族人有时还会将蕴含美好寓意的铜钱等物品放入篾鸡蛋中，故篾鸡蛋分为实心和空心两种。最后，成型的篾鸡蛋还要经过染料的上色点缀才算完工，一般多用红色来配色。

打篾鸡蛋活动较为灵活，一是男女老幼均可参与；二是举办的时间不固定，年头岁尾、休闲时节、喜庆场合及劳动之余均可进行；三是玩法多种多样，但都是以抱、踢、抛、打等主要击打方式为基础。

抱篾鸡蛋的人用身体护着"蛋"（陈小蓉拍摄）

玩法之一需要选择宽敞的院坝，在场地中间划一条分界线，参赛人员分为甲、乙两队，分列分界线两边。比赛过程中，参赛队员可用手掷篾鸡蛋或用脚踢篾鸡蛋。飞行中，篾鸡蛋内装的东西会发出沙沙的声响。参赛队员被篾鸡蛋触及或篾鸡蛋落在己方地界内为输方。玩法之二主要是在山野间进行，人数不限也无须分组。比赛时，由一人先将篾鸡蛋随意抛向空中，其余人随之跑向篾鸡蛋即将跌落的地方，先抢到篾鸡蛋的人则接着将篾鸡蛋抛出，最终以扔出次数最多的一方为获胜方。玩法之三名为"换窝"。需要在院坝或平地上挖一个圆坑为大窝，四周按参加的人数各挖数个小窝，小窝与大窝相距2米左右，每小窝各站一人。每人手执木棍或竹棍，比赛以抽签决定出一人为进攻者，进攻者需要将篾鸡蛋赶进大窝，四周守小窝者以棍阻击，禁止用手抛或用脚踢篾鸡蛋，棍子也不可触及人体。

除上述主要玩法外，篾鸡蛋还有多种玩法，其中常见的有"过河""进缸""打呆子""打盘子"等，这些玩法均是将参加人员分成两队，两队人各站场地一边，或用手抛，或用脚踢，或用木板拍打篾鸡蛋。

仡佬族打篾鸡蛋作为仡佬族世代相传的一种体育民俗活动，汇集娱乐、健身、节庆、婚俗等古老仡佬族文化元素于一身，是仡佬族珍贵的非物质文化遗产之一。

10. 浙江：问凳（编号：省Ⅱ-Ⅵ-107）

　　问凳是一项畲族传统体育活动，源于畲族古老的"问凳"卜卦问事仪式。元末明初，畲族从祖居的广东和福建南部向福建北部、浙江和江西大规模迁徙。畲族迁入浙江之初，多居住于浙西南地区，因受当地土著排挤，畲族被迫生活在山区地带，过着以山为居、刀耕火种和狩猎的原始生活。直到清末民初，部分畲民开始下山，定居于平坝，开始农业耕种。这个时期的畲族传统文化受到农耕文化的影响，问凳就是在这样的环境下产生的。

问凳是一项畲族传统体育活动

　　旧时的问凳是两人背向坐在问凳板两端，一圈圈转动木凳进行卜卦问事。传说在古代，有一对畲族夫妇家里养的一头猪不见了，夫妻二人找遍房前屋后，都没有发现猪的踪影。筋疲力尽的夫妻俩便背向而坐，在一条长板凳的两端休息。由于长木板垫在一根圆木头上，两人一旦晃动，所坐的板凳便转动起来，夫妻二人被旋转得晕晕沉沉。突然，夫妻二人异口同声地说道："猪在东南方竹林中吃笋。"随后，夫妻二人赶到竹林中，果然发现自家的猪在吃笋。此事一传开，大家就觉得板凳能显灵。自此以后，畲族家中如有生病、发生天灾人祸、家中东西遗失等意外情况发生，就去请"问凳"卜卦。后来，畲族人民用木头制成三脚架，在三脚架上放一块2米长的木板，即问凳板。"问凳"时，在香火案上插上三根香，放三只清茶杯来进行卜卦，同时在问凳板的两端，两人背向而坐，口中念念有词，两人配合，脚蹬地使问凳板转动，若要询问什么事，两人便停下来，用脚点三下，表示卜卦示意，这种仪式便称为"问凳"。

从 1987 年开始，浙江省少数民族师范学校的赵理强老师着手对畲族的问凳进行挖掘整理。同时，对问凳的器材、活动形式和运动技术进行改进创新，使其成为一项体育健身活动。1991 年，问凳改名为"稳凳"，用"稳"替代了"问"，后来便一直沿用"稳凳"这个名称。

"稳凳"的比赛场地应为平整、无障碍的土质或木质地面，场地的长宽不得少于 8 米。器材包括板凳、小套圈、标志杆、小旗。板凳：高 1～2 米、长 4～5 米，支撑脚与地面成 45 度，座板长 60 厘米，宽 15 厘米，前扶手高 40 厘米、

村寨中举办的"稳凳"比赛

后扶手高 30 厘米，除座板用木质材料外，其他部件必须采用金属材料加工而成；小套圈：直径为 28 厘米的圆圈，用管径为 1 厘米的塑料管加工而成；标志杆：高 1.8 米；小旗：旗杆长 1.2 米，彩旗长 1.2 米、宽 0.8 米。

"稳凳"的活动形式主要是由 2～4 人在转翘的器械上做各种身体练习、竞赛或表演。技术主要包括上凳、凳上动作、下凳三个部分。主要技术动作包括抓、摆、蹬、摇、翻、挺、屈、仰、投、抛等。竞赛或表演形式主要有两种，一是"稳凳"套圈，方法是参与者分别站在凳的两端，手持凳板扶手，上凳后，在快速转翘板凳的过程中，将地上的 10 个小圈逐个捡起，并分别投掷套入离凳 3.5 米远的标志杆中，最后以套中多者为胜；二是"稳凳"插旗，方法是参与者每人手持一彩旗，上凳后在快速转翘板凳的过程中，将旗插入离凳 0.6 米处的标志杆内，先插上者为胜。

全国少数民族传统体育运动会
"稳凳"表演

（图片均由丽水学院提供）

11. 浙江：操石磉（编号：省Ⅲ-Ⅵ-100）

操石磉是景宁畲族传统体育活动之一，具有鲜明的民族文化特色。景宁畲族自治县位于浙江省南端，畲族有自己独特的语言与民族宗教信仰。每年三月三进行的操石磉竞赛和表演，深受畲族人民青睐。"石磉"其实是一块底面光滑、能够在道上滑行的石块，重达几十

每年三月三进行操石磉竞赛和表演

斤，甚至上百斤。"操"的意思即为"推"，操石磉便是推大石块的意思，旧时的操石磉又称滚石块，采用的是笨重的鹅卵石，活动的时候一人站立在鹅卵石上面，一人或两人用力推其腰部以使其向前滑行。操石磉是畲族民众在封闭的自然环境和社会环境中的休闲娱乐方式之一。

在畲族民间有一种说法，相传很久以前，畲族祖先生下第三个儿子，孩子降生时恰好听到雷声，便为其取姓雷名巨佑。这事让天上的雷公知道了，他觉得有人占用了自己的姓氏，便要与雷巨佑比试，赢了才能姓雷。

到了正月初二，雷公从天上请来太上老君，为雷巨佑和雷公的比赛当证人。雷巨佑叫来两个村民帮忙，一人双脚踩在鹅卵石上面，另一人抱其腰使劲向前推，在用石头铺的街道上滑来滑去，鹅卵石与街道上的石头之间就发出"轰隆隆"的响声。旁边的山哈（注：畲族人自称）问雷巨佑这是什么动作，雷巨佑告之"操石磉"。接着雷巨佑又叫来两个村民，按照刚才的方法再次发出"轰隆隆"的响声。雷公听到雷巨佑操石磉发出的巨响后，自己却怎么也发不出声音，因为雷声要等到二三月才有，于是雷公只好认输。

畲族人民为了纪念雷巨佑，就形成了正月初二至正月十五"操石磉"的习俗，并流传至今。后来每逢丰收或节庆日子，畲族人便聚集在街头，开展热烈精彩的操石磉表演活动，并取名为"操石磉"。

由于比赛表演形式的不同，"操石磉"的场地主要分为三种：第一种是竞速类场地，在平地或田径场上进行，跑道总宽为9.76～10米，分道宽为2.44～2.5米，标线宽为5厘米；第二种是对抗类场地，在平地或木板地上进行，比赛场地为圆形，直径为5米，标线宽为5厘米；第三种表演型场地没有太多的规范或要求，视表演规模而

定。石磉一般采用硬木质材料加工而成，传统的石磉为空心八角长柱形，长为 0.8 米，对角直径为 0.5 米，面板和两端及中间隔板厚为 2 厘米。磉上蹴的石磉为圆柱形，长为 0.8 米，直径为 0.5 米，面板和两端及中间隔板厚为 2 厘米。

参加操石磉游戏需要一定技巧

操石磉的类型主要包括传统蹴、撑杠蹴、磉上蹴、单人后蹴、双人前蹴、双人后蹴、双人前后蹴、对蹴等。石磉竞速比赛主要是在平地或田径场上进行，比赛方式分为男子 50 米、100 米竞速和女子 50 米、100 米竞速。还有一种磉上蹴对抗，当裁判员发出"预备"的口令后，双方运动员双脚站上置于中线两端相距 3 米的石磉，当裁判员发出"开始"的口令后，使对方运动员身体任何一部分触及地面或对方石磉出界为获胜。

畲族年轻人参加操石磉比赛

（图片均由丽水学院提供）

12. 广西：白裤瑶打陀螺（编号：区Ⅴ-344）

白裤瑶是瑶族的一个支系，其主要分布在广西壮族自治区南丹县里湖瑶族乡、八圩瑶族乡及车河镇、城关镇和芒场镇。打陀螺是当地民众喜爱的传统体育活动，至今已有 500 年历史。

白裤瑶村民举办打陀螺比赛

白裤瑶打陀螺起源于刀耕火种、自给自足的古代，白裤瑶先民将木棒和石块制作成狩猎的工具，用石块击打猎物。为了练就打猎的本领，人们把石块和短棍置放在地上作标靶，用另一块石头和短棍在一定距离内击打标靶。在击打过程中，人们发现标靶被打中后产生旋转，从而得到了启发，陀螺由此诞生。

白裤瑶打陀螺演变过程主要包括三个阶段，即石头陀螺—木桩陀螺—旋转陀螺。据调查，旧时的白裤瑶聚居山区，社会发展严重滞后，由于缺乏生产工具、生活水平低下，狩猎便成为白裤瑶先民获取食物的主要方式。白裤瑶先民在狩猎之余通过向固定目标投掷石块来练习投掷技巧和精准度，提高狩猎技能。小孩子见大人们打得很有意思，就去模仿学习，久而久之变成了习惯，从而演变成一种体育娱乐活动。后来人们发现击打石头时陀螺容易破碎，便使用木桩陀螺来代替。再后来又发现木桩陀螺是在静止状态下进行比赛，趣味性与欣赏性不高，于是又发明了趣味性更强、难度更大、欣赏性更高的旋转陀螺。

如今的旋转陀螺用红青冈木修制而成，木质细腻、坚韧耐用，其特点为平头、矮脚、尖头处嵌入铁钉，旋转持久、抗打击性强。旋转陀螺的绳子用旱谷稻草芯或麻绳编织而成，头小尾大。草芯编织的绳子耐水，麻编织的绳子耐用，湿水后的绳子在击打陀螺时会发出清脆的响声。

当地男女老少均喜欢参加打陀螺比赛

打陀螺活动主要有体育比赛和技巧展示两种形式，活动主要是在农闲时节，每年正月初一至十五最为热闹。打陀螺比赛分为个人赛和团体赛，个人赛是两人对打，就是一方放陀螺，另一方打陀螺，如果打对了，且旋转时间也超过了被打的陀螺，那么被打方要继续放陀螺被打，否则就要变打为放。团体赛是多人对打，少则几人，多则二三十人。比赛一般都会分为两组对打，采取五打三胜或三打两胜。比赛

习练陀螺技艺

时，打方的所有选手要将对方放的每个陀螺都打死，算直接胜一局。如果中间有人没有打对，那么后面的选手还要继续打上一个同伴的陀螺，打死后方可打对方下一个陀螺。规定时间内以打死陀螺的个数计算成绩。技巧展示主要包括掌心旋转、指尖旋转、脚尖旋转、身体游走、旋转抛接等。

白裤瑶打陀螺活动发展至今，已经逐渐形成了竞技陀螺和娱乐陀螺两种不同的发展模式。打陀螺不仅展示了白裤瑶人与人和睦、人与自然和谐的民族风格，还体现了白裤瑶人民热爱生活、团结奋进、勤劳勇敢的民族精神。

（图片均由代表性传承人提供）

1. 新疆：维吾尔族叼羊（编号：国Ⅱ-Ⅵ-44）

叼羊是生活在新疆维吾尔自治区的维吾尔族、哈萨克族、柯尔克孜族、塔吉克族等多个民族传承的传统体育项目，被誉为"草原上勇敢者的运动"。民间一直流传着不少关于这项体育游戏的谚语和传说，如"摔跤靠力气，叼羊要士气""雄鹰要在天空中展翅飞翔，小伙子要在叼羊场上显示英勇刚强""姑娘要做摘葡萄能手，小伙子要当叼羊能手"等。

叼羊比赛是一种马背上的角力（张俊杰拍摄）

维吾尔族的祖先曾在漠北放牧，与众多游牧民族一样，他们骨子里热爱叼羊这种马背游戏。据清《新疆图志·礼俗志》记载："开斋过年……相与叼羊之戏。"这表明新疆许多民族都有叼羊的传统习俗，以增进民族感情和活跃节日氛围。

叼羊比赛一般在两个部落或两个群体之间进行，通过双方骑手在马背上角力，以抢到羊后安全送达指定地点的一方为胜。不受场地限制，群众参与度广泛，对于丰富群众的文化生活、增进邻里之间的和谐交往，以及提高参赛者的规则意识大有裨益。在重大节日庆典或祭祀活动里，叼羊比赛通常将活动推向高潮，此时人们对比赛的结果已抛之脑后，更重要的是在整个比赛过程中，骑手、观众都有效地参与其中，身心得到了极大的愉悦。叼羊比赛是参与者骑术、力量和团队配合的综合较量。整个比赛过程既强健了体魄，又充分发扬了奋力拼搏的体育精神。同时，比赛中的竞技性、挑战性和刺激性，也是群众乐于参加比赛的原因之一。骑手高超的骑术和相互之间默契的配合，使比赛更加趣味十足。

叼羊比赛需要骑手有冒险的勇气

　　叼羊比赛有分队和不分队两种形式。分队是指分为两队的集体较量，每个队都有众多骑手。组织者将准备好的羊放在空地上，参加比赛的双方队伍各推举一名骑手争夺羊，最先抢到羊的骑手把羊从地上拾起，紧握住羊后腿，双方在马上互相激烈抢夺，两

全国少数民族传统体育运动会上的叼羊比赛（陈小蓉拍摄）

队骑手随后紧追不舍。本队人若追上，抢到羊的骑手如果不敌对手，可以抛给同队的其他骑手，队友接过羊后继续飞奔，这时比赛成为一场接力赛，双方既要比拼马的速度、耐力，又要比拼骑手的水平和技巧，而且战术和战略同样至关重要。骑手间要进行明确分工，有的骑手专门负责一马当先、冲群叼夺，有的骑手要负责掩护队友、阻挡对手，各司其职。一旦夺得山羊，同队的伙伴需要有人向前拽缰绳、抽打马背，前拉后推，左右手护卫，才有可能顺利冲出对手设下的重重包围，最先把夺到的山羊放到指定地点就夺得了胜利。不分队是通过抓阄将准备好的羊放在马背上，骑手先跑，其余参赛者追赶，骑手要在十几名对手中单打独斗夺得羊，还要冲出重重包围，最后将夺得的山羊放到指定位置的骑手为胜者。

　　（除署名拍摄外，其余图片均由莎车县文化馆提供）

2. 内蒙古：布鲁（编号：国Ⅳ-Ⅵ-71）

布鲁，也称"面其嘎"，汉语为投掷棍棒的意思。布鲁形似镰刀，是投掷比赛中所用的一种投掷工具。这种形似镰刀的投掷工具，是蒙古族人民在漫长的游牧狩猎文化中发明的。据史料记载，布鲁传承至今约有1300多年的历史。在日常的狩猎生活中，蒙古族人民都会随身携带布鲁以猎取野兽。随着社会的发展与进步，如今布鲁已经逐渐脱离了其在狩猎文化中的重要地位。目前，布鲁主要集中分布在内蒙古自治区的库伦旗一带，并广泛流传于内蒙古自治区的呼伦贝尔市、锡林郭勒盟、通辽市等地，成为蒙古族人民闲暇时的一种竞技娱乐活动。每逢丰收之年或重大节庆时，人们都会组织各种形式的布鲁比赛活动。

蒙古族传统体育运动——布鲁

经常练习布鲁投掷，可以锻炼投掷者的力量、速度、灵巧度及准确的目测能力，这些能力都是一个优秀的草原猎手所必须具备的。在草原狩猎时，精准的布鲁投掷往往能发挥出与猎枪同等的效力，甚至有时投掷布鲁技术精湛的猎手会比持枪的猎手优先命中禽兽，因此在草原上技术优秀的

内蒙古少数民族运动会上的布鲁比赛（王伟平拍摄）

布鲁投掷者常被人们誉为"木枪手"。

布鲁的外形犹如一把镰刀，有扁、圆等形状，包括头、身、把 3 个部位。其中，头部长 18～20 厘米，身长 32～34 厘米，把长 8～10 厘米。布鲁的重量根据其制作材质和尺寸的不同也有所差别，一般为 150～500 克。

布鲁根据其形状和用途的不同，可分为掷远布鲁和掷准布鲁两大类。其中，掷准布鲁包括"吉如根布鲁"（珠日恨）、"图固拉根布鲁"（吐古力嘎）、"海雅木拉布鲁"三种类型。"吉如根布鲁"是在近距离捕获大型野兽时所使用的一种杀伤力相对较大的布鲁。在用力掷出后，可以穿透野兽坚韧的毛皮直取要害，即便是凶猛的野兽也会立时殒命，这种布鲁曾是蒙古族先民用于捕获狼、野猪、狐狸等较大猛兽时所使用的布鲁。"图固拉根布鲁"飞行速度很快，十分适合猎取一些机动性很强的小型草原动物，如野鸡、野兔等。"海雅木拉布鲁"是最为常见的一种布鲁，即木制布鲁。目前，在那达慕大会上举行布鲁比赛时，多选用"海雅木拉布鲁"这种单一木制的布鲁。

此外，布鲁还可以按时间分为传统布鲁和新型布鲁。一般将 1957 年前使用的布鲁称为传统布鲁，现在比赛所使用的则称为新型布鲁。新型布鲁被掷出后，在飞行轨迹的前几十米甚至上百米内，布鲁几乎是平行飞行的，在最后飞行速度减慢时，布鲁并不会直接下降，而是会突然上升再飞行一段距离后才会下降落地。

如今的布鲁比赛分为掷远和掷准两种形式。掷远比赛是在规定场地的投掷区域内进行比赛，以投掷的远近来衡量成绩。掷准比赛又分为定点目标赛和活动目标赛两种，顾名思义，这两种类型的掷准比赛分别是用布鲁击打固定和移动的靶子。如今的布鲁比赛多以掷远比赛和掷准比赛中的定点目标赛为主。

牧区的孩子学习布鲁技艺

3. 内蒙古：乘马射箭（编号：区Ⅱ–NMⅥ–21）

　　阿拉善地区的民族传统体育内容丰富、形式多样，其中乘马射箭是一项独具地方民族特色的传统体育项目。乘马射箭，也称骑射，是蒙古族传统体育项目之一，也是蒙古族"男儿三艺"中骑马和射箭的完美组合。它是集勇敢、技艺、智慧于一身的民族传统体育项目，极富表演性和观赏性。乘马射箭在蒙古族长期游牧与狩猎的生活中沿袭传承下来，并逐渐演化成体育竞技和民族娱乐的项目，深受群众喜爱，在当地有着广泛的群众基础。

　　从历史上看，骑射技能在蒙古族文化中一直占有重要地位。成吉思汗借助弓马骑射之长，统一蒙古族各部落至忽必烈建立元朝。元朝建立后，统治者为了巩固政权，明确规定蒙古族男子必须具备赛马、摔跤、射箭三项技能。自明清以来，骑射在狩猎活动及护身防敌中仍起到十分重要的作用。在现代社会中，乘马射箭有着训练生产、振奋精神、娱乐生活的积极作用。

20世纪60年代那达慕盛会上精彩的乘马射箭比赛

　　从前阿拉善和硕特人用的弓箭是由狩猎作战弓箭改进而成的，因为弓弦较短，拉起来非常费力。后来经过多年的改造，逐渐将弓弦拉长，变得轻巧不费力且更便于随身携带。据《1640年蒙古—卫拉特法典》记载，卫拉特军队每逢喜庆集会，都要进行射箭比赛。清康熙二十五年（1686年），元太祖胞弟哈布图哈萨尔的后裔额尔克济农和罗理率领和硕特一部迁居阿拉善后，保持和发扬了风格独特的乘马射箭传统，并将其列为阿拉善"乌日斯"好汉三艺。从此，乘马射箭便在阿拉善地区流行起来，每逢寺庙香会、敖包祭祀和大小型"乌日斯"，便会有乘马射箭比赛项目，人们都踊跃地参加。

　　乘马射箭活动需要的道具器材有弓、箭、马匹、三个箭靶，其中箭靶包括一个吊靶和两个坐牌。目前乘马射箭所用的弓是由古代狩猎作战的弓箭改进而成的，主要有"半心形"和传统"反弓字形"两种弩弓外形，弓身一般以鹿角、水牛角或木头制成。弓长约1.75米、宽4厘米，两头呈尖扁形并且系有红绿彩带，弓弦多用大型动物的筋（如骆驼筋、牛筋）制成。改进后的长形弓，减轻了拉力，非常适合竞赛。

乘马射箭活动在阿拉善地区相当普遍与流行，过去几乎家家都有弓箭，就连当地寺庙里也有很多弓箭。开展乘马射箭活动，需要在马道的两旁设置三个箭靶，分为一个吊靶和两个坐牌。此外，马在内蒙古地区有着无可替代的地位，在那达慕盛会上，如果谁家的马获得第一名，那不仅是一个家庭的荣耀，更是整个家族的荣耀，乃至全嘎查、全苏木的荣耀，整个草原上的人们都会津津乐道。

选手骑马奔驰在马道中拉弓射箭（陈小蓉拍摄）

乘马射箭以独特的比赛场地和轻松的比赛方式为传统的那达慕盛会增添了活泼的气氛。开展乘马射箭表演或者比赛，首先需要选择较为平坦宽阔的平地，修筑马道。比赛规定一马三箭，一般参赛运动员进行三轮比赛，共射九箭，每人每轮只许射三支箭。除此之

代表性传承人图门那生展示射箭技巧（陈小蓉拍摄）

外，乘马射箭比赛还有一些相对严格的规定。例如，点名时未能赶到、马不肯进沟、未射箭却推倒箭靶等行为均属于犯规，此类选手的成绩均不予计算。

（除署名拍摄外，其余图片由阿拉善左旗文化馆提供）

4. 西藏：林芝工布比秀竞赛（编号：区Ⅱ-Ⅺ-120）

林芝工布比秀竞赛即射箭运动，是工布地区藏族传统体育比赛活动之一。比秀即射手射出的箭离弦后，箭头的小洞在空气中飞行时受到空气作用而发出的美妙动听的"比鸣"声，这种声音很远就能听到，故称"响箭"，藏语称"比秀"。响箭运动科学地把休闲娱乐、文化艺术和体育健身高度完美地结合在一起，至今盛行不衰。

比秀是工布地区劳动人民在生产和生活实践中发明创造的，也是他们在庆祝丰收、迎接新年等重要节庆活动中必不可少的体育竞技活动。这一运动既丰富了当地群众的文化生活，又提高了人民群众的身体素质，有一定的挖掘、研究、发展和传承价值。

林芝工布比秀竞赛是藏族传统体育比赛活动（王铮拍摄）

林芝县的民族主要有汉族、藏族、门巴族、珞巴族、僜人族等。其中，藏族占多数，以工布藏族为主。旧时工布人世代居住在深山老林之中，以放牧、打猎、伐木为业，其打猎的习惯延续并发展为"工布响箭"。

传说阿吉杰布佩带的弓箭有两种，一种是铁镞竹箭（专为打仗用），另一种就是现在的比秀。每逢藏历的十月初一过工布节的时候，人们总是要佩带比秀比试射艺，以示纪念。这个习俗一直流传至今，成了一种独特的地域传统文化。

比秀的制作是利用工布地区特有的硬杂木为材料，硬杂木花纹精美、声音清脆，达到了两全其美的效果。比秀由弓、箭、靶和弓架四个部分组成。

射手等待比赛开始

比赛正式开始前，射手们和歌舞队要齐唱旋律优美、使人振奋的《工布箭歌》。比赛时，射手依次朝靶子横向排成"一字形"。在射手的左右两边，男、女歌舞队纵向分别排成"一字形"，不停地歌唱欢快的箭歌，并跳一种动作特别的"工布箭舞"。每次比赛要进行10～15轮，每轮每人射两箭。第一轮从横队左边的射手开始，第二轮从右边

聚精会神的比秀射手（陈小蓉拍摄）

的射手开始，以此类推至比赛结束。比赛一般分为个人赛和团体赛。

"靶"由靶围和靶心组成。"靶围"藏语称为"夏巴"，意为鹿皮，是用鞣好的鹿皮制作的，用来阻挡箭向前飞行。后来，国家为了保护环境，禁止打猎，现在改用厚实的布料制作，边缘配上不同颜色的手工图案来装饰，使之看起来更为美观精致。夏巴中还有夏琼（固定靶心的范围，包括上下左右）。"靶心"藏语称为"玛尔帝"，是用皮革制作而成的，呈环形，直径约18厘米，里外共有三圈。外两圈每圈宽约5厘米，外圈是用来固定的，颜色为白色；第二圈为黑色；第三圈为红色，是活动而不固定的，射中便自动脱落。"弓架"既是比赛前和休息时放弓箭的架子，又是靶子与射手间固定的栏杆（防止射手往前走），一般长4～5米，高约0.6米。另外，射手大拇指戴象牙戒指，旨在防止射箭时被弓弦割伤手指。

（除署名拍摄外，其余图片由米玛顿珠和琼琼拍摄）

5. 吉林：蒙古族打唠唠（编号：省Ⅲ-Ⅴ-6）

打唠唠，又称"唠唠那达慕"，蒙语称为"布日格"。打唠唠这种自然、简约的室外游艺活动传承历史悠久，极具民族传统文化特色，深受蒙古族群众喜爱。它具有占地空间较小，参加人数灵活，受场地、器材、时间等条件限制小等特点。人们通过打唠唠游戏，不仅增强了体质，还丰富了娱乐文化生活，促进了人与人之间的交流与团结，因此其具有良好的推广价值。

蒙古族人在休闲时打唠唠（布日格）

据史书记载，古代打唠唠曾流行于阔连海子（今内蒙古呼伦湖）及海拉尔一带，后来随着蒙古族民众经大兴安岭南迁至松嫩平原而在吉林地区流传。早在13世纪初，蒙古族首领在举行"忽里勒台"（蒙古语意为"大聚会"）时，除了任免官员、处理公务等事务外，还要举行规模较大的体育比赛，主要包括射箭、赛马、摔跤、打唠唠、打布鲁等。元代以后，打唠唠这项传统游戏的流传更加广泛。明嘉靖年间，打唠唠随同科尔沁蒙古族东迁至嫩江、松花江汇合流域，传播至前郭尔罗斯地区。

根据蒙古族民间流传的民俗传说，蒙古族骑兵在作战之余，为了进行体能训练和培养勇敢顽强的战斗精神，经常分组开展各种体育比赛。在人数达到十几人或几十人时，经常就地取材，用木棍和牛髌骨进行打唠唠游戏。打唠唠游戏在农区、牧区都有着较为广泛的流传。

游戏所用道具较为简单，至今仍保留着原生态。主要有牛髌骨（即唠唠，又称牛嘎拉哈、牛拐等）；一根

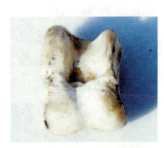

打唠唠游戏用的牛髌骨

齐胸长的木棍，多为农牧民自制的木杆。打唠唠的参加者多为青壮年男子，分为庄家和玩家。游戏玩家每人占据一个小土坑，将庄家的土坑围在中间。此外，他们每人手持一根齐胸长棍，通过挑、打、拨等技法，在打唠唠过程中进行守坑、夺坑竞赛。对游戏人数没有严格的规定，少则几人，多则几十人。

游戏前先清理一片场地，游戏者每人挖一个一拳深的土坑，土坑的分布需呈梅花阵式（以一个土坑为中心），通过猜拳选出庄家。游戏准备时，庄家占据中间位置的土坑，将唠唠放在坑内，随后用长棍抵住唠唠，准备挑唠唠，发起进攻。其余玩家则各自占据梅花阵周围的土坑，并将长棍扶立于自己的坑中。待庄家用长棍用力将唠唠挑出后，游戏开始。其余玩家既要守住自己的土坑，还要将庄家打出的唠唠打回庄家的土坑。在众人击打唠唠的过程中，每个人的土坑也可以被其他人抢占，而庄家不仅要将其他人员打来的唠唠再击打出去，还要力争占据其他人的土坑作为自己的据点。游戏没有明确的时间限制，而是根据参与者的情况而定。由于庄家在游戏中处于"以一对多"的局面，因此无论在智力上还是在体力及心理上，这项游戏都对庄家提出了较高的要求。

村民在雪地中玩打唠唠游戏

（图片均由松原市前郭尔罗斯县非遗管理中心提供）

6. 贵州：攀崖技艺（编号：省Ⅲ-Ⅵ-52）

攀崖，苗语称为"化抓"。从事攀崖的人，苗语称为"戈若"。"戈若"能徒手在近百米的悬崖绝壁上自由攀爬、上下自如，故被外界称为"蜘蛛人"。格凸攀崖技艺形成于贵州省紫云苗族布依族自治县格凸村，该村地处麻山腹地，属喀斯特地貌，地势陡峭，石山相连，土层瘠薄。为了适应喀斯特地貌的自然环境，在悬崖绝壁上求得生存的资源，麻山苗人不得不练就了一套独特而神奇的攀崖技艺。

每年农历正月十五，麻山苗族地区各村落的人，都要群体攀爬邻近最高的山岭，举行祭祀仪式，以供奉、感恩山神。麻山苗人把这一神圣的仪式称为"窦裴"（音译），意为"感恩山神"。苗人相信只要有山神的保佑，来年在山崖上因取硝石、砍柴、采药、打猎、收集鸟粪、种植玉米而进行攀爬、行走、劳作就能平安。

攀崖技艺起源于格凸苗族的凿岩式悬棺葬习俗，以及为了生存需求而练就的采集燕子粪和磷硝的生产生活技能。悬棺葬习俗是在特殊的自然环境和历史人文环境下产生的。悬棺葬习俗产生的原因，一是麻山地区土地贫瘠，土地石漠化严重，适宜耕种的土地极为稀少，故苗人只能"择悬崖凿窍而居"；二是麻山苗人生活穷困，"五溪蛮父母死……置之岩穴间，高者绝地千尺，或临大河，不施蔽盖"。

高高的岩壁上有许多燕子窝，当地民众会爬上去搜寻燕子粪，将其用作种植玉米的肥料。此外，上山打猎也是老一辈人生存的主要手段，人们必须在岩壁上刷取用于制作炸药的磷硝。

村民在燕子洞进行攀岩表演（圈中为攀岩者位置）（陈小蓉拍摄）

攀岩者无任何保护情况下徒手上下（陈小蓉拍摄）

格凸攀崖技艺不用任何防护措施，且能上能下，技术多样灵活。"叩石问路"是攀爬陌生崖壁的最重要的方法，在不确定石壁是否安全的情况下，叩听石壁是不是空心，才能保障攀爬的安全。攀岩技巧主要有倒立、翻跟头、单手吊挂、悬崖踩空、跳跃攀爬、伸背抓点和同侧固定异侧抓点等。

攀崖时必须注意以下几点：①攀崖人要将山崖作为与人一样有灵魂和生命的平等朋友；②攀崖前，必须练就非常强健的体力；③攀崖人必须练就手指承受悬空人体重量的能力；④攀崖人要练就较强的目测能力，能事先选择、确定合适的攀崖路线；⑤攀崖人必须熟知各种崖石的特性和承重能力；⑥攀崖人要保持良好的心态，要随时保持沉着冷静。

麻山苗族的喀斯特攀崖技艺是家族传承的，代表性传承家族共有 8 个，现仅存位列第二的罗氏家族、位列第三的黄氏家族、位列第七的罗氏家族。目前，攀岩技艺传承以传统家族式传承模式为主。现存的传承人会主动动员家族的年轻人学习攀岩技艺。

三位主要传承人前往燕子洞表演前合影
（陈小蓉拍摄）

2011 年，格凸河风景名胜区开发旅游项目其中一项就是"'蜘蛛人'徒手攀岩绝技表演"。在格凸河燕子洞的峭壁上，表演者（传承人）徒手攀爬高约 100 米的悬崖，他们疾步如飞，10 余分钟便可以到达顶端。同年，格凸河国际攀岩基地落成，于 8 月举办了国际攀岩比赛。"蜘蛛人"徒手攀岩绝技的"盛名"吸引了来自世界各地的专业攀岩选手和爱好者。

7. 浙江：渔民传统竞技（编号：省Ⅲ-Ⅵ-90）

舟山渔民传统竞技是一种具有海岛特色的体育竞技活动。旧时船上的生产与生活设施落后，渔民生活枯燥单调，空闲时便会因地制宜、自娱自乐，用一些游戏来缓解海上劳作带来的紧张情绪。

具有海岛特色的渔民传统竞技（苗敬延拍摄）

渔民传统竞技的产生，与渔民的生存环境和生产生活方式息息相关。例如，爬桅杆、抛缆、摇橹等活动，一方面是渔民海上作业固有的行为方式，另一方面是其为了适应生存环境而练就的技能。海上生存环境险恶，渔船在海上作业，远离大陆，一旦发生险情，主要依赖船上渔民全力协作、抢险救灾。例如，若木帆船的主桅或帆蓬发生故障，渔民就必须立即爬上桅顶去处理。此外，海上生活缺医少药，渔民在海上长期与风浪搏击，必须具备强健的体魄、矫健的身手和熟练的技能。平时生产作业时，也经常需要渔民爬上桅杆观察鱼群，从而产生了看谁爬得最快、最稳、身手最敏捷的技能比赛。

经过一代代渔民的传承与发展，这些在船上日常劳作的技能，演变为一种具有海岛特色的渔民传统竞技运动。

渔民传统竞技活动主要有以下几种。①爬桅杆：比赛分为两种方式，一种是在同一船桅上进行，称为同桅比赛；另一种是在同样规格的两个船桅上进行，称为双桅比赛。②拔蓬：又称升帆，一般以两船竞赛方式进行，要求两船的主帆规格、大小、重量相等。③摇橹：一般在舢板上进行，可多人同时参赛，比谁的行船速度快。④抛缆：俗称抛缆绳，参赛者手持缆绳由船舷向岸上抛缆，比谁抛得远、抛得准，以抛到岸上或套入缆桩者为胜。⑤攀缆绳：船与码头之间系一条10米长的绳索，参赛者手脚并用

爬桅杆比赛（柯军拍摄）

从船上向码头攀进，可以采用不同方式进行攀爬，中途掉落者不计成绩，不得使用辅助器材，以到达码头最快者为胜。⑥车锚（起锚）：传统木帆船起锚靠车筒手工起动，用于比赛时，分三人一组，每组按抽签先后顺序进行，像推磨似的推动车筒旋转，一步一哼，步步弯腰，十分耗力，以速度最快组为胜。⑦潜水：俗称"水底攻"，待海螺吹响，参赛者同时入海，以最迟出水者为胜。此外，还有搬酒埕游泳、跳水、海滩拔河、海滩摔跤、织网等比赛。

渔民传统竞技通常是在船上、海岸上或者海中进行，各项比赛要求均不同，所用的器材也丰富多样，如木帆船、小舢板、船桅杆、船帆蓬、缆绳、锚墩、酒埕、织网工具。

女子参加海滩摔跤比赛

（图片均由舟山市普陀区文体广电新闻出版局非遗保护办公室提供）

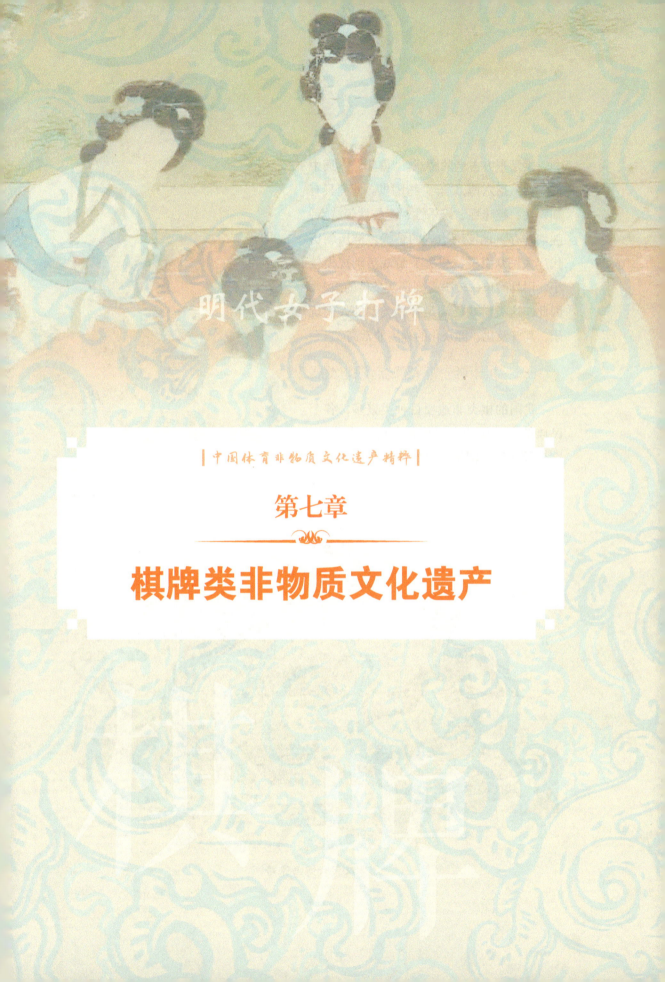

明代女子打牌

中国体育非物质文化遗产精粹

第七章

棋牌类非物质文化遗产

棋是东方古老的游戏。"博弈"一词中的"博"指六博，"弈"指围棋。博弈具有知识性、趣味性、娱乐性、竞技性等特点，趣韵并存，能够陶冶人的情操，被历朝历代广大民众喜爱。棋牌类游戏活动规模较小、用具简单，较少受到现实条件的限制，因此，这类游戏能满足各种类型的人们玩乐，其普及化、群众化的程度非常高。

唐代《弈棋仕女图》绢本设色（新疆维吾尔自治区博物馆藏）

一、中国传统棋牌类的起源与发展

我国的棋类非遗项目种类繁多，各个民族都有着属于本民族特色的棋类项目。迄今所知的我国最古老的棋戏是六博和围棋，并称博弈。其中，六博又被认为是现代中国象棋的雏形。

汉代六博画像砖

现存最早关于围棋的记载见于春秋末期成书的史书《左传》中。战国时期，围棋更加普及，还出现了围棋高手，在儒家经典著作《孟子·告子》篇中就有记载。秦汉三国时期，围棋再度在文人学士中兴起，至三国时期开始盛行。两晋南北朝时期，围棋蓬勃发展，出现了十九道棋牌，齐武帝和梁武帝还曾举办过全国性的围棋比赛。唐朝在宫廷中设置棋博士、棋待诏两种官职，负责教棋和组织比赛，这是历史上首次由官方设立从事棋艺专门研究的职官位置。唐代写本《棋经》残卷中提到了许多战术，其战略思想和术语为当时围棋的发展提供了重要资料。两宋时期，出现了更加专业化的"棋园"和更加职业化的棋手——"棋工"，反映出围棋活动在当时民间的深入普及。元明清时期，围棋活动基本承前朝大势继续在社会各阶层广泛流行。到了明代，形成了围棋高手流派，如"京师派""永嘉派""新安派"等。在明末清初，过百龄著有《官子谱》《三子谱》《四子谱》等棋艺著作，对后世有很大影响。

《弈棋图》（现藏于台北故宫博物院）

中国象棋是一种很古老的棋类游戏，关于起源众说纷纭，其中以"创始于先秦时代说"的影响较大。秦汉三国时期，象棋的形制不断地变化。北周武帝宇文邕（560—578年在位）编制《象经》，王褒写《象戏·序》，庾信写《象戏经赋》和《进象戏经赋》，标志着象棋形制第二次大改革的完成[1]。唐代的象棋形制和早期的国际象棋有颇多相似之处。宋代，在"宝应象棋"的基础上诞生了与今日体制、规则相同的象棋。南宋时期，宫廷设的"棋待诏"中，象棋手占一半以上。民间有被称为"棋师"的专业者，以及专制象棋子和象棋盘的手工业者，象棋家喻户晓，成为流传极为广泛的棋艺活动。元明清时期，象棋继续在民间流行，技术水平不断提高，出现了多部总结性的理论专著。大批著名棋手的涌现，显示了象棋受到社会各阶层民众喜爱的状况[2]。

[1] 马红丁. 棋类 [M]. 成都: 成都科技大学出版社，1987: 5-6.

[2] 马红丁. 棋类 [M]. 成都: 成都科技大学出版社，1987: 6.

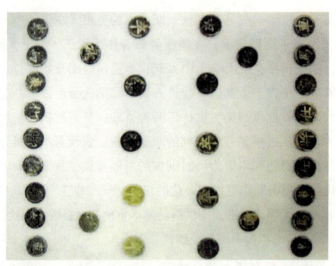

甘肃西和南村出土的宋代铜象棋子（现藏于甘肃省博物馆）

除了围棋和象棋以外，我国历史上还存在众多棋牌类游戏项目。

六博，又称为陆博，是古代的一种掷采行棋的博戏类游戏，因使用六根博筹而得名，以吃子为胜。六博大约在春秋就已存在，是先秦时期最为盛行的一种局戏。《史记·苏秦列传》也在描写齐国都城临淄时，提到许多当地人在参与"斗鸡走狗，六博踏鞠"活动。汉代司马迁《史记·滑稽列传》记载："若乃州闾之会，男女杂坐，行酒稽留，六博投壶，相引为曹，握手无罚，目眙不禁，前有堕珥，后有遗簪，髡窃乐此，饮可八斗而醉二三。"可见六博流传之广，涉及各个阶层。六博最初是一种带有比赛性质的娱乐活动，后来逐渐发展成一种赌博手段，从而失去了受众，于晋代后期消失。

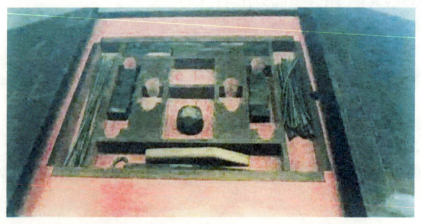

长沙马王堆汉墓出土的西汉六博棋具（现藏于湖南省博物馆）

樗蒲，是继六博戏之后的一种棋游戏，因用于掷采的骰子是用樗木制成的而得名。又由于其掷具为5枚一组，故也称五木或呼卢。樗蒲最初由春秋时西戎的胡人所创，后被引入中原。东汉马融《樗蒲赋》中有记载："伯阳入戎，以斯消忧。"这是现存最早的对樗蒲的系统记录。据其描述，樗蒲棋具的制作很讲究，主要包括枰、杯、木、矢、马。枰是棋盘；杯是投掷五木的容器；木为掷彩之具，共有5枚；矢和马是棋子。玩家根据投掷五木的彩数确定马和矢的走法[1]。由于其在发展的过程中，赌博的成分越来越重，樗蒲之戏在风靡了1000余年后逐渐被人们冷落和遗弃。

双陆也称"双六"，因对局双方各6枚棋子而得名。它既是博戏用具，又是一种棋盘游戏。双陆早在三国时期就已经出现，到南北朝时期已经非常流行。唐宋时期，许多唐诗对双陆有所描写。唐代女皇武则天曾自制九胜局，改革双陆棋规则，下令文武百官分朋打双陆。可见唐代宫廷和民间中流行玩双陆游戏。到了宋代，双陆被宋人称为"雅戏"，在各地更为普及。元明清时期，双陆被视为"才子型"棋艺，喜爱者多为文人雅士。双陆在上层贵族及仕女中也有流行，但受到麻将、叶子牌等新兴游戏的冲击后逐渐走入低谷。到了清末，双陆这一在我国古代流行了近2000年的游戏失传。

唐《内人双陆图》

马吊牌起源于江苏昆山一带，在明万历、天启年间流行于南北各地，并分化出北方的"京吊"和南方的"吴吊"等不同形式。马吊牌变化繁多，有很强的娱乐性，因此这种游戏方式深得当时人们的喜爱。据申涵光《荆园小语》中云："马吊牌，始于吴中，渐延都下，穷日累夜，纷然若狂。问之，皆云极有趣。"可见，当时玩马吊牌已成了一种社会风气。

麻将牌是由明朝的马吊牌发展而来的。其内在结构和游戏规则都承继了马吊的特性，是与骨牌、纸牌等斗牌游戏结合、嫁接后，产生的一种新的娱乐游戏。打麻将时，四人成局，轮流坐庄，以谁能将牌凑成"坎"或"成"后摊牌，"和"者为胜。

[1] 王永平.游戏、竞技与娱乐　中古社会生活透视［M］.北京：中华书局，2010.

清代水浒人物图纸牌

除了上述我国历史上流传较为广泛的棋类外，在我国少数民族地区，还流传着很多古老有趣的棋类项目，如蒙古族长期游牧与征战生活中形成的蒙古族象棋、诺日布、蒙古鹿棋、吉日格；朝鲜族在节庆时节爱玩的尤茨、花图、朝鲜族象棋；藏族的恰图（藏式围棋）、藏棋、达罗牌、尼木棋；柯尔克孜族的托古孜库尔阔勒、奥尔朵；哈萨克族的多依布、托格孜库玛拉克等。

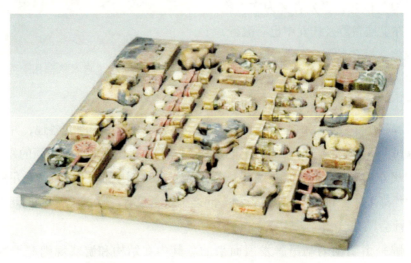

清代蒙古象棋（现藏于北京故宫博物院）

中华人民共和国成立后，我国象棋与围棋事业得以恢复发展。1956年，国家体委举办了"全国象棋锦标赛"，同时举行了围棋和国际象棋表演赛，此后几乎每年都举行全国性的比赛。在1957年的全国棋类锦标赛中，围棋被列为正式比赛项目，此后开始定期举行全国围棋比赛。1962 年，作为中华全国体育总会下属组织的中国象棋协会和中国围棋协会分别成立。1988 年 4 月 16 日，国家体委发布《围棋国家段位标准》《围棋国家段位标准实施细则》和《围棋地方段位制》[1]。几十年来，由于群众性棋类活动和比赛的推动，象棋与围棋的棋艺水平日益提高，优秀棋手不断涌现。

二、棋牌类非物质文化遗产的分布

在我国第 1～5 批国家级和省级非物质文化遗产名录中，共有 39 个棋类项目。从我国的棋类非遗项目地理空间分布图中可以看出，我国的棋类非遗项目分布呈组团状，以吉林省、内蒙古自治区、新疆维吾尔自治区三个地区为核心，形成了三个小的核心圈。其包括以吉林为中心的东北核心圈，辐射东北三省；以北京为中心的华中核心圈，辐射范围包括山西和河北；以内蒙古西部为中心的西部核心圈，其辐射范围包括宁夏和西藏地区。

三、棋牌类非物质文化遗产的类别

我国棋牌类非物质文化遗产项目种类繁杂、形式多样，分类十分困难。依据各种民间棋类留存的区域，大致可将其分为三类，分别为东北棋、华北棋、西北棋。而由于历史条件、地理环境等因素的不同，棋类的种类、属性也不相同。

东北棋以吉林为核心，棋类非物质文化遗产分布密集。从民族的角度来看，核心圈辐射地区的居民以朝鲜族为主。东北的棋类非遗项目绝大多数以柶戏类为主。大部分棋类，如掷柶、花图、尤茨皆是由古代民间祭祀或预言活动演变而来的。这种预测收成、祭祀祈天的活动，逐渐演变成有规则、带有竞技内容的掷柶比赛。

华北棋以北京为核心。北京拥有两项国家级棋牌类非物质文化遗产，分别是中国象棋和围棋。中国国家棋院设在北京，由国家体育总局直接管理。这为围棋和象棋的发展及非物质文化遗产的申报提供了坚实的物质保障和政策支持。

西北棋集中分布在内蒙古西北地区、新疆、西藏北部，棋牌类非遗项目数量众多。西北地区的棋类糅杂较多，以国家级非物质文化遗产中蒙古族象棋和鹿棋为代表的内蒙古棋类，具有鲜明的游牧民族特征。而新疆方棋、西藏藏棋是在象棋、围棋的基础上，由历朝历代的民众不断改善、糅合的棋类。

---

[1] 北京棋院. 围棋入门必读 [M]. 北京：北京出版社，1991.

1. 内蒙古：蒙古族象棋（编号：国Ⅱ-Ⅵ-20）

蒙古族象棋是蒙古族传统棋牌文化的代表，是北方内蒙古高原民族在长期的流动和征战生活中形成的较具代表性的棋类游戏之一。蒙古族象棋在蒙古语中称为"夏特尔"，意为战场上先锋部队中的"精兵"。蒙古族象棋在我国北方少数民族地区的文化宝库中占有十分重要的地位，是蒙古族在长期的流动征战和游牧生活中形成的优秀文化结晶。

蒙古族象棋是蒙古族传统棋牌文化的代表
（陈小蓉拍摄）

蒙古族象棋作为蒙古族的传统运动项目，其产生年代可追溯至蒙古汗国兴盛时期，即9—13世纪。传说，蒙古汗国在进行骑兵训练时，会在草滩上画上蒙古族象棋的大棋盘，两位骑兵（象征棋子）运用蒙古族象棋的步法行进并进行比试。这样训练不仅是对骑兵在战场上的实战技能的一种考验，同时，在走棋的过程中也能够充分体现骑兵的谋略与智慧。

蒙古族象棋由王、后、骆驼、马、车和呼组成，可用铜、宝石、木材等材料雕刻制成。棋子分为两种颜色，浅色的称白子，深色的称黑子，一共32枚，双方各执16枚棋子。棋盘与国际象棋的棋盘类似，由64个黑白相

木质传统棋盘

间的小方格组成，蒙古语称之为"白勒迪尔"。

蒙古族象棋中各枚棋子的走法都不同，都有独特的走法。蒙古族象棋中的"王"，虽然每次只能走一格，但是它与中国象棋的不同之处在于"王"可走到棋盘的任何一个地方，可前、后、左、右甚至斜走，比中国象棋的"车"还威猛；"后"是最厉害的"杀手"；"骆驼"和中国象棋的"象"类似，走黑、白两条斜线，但"骆驼"比"象"走得更远，只要前面没有棋子便可畅通无阻；"马"可走四面八方；"车"和中国象棋的"车"一样走直线；一方有 8 个"呼"，须一格一格地前行，和中国象棋的"卒"不同的是，"呼"在吃掉对方时要斜着吃一格。蒙古族象棋的胜负判定，以死一方官长为终局。当"王"被对方将死，即为输棋；当双方均只剩下"王"或同色格的单"骆驼"，即为平棋。

当地群众在闲暇时下蒙古族象棋（陈小蓉拍摄）

蒙古族象棋还有许多精彩的玩法，其中有一种蒙古语叫作"秀勒特"。秀勒特是在对手完全失去对抗能力后，只剩下"王"的时候，用游戏的方式把"王"捉弄一番再将死。秀勒特中"骆驼转"是用两峰骆驼逼得对方的"王"团团转，最后将其逼入死角将死。用一峰骆驼来将对方，叫作"旱驼转"。秀勒特中"五虎轮庄"是用"卒、马、骆驼"五棋合力围攻，轮流动招，最后把对方"王"将死。"小卒逼王"是用"卒"逼得对方的"王"束手就擒。

蒙古族象棋的悠久历史主要是通过先辈的口头传承和生活中的日积月累流传下来的，其精巧的手工雕刻工艺和整套的棋艺布局都是现今民族文化中十分珍贵的实物资料。

（除署名拍摄外，其余图片由阿拉善左旗文化馆提供）

2. 吉林：朝鲜族尤茨（编号：国Ⅴ-Ⅵ-104）

　　尤茨，又称"栖戏"，是朝鲜族棋牌类的掷骰游戏，也是当地人民群众在每年春节、元宵节和农闲期间的休闲娱乐项目。古代朝鲜族认为，星辰主宰人生的吉凶祸福、农事丰歉，于是产生了星辰崇拜。在春节、元宵节时，人们会通过掷尤茨来占卜当年的吉凶祸福、农事丰歉。以月亮尤茨为例，人们会在铜钱面上写下"月、火、水、木、金、土、日"等星辰的字样，在元宵节晚上，当圆月升空后，在饭桌上放置一碗清水，一起虔诚地行礼，然后掷出月亮尤茨，占卜一年的运程。

当地人十分喜爱掷尤茨

　　尤茨源于朝鲜半岛，20世纪初随着部分朝鲜族人迁入我国而传播到吉林省延边朝鲜族自治州汪清县，至今已有100多年的历史，主要具有占卜和娱乐两种功能。据历史资料记载，古代尤茨不同的分数代表不同的家畜，如猪、狗、羊、牛、马等。以前人们把尤茨抛掷在草垫上，根据翻出面相解释相应的征兆。现在的尤茨规则里已经没有了家畜名，基本上以游戏娱乐为主要形式。

　　尤茨的道具由尤茨、棋子和棋盘三部分组成。制作尤茨的主要原料有木制品和豆制品两类，木制品为半圆木（大、中、小），主要用圆木条、柞木、苕条等；豆制品主要用全红或全白大饭豆（亦称芸豆）。制作棋子的主要原料一般有两种：一种是四色分明的16个各种各样的瓶盖、小木块、旧硬币等；另一种是4种颜色的相同规格的

磁石片，分为4组，
每组4个。制作棋盘
的主要原料一般有3
种：在一张纸上画上
棋盘；用薄铁板制作
棋盘；用木板制作棋
盘。此外，现代尤茨
棋盘制作方法有所改

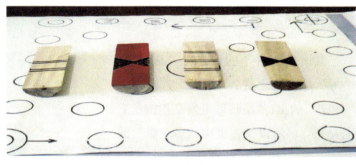

尤茨

变，一般使用金属材料制作，在棋子的底座装上磁石，将棋盘挂在墙上，让大家共同观看，更具即时性、直观性和刺激性，使游戏更加精彩。

投掷尤茨有严格的规定，必须在规定的位置上投掷到规定的界线里，踩线、离开规定位置，以及尤茨投掷到界线外都不得分。一般将4根半圆木棍或4个刻注标记的芸豆丢掷在规定的地方，一扑一翻为1分称"dao"，两扑一翻为2分称"gai"，三扑一翻为3分称"ger"，全翻为4分称"xiao"，全扑为5分称"mao"。玩游戏时按分数的多少来走棋，棋盘四方各走6步，四方内有两条对角线各走5步，交叉点上写"中"字表示整个棋盘的中心。走棋时如与对方棋子同座，可"捉"对方棋，双方各有4枚棋子，先走完的一方获胜。

汪清镇老年协会举办尤茨比赛
（陈小蓉拍摄）

（除署名拍摄外，其余图片均由汪清县文化馆提供）

3.青海：藏族棋艺密芒（编号：省Ⅰ-Ⅵ-1）

藏语中"密"的意思是"眼睛"；"芒"是众多之意；"密芒"为有很多"眼睛"的棋，"眼睛"主要是指棋盘上的交叉点，所以密芒也称"多眼棋"或"多目棋"，棋盘和棋子合起来叫密芒。有些书籍将密芒称为藏式围棋，也称藏棋，它与汉族的围棋非常相似，只不过藏棋又有自己的着法特点，棋子分两种颜色，双方比赛前要在棋盘上按规定先各自摆放6枚棋子，方可开始对弈。密芒兼具棋趣味性与竞技性，曾经是西藏社会文化活动中的重要活动之一。

2016年在札达县托林寺发现的古密芒棋盘
（尚涛拍摄）

在藏棋3000多年的历史进程中，密芒的流传十分广泛，它不仅是历代藏族赞布（藏王）喜爱的藏棋艺术，同时也是社会地位的象征，因而在贵族阶层比较盛行。唐初，藏棋棋艺得以发展，"密芒"一词出现在藏文经典之中，此时藏棋是在统治阶层中流行的。到9世纪末，由于吐蕃王朝的式微，密芒自然也受到严重影响。直至15世纪后，西藏确立了稳固的政权，密芒开始在西藏的寺院中流传。

关于藏棋的起源无具体的历史记载。《旧唐书·吐蕃传》中有记载藏族人弈棋的文字："围棋陆博，吹蠡鸣鼓为戏。"《新唐书·吐蕃传》云："其戏纂六博"，六博中就有围棋。早在1996年西藏聂拉木县出土的227件石器中，就有石棋盘和棋子，证明西藏的弈棋活动历史非常悠久。

经过千年的传承，密芒流入民间，随之又有了新的棋艺路数和规则，后来逐渐演变成平民百姓棋艺。密芒现已形成了一个庞大的体系，如棋盘有17×17、14×14、4×4等多种路数棋盘，还有各种名称的棋盘种类与不同的下法与规则，着法千变万化。

当地民众下棋

密芒棋所用的器具主要由棋盘与棋子构成。棋盘的正方形盘面由纵、横各 17 条等距离、垂直交叉的平行线构成，形成 289 个交叉点。棋盘材质不拘一格，有石板式棋盘、木质棋盘、皮质棋盘，甚至可以直接在地上画出棋盘，但高规格棋盘主要是石板式棋盘与皮质棋盘，后期发展成木质棋盘。棋盘可分为"角""边""中腹"。

密芒棋子分黑、白两色，多为扁圆形，主要材质是石质品，采用磨制的方法制成，较为珍贵的棋子材料有玛瑙、贝壳等，现今大多采用现代围棋的棋子。在西藏，白色象征着正义、吉祥、高尚，而与之相反的黑色则象征着邪恶。因此在下棋时，白子永远先行，与围棋正好相反。随着历史发展与进步，人们越来越注重藏棋的娱乐性，黑、白两色原有的宗教含义也日渐淡化，但白子先行的规定却保留至今。

藏棋的下法与汉族围棋的一些套路非常相似，但藏棋又有其独有的布局与着法。藏棋既可两人对下，也可 4～6 人对下。藏棋没有让子一说，如果双方实力相差甚远，一律用"贴目"解决，具体贴多少，赛前由双方商定。对局以前，棋盘上预先在固定的位置放置 6 枚棋子，称为"座子"，由白棋先行，然后逐一落子，比赛开始。

藏棋密芒比赛（马晓明拍摄）

（图片均由青海省非物质文化遗产保护中心提供）

4. 内蒙古：蒙古鹿棋（编号：区Ⅰ-NMⅥ-4）

蒙古鹿棋是蒙古族传统棋类项目中历史最为悠久的棋类项目之一，在内蒙古地区有着深厚的历史文化基础，是北方内蒙古高原少数民族在长期的流动征战和游牧生活中形成的较具代表的棋类项目。蒙古鹿棋在内蒙古自治区的阿拉善盟、巴彦淖尔盟（市）、伊盟及锡林郭勒盟等地广为流传，其中在阿拉善盟的阿拉善左旗、右旗、额济纳旗的各个苏木中，蒙古鹿棋的开展尤为突出，很多牧民家庭和民族学校都会经常举行这项传统棋类比赛。

深受当地牧民喜爱的蒙古鹿棋（陈小蓉拍摄）

考古学家在很多地方都发现了关于鹿棋的记载，如在内蒙古的阴山和乌兰察布的岩画中曾发现蒙古鹿棋棋盘的岩画；在蒙古国哈拉和林古城中也发现了被称为"猎鹿"的同类棋盘，诸多线索都印证了蒙古鹿棋具有悠久的传承历史。传说，蒙古鹿棋是一个猎人在抗爱山（蒙古国西部的一座山）一带狩猎时，偶然看到在草滩上自由奔跑的鹿群而受启发创造的。如今的蒙古鹿棋虽然是以羊和狼作为棋子，但是仍然能体现出蒙古鹿棋的产生是与蒙古族先民的游牧狩猎生活分不开的。鹿棋本身就是一种古代狩猎的训练方式，它是猎人狩猎活动艺术化的一种表现。

鹿棋棋子的制作材料多种多样，一般多用木质、钢质、石质等材料精心雕刻而成。技艺精湛的工匠制作的鹿棋棋子栩栩如生、各具神态。

现在流传于内蒙古西部地区的鹿

手工制作的蒙古族鹿棋

棋共有 4 种玩法。其中最普遍的第一种玩法是由 24 只"羊"和两只"狼"组成的鹿棋；第二种玩法是由 96 只"羊"和 8 只"狼"组成的 4 个"耳洞"的大鹿棋；第三种玩法是由两只"羊"和 1 只"狼"组成的小鹿棋；第四种是 3 只"羊"的三人鹿棋。如今除了第一种鹿棋以外，知道其他几种鹿棋玩法的人已经很少了。

在最普遍的蒙古鹿棋玩法中，开棋前要将两只"狼"摆在两边的"耳洞"型位置，8 只"羊"摆放在 8 个四方形中间的交叉点上，执"狼"棋的一方先走。"狼"吃"羊"的规则与中国象棋的"炮"一样，需要越过一只"羊"跳到对面的空白点上，才能吃掉一只"羊"。如果持"羊"棋的一方能够层层地保住自己，并将"狼"棋的退路封死，那么执"羊"棋的一方将会获胜；若持"狼"棋的一方把"羊"棋吃光，则持"狼"棋的一方胜。

在蒙古鹿棋的规则中，还有一些特殊规则和叫法。例如，"球驮子"，也称"开叉子"，是蒙古鹿棋中最惨输法的一种叫法。这种布局里必须有 16 只"羊"，并把两只"狼"逼到棋盘一角的两个点上，使它走投无路、束手就擒。"听耳洞"则是指持"羊"棋的一方用"羊"群把一只"狼"赶进"耳洞"里，夺取"耳洞"里的几个点，再把另一只"狼"挤死在棋盘一角点，叫作"听耳洞"。还有"兜圈子"是指持"羊"棋的一方把两只"狼"逼进"耳洞"里后，如果有一只"狼"占据了耳座点，另一只"狼"便可在"耳洞"里随意转悠，这种局势叫作"兜圈子"，实际就是双方处于平局或僵持的状态。"驴驮子"是持"羊"棋的一方把两只"狼"拆散，并分别将其逼到棋盘两边的中间点上强行封锁出路，叫作"驴驮子"，但这种情况非常少见。

代表性传承人铁木尔萨那指导学生下棋

（除署名拍摄外，其余图片均由阿拉善左旗文化馆提供）

5. 内蒙古: 吉日格（编号: 区 I-NM Ⅵ-14）

蒙古族吉日格，汉语称作"连儿"或"十二连儿"，是蒙古族古老的民间棋类项目之一，在内蒙古的科尔沁地区、阿拉善左旗、额济纳旗等地均有流传。如今的吉日格游戏是在漫长的岁月中通过代代蒙古族先辈口头传承和日积月累流传下来的。吉日格是蒙古族传统棋类文化的一种，体系庞大、玩法种类繁多。在吉日格游戏的多种玩法中，蒙古族的游牧狩猎文化处处可见，具有北方少数民族的特色。吉日格不仅是一种可以娱乐益智的大众棋牌项目，也是蒙古族先民优秀手工技艺与艺术创造才能价值的体现。

牧民闲暇时玩吉日格游戏（陈小蓉拍摄）

古老的吉日格是在蒙古族先民的游牧狩猎文化中逐渐产生的一种棋牌游戏，随着蒙古族问鼎中原而逐步传播到中原、华南、胶东、西藏等地。在《杜尔伯特蒙古族自治县志》中曾记载："蒙古族的娱乐多从战争、生产的某些过程演化而来，有摔跤、赛马、踢乌拉红、打布鲁、踢奔木格、下宝根吉日格、玛嫩吉日格等娱乐。"由此可见，宝根吉日格和玛嫩吉日格的起源与蒙古族长久以来的生产、生活方式有着密切的联系。

在吉日格的两大玩法中，玛嫩吉日格和宝根吉日格分别使用两套不同的棋盘棋子，玩法也不尽相同。玛嫩吉日格的棋盘普遍使用的是长方形棋盘，双人对弈，每人各持 12 枚棋子，而主要的玩法有"连摆""横连""四边形连儿"等。游戏开始时，双方轮流在 24 个棋点上任意布下棋子，当一方有 3 枚棋子在横、纵、斜线上任意一个方向联成一条线时，就可以将死对方最有威胁的棋子，即"死子"。当双方所有的点位都布完棋子后，各自去掉自己的死子，接着再布所剩的棋子，继续以 3

枚棋子成连。当一方剩下的棋子数小于2，即无法成连时，则对手获胜。

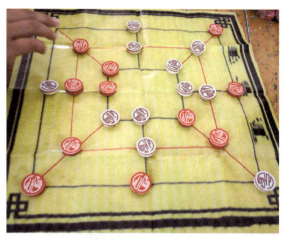

玛嫩吉日格的棋盘

宝根吉日格的棋盘两边分别连接有独特的倒三角形"山峰"，有的地区也称"耳洞"或者"山"。普遍流行的玩法中，棋盘有两座"山峰"，还有一种更为复杂的四座"山峰"棋盘，但已经很少有人掌握。宝根吉日格的棋子分为"鹿"与"猎狗"两种，有的地区也分为"羊"与"狼"。在两座山峰的宝根吉日格玩法中，棋子由24只"鹿"和2只"猎狗"组成；而四座山峰的宝根吉日格玩法中，棋子则多达96只"鹿"和8只"猎狗"。在游戏前要将两只猎狗摆在棋盘两边的山峰处，8只鹿摆放在棋盘中间8个交叉点的四方形上。游戏开始执"猎狗"者的一方先走，"猎狗"吃"鹿"的规则与中国象棋的"炮"一样，需要越过一只"鹿"跳到对面的空白点上，才能吃掉一只"鹿"。在游戏中如果持"鹿"棋的一方能够层层地保住自己，并将"猎狗"的退路封死，那么执"鹿"棋的一方获胜，若持"猎狗"棋的一方把"鹿"棋全部吃光，则持猎狗棋的一方获胜。

当地孩子们学习吉日格

（除署名拍摄外，其余图片均由阿拉善左旗文化馆提供）

6.新疆：哈萨克族多依布（编号：区Ⅱ-Ⅵ-11）

　　哈萨克族多依布是一种具有鲜明的民族和地域特色的棋类博弈项目。哈萨克族多依布看似简单，实则战术多变、无常法可依，充满了智慧和艺术的魅力，对于启迪心智、锻炼脑力和培养情操十分有益。

当地民众博弈中

　　关于哈萨克族多依布的起源，民间传说其是由一个哈萨克族部落头人发明的游戏。据说，有一天这个头人闲得无聊，就找来一个奴隶为自己解闷。头人在地上画了几条线，在各自一边画出"比"（"比"是大部落的头人）的位置。棋盘画好后，他用刀削了几节小木棍做成棋子"塔斯"（意为奴隶），并命令这个奴隶与其交战，鼓励他把棋子走到"比"的位置，向其承诺如果他做到了就有机会改变自己现实中的奴隶身份。奴隶信以为真，绞尽脑汁地往前进，可是头人毫不留情地拦截并吃掉奴隶的棋子，最终奴隶也没有走到"比"的位置。还有学者认为，哈萨克族多依布源于部落间的战争，部落首领苦于无法预计战争的胜负而发明了"多依布"游戏。

　　哈萨克族多依布最初是用木头来做棋子，高约2厘米，一方立面为"A"形，另一方立面为"M"形。哈萨克族是游牧民族，天生对羊的各部位了如指掌，因此有聪明人在吃完羊蹄后，发现羊趾骨关节造型美观，最适合做"塔斯"，便用刀将它一分为二，刮尽结合部的骨髓，将棱角磨平，形成上端圆滑、下端平整的高约2厘米的棋子。为了区别对弈双方，哈萨克族人用染羊毛的颜料在锅里煮染棋子，使之呈红、黑

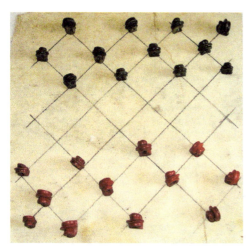

多依布棋盘和棋子布局

两色，这样一副美观的骨质棋子就算完成了。没有棋子的时候也可以用石子、草棍等物替代。

多依布棋盘与棋子的取材、图形构造风格及名称都体现了哈萨克民族游牧部落的文化气息。起初棋盘是用木炭条画在桌面上，后随着这个游戏在各部落中的传播，棋盘制作也有所改进，一般多用山羊脊背的皮绘制，更有博弈高手用小马驹背部和颈部的皮绘制棋盘，也可用帆布做棋盘。皮革棋盘柔软坚韧，

经久耐用，携带方便，适宜折叠。棋盘为长方形，由7条和6条斜线相交而成，有7条线的称长房，6条线的称双房，形成了32个交叉点，每个交叉点则是棋子的落脚点。

对局时，如果长幼有差，可请长者先行一步，其他人一般是经过抽签或者协商确定先行者。棋子每次只能移动一格，而且

哈萨克族老人在用羊趾骨制作多依布棋子

只准前进不得后退。如遇对方一子挡道，而其后又有空白点，即可在跨越之后将对方棋子吃掉，跨越几个棋子即吃掉几个棋子，直至攻占对方底边的"比"位。攻占"比"位之后，该棋子则变得神通广大，它可以在直线上任意驰骋追杀对方，或者将对方逼迫得无路可走。

哈萨克族多依布对博弈的参与者无限制，男女老幼皆可参加。场地、环境也不受制约，随处皆可。规则通俗易懂，较易学习掌握，但实际下法丰富多变，竞技性较强。

（图片由裕民县文化馆提供）

7. 新疆: 柯尔克孜族奥尔朵（编号: 区Ⅱ-Ⅵ-16）

奥尔朵是柯尔克孜族群众喜闻乐见的传统体育竞技活动，属于掷子类传统体育项目。在柯尔克孜语中，"奥尔朵"意为"打皇宫"。传说很早以前柯尔克孜人民常受外族侵略，英雄汗王玛纳斯诞生后，率领柯尔克孜各部落奋起反抗，终于打败入侵者并一直追击到入侵者的城下将敌人团团围住，但困城长达40天仍

奥尔朵是柯尔克孜族传统体育竞技活动

然难以将其攻克。一天，玛纳斯想出一个奇妙的作战方案，他以手蘸酒在桌上画了一个圈，向众将领详细说明了攻打敌方皇宫的战术。部队按此部署进攻，立刻攻下了敌方皇城并取得了最后的胜利。后人为纪念这一胜利，赞扬民族英雄玛纳斯的丰功伟绩，便模仿这场战争中的各种战术发明了"打皇宫"游戏。

"打皇宫"游戏的参与者需要有一定的力量和体能，有时候一场争夺战能进行一天，但有的时间过长，不得不暂停休战，到第二天才能见分晓。大约在13世纪时这个游戏发展为现在的"奥尔朵"，成了柯尔克孜族人民的民间竞技性传统比赛项目。

奥尔朵的排兵布阵阵型

奥尔朵比赛场地为一块平整的土地，用249块羊后腿关节处的骨头（俗称"羊拐""羊髀什"）代表"曲凯"（皇宫的卫士）；1枚铜钱代表"汗"（宫里的皇帝）；1块以黄羊角制作的小方块"阿巴拉克"当击打工具，主要用于击打"曲凯"和"汗"，使其离开皇宫。此外，还需要1把约35厘米的量尺作为测量工具。

奥尔朵中丈量距离的工具

两队按照规则争相将置于圆圈中央的"曲凯"和"汗"打出圈外，打出"曲凯"的数量最多，并且最终将"汗"打出"皇宫"的队伍获胜。奥尔朵中的"皇宫"就是由成人用单脚定一个点作为圆心，然后以脚挨脚走35步的距离为半径画的一个圆（直径约8米），在圆心处钉一个骨头或小木桩将铜钱放置在上面。

柯尔克孜族奥尔朵参与游戏的人分为两队，每队10～25人，围在"皇宫"之外，圆圈表示进攻与防守的起点，相当于城墙。正中的小圆表示"皇宫"中心，插一面小旗，"汗"站在旗子的旁边，"汗"的四周摆放"曲凯"。裁判抛洒代表两队的髀什，髀什站立（柯尔克孜语称为夏来或阿勒撒）的一队首先开战。每名参赛队员分到5个髀什，如果能击中3次，表示5个士兵中3个有参战机会。

进攻时队员不能越过大圈，先进攻的队选出最好的选手用"阿巴拉克"进攻，在拣"阿巴拉克"时不能乱动，要求一次拣起且动作干净利索。击打时要求队员右腿跪地，左腿半跪，不能移动，如果移动则视为自动放弃一次击打机会。

奥尔朵承载着柯尔克孜族人民的历史记忆，折射出强烈的民族忧患意识和勇于战胜入侵者的英雄气概。此外，它集竞技性、健身性、娱乐性和观赏性于一体，并能很好地提高参与者身体的灵活性。

（图片由阿合奇县文化馆提供）

8. 吉林：朝鲜族象棋（编号：省Ⅱ-Ⅶ-3）

朝鲜族象棋，又称朝鲜将棋、高丽将棋。象棋起初叫"象戏"，到了朝鲜王朝初期改名为"将棋"。宣祖时期，张维的《象戏志·识小录》中记载："金刚山白庵里有一位象戏高手叫智岩。"《於于野谈》中记载："智岩玩象戏时以西川令陈法见长，其法流传至今。"关于将棋的文献记录还见于徐居正的《笔苑杂记》和《世祖实录》。

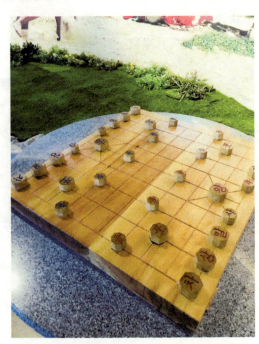

朝鲜族象棋的棋盘与棋子（陈小蓉拍摄）

19世纪中期，朝鲜族象棋随着部分朝鲜人移居中国而传入，在民间得到传承和发展。朝鲜族象棋源于中国传统象棋，二者虽有相同之处，但在发展演化过程中也产生了较大的差别。从整体上比较，朝鲜族象棋的行棋规则比中国传统象棋灵活，唯独对炮的限制较强。

第二代传承人卞泰山与李龙得下棋

朝鲜族象棋棋盘由9条直线和10条横线交叉组成。棋盘上共有90个交叉点，将棋子摆放和活动在这些交叉点上。划有斜交叉线的地方叫作"九宫"。比赛用的标准棋盘，每格均为长方形，长为5厘米，宽为4厘米。棋盘底色为白色或浅色，棋盘上直线和横线为黑色或深色，四周留有余白，演示比赛用的大棋盘为直式。红方在下、黑方在上。棋盘和棋子大小，随场地相应增大。朝鲜族象棋棋子共有32枚，分为红、黑两组，每组16枚，各分7种。

朝鲜族象棋与中国传统象棋在玩法上主要有以下区别：一是将和仕在九宫内可以直走也可以斜走；二是开局前象（相）、马的位置可以互换；三是象（相）每次斜走两格再直走一格，即从"用"字的一角走到对面的一角，可以越过界河充作进攻兵力；四是炮必须隔子才能走动，并且一方的炮不能吃对方的炮，若隔子打子，当中隔一炮则不能产生打子及将军的效力；五是卒（兵）过界河之前也可以横走，在九宫里可以向前斜走；六是开局前，楚（汉）必须置于九宫中间位置。从整体上比较，朝鲜族象棋的行棋规则比中国传统象棋灵活，唯独对炮的着法限制较强。长久以来，朝鲜族象棋不论是在专业队比赛中，还是在群众性的体育娱乐活动中，都以其独特的魅力占有一席之地。

民众参加象棋比赛

（除署名拍摄外，其余图片均由传承人洪性彬提供）

9.吉林：朝鲜族花图游戏（编号：省Ⅱ-Ⅶ-9）

朝鲜族花图游戏是以古代自然现象为模仿蓝本，由老百姓自己创作、完善的一种纸牌游戏，是朝鲜族民众的文化娱乐活动之一。

当地民众玩花图游戏（汪清县文化馆提供）

朝鲜族花图的牌面上画着代表农历一年12个月的自然现象和不同花草的图案，反映了朝鲜族人民对大自然认识和处理人与自然关系的态度。他们总结季节变化、万物生长、节气时令的规律，并依据这些规律制定的朝鲜族花图游戏的规则，具有占卜、娱乐和教育功能。朝鲜族人民将48张画有代表自然现象和鲜花

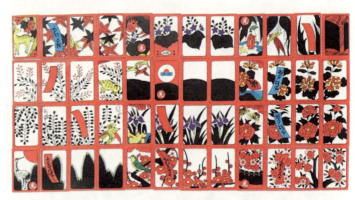

花图以古代自然现象为模仿蓝本（左逸帆拍摄）

种类的纸牌编成12个组，代表农历12个月，具有不同的寓意。

"松鹤"代表一月，纸牌4张，其中一张的图案是太阳下有1只鹤。一月有春节和元宵节，寓意在新的一年里老年人能够健康长寿。

"梅鸟"代表二月，纸牌4张，其中一张的图案是梅花树上有1只鸟。农历二月春季到来，梅花开放，黄莺飞上枝头歌唱，寓意着天气转暖，万物开始复苏，一派欣欣向荣的景象，人们喜气洋洋。

"樱花"代表三月，纸牌4张，其中一张的图案上有一簇樱花，寓意春暖花开。

"黑苔"代表四月，纸牌4张，其中一张的图案上有1只从红色下玄月下飞过的黄色的鸟，说明苔条的根系发达，寓意扎根在黑土地上创造新生活。

"兰花"代表五月，纸牌4张，其中一张的图案上有5根木头和1簇兰花，说明准备木料和草料的时机到了，寓意此时是破土盖房的好时候。

"牡丹"代表六月，纸牌4张，其中一张的图案是1朵牡丹花和2只黄色蝴蝶，代表着风华正茂的青春，寓意婚姻美满。

"红苕"代表七月，纸牌4张，其中一张的图案上有1头藏在红苕枝叶中的野猪，寓意苕条开红花的时候就有好吃的蜂蜜，山里的野兽也肥了。

"明月"代表八月，纸牌4张，其中一张的图案是八月十五的月亮正从山上升起，代表中秋节庆丰收。

"菊花"代表九月，纸牌4张，其中一张的图案上有2朵菊花和1个写着"卍"字样的红色大碗。重阳节是老人们喜欢的节日，菊花代表老人，寓意丰衣足食，健康长寿。

"丹枫"代表十月，纸牌4张，其中一张的图案是丹枫树下有1只獐子（狍子），说明十月已经入秋，枫叶红了，野兽很活跃。

"梧桐"代表十一月，纸牌4张，其中一张的图案上有梧桐树和公鸡头，代表漫漫长夜等待公鸡报晓。

"雨"代表十二月，纸牌4张，其中一张的图案是1个老翁拿着雨伞，脚下有1只青蛙。十二月下雨和有青蛙活动都是不正常的，寓意人生走入晚年，衰亡是不可抗拒的。

此外，图案中有些纸牌代表相应的分数，有些则没有分数，每张不同，总分为240分。朝鲜族花图游戏一般为4~5人一起玩，洗牌后每人分4~5张牌，共同翻开8张牌，每人循环拿出自己手中的一张牌并翻开一张底牌，如手里的牌都是代表同一个月的图案，则收到自己手中，得到相应的分数。纸

花图游戏已经成为朝鲜族大众化的纸牌游戏
（陈小蓉拍摄）

牌抓完后，开始计算各自得分，以分数多者为胜利者。当"雨""草""风""梧桐"纸牌中，一个人全部收回同样月的4张牌时，称为"做药"，再奖励40分，奖励分数从其他玩家手中支出。

10. 青海：青海蒙古达罗牌（编号：省Ⅲ-Ⅵ-3）

达罗牌是流传于青海海西蒙古族的一种传统娱乐活动，其玩法与国际扑克牌、桥牌及中国麻将有相似之处。"达罗"（daluu）的汉译为"天牌"或"骨牌"，具有集益智性、趣味性、博弈性于一体的魅力及内涵丰富、底蕴悠长的蒙古族文化特征，因而成为蒙古族传统文化宝库中的一个重要组成部分。

达罗牌既有绘制蒙古族传统吉祥图案的花牌，也有十二生肖牌，具有较高的艺术性，充分展现了蒙古族的传统图案艺术及萨满教文化的象征意义。通过达罗牌可以了解蒙古族的历史、民俗、美术、文化甚至天文等方面的知识。同时它与蒙古族的家庭教育、社会教育相结合，对青少年益智的发展与提高具有很好的促进作用。

达罗牌深受蒙古族牧民喜爱

根据相关史料的记载，达罗牌是伴随蒙古族的西迁而传入青海省海西地区的。青海省的蒙古族大约在明朝正德年间，由内蒙古高原迁移到柴达木盆地，如果这种说法准确的话，那么达罗牌流传至少已经有近500年的历史了。

达罗牌是2～8人席地而坐，把牌藏捏在手中玩的游戏。达罗牌一般分有64张、100张、120张（但有些地区有些牧民家里也有70多张的）的模式，分别可以供2～8人玩。在类型上可分为"十二生肖牌"和"十二眼牌"两种，样式上可分为"筒牌""生肖牌""花牌"3种形式。"筒牌"类似于麻将中的"饼子"，蒙古族称其为"眼"。不同的是，麻将中的点数为1～9，而达罗牌的点数较复杂为2～12。有些牌的点数相同而样式不同，如具有8个点（眼）的"筒牌"就有"花八"和"切八"两种，其大小不一，"花八"大于"切八"。"筒牌"的功能主要是比大小。另外，在达罗牌中还有精绘着蒙古族各式传统图案的"花牌"，其功能也是比大小，不仅它们之间有大小之分，而且它们都大于"筒牌"。至于"生肖牌"，仅用于更高一级的竞技中。

达罗牌一般有两种比赛形式，一种是双人比赛，其规则主要是用"眼牌"加点数来比大小；另一种是多人比赛，其规则主要是用"眼牌"加"花牌"或"生肖牌"加"花牌"的形式，以搭帐篷数来定输赢，其参赛选手可以是4个、6个、8个不等。

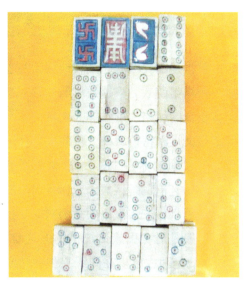

青海民间手工艺师巴力登老人雕刻的
十二眼达罗牌

达罗牌最早是流行于蒙古族贵族、头人中的一种赌具，其材质有黄金、白银、象牙等，制作工艺十分精湛。后来逐渐流传于民间，老百姓用骨头或木料简单雕刻成形，但其已不再作为赌具来使用，而成为每人用10个漂亮的骨节或10个亮白的小石头作为基础财产来玩的娱乐工具。10个白石头在这里作为10只"丰衣足食的吉羊"。

古老的达罗牌

达罗牌具有民族特色、地域特色、文体特色和竞技特色，一般在海西蒙古族的各种传统节日（如"那达慕"等）作为竞技项目举行，室内外均可作为比赛地点。

（图片均由格尔木市文化馆提供）

11. 青海：藏族夹棋（编号：省Ⅲ-Ⅵ-4）

藏棋是在我国西北藏族地区流行着的一种棋类游戏。根据藏棋的布局、着法及棋盘的线路、形状等，大致可以分为藏族夹棋和密芒两种。藏族夹棋在安多地区民间被称为"久"，汉文表述为"夹棋"，还有的地区藏语音译为"哲"。"久""哲"在安多藏语中意为对弈、拼图，一般是对藏民族传统棋类的通称。"夹"就是两枚己棋在同线夹住一枚敌棋时，即可把敌棋移除。

藏族夹棋对弈

藏族夹棋有独特的文化根基，在我国西北安多地区非常盛行。据有关资料记载，藏族夹棋有3000多年的历史。相传，藏族夹棋产生于神秘的古代占卜仪式，曾是藏族王室决定重大国事活动的占卜用具，对弈者用输赢来决定重大国事。它经历了由宫廷御用向民间转化的发展历程，保留和积淀的文化元素异常厚重，既同中国围棋有千丝万缕的联系，又饱含藏族文化的神秘。夹棋主要分布流行于西藏、青海、四川等地的藏区。

夹棋包括棋盘和棋子。正方形棋盘面由纵、横各14条或13条等距离、垂直交叉的平行线构成。棋子分黑、白两色，多为扁圆形，也有小宅塔形。较为珍贵的棋子材料有玛瑙、贝壳等，条件受限时，亦可用其他合适的物品（如石子儿）来代替棋子，只要双方可以区分就行。

当地民众街头巷尾下藏棋

夹棋是在平面物体上划上棋盘，用与棋盘上经纬线交叉点数目相等的棋子进行的比赛。在西藏地区，夹棋以 14×14 路为主，而安多地区，特别是青海的藏族夹棋，棋盘种类有三种图形，名为"九线棋""七线棋""五线棋"。三者着棋与下法的规则相同，但因受下棋的时间局限，平时多采用简易的"五线棋"。

藏族夹棋在行棋规则上有围棋走法、摆图走法和跳吃走法三种；对弈人数上有2人、4人、6人等多种。基本下法是先将棋盘填满棋子，再以跳棋的方式吃子。有些地区在下夹棋时，规定当4枚及其以上棋子围成方形时就可以任意吃掉对方的1枚棋子。中盘阶段是以吃子为主，末盘以飞子的方式进行，最后谁的棋子被吃完谁就为输方。此外，有些地区则只要本方的两枚棋子夹住对方的棋子就可以吃子。

夹棋的棋盘种类较多，如有与密芒类似的鱼棋、狼棋和羊棋等，这些类型独特的棋盘都属于"久"的范围。夹棋胜负的结果不在于吃掉了多少子，占了多少地，而是黑棋要赢，必须在棋盘上摆出一些固定的棋形才行。例如，下十三路棋盘时，黑方须在白方不少于 13 枚棋子之前，摆出"枪""鞋"和"三排军队"等各种图形，才可以成为胜方。

藏族夹棋具有较强的观赏性与趣味性

（除署名拍摄外，其余图片由青海省文化厅提供）

12. 新疆: 柯尔克孜族托古孜库尔阔勒（九巢棋）（编号: 区Ⅲ–Ⅵ–21）

托古孜库尔阔勒，汉语译为"九巢棋"。它是流传在新疆柯尔克孜族和哈萨克族等草原游牧民族当中的棋类游戏，也是一项反映草原民族智力的传统游戏，具有悠久的历史。它在捷克、斯洛伐克、英国、意大利、俄罗斯、美洲和非洲部分国家也广受欢迎。

九巢棋是深受牧民喜爱的棋类游戏

托古孜库尔阔勒在英雄史诗《玛纳斯》之中也有记载，是柯尔克孜族在长期的游牧生活，尤其是在战争年代行军打仗时最常见的游戏之一。托古孜库尔阔勒棋盘就地画出，棋子常使用石头、玉米、花生及干羊粪蛋（柯尔克孜族牧民不认为吃草牲畜的粪便是脏的，因此常用干牛粪烧火烤饼、煮茶等）等小型的圆形物品替代。在生产劳动之余人们可以用以消磨时间和愉悦心情，因而深受柯尔克孜族群众喜爱。

托古孜库尔阔勒游戏需用一个特制的长约50厘米、宽约25厘米、高约12厘米的木制椭圆形棋盘，该器具一圈有18个直径约为5厘米的圆形小巢；中间有2个直径约为10厘米的圆形大巢；此外还需要准备162枚棋子。它是一种数学游戏，每走一步都要进行运算，使对方的棋子成为奇数才能将对方的棋子吃掉。

托古孜库尔阔勒参赛双方各占棋盘上的1个大巢和9个小巢，每个小巢都有固定的称号，棋手面对的棋盘从右边开始依次被命名为：奥孜（嘴巴）、艾克提西（两颗牙）、库克模者（脖子）、塔克尔库力提克（腋窝）、别力（腰）、胡哈普塔勒（侧腰）、加满乌依（破房）、阿特乌提百斯（难关）和马依库依热克（肥肉）。

托胡孜库尔阔勒的棋子与棋盘（何卫东拍摄）

　　游戏前每人在自己的9个小巢中分别放置9枚棋子，双方通过抓阄、猜拳等方式确定谁先开局，争得开局权的选手从自己的任意一个小巢中取8枚棋子，从左到右依次在每个小巢中放1枚棋子，若放入最后1枚棋子的小巢里棋子总数为单数便可赢得该小巢里的所有棋子，并把它们放入自己的大巢，然后轮到对方行棋。游戏过

游戏双方各占棋盘上的1个大巢和9个小巢
（何卫东拍摄）

程中，当放入1枚棋子后小巢内棋子的数量正好为3时，该方可以获得这3枚棋子；以后只要有棋子放入该小巢，该方均有权取出。所以，游戏双方都要努力去制造这样一个小巢。最终，大巢里棋子的数量超过棋子总数一半的一方为胜。

　　托古孜库尔阔勒是柯尔克孜族民间的棋艺之一，是草原游牧文化的具体体现，同时也是中华文化棋类传承和延续的表现。托古孜库尔阔勒造价低，就地取材，在草原上随时可进行对棋，群众参与度高，对于丰富娱乐牧民的文化生活有着重要作用。

　　（图片均由阿合奇县文化馆提供）

13. 西藏：左贡县尼木棋（编号：区Ⅲ-Ⅵ-47）

"尼木"为"纵横交错"的意思，尼木棋是流传于西藏自治区昌都市左贡县东坝乡的一种古老的棋艺（此种棋艺参与者限于男子），其开展不分场地，不受年龄、时间、地域的限制，随时随地在地上找些石子和泥巴作为道具，就可以进行两人之间的博弈游戏。博弈方式同汉族的"围棋"有相似之处，棋手有高低之分，棋盘也有难易之分。高手之间选择的是高难度的棋盘对决，竞技时间较长，有时长达六七个小时。博弈期间不休息，专注于博弈，围观者分成两队为对决双方出谋划策，场面十分热闹。棋艺高手在本地受人尊重，威望极高。

当地人正在下尼木棋

尼木比赛的棋盘为纵横交错的"井"字。分别有3条、6条、9条、12条和15条线组成的"井"字形网格。棋艺一般者多只下6条或9条棋盘，棋艺较高者进行12条或15条的比赛，3条的只为小孩玩耍。棋盘线条越多，难度越大。

尼木比赛的第一阶段，是将棋子放置在固定位置。完成

尼木比赛的棋盘为纵横交错的"井"字形网格

第一阶段的摆放位置后就不受位置的控制了。比赛者可以根据自己的需要，在棋盘的任何位置设局。比赛时用 6 枚棋子（如 6 块泥巴）围住对手的 1 枚棋子（1 个石子），或者是用 4 枚棋子（如 4 块泥巴）围住对手的 1 枚棋子（如 1 个石子），即可吃掉对手的 1 枚棋子。第二阶段的比赛是参赛者智慧的较量，比赛的胜负看谁占领的地盘和柱子多。某一棋子占领对手的柱子图，即自己的棋子占领柱子的开始和末尾位置，把对手棋子封在柱子以内。总之，尼木的比赛既要防止棋子被吃掉，又要防止被占领柱子，其比赛与围棋类似，又和围棋有很大的区别。

尼木棋类似于围棋又和围棋有很大的区别

尼木棋历史悠久，是一种特殊的文化表现形式，体现了藏族人民的创造力，是勤劳与智慧的结晶，与人民群众的家庭、社会生活、生产劳动紧密结合。尼木棋的研究保护价值在于它的灵活多样性，同围棋有相近之处，但又有其个性特色，是研究民族文化发展史的重要资料。

（图片均由西藏自治区非物质文化遗产保护中心提供）

清代灯辉绮节

中国体育非物质文化遗产精粹

第八章

舞狮（舞麒麟）类
非物质文化遗产

舞狮类

在佛教经典里，狮子是佛教的守护者和坐骑，《佛说太子瑞应本起经》云："佛初出时，有五百狮子从雪山来，侍到门前，故狮子乃为护法者。"基于此，狮子成了中国民间的保护神。在数千年的岁月里，人们借舞狮子表达对平安、富贵、吉祥的期待，从而形成了独特的狮子文化。

清代木刻版画《太狮少狮》

舞狮，亦称狮子舞或耍狮子，是中国狮子文化的重要表现形式。舞狮是一种集武术、娱乐、杂技、竞技、音乐等于一体的综合性民间文化活动。舞狮是通过两人搭配合作，模仿狮子的各种形态动作，以表达特定的寓意。在中国民间，狮子被赋予辟邪、攘灾、吉祥等神异功能。每逢节庆或喜庆之事，必有舞狮助庆，以祈求驱邪除恶、国泰民安、风调雨顺、万事如意。

一、舞狮的起源与发展

据史料记载，狮子随着古代贡狮和宗教传播等进入了中国。汉朝后中国历代王朝均收到过西域进献的狮子。在古代中国，舞狮是伴随宗教活

《寿山走会图》中的舞狮

动、民间社火庙会和节日庆典等民俗活动发展起来的。舞狮的起源可以追溯至汉代。东汉时，就有了关于舞狮的记载。

到魏晋南北朝时期，舞狮走向兴盛。三国魏人孟康在《汉书·礼乐志》注释"象

人：若今戏如虾，狮子者也"的记载。东魏抚军司马杨炫之的《洛阳伽蓝纪》记载："四月四日，此像常出，辟邪狮子，导引其前"。

在隋唐时期，舞狮已成为一项盛行于宫廷、军旅、民间的活动。唐朝段安节在《乐府杂录》中说："戏有五方狮子，高丈余，各衣五色，每一狮子，有十二人，戴红抹额，衣画衣，执红拂子，谓之狮子郎，舞太平乐曲。"其表演气势雄壮，绚丽非凡。

宋元时期，传统舞狮技术有所发展。宋代舞狮的演出形式、演出队伍及节目创作发生了较深刻的变化。各种流派的形成，为民间舞狮运动的繁荣创造了条件。在广场上舞狮作为百戏表演的开场式，营造出热闹活泼的气氛，出现了在水中搭船进行的舞狮表演。元代首见记载"高跷舞狮"。《元史·贺胜传》中记载："帝一日猎还，（贺）胜参乘，伶人蒙采氉作狮子舞以迎驾。

15—16世纪庆典乐舞壁画（西藏古格王朝遗址白殿）

舆象惊，奔逸不可制，胜投身当象前，后至者断靷纵象，乘舆乃安。"

明清时期，舞狮运动主要在民间展开，在技术风格上形成了南北差异。明人张岱在《陶庵梦忆》中，介绍了浙江灯节时，大街小巷锣鼓声声，处处有人围簇观看狮子舞的盛况。

明代《明宪宗元宵行乐图》（局部）（现藏于中国国家博物馆）

到了清代，狮子舞成为民间各地盛行的"走会""社火"等节日游艺的主要内容。民间南狮、北狮的表演形成了不同的外在形象和技术表现风格，在清代南方舞狮已经将舞蹈、杂技和武术融为一体，相较于传统舞狮方法颇具新意。

清代辽东舞狮

　　如今，我国政府对舞狮、舞龙、舞麒麟等民族传统体育项目十分支持。1953 年，舞狮作为特邀表演项目参加第 1 届少数民族传统体育运动会。1995 年，"国际龙狮总会"和"中国龙狮运动协会"相继注册成立。1996 年，国家体育总局首次制定了《舞狮竞赛规则》，将舞狮分为单项赛和全能赛两种类型。1997 年 12 月，第 1 届全国舞狮比赛在广东番禺举办。此后，舞狮运动不仅继续存留在城乡的节庆民俗文化活动中，同时也融入竞技体育的元素，向着规范化、竞技化的方向发展，舞狮运动水平不断提高[1]。

　　2000 年 11 月，广东三水举办了第 1 届世界龙狮锦标赛。此后，我国多次举办国际舞狮邀请赛、世界龙狮锦标赛等，积极推动舞狮运动国际化。舞狮运动在繁多的国内、国际赛事的促进下，技术、艺术和套路的完整性等方面得到了全面的发展，推动了我国舞狮与世界各国的文化交流。

二、舞狮类非物质文化遗产的分布

　　在我国第 1～5 批国家级和省级非物质文化遗产名录中，共有 152 个舞狮项目。

[1] 解乒乒.中华舞狮运动发展的研究 [D].湖北：武汉体育学院，2006.

从申报舞狮类非遗项目的空间分布看，舞狮类非遗项目分布十分广泛，除黑龙江、吉林、内蒙古、海南、西藏外，其他地区均有舞狮类非遗项目存在（港澳台未统计）。其分布具有较强的空间集聚性和区域差异性，呈现出东密西疏、南多北少的状态。进一步对舞狮类非遗项目分布状况进行核密度处理发现，我国的舞狮类非遗项目以广东、浙江、川渝地区为中心分别形成了三个高密度核心圈。

三、舞狮类非物质文化遗产的类别

我国国家级与省级舞狮类非遗项目涉及汉族、布依族、壮族、苗族、土家族五个民族。不同地域和民族的舞狮具有鲜明的地域风情和民族特色，形成了独特的技术风格和艺术风格。

我国舞狮的种类繁多，有不同的划分依据。例如，按狮子制作的材料划分，可以分为布狮、毛狮、木狮等；按狮头的制作材料工艺划分，可以分为木雕或竹篾内胆；按狮头的造型，可以分为大头狮、鸡公狮、鸭嘴狮、鹦雄狮等；按狮子的人物面谱划分，可以分为关公狮、曹操狮、刘备狮等；按狮脚长短划分，可以分为高脚狮、露脚狮、矮脚狮、基脚狮等；按舞狮的表演器材划分，可以分为地狮、高台狮、高桩狮、水上高桩狮、火狮子等；按表演的人数划分，可以分为单人手狮、双人手狮、双人舞狮、多人舞狮等；按地域和流派划分，可以分为北方舞狮和南方舞狮。

北狮主要在长江以北较为流行，较南狮诞生早，可以追溯到北魏时期，以安徽省的"青狮"为代表。南狮是流行于华南、南洋和海外地区的舞狮，其中以广东省的"醒狮"为典型代表，南狮到宋代才出现，据说是由北方黄狮演变而来。

南狮、北狮不仅在外形上有所不同，在表演形式上也有所差异。南狮造型威猛、神态矫健，具有较多的高难武功技巧；北狮则较为憨厚可爱，造型逼真，追求写实。有学者对南狮与北狮进行文化比较研究，总结出四个不同点。形象特征方面，南狮重"史"，多取材为历史人物；北狮重"活"，强调真实性和活灵活现。在表演特征方面，南狮重"情"，即重视表演的情景或者情节；北狮重"娱"，即重视娱乐性。技术特征方面，南狮求"高"，北狮求"美"[1]。现代舞狮技艺中，也有将南狮与北狮融合的技术，由南狮的形体加上北狮跳跃翻腾之轻巧创新而成，称作"南狮北舞"。

国际龙狮运动联合会 2011 年出版的《国际舞龙南狮北狮竞赛规则、裁判法》，进一步明确了舞狮比赛的相关规则。规则规定了每支舞狮队的比赛人数，每支南狮队出场人数最少 6 人，每支北狮队出场人数最少 5 人。音乐伴奏的选择需要注意旋律、

---

[1] 汤立许，梅林琦. 南狮与北狮的文化比较 [J]. 军事体育进修学院学报，2006（4）：32–34.

节奏与舞狮本身协调一致，其中北狮比赛以音乐带伴奏为主，南狮比赛以打击乐或音乐伴奏为主。竞赛项目可以划分为规定套路、自选套路、传统项目和技能南（北）狮四类[1]。

舞麒麟类

麒麟是一种中国古代传说中象征祥瑞的动物。早在周代，麒麟就与龙、凤、龟并称"四灵"。麒麟舞是由客家人将神话中的麒麟物化为现实的一种特殊舞蹈。广东有"西狮东麟"的说法，即粤西的广府人流传狮舞，粤东的客家人流传麒麟舞。舞麒麟与舞狮在表演形式上大同小异，同样与武术有着非常密切的关系，除了舞麒麟技术动作需要武术功底外，其表演之后还往往会以武术表演来收场。

一、麒麟文化在中国

麒麟造型神秘独特，东汉许慎编著的《说文解字》将其解说为：麒，仁兽也；麋身、牛尾、一角。麟，大牝鹿也。由此可知，麒麟是雌雄同体动物，"雄曰麒，雌为麟"，酷似麋鹿，特点为头似马、身似驴、蹄似牛、角似鹿。另据《礼记·礼运》记载："麟凤龟龙，谓之四灵。"作为"四灵"之首的麒麟享有与龙凤相等的地位。中国人对麟麟的信仰是因为神祇崇拜和祈愿求福而产生的。人们普遍认为有麒麟出没的地方，就有祥瑞，相信麒麟能带来风调雨顺、五谷丰登、六畜兴旺。麒麟文化在中国传统文化的内涵是多元的。

麒麟被人们称为"仁兽"。麒麟文化背后还蕴含着子孙文化，在我国古语中常用"麟子凤雏"和"凤毛麟角"比喻贵族子孙和形容珍贵人才。麒麟送子则是我国古代祈子的一种方法，民间普遍认为求拜麒麟能为人们带来子嗣。麒麟还具有辟邪的功能。东汉以后，麒麟的形象常出现在建筑物的门楣、影壁、房檐、大门两侧的石雕上，既可以用来显示门厅高贵，又可以镇宅辟邪。人们身上佩戴的护身符也常用麒麟作图案，如婴幼儿佩戴"麒麟锁"，以此压邪避灾，祈求长命百岁。麒麟还是吉祥盛世的象征，传说中唯有在得明君、出圣贤之时，麒麟才会显现于人间。自唐代武则天开始，"麒麟袍"专门赏赐给三品以上的武将穿用，自此朝服上绣麒麟纹样，成为等级制度和贵族身份的象征。

---

[1] 国际龙狮运动联合会. 国际舞龙南狮北狮竞赛规则、裁判法（2011）[M]. 北京：人民体育出版社，2011.

民间年画《麒麟送子》

二、舞麒麟类非物质文化遗产在中国的分布

在我国第 1～5 批国家级和省级非物质文化遗产名录中，共有 29 个舞麒麟项目。我国舞麒麟类非遗项目分布较为集中，以华南地区为盛，共计 19 项。其分布具有较强的空间集聚性和区域差异性，整体呈现广东一省独大、全国稀疏的分布状态，只在广东地区形成了一个高密度核心圈，并以广东省为中心向海南、广西、港澳地区辐射。

三、舞麒麟的分类

舞麒麟可以划分为三类：第一类是以广东东莞、惠州、深圳一带的舞麒麟为代表的南方舞麒麟；第二类是以河南兰考与河北黄骅舞麒麟为代表的北方舞麒麟；第三类为广东汕尾一带的独角舞麒麟。这三类舞麒麟造型差异较大，但表演方式大同小异。其中，北方的舞麒麟与当地的龙文化相融合，具有浓郁的地域特色。

1. 广东: 广东醒狮 (编号: 国 I-Ⅲ-5)

广东醒狮，属于中国狮舞中的南狮，是一项融武术、舞蹈、音乐等为一体的汉族民俗文化，也是一项通过夸张的声、色、艺及其叙事性，与鼓乐混为一体的体育竞技活动。醒狮造型与民族吉祥物高度综合，有强烈的英雄崇拜色彩，显示出浓郁的民族风情。自古以来，醒狮被认为是驱邪避害的吉祥瑞物，每逢节庆，或有重大活动，必有醒狮助庆，长盛不衰，历代相传。

醒狮被认为是驱邪避害的吉祥瑞物

广东醒狮的历史起源说法很多。据资料记载，明代初年，南海佛山有一只独角怪兽，眼大中阔，发出"连连"的怪叫声，人称"连兽"，这怪兽常夜出践踏农作物，残害禽畜，弄得鸡犬不宁，于是众人埋伏在连兽出没之地，当连兽出现时，锣鼓齐鸣，群狮齐向连兽冲去，吓得连兽拔腿逃走。自此，怪兽再也没有出现，舞狮驱邪亦相沿成俗。此外，相传佛山镇曾流行瘟疫，人畜伤亡较大，群众相信狮子是吉祥之物，便舞着狮子逐家逐户去驱邪祝福。

据民间相传，明代至今曾经形成过的舞狮表演套路有150多种，具有极其深厚的内涵底蕴。清末民初，广东南海黄飞鸿以武术、狮艺闻名于世，他的"飞砣采青""竹梯青""蟹青"等技艺，开创了南狮技艺的先河，也被誉为南

舞狮驱邪　相沿成俗 (陈小蓉拍摄)

派醒狮的一代宗师。

醒狮的制作，以神似为基础。狮子的艺术形象较夸张，主要分为"佛装狮""鹤装狮"两种，南海盛行"佛装狮"。狮头制作主要分扎作、扑纸、写色和装饰四大工序。狮眼、狮耳、狮嘴可活动，狮头上嵌反光镜片（现以胶片取代）并系小铜铃若干个。醒狮的配乐乐器主要有大鼓、铜锣和钹三类。此外，表演常用桌椅、板凳拟作台阶、平台、山崖；竹梯拟作桥梁；采青则按不同形式灵活使用，如木盆、竹箕、筷子、板凳等；民间狮队配置的仪仗队头牌、旌旗，绣着姓氏、堂口、武馆标志；还有男女大头佛（罩式面具），以及表演者为逗乐娱悦观众手持的引狮葵扇等。醒狮表演时，锣鼓擂响，舞狮人先打一阵南拳，这称为"开桩"，然后由两人扮演一头狮子耍舞，另一人头戴笑面"大头佛"，手执大葵扇引狮登场。狮子动作有"睁眼""洗须""舔身""抖毛"等；主要套路有"采青""高台饮水""狮子吐球""踩梅花桩"等。其中，采青是醒狮的精髓，其过程包括起、承、转、合，极具戏剧性和故事性。

种类繁多的狮头造型（陈小蓉拍摄）

醒狮大致是从传统的地狮、凳狮，发展到高台狮、高竿狮，后又发展到桩狮。醒狮用武术的基本功，由艺术（舞）转变为体育竞技，成为民俗性的娱乐健身活动，兼具喜庆吉祥的象征性与赏心悦目的技艺性。

（除署名拍摄外，其余图片均由佛山市南海博物馆非遗中心提供）

2. 河南：槐店文狮子（编号：国Ⅱ扩-Ⅲ-5）

槐店文狮子是流传于河南省沈丘县的一种独特民间艺术。自元代形成以来，至今已有 700 余年的历史，经过不断发展和创新，现已独具特色，是当地群众节假日不可或缺的民间艺术形式。其舞蹈套路和吹打乐曲形成了固定的程序，兼具狮、虎、麒共舞的丰富性特征，体现了一种特有的、原生态的质朴美。

三狮闹春

槐店文狮子舞最早发源于汉唐时期的西域"五方狮子舞"和"胡人假狮子"，与龟兹伎狮子舞在艺术上也有一定关联。南宋端平元年（1234 年），波斯人海鼻耳随蒙古将领察罕入中原平金时将其传入。初时，海鼻耳的文狮子舞如唐诗所述，"西凉伎，假面胡人假狮子。刻木为头丝作尾，金镀眼睛银帖齿。"或踊或跃，乍动乍息，跻脚弹指，摇头弄目。"狮子摇光毛彩竖，胡腾醉舞筋骨柔。"海鼻耳留居沈丘后编创传播文狮子舞，其寓意是中原各族人民对长年战乱的厌倦及对和平祥宁生活的渴望。文狮子以慈母的形象出现，一改兽中之王雄师的威猛，以此来期望封建统治阶级减少暴政，施以仁政，亲民爱民，是老百姓对当权者施仁政的一种希冀。文狮子舞区别于武狮子舞的夸张、热闹，其舞蹈动作属原生态，如巡山、搔痒、饮水、舔毛、观景、生狮仔等，故名"文狮子"。借生狮仔时的母痛，让人们不要忘记生养之恩，而幼狮出生后的笨拙和不能自立的憨态，能让人油然生出一种慈悯之心和抚育下一代的社会责任感，具有人性化的色彩。

文狮子舞的艺术形式经元、明的发展，到清代中期基本成熟。其融入不少中原早期文化艺术形式，增加了"独角虎""麒麟"等元素。

母子舞狮表演

文狮子舞音乐分为打击类和吹奏类。打击类主要是重音大鼓、大锣、堂锣、小锣、铙钹、中钹、镲等；吹奏类主要为"别里子"（波斯螺号）。道具有狮子、麒麟、独角虎、幼狮、圆笼绣、火球绣等。

文狮子舞包括独角虎舞、麒麟舞、狮舞三部分。其表演过程为在鼓、锣、镲

传承人师徒制作道具

的节奏声中，奏出麒鸣、狮吼、虎啸之音，独角虎首先出场巡回瞭望，其次麒麟表演"麒麟送子"故事，最后文狮子表演巡山、搔痒、饮水、舔毛、观景、生小狮子等，表现文狮子的文弱、文雅、柔性、和谐。文狮子舞表现了人们期盼仁政的心理，以拟人的手法演绎了"麒麟送子""母狮生子"的民间故事。

文狮子舞分游街表演和场地表演两种形式，时间在每年的春节和元宵节，如有重大活动及庆典时也参加演出。小狮仔为一人舞，一般由小孩扮演。狮、虎、麒麟每组两个舞手，一人舞头，另一人舞尾。

（图片均由沈丘县回族文狮子文化协会提供）

3. 河北：沧县狮舞（编号：国Ⅱ扩-Ⅲ-5）

　　沧县狮舞是流传于我国河北省沧州市的一种传统舞狮技艺。其发展至今已有 500 多年的传承历史，多在庙会和春节花会期间组织活动。沧县狮舞可分为文狮和武狮两类。在早期，沧县狮舞被称为狮戏，并且以文狮为主。无论文狮还是武狮，沧县狮舞的引狮人和舞狮人均需具备深厚的武术功底。

　　据《沧县志》及有关资料记载，沧县狮舞在明朝时期便已广泛流行。沧县狮舞以民间花会的形式存在，在民间多为自发组织，完全是老百姓自娱自乐的一种文化活动，具有浓郁的乡土气息。参加狮舞活动的民众根据各人的喜好不同或习鼓乐，或学舞狮，多为当地的习武者。由于沧县狮舞传承的自发性较强，在百余年的传承中并

传统的沧县狮头是用纸浆粘制而成的（陈小蓉拍摄）

没有形成固定的传承谱系，有据可考的舞狮队仅有兴济和北张两支。

　　20 世纪 40 年代，经过艺人的创新改进，沧县狮舞得到了广大民众的喜爱，"狮子爬杆"等狮舞绝技曾轰动一时。20 世纪 50 年代，沧县狮舞又因在天津金钢桥倒挂桥梁的狮子戏水动作而声震津门。沧县狮舞传承至 20 世纪 70 年代至 80 年代初时进入了最为辉煌的时期。当时在沧县各乡、镇、村中都有舞狮活动的身影。与此同时，多名沧县舞狮艺人也到全国各地进行舞狮教演。

　　沧县狮舞的狮队通常是由引狮人、2～3 头大狮、1～2 头小狮及鼓乐队组成。大狮需由两人舞动，其中一人手持狮头，另一人弓腰紧抓前者的腰部，将狮身麻披缚搭在背上，舞狮人的双腿则以短绒麻捆绑装饰扮成狮

沧县文狮以兴济镇为代表

腿。小狮则只需要一人舞动，小狮的舞狮人头顶狮头，身披狮皮毛，手脚均着地。引狮人为一般戏曲中的武生打扮，头戴英雄巾或红包头，身着彩衣裤。

沧县舞狮中所使用的各种道具器材既丰富又特别。传统的沧县狮头由纸浆粘制而成，而狮皮则是用青麻制成的；狮舞中所使用的传统绣球是通过竹编与扎架成型，再用布艺进行装饰而成；狮舞表演中还会使用高凳、八仙桌、旗杆等，而它们的高度和宽度也各有说法；配合舞狮的鼓乐队所使用的民间传统乐器有大鼓、大镲、小镲、小镗锣等，且各种乐器的使用都有特定要求。

沧县武狮以北张村为代表

组织一场沧县狮舞的表演活动，通常需要舞狮人、引狮人和鼓乐队员的紧密配合。狮子在场中需要默契地配合引狮人的哨声、手势及绣球的动作，舞狮人与引狮人也需要心领神会，精心配合。文狮以引逗为主，引狮人可根据鼓点的变化而引逗狮子，使狮子随着鼓点的节奏做出跳跃、争球、哨球、滚绣球等各种生动形象的动作，从而使表演更加精彩。武狮表演中，除了已有的文狮的动作之外，其还增加了叠立、走钢丝、上高凳、爬杆等动作，融合了武术、杂技的表演套路。同时，武狮的鼓乐也更为热烈欢快，整个演奏以快节奏见长，鼓催狮动，狮随鼓动，时而让人惊心动魄，时而让人欢呼喝彩。

（除署名拍摄外，其余图片均由沧县文化馆提供）

4. 河南：兰考麒麟舞（编号：国Ⅱ-Ⅲ-43）

麒麟舞历史悠久，据相关文献考证，其历史可以追溯到春秋战国之前。冯贽《云仙杂记·卷九》引张鷟《朝野佥载》记载，麒麟舞中的麒麟除由人扮演外，在某些特殊场合，还可以把做好的麒麟皮覆盖在驴身上，将驴子装扮成麒麟模样，唐人称此驴为"麒麟楦"。

据老艺人溯源，兰考麒麟舞可推至明代末年。麒麟舞在河南属于稀有舞种，据普查统计，河南省共有14班表演队，兰考占7班。清代乾隆年间，麒麟舞在兰考非常盛行，是"社火"中的主要节目。古老的麒麟舞和龙舞一样，都是汉族的图腾舞蹈。远古时它经常出现在民间娱乐、祭祀、礼仪活动之中，是传统文化的表现形式之一。它蕴含着汉族的精

村民们表演舞麒麟

神、信仰、价值取向和审美情趣，体现和传承着民族传统文化，对增进中华民族的文化认同起着重要的作用。

红庙镇樊庄村收藏的百年麒麟头

中华人民共和国成立初期，麒麟舞在兰考最为兴盛，全县有40余个表演队。每逢节日或大的庆典活动，都有麒麟队表演，渐渐成为当地人最喜爱的民俗活动之一。

随着社会的发展变化，麒麟舞的表演形式、内容、道具制作等不断丰富和完善。麒麟舞的主要道具包括麟头、麟身、麟腿、麟尾四部分。麟皮的制作，各表演队繁简不一，但大都保留着其状如鹿、全身鳞甲、尾像牛的主要特征。只是头上不再是传说中的独角，而沿袭人们对一般兽类的习惯印象，给它安装上了对称的双角。麟皮的基本色调以绿、红为主，稍伴蓝、黄、金、银等颜色。主要乐器有大鼓（又名大

响）两面、大镲一对、大铙一对、大锣一面、堂锣一面、铜制的尖子号两把或四把。

南彰镇孙桥村的麒麟皮和麟头支架已有 200 年的历史

　　麒麟舞一般在农闲、节日、吉日的晚间演出。演出地点多为农村空闲场地。旧时，演出时场子周围栽上桩子，上悬灯笼照明，从方圆村庄前来观看的群众人山人海。

农闲时村民们在村头习艺

　　麒麟舞保留着传统的表演形式、内容和艺术特征，中原文化特色非常鲜明。麒麟舞表演内容丰富，有动物生活习性模拟，也有反映神话传说的故事情节，还有纯技巧性的表演，表达了人们对美好理想的追求。麒麟舞动作粗犷威严、激烈火爆，加之有气势宏大、节奏感强的打击乐烘托气氛，给人大气磅礴的审美感受，很受民众喜爱。麒麟舞技巧性不是很强，体魄强健者只要有专人略加指导即可胜任，所以具有广泛参与性。

　　（图片均由兰考县非物质文化遗产保护中心提供）

5. 河北：黄骅麒麟舞（编号：国Ⅱ-Ⅲ-43）

麒麟是我国古代传说中的一种奇异动物，同时也是吉祥和幸福的象征。黄骅麒麟舞是燕赵民间艺术宝库中的一朵奇葩，素有"北方麒麟"之称。与小巧玲珑的南方麒麟对比，黄骅麒麟最显著的特点是高大威猛，能够在闪、转、腾、挪之间展示出表演者高难度的动作和高超的技巧，带给观众不同凡响的艺术震撼力。

盛行于河北省黄骅市文化古乡齐家务的麒麟舞

麒麟舞盛行于河北省黄骅市文化古乡——齐家务乡。相传，明成祖朱棣起兵靖难，一路南行，屠无遗子，但兵将临近齐家务乡时，突然大雾弥漫，笼罩村庄，老幼因此免遭残杀。事后，村民庆幸不已，取村名为"起家雾"，后演变为齐家务乡。据史料记载，麒麟舞原本是皇宫中的表演艺

黄骅麒麟高大威猛

术，被称为"麒麟圣舞"，是皇家各类庆典中必有的表演，并特用于泰山封禅、祈求太平盛世。听老人们介绍，明朝灭亡之后，本地一位皇宫艺术家将他的麒麟舞绝技带回家乡，使其得以代代相承、流传至今。麒麟舞曾经中断过若干年，中华人民共和国成立后，齐家务乡的民间艺人重新组织麒麟舞队，使麒麟舞进入转折期。黄骅麒麟舞

表演套路的勇猛豪迈、大开大合，更是与北方人豪爽侠义的性格特征吻合，深受当地人喜爱。其一，麒麟本身就是吉祥、幸福的象征，预示着太平盛世、国泰民安。其二，麒麟上端坐童男童女，蕴含"麒麟送子"之意，民间百姓尤其钟爱。威风凛凛的麒麟，饰以绚丽的色彩，加之铿锵有力的锣鼓音乐及声势浩大的表演场面，不仅能为民间增添喜庆热闹的氛围，还畅快淋漓地透出中华民族浓郁的节庆气氛。

　　黄骅麒麟造型奇特，集龙头、鹿身、马蹄、牛尾、狼额于一身，身披五彩鳞甲，与南方麒麟造型有很大的差异。传统的扎制方法是使用竹木做成骨架后，用纸糊好，再用画笔绘出鲜艳的鳞甲等，这样做出的麒麟容易破损。后来民间艺人改进了制作工艺，先用竹木做出麒麟骨架，再用彩色丝绸和镭射纸做出一片片鳞甲，最后把鳞甲缝制在麒麟的丝绸外套上。此外，麒麟的头部、牙齿等部位用油彩绘制，这样做出的麒麟色彩鲜艳、造型鲜明且结实耐用。麒麟表演时用锣、鼓、镲和其他音乐伴奏。

每只麒麟由两个青壮小伙子做表演者

　　表演用的麒麟从头到脚最矮的为4米，最高的为5米，高大雄壮，舞起来威武生风、气贯长虹。每只麒麟由两个青壮小伙子做表演者，一前一后，协力合作完成表演动作。一人腰挎麒麟头，做骑麒麟状；另一人在其内做尾部表演。一红一绿代表一雌一雄两只麒麟，成对出场，另有金童玉女端坐其上。演员足踏一米多的高跷，身托约50千克的道具，完成闪、转、腾、挪等系列动作，表演技巧高、难度大。全场多只麒麟在音乐的伴奏下一起跳跃舞动，演出场面大气磅礴、威风凛凛。完成整个套路表演需20分钟。

　　（图片均由河北省非物质文化遗产保护中心和齐家务乡政府提供）

6. 广东：青狮（编号：国Ⅲ扩-Ⅲ-5）

青狮俗称"青狮白目眉"，也称"开口狮"，是潮汕地区独具特色的传统舞狮项目和文娱活动，深受潮汕人民的喜爱。无论从外形上还是制作和舞狮技法上，它都与流传于北方的北狮和广东地区的南狮有着明显的区别。据德化赤水《许氏家谱》和西敦《林氏家谱》记载，舞狮按武艺高低分等级，其中以"青面白目眉"武技最高强，被公认为"狮王"。

广东潮汕地区独具特色的传统舞狮——青狮

在佛教的典籍中，青狮是文殊菩萨的坐骑，与普贤菩萨的坐骑白象齐名，为佛教的两大神兽。故在潮汕民间，只要是神诞、祭奠、节庆、开业、进宅、迎神、奠基和赛会等庆典，都有舞青狮的习俗，以祈求国泰民安、风调雨顺、万事如意。

青狮参加2015年空港区塘埔村春节文艺游行

揭阳青狮，尤以揭阳南门孙氏的青狮表演出名，其表演风格独特，在众多舞狮中独具一格。南门孙氏是由揭阳渔湖京岗迁移至榕城南门的，保留了原有乡民在闲暇练武舞狮的习俗，至今南门孙氏祠堂还保留了当年舞狮的场地、狮头与图片资料。孙振高先生在榕城授艺40多年，开馆授徒，影响甚广，后其子孙淑强继承父业，进行青狮的保护和发掘工作。

青狮的道具有狮头、狮身和狮尾三部分。狮头为雄狮的模样，威武雄壮，代表着顶天立地的气概和尚武精神。狮头的种类很多，从早期竹架糊纸、木材雕刻、皮革缝制、铅皮铝皮打造，至今日主要以木制架、糊纸成形。加以修饰的狮头，表面光亮耀目。狮头表面凹凸分明、鼻孔高大、眼似铜铃，长须、卷发，利用图案及卡通的方法，充分表现了中华民族艺术的风格。此外，辅助表演的器具还有面具、狮球和摇扇。据潮汕民间典籍所载，潮汕的狮头一般分为青、红、黑三种颜色，分别代表刘备、关羽、张飞三雄，其中又以青狮最大。

高桩舞狮采青表演

青狮的表演通常是两个人一组，一人握狮头，另一人披狮身，狮尾紧垂其后。舞狮者，身着全身舞狮装，脚发半筒套靴。青狮表演者除了狮头和狮尾两个人，另有数人击鼓、击锣。由舞狮头者带引，狮子跳着舞动，可立可卧，摇头摆尾，忽而抓耳、瘙痒、抓须，忽而打瞌睡，然后又翻滚、舔毛，比真狮还动人。

青狮舞法基本可以分为传统地面狮及特技狮两大部分。传统地面狮的整套舞法包括基本舞法、戏狮、过桥、采青、睡醒等。特技狮的种类包括地面特技狮、竿上飞狮、平桩桌面和梅花桩。青狮表演集舞蹈、杂技、武术于一体，配以气势磅礴的潮州大锣鼓，将狮子昂首腾跃、威风凛凛的百兽之王形象表现得惟妙惟肖、淋漓尽致。

（除署名拍摄外，图片均由揭阳市孙淑强狮艺武术馆提供）

7. 上海：马桥手狮舞（编号：国Ⅲ扩-Ⅲ-5）

马桥手狮舞源于狮子灯，本地俗称"调狮子"。当地元宵灯会时，人们爱提灯行街，但镇上街道狭窄，观者拥挤，提灯人便用竹竿撑起狮子灯，以利炫耀，手舞足蹈，以示欢乐，后来演变为一种别出心裁的民间舞蹈。手狮舞融舞蹈、杂技和武术等为一体，用手舞狮，形式独特，技艺性较强。手狮舞场面热烈，充满了愉悦的生活气息和喜庆祥和的艺术感染力，因此深受人们喜爱。近百年来，它一直是当地主要的岁时节令民俗活动之一。

马桥手狮舞源于狮子灯（窦秀敏拍摄）

自清康熙、乾隆年间起，当地各镇逢年过节及庙会出灯，尤其是闹元宵时，流行"扮状元游街"式的炫耀性巡街表演，俗称"行街"。行街中最重要活动是提灯行街和观看灯彩，俗称"出灯"。由于马桥老镇上街道狭窄（长约600米，闹市只有120米），观者又拥挤，

手狮舞表演（窦秀敏拍摄）

行街表演时极容易发生碰撞，舞者逐渐形成了以"矮蹲步"为基础的横移、直进、三进三退等步伐和贴身绕狮等技法。当地还流传云牌狮舞，称太狮云牌灯，由马桥镇钮姓望

族首创。当时钮姓公子钮永建喜拳术，好侠义，曾扎了一只太狮灯，其大如牛，又做了八块云牌灯，在马桥镇上出会赛灯时当众展示，成为灯中魁首。后来，钮公子成了辛亥革命的主将，乡亲们每逢节庆时常专门为他舞起云牌太狮灯。

手狮舞以其手带狮的独特形式，成为一种颇具特色的舞蹈。马桥地区的手狮舞传人吸取了舞龙的翻滚、跌扑等基本技巧，发挥了狮舞的粗犷勇猛又刚柔相济，以及注重细腻动人的表演风格。马桥手狮舞所舞的手狮子依据大小可以分为大手狮、中手狮、小手狮三种，一般用竹、篾、麻、彩纸（绢）为制作材料。手狮色彩有绿、蓝、红、银白4种，酷似真狮长须飘拂、凹面凸眼、蒜鼻方口之特征。伴奏常用鼓、锣、钗、钹等打击乐器。

代表性传承人赵雪林展示手舞狮
（窦秀敏拍摄）

手狮舞的表演风格可分为文狮、武狮和看狮三种。

文狮分大、小两种，大的两人一狮，动作缓慢稳健，幅度较小，自然灵活。手腕摆动狮灯杆，使狮身、头尾、耳朵、毛发颤抖飘拂，做出嬉戏、祝福、逸乐等姿态。小狮体积小、重量轻，舞时灵活，主要动作是矮步调狮，并结合出手高抛等技巧表演。

武狮动作幅度大、速度快、有气势，以腾、翻、跌、滚扑动作为主。有的把狮子灯制扎得身大如牛、形态奇特、重量过百。有一人一狮，也有两人一狮，以显示舞者强壮的体魄和过人的力量。文狮一般适合行街表演，而武狮更适宜于广场表演。

看狮又叫太狮，常与云牌相伴表演，也称云牌太狮舞。狮身内燃烛光，夜里表演时，云牌围住太狮鱼贯穿梭，云飘狮跃，时而"云逗狮"，时而"狮逐云"，人随灯转，遨游嬉戏。

8. 广西：田阳壮族狮舞（编号：国Ⅲ扩-Ⅲ-5）

　　田阳壮族狮舞相传距今已有近500年的历史。据史料记载，在明朝嘉靖三十四年（1555年）十月，壮族抗倭英雄瓦氏夫人率军东征抗倭，获胜后回到田州（今广西田阳县）时，壮族父老曾组织传统的舞狮表演，热烈欢迎从前线立功归来的英雄。当时群狮齐舞，人头攒动，盛况空前。自此田阳狮舞开始闻名，到清代，舞狮已经成为广西民间最常见的一项民俗活动。

广西民间田阳壮族狮舞表演（任洋拍摄）

　　舞狮的传说由来已久。相传在古代，人们生活在丘陵和深山密林地区，野兽出没，壮族先民们饱受其骚扰，农作物遭到破坏。为了赶走野兽，确保人畜安全、粮食丰收，壮族先民们想出了"以兽赶兽"的办法，用竹篾、草、纸等材料扎成兽中之王狮子的形象，然后鸣锣擂鼓，扛着它在村庄田野中舞动，夜间还燃起火把，以驱赶群兽，此法果然奏效。兽害既除，年岁丰登，久而久之，舞狮活动成了当地人们所酷爱的一项活动。20世纪初期，广西民间一般以宗祠或朝社为单位

引狮人在刀尖上旋转（陈嘉铭拍摄）

组织狮团，也称狮堂，并发起"醒狮运动"。政府规定，农村的每个街道、村庄，以及军队的每个连队都要组织一个狮队，正月初一到十五为全区舞狮的日子，大大促进了舞狮运动在当地的发展。

　　练习田阳壮族狮舞所用的器械主要包括狮头、刀山、长板凳、八仙桌、高桩等。其中，长板凳、八仙桌均属于壮族人民的日常生活用具，经过舞狮人巧妙的组合就能变成练习或表演的道具。例如，3张八仙桌叠放在一起，便形成了表演"瑞狮争艳"的主要道具——楼台。21个长板凳，不用任何防护措施即可重叠成"金山"，是表演"金狮雄风"的主要道具。

造型独特的狮头（任洋拍摄）

　　在表演形式上，田阳狮舞主要包括群狮迎宾、双狮戏球、凤凰台狮技、瑞狮争艳、楼台跳桩、三狮戏楼台、金狮采莲、狮子过天桥、刀尖狮技、高桩飞狮、五行台狮技、金狮雄风、狮子上金山等套路。

　　从种类上区分，田阳壮族狮舞套路有文、武之分。其中，文狮子擅长在地面表演各种风趣喜人的动作，如挠痒痒、舔毛、抓耳挠腮、打滚、跳跃、戏球等。文狮子展现醒狮的昂扬斗志和喜悦之情，一般用于节日庆祝、拜年、祝贺、集会、婚庆、参军入伍等活动。武狮子则侧重耍弄技巧，如踩球、采青、过跷跷板、走梅花桩等。一般由一名手持狮珠的引狮人带路、逗引狮子在高台表演各种扣人心弦的造型动作，不时会亮出令人瞠目结舌的"绝活"。田阳狮舞集武术、舞蹈、杂技于一体，具有高、难、精、险、美的特点。

　　（图片均由代表性传承人李永茂提供）

9. 重庆：高台狮舞（编号：国Ⅲ扩-Ⅲ-5）

高台狮舞是重庆市彭水苗族土家族自治县民间最具特色的体育、杂技与舞蹈相结合的表演艺术。因丰富的表演套路，惊、奇、险的观赏性，高台狮舞一直受到当地人们的喜爱并得以传承，成为彭水县第一项列入国家级保护名录的非物质文化遗产。

高台狮舞是舞蹈与体育相结合的表演艺术

据考，高台狮舞最初是流传于彭水民间的民俗活动。究竟起源于何时，尚无定论。但据靛水乡古文村唐家湾的唐家班回忆，他们的第一代师傅是师从原文武乡陈家湾的陈家班（现已无陈家班）。至今唐家班已传至第六代，约 150 年。在传承衍进中，因其表演人数较多，危险性较大，且不易组织，表演空间逐渐被压缩。

代表性传承人唐守益制作的狮子

彭水高台狮舞道具多样，表演内容丰富，套路灵活多变。高台舞狮中的狮子，一般由民间艺人扎制。高台舞狮采用方桌搭台，最少为 7 张，一般为 15 张，最多为 24 张。另有大头和尚、猪八戒、鬼怪等面具和绣球、钉耙、棕扇、彩圈等道具。此外，还有锣、大鼓、小鼓、钹、铰等响器伴奏。彭水高台狮舞不受表演地点的限制，在厅堂、庭院、广场甚至野外开阔的平地都可以搭台表演。

彭水高台狮舞可以分为地面狮舞和高台狮舞两种。地面狮舞主要用于日常节日、生日、婚丧嫁娶、开业庆典等活动。搭台上架的高台狮舞多用于重大节庆和比赛，表演时常常与地面狮舞连为一体。

彭水高台狮舞表演模拟狮子或者其他动物的动作，如蹬黄冬儿、打羊角桩、鹞子翻叉、扯链盖拐、翻天印、黄龙缠腰、懒牛困塘、狗连裆、扯海趴狗、钻圈等动作套路。高台表演班还有狮子高杆夺绣球、游走板凳等表演动作。

彭水高台狮舞表演时，一般由一人或者两人面戴大头和尚、猪八戒等面具，手持绣球、钉耙等道具，在狮子的前面以各种滑稽的动作挑逗狮子。其包括单狮表演、双狮表演，以及一大一小两头狮子表演。

彭水高台狮舞最核心、最具观赏性的部分是空中表演。彭水高台狮舞采用搭台上架表演，人们将 108 张桌子架成品字形，用 3 张桌子在最高层立成"一炷香"，表演者最高可爬到 14 层。

狮舞表演者身披长约 2 米的彩绘狮子，在导引师的引导下，从第一层开始，层层上

村民日常训练高台舞狮

升，直达"一炷香"。在各层表演时，狮子要穿过每一张方桌，还要在"一炷香"上进行各种动作的立桩表演，惊险刺激。彭水高台狮舞兼具舞蹈和传统体育表演的特点，表演以玩班为单位进行。表演到精彩之处常常引发阵阵喝彩。

（图片均由重庆市彭水苗族土家族自治县文化馆提供）

10. 广东：大船坑舞麒麟（编号：国Ⅲ扩-Ⅲ-43）

位于广东深圳的大船坑以客家人习俗为主，春节期间"拜家门"舞麒麟是当地民间一项必不可少的文化娱乐活动。客家人每逢新春佳节、节日庆典都要舞麒麟，并将其视为喜庆吉祥，以此表达迎祥纳福、风调雨顺、五谷丰登、国泰民安等美好意愿，因此舞麒麟不仅是一种民间习俗，也是一种民间信仰。

村民们举行舞麒麟民俗活动

大船坑舞麒麟起源于明代嘉靖年间，至今已有400多年的历史。谢姓一族，远祖出自秦淮河南乌衣巷，后经福建三明石壁迁居于深圳市宝安区。据说谢姓人刚定居大船坑时，常受到当地居民的排斥和欺负。为了防身自卫、壮大族群、强身健体，加之传说舞麒麟能扬善避邪、兴旺门第、添丁旺财，并能带来风调雨顺、五谷丰登，谢姓人便开始习练麒麟舞，祖祖辈辈世代相传，至今已历22代。

20世纪以来，大船坑村舞麒麟一直十分红火。谢祥万、谢子华、谢国珠等名师在当地开设很多拳馆，招收门徒。拳馆不仅传授舞麒麟的技术，而且讲授一些防身的基本武功，这恰好迎合了当时社会治安极差的防身保家的现实要求，因此很多青壮年都积极到拳馆学习。

大船坑舞麒麟原始表演时长约20分钟，动作难度大、表现手法细腻，对参与者的武术功底、身体素质

代表性传承人谢玉球传授舞麒麟技艺

和情感表达等方面要求很高，完成整套动作的难度极大。

大船坑的麒麟一般长 3～4 米，最长的可达 6 米。麒麟头部用木头、竹片等扎成，麒麟身为镶着闪闪发光的粼片的绸布。其外表由龙头、鹿身、马蹄、牛尾、狼额组成，身披五彩鳞甲，舞动起来生动活泼。新制作的麒麟都要进行颇具神秘色彩的"开光见青"仪式。麒麟袍是由绸布制成的，分别有红、黄、绿、白、黑五色，有的袍上写着"福""禄""寿"，有的还写着"风调雨顺"字样，反映了人民对美好生活的渴望。此外，舞麒麟还需要武术表演的服饰、道具（刀、棍、叉等）、打击乐（鼓、锣、钗、铙等）、吹奏乐（唢呐）、队旗、彩旗等。

大船坑麒麟队参加展演活动（陈小蓉拍摄）

大船坑舞麒麟表演包括"舞麒麟"和"打功夫"两大类。"舞麒麟"套路基本分为八段：拜前堂—走大围（圈）—双麟会—采青—游花园—打瞌睡—走大围—三拜。舞麒麟者通过舞艺，赋予麒麟活灵活现的生命力，演绎一段完整的故事，能够为观众带来美的享受。

舞麒麟全程需要敲击乐与吹奏乐相配合，乐曲悠扬动听，吹尽喜怒哀乐之情。麒麟下场后即开始武术表演，包括棍桩、沙刃、凳桩、铁叉对尖、白手对双刀等持械表演，以及拳打四方、饿虎擒狼、龙头凤尾、观音坐莲、鲤鱼戏水等拳术表演。各式武术表演是舞麒麟的重要组成部分。

（除署名拍摄外，其余图片均由大船坑舞麒麟队提供）

11. 香港: 西贡坑口客家舞麒麟 (编号: 国Ⅳ扩-Ⅲ-43)

根据香港西贡坑口习俗, 每逢春节, 麒麟队就要敲锣打鼓, 挨家挨户去参家门 (拜年)。旧时, 麒麟队所到之处, 家家户户都要燃放鞭炮, 还要给麒麟队发红包, 这叫 "你送我吉祥, 我送你钱财"。此外, 一年之中凡有节庆喜事都要舞麒麟, 至今在大浪客家人居住地还保留着这种习俗。香港民间流传一句俗语: "百姓愁, 麒麟走; 天下和, 麒麟舞。"

麒麟拜门子 (朱维萍拍摄)

清初, 大批客家人通过几次迁徙, 从福建到广东深圳, 最后到香港定居。同时也将麒麟舞带入了香港, 由此推算其有 280～300 年的历史。香港的西贡坑口舞麒麟活动, 祖辈相传至今已经历 13 代, 从未间断。基本上皆由叔伯传授技艺, 上一代教下一代, 代代相传。一般都是开设麒麟班招收学徒, 开班教功夫。在教学过程中, 师傅会留意挑选适合舞麒麟者, 然后在学艺的徒弟中, 挑选各个位置的舞麒麟人选。

旧时, 经常有海盗去当地村子洗劫。严酷的生活环境迫使男孩子从小就开始练武学功夫, 以保护自己的家园。当地小孩 5 岁左右, 就在祠堂学扎马步, 以打好学习武术的基础, 而武术则是舞麒麟的基础。20 世纪 60 年代, 香港有 18 个村子, 当时每个村子几乎都有麒麟队; 而到了 90 年代, 很多村子都很难凑够一支麒麟队。

香港西贡坑口区传统客家麒麟队参加展演活动

麒麟一般长3～4米，最长的可达6米，一般重约10千克。麒麟头部用木头、竹片等扎成，眼睛可以转动，口部可以翕合。麒麟身用绸布制成，镶着闪闪发光的鳞片。要扎一个麒麟，需时约一星期。首尾呼应，披红挂绿，鲜艳夺目，舞动起来生动活泼。麒麟外表由龙头、鹿身、马蹄、牛尾、狼额组成，身披五彩鳞甲。

麒麟的额头一般会画上八卦的图样，以做镇煞之用。有些武馆则弃用八卦图样，改写武馆的字号，使之公开巡游时，可收宣传之效。传统的麒麟只有一只角，角有两个款式，一款是"铁角"，形似半月弯；另一款是"遮柄角"，远看似一把雨伞的遮柄。此外，麒麟头后方有三个三角锥体的角，头颅后方和耳背均长满鳞片。

传统的麒麟袍是由绸布制成的，一般长约3米，分别有红、黄、绿、白、黑五色，有的写有"福""禄""寿"，有的写有"风调雨顺"的字样。麒麟头后尾枕左右两方各有一对海浪形的麒麟瓣，均穿着红丝带。

舞麒麟者通过舞艺，赋予麒麟活灵活现的生命力，为观众带来美的享受。通常，一场真正的舞麒麟表演会演绎一个完整的故事。舞麒麟的基本步法包括麒麟步、鸭仔步、小跳步、文武步和寻青步等。两只麒麟相遇，双方会向对方互拜三下。接着，两只麒麟头嘴对嘴做亲吻的动作，表面上是亲吻，实则是双方伸出手，把贺年卡或写了自己武馆字号的卡片递给对方，示意大家交个朋友。双方交换了卡片后，会向后来一个小跳步，再向左、右、中三个方向互拜一下，围着捉蚤子，再分手向各自要去的方向行进。

麒麟学堂的技艺教授成为西贡坑口区舞麒麟的传承方式之一

（除署名拍摄外，其余图片均由香港西贡坑口区客家麒麟协会提供）

12. 福建：泉州刣狮（编号：国Ⅴ-Ⅵ-98）

　　刣狮可追溯到晋唐时期，发端于宋，如今流传于闽南各地乡村。泉州刣狮中的"刣"在闽南语中是"杀"的意思，在此为舞狮、弄狮之意。泉州刣狮融入了闽南民众的文化生活，形成了"练拳头顾自己，练狮阵顾乡里"的传统理念。农历三月初三是"北极镇天真武玄天大帝"诞辰。当天，卢厝阵搬演刣狮阵，共襄盛举。

　　泉州刣狮始于清朝，为一位叫了凡的泉州南少林寺僧人所传授。石狮卢厝刣狮已有一百三四十年的历史。卢厝村自古就有习武风尚，明清时期就开设武馆成立狮队。迨至晚清到当代的百余年中，卢厝有六次开馆授艺，传承发展六代（馆）。因卢厝村地处石狮沿海一个偏僻小村，常有海盗、强盗出没，村里年轻人为了保护自己的家园，特聘广东少林寺姓顾的师傅到卢厝村传承少林武术，并在卢厝村成立第一支刣狮队，表面为强身健体、自娱自乐的队伍，实为乡村的地方护村队。随后，附近的乡村便纷纷加入该队伍，并在各村组建刣狮队伍。

刣狮表演（卢鸿源拍摄）

　　泉州刣狮用到的器械主要包括旗、青狮、兵器和鼓乐。

　　狮阵指挥台是整个狮阵的核心和灵魂，主要控制整个狮阵的队形变化及整个狮阵的表演进程。指挥台上主要有旗和鼓乐。旗是狮阵指挥台上的标志，形式多样，主要包括馆旗、龙虎旗和彩旗；鼓乐由鼓、钹、锣组成。青狮由青色或黑青色布幔制成，狮头造型威武雄壮，有"青狮白目眉"的

刣狮兵器展示

面谱造型，视为武艺最高的威猛狮阵。兵器有棍、刀、剑、戟、藤牌等，以及随手拿来皆为兵器的扁担、锄头、雨伞等农具，应用器械达 40 余种。 参演武士均着民族特色表演服装，或传统的武术服装。

泉州刣狮由阵法操演、武术演练、弄狮盘打组成。阵法操演：主要有青龙阵、蝴蝶阵、蜈蚣阵、蛇蜕阵、藤牌阵、八卦阵、连环阵等 10 余种。武术演练：各式拳术及各种兵器对练，应用器械达 40 余种；对练包括徒手对练和各种兵器盘打，以及双人对打和多人群打。弄狮盘打（刣狮）：在阵法和武术操演中，青狮舞弄穿绕其间，最后是打狮盘斗，即刣狮。

青狮是狮阵的精神象征，鼓声是狮阵的灵魂。操演时，以鼓、钹居中和彩旗排列组成指挥台，人数从数十人至数百人，根据指挥台的指示变化阵法和演练形式而定。大鼓擂响，首先进行阵法操演，以龙虎旗为前导，拥簇青狮出场，紧接着各种阵法串烧，青狮舞弄穿绕其间，使其与阵法摆弄有机融合。随后，武术演练沿袭北宋"打场练武"的古老礼仪，武士轮番上场各显神通，由龙虎旗开场表演，各式拳术、各种器械（包括兵器和随手拿来的农具）和各项对练，充分展现武士技艺水平。最后，打狮盘打（刣狮）。武士手持兵器轮番与青狮搏杀，吼声阵阵，惊心动魄。惊险逼真的弄狮盘打是武术打法与舞狮技巧的完美结合。

整场操演持续 1～2 小时，气势雄浑，震天动地，充分体现阵战兵法、武术技艺和弄狮盘打的实战风貌，尽显勇猛坚毅的武林风范和集体齐勇的尚武精神。

第 2 届海峡论坛武术大赛"挎刀打狮"获特别奖（卢鸿源拍摄）

（图片均由石狮市卢厝狮阵武术馆提供）

13. 宁夏: 海原胡湾狮子 (编号: 区Ⅰ-Ⅱ-4)

海原胡湾狮子是宁夏民间舞狮中的精华所在, 它发源于19世纪末20世纪初的海原县胡湾村。胡湾潘氏舞狮集武术与舞狮于一体, 以家族形式传承, 从20世纪初发展传承至今。

海原胡湾舞狮社火团的创建人为潘万斗, 他将武术和舞狮巧妙结合, 使两项技艺取长补短, 兼具技术性和观赏性。

狮子舞集武术与舞狮于一体

20世纪40年代, 胡湾潘氏舞狮的第二代传承人为了养家糊口, 四处流浪卖艺, 但在外出卖艺中仍以武术为主、舞狮为辅。当时以潘世泰为代表的舞狮手, 带着当地一些舞狮爱好者行走在甘肃、陕西、青海、河南等地卖艺表演。20世纪50年代, 胡湾潘氏舞狮第二代传承人和第三代传承人继续在甘肃周边地区舞狮习武, 在甘肃靖远遇到了张秀珍, 此人既有高超的武艺, 又有精湛的舞狮技艺, 在同行中技高一筹。后来, 潘张两家相互学习交流, 共生共存, 武术与舞狮的结合逐渐密切, 使潘氏舞狮有了很大的提升。20世纪60年代, 胡湾潘氏舞狮的表演风格有了较大转变。其中, 第三代传承人潘登基发挥了重要作用。他一改前几代人在舞狮表演中仅向观众说吉祥话的先例, 对台词内容进行了改革, 因地制宜地将国家政策与社会时事编入其中, 向观众宣传。目前, 胡湾潘氏狮子已传承至第六代。

狮子的制作分为狮头和狮身两部分, 首先需要制作狮头模型, 然后在狮头上进行裱纸和裱布; 狮身则主要由麻或毛染色而成。另外, 舞狮者的裤子、鞋都会披上毛 (一般两人舞一头)。

除了舞狮表演, 往往还有其他引人注目的表演项目, 其中"火流星"是必演项目。火流星的表演者在一根绳子的两头拴铁丝笼, 内盛炭火, 两手弄绳飞旋, 使铁丝笼内炭火上下飞舞、火花飞溅, 形似流星, 故名为"火流星"。

舞狮伴奏乐器主要为锣和鼓, 并配以一定的节奏, 主要靠舞狮者灵活的动作表现狮子威猛的形态。

火流星上下飞舞

　　胡湾潘氏舞狮的表演很有特色，形式新颖、花样多样。表演时，一般是两只狮子，也可多达四只，并有小狮。狮子的表演动作较为繁杂，主要为翻、滚、钻、跳跃、抖，以及上高架单腿独立、口或爪接传球等高难度动作表演。此外，舞狮过程中又融入潘家内传的小红拳、长刀、流星锤等武术动作，其表演独特、内容丰富，有很强的观赏性。

　　狮子的耍法分为文耍和武耍两种。文耍指耍绣球、上桌子，主要刻画狮子温驯的性格，包括搔痒、舔毛、打滚、抖毛等动作。武耍指狮子和拳术套在一起，表现狮子勇猛的性格，包括软拳及刀、棍、枪、鞭等各类器械表演。

村民进行花辊演练

（图片均由代表性传承人曹健提供）

14. 甘肃：道台狮子（编号：省Ⅱ-Ⅲ-6）

舞狮习俗在我国由来已久，它是中华民族固有的艺术形式，每逢喜庆节日，必有舞狮活动。"道台狮子"是一种以雄狮、猩猩、猴子为表演形象，相互配合，利用桌、凳等道具及武术器械做各种戏耍、打斗、跳跃动作的民俗表演。作为道教文化的重要组成部分，它源于榆中县青城镇新民村，不仅是一种表演艺术，也是一种包含大量人文信息和文化精神的独特艺术。

道台狮子是一项历史悠久的民俗表演艺术

用木凳搭置的高台（陈小蓉拍摄）

"道台狮子"是在清朝同治年间由山东艺人传入青城镇的。当时有一群山东籍艺人，在省城辕门前搭起"柴山"舞狮子，其技艺高超、表演动作惊险。负责治安的官员恐其惹出事非，便将这些艺人逐出兰州。这群艺人便流落于青城长寿巷（现新民村），住在该巷南端的张三家里。后来便将其舞狮技艺传给了青城的练武同行，回了山东。数年后，有位姓张的道台流落青城，对舞狮极为感兴趣，他在保留原有风格的基础上，对这种舞狮的套路、手法、道具等进行了改进与拓展，以强调高、险、奇的表演形式为特征。为了纪念这位道台，当地老百姓便将这一原名为"柴山狮子"的活动尊称为"道台狮子"，至今这一民俗传统活动传承已有150多年的历史。

道台狮子表演时用方木桌或木长条凳搭置成各种形似高山的支架作为表演舞台。舞狮的狮皮长2.5米，是以墨色分凹凸部分渲染而成的，并用金线装点主要部分。狮头呈圆形，直径在0.7米左右，以麻纸裱糊而成，口部镶有竹皮板。表演中的配角猩猩和猴子的形象面具是以纸绵制成的，留有眼鼻口，并另有一些专门的形象配饰。此外，道台狮子表演时还有三个人在场外配乐，包括鼓、锣、钹打击乐器3件。

狮王登高惊险玄妙（王铮拍摄）

完整的道台狮子表演包括柴山、翻天印、一字大板桥和五攒梅四个套路。表演时，雄狮、猩猩、猴子相互配合，利用桌、凳等道具及武术器械做各种戏耍、打斗、跳跃动作，以惊险玄妙的武功招式和风趣幽默的故事情节达到完美精湛的艺术效果。

在"道台狮子"里，狮子的寓意是和谐，通过以高、险、奇为特点的表演形式，糅进一些六合拳的招式和套路，整个表演过程都以突出和彰显人文精神内涵为主。乐器伴奏始终是锣、鼓、钹的"九点"式打法，强调表演过程中特有的节奏与韵律。表演者赋予动物动作表演人性化的表演手法，以风趣、幽默的故事情节，强化动物的生存状态和生命本质。表演者必须具有高超的技艺、良好的力量素质和平衡能力，才能够在高空中完成各种难度动作。

（除署名拍摄外，其余图片由青城镇文化中心提供）

15. 上海：调狮子（编号：市Ⅲ-Ⅱ-8）

调狮子也称鸭嘴狮舞，是上海市崇明区独特的民间舞蹈，只流传于崇明岛。调狮子是受古代崇明民间传说和祭祀风俗的影响，以及南北文化的渗透而逐渐演变形成的。狮子造型独特，嘴巴扁而宽长，额部和脸部呈扁平状，腹内可容纳3人，全身披满长毛。

崇明鸭嘴狮子造型独特

据《崇明县志》记载：宋时，有猛兽名貊貔，经常掠食小儿，四方患之，遇村民周某于田间，持锄格斗，呼邻人共杀之，周亦力尽，乡里立庙祭祀焉。传说中的貊貔是一种四不像的怪物，每年江水暴涨之时，随海潮侵入岛上，除了吞吃牲畜，还特别喜欢吞吃小孩。崇明岛上的居民几乎与世隔绝，从未见过凶猛野兽，也不知道传说中的貊貔的样子，所以人们根据想象把狮子扎成了四不像的怪兽，同时把民间故事中貊貔吃小孩的情节融入舞蹈，便逐渐形成了流传至今的调狮子。

调狮子巡游表演

调狮子的主要道具包括狮子、狮脚套、绣球，以及一套伴奏锣、鼓。

调狮子前后都要举行"接狮子"和"送狮子"的祭祀仪式。在舞狮前，先要举行祭祀仪式，俗称"接狮子"。举行这种仪式是为保佑舞狮人员安然无恙。全体舞狮人员扛着狮子，一路吹打十番乐器，庄重地来到城隍庙举行接狮子仪式。通常由头领点上两支红烛，烧上一炷香，放在城隍塑像面前，然后将狮子皮披在身上，面对城隍塑像叩拜十二下，随后即在庙前拉开场地进行表演。每年正月十五元宵节至二月初二是舞狮最多的时候，演出结束之后，舞狮人还得去庙里还愿、烧香、叩头，为这段舞狮期间大家平安无事向城隍表示感谢，这种仪式叫"送狮子"。

舞狮子训练

调狮子对场地的要求不高。在表演形式上，除一名引狮人以外，表演主要由两人合作完成。表演时，前一人手握狮腮柄，控制狮头及前半身；后一人上半身前倾90度，两腿半蹲，两手平伸，手心相对，控制狮子后半身。调狮子的表演内容、风格及舞蹈动律各具特色。其整个表演始终是慢慢吞吞、摇摇摆摆的，没有勇猛粗犷的表演，表演内容主要为吞吃小孩的过程。表演风格主要可归纳为慢、摆、吃三个字，舞蹈始终以慢速为主。其表演动作技巧性较强，技巧熟练的舞狮者能表演各种精彩的高难度动作，如喘气、理毛、搔痒、衔球、拨球、纵跳、跌扑和登高等。

调狮子表演用锣鼓点做伴奏，配合舞蹈的基本动作，如狮子卧地、点头摇晃、逗狮、引狮等。

（资料由上海市崇明区非物质文化遗产保护分中心提供）

16. 甘肃: 永登硬狮子舞 (编号: 省Ⅲ-Ⅲ-2)

　　甘肃省兰州市的永登硬狮子是我国北狮中独具特色的一种狮舞。永登硬狮子体型雄伟威武,重量很大,需要舞狮者有强壮的臂力与耐力才能舞动。其表演威猛、凶悍,给人以极强的视觉冲击,是我国西北地区狮舞表演的独特代表之一。

永登硬狮子表演

　　永登硬狮子传承久远,带有独特的异域风情。在古时,永登是中原汉族与其他中亚民族文化的交融之地,也是东西方文化的重要汇集地,留有众多古代遗风和西亚习俗。据说,当时的硬狮头便是由印度传入的。永登硬狮子引狮人的服饰也有古印度的元素,其白眉毛、高鼻子、红胡子和尖帽子的胡人装扮就颇具异域特点。

引狮队与永登硬狮子配合默契 (陈小蓉拍摄)

永登硬狮子体型雄伟，狮头硕大，占据着整个狮子大部分重量，永登当地有"十斤狮子九斤头"的说法。以前永登硬狮子的主要制作材料是泥土，整个狮子可重达200余斤，因而对舞狮者的力量有着严格的要求。现代的制作材料有所变化，用竹片替代柳木制作狮身硬架子。

永登硬狮子表演会伴随震天的鞭炮声入场，随后鼓、锣、钹等演奏乐器也会齐鸣。此时，一位具有一定武术功底、头戴尖角帽、挂有红胡须、身着胡人服饰、手拿绣球的引狮人会与硬狮子共舞出各种寻找和抢夺绣球的动作，并在整个表演中不停地与狮子互动，在与狮子的各种互动表演中，把狮子的各种神情、心态展现得栩栩如生，颇具神韵。

当地人十分喜爱永登硬狮子表演

永登硬狮子的整个表演并非是即兴发挥、随意走动的，而是通过贯穿八卦图来引导舞狮走位的。在表演开始时，狮子入场要先从八卦的西北艮位沿场地外围舞转一圈，这一圈代表八卦内的三百六十度周天，其中狮头必须始终对着场地中心；之后再从起点进场，左、右各行数步后，向正东方向两拜首，在场中表演"两皮煞"，这代表了八卦的阴阳两象；随后再表演"三多"，象征天、地、人三合；接着是跑八门，即八卦的乾、坤、坎、离、巽、震、艮、兑八个方位，其中正四门即东、西、南、北四个方位，斜四门为东北、西北、东南、西南四个方位。整个舞狮的表演时间因场地的大小而不同，在小场中表演舞狮全程一般需要5～6分钟，大场则需要10分钟左右。表演中，狮子做出腾、卧、跃、扑等各种动作，这些动作意蕴着天、地、人三合，通过狮子在八卦中的舞动，达到拜天、拜地、拜人的效果，表达对狮子辟邪、祛灾、降福、图吉的原始信仰与图腾崇拜。

（除署名拍摄外，其余图片均由代表性传承人冯德培先生提供）

17. 湖南：枫坪傩狮舞（编号：省Ⅲ-Ⅲ-2）

　　傩狮舞是湘中地区古老的民间传统活动，每逢佳节，舞狮助兴是必备节目，在涟源市枫坪镇尤为盛行。枫坪傩狮舞起源于明朝万历年间。传统傩狮舞是由人们将劳动生活情节、地方民俗、神话典故及传统梅山武术等，统一编排成的108个既前后衔接又独立成章的狮舞。枫坪傩狮舞最大的特点就是以众多细小而有趣的生活故事，生动而形象地演绎了古老山民永不言弃的生存理念。历经500多年，古老的傩狮舞集祭祀、娱乐、观赏和教育等多种功能于一体，内涵深刻、影响广泛，现已发展成湘中地区的一项重大民俗活动。

傩狮舞是湘中地区古老的民俗活动

　　据考证，傩狮舞起源于汉代民间的"角抵戏"，亦称为"木鬼戏面"。相传明万历年间，涟源市枫坪镇一带瘟疫盛行，当地谢氏第十二世祖元环公兄弟依据其梦中所见，将村边樟树雕刻成狮、猴、猪等傩面，并以传统傩狮耍"四门"的基本套路为基础，使原始的舞狮驱邪活动扩展为可全民参与的大型舞狮与祈福活动。

制作傩狮面具

制作傩狮面具工序很复杂。扎竹篾框架是制作傩狮面具的第一步，也是最关键的一步，直接决定狮面能否呈现出威武的气势。完成狮面框架后，要在傩狮模具上粘一层薄膜，然后用草纸刷上自制糯糊一层一层粘贴，最后黏糊成"四不像"的样子。狮被用布做成，一般用白布加红条或黄条，另加一条尾巴。

傩狮舞深受当地群众喜爱

在梅山文化的熏陶下，枫坪傩狮舞与其他的舞狮子不一样。北方的舞狮注重表演，南方的舞狮注重竞技，而枫坪傩狮更注重讲故事。枫坪傩狮由两人操作表演，表演时除执灯笼、打傩鼓的外，还有狮子、笑和尚、沙僧、猪八戒、孙猴子等，且都佩戴了傩面。笑和尚穿白衣、白袍；孙猴子着红衣、红袍；猪八戒穿黑衣，摇蒲扇；沙和尚穿黑衣、黑袍，扮作土地，左手执拐杖，右手拿蒲扇，胡须垂下，给狮子摇扇。

随着打灯笼师傅的示意，狮被内舞者马上"长街跑马"，双脚一抖，蹦出大门。紧接着表演拳术，以及棍、棒、铜、大刀、单刀、双刀、流星锤等器械，一个个英姿勃发的表演者赤膊上阵，做出威武雄壮的动作，在场上一纵一跳，引人喝彩。此外，还有对打过招的，一人"兜里乾坤"，另一人"鹞子翻身"，十分好看。

伴奏的傩鼓有多种打法，傩鼓声、唢呐声，以及人们的欢笑声、喝彩声，汇集在一起，犹如一支悦耳动听的交响曲，加上那一盏盏红光闪闪的灯笼，连同爆竹的噼噼啪啪火光，将沉寂的夜幕打破，给人民带来了吉祥、欢乐和幸福。

（图片均由娄底市非物质文化遗产保护中心提供）

18. 湖北: 安陆麒狮舞（编号: 省Ⅲ-Ⅲ-23）

安陆麒狮舞是湖北省安陆市一项历史久远、独树一帜的民俗活动。麒狮舞以其独特的艺术形式深植于当地民众心中，成为当地民众喜闻乐见的一种文化娱乐活动。

安陆麒狮舞历史久远

据传南北朝时，安陆有一个将军回老家省亲时，百姓们对他讲述的舞狮子、舞麒麟很感兴趣。于是，将军将舞麒麟、舞狮子的表演套路融为一体，改为麒狮共舞。又因这种舞蹈需要体力、耐力较好的青年男子进行表演，他又将以前旧部官兵中会武功的部下招来，参加麒舞、狮舞表演和武功表演，从而形成了本地的一种民间表演模式。清道光年间撰修的《安陆县志》中，有一段有关麒狮舞的记载："或聚族为龙灯，或披锦为狮猊，咸鼓吹导之。"可见当时麒狮舞表演非常繁盛。

麒麟头

狮子头

麒麟头和狮子头都是用竹篾、彩布、彩纸等扎制而成的。人们相信麒狮做成后，在它两眼之间贴上一个用金纸剪的大"王"字，它就有了灵性。

扎制麒狮时有两个特殊仪式。

一是当扎制麒麟头和狮子头进入最后一道工序时，要举行点睛仪式。此仪式需要请当地德高望重的老人重墨浓蘸，将麒麟、狮子的双睛"点醒"。人们相信自此它们就有了灵性和神力，不可对其贸然无礼或不敬。

二是在麒狮舞正式表演之前，还要举行隆重的请灵兽仪式。在堂屋内或大门前，麒狮头朝里、尾朝外，安放在板凳上，头前摆设香案，点蜡燃香，由舞队领头人净手烧香化纸，朝麒狮叩拜行礼。据说，当礼节完毕之时，袅袅香烟中，两灵兽就来到人间，跟麒、狮、人融为一体，送福百姓。

村民扎制的麒麟头和狮子头

祭拜之后，麒狮队可挨家挨户地在周围乡亲的门前进行表演。麒狮舞表演不分昼夜，表演到哪家，哪家门口就摆设香案，放鞭炮，向来到自家门前的麒狮进行祭拜，希望给家人带来一年的好运。晚上表演时，每家的大门外都点上灯笼，观看的人手里也要提一盏灯笼，跟随麒狮队边照边看。麒狮队在一个村子表演完到另一个村子去的时候，大伙走在弯弯曲曲的田间小路上，一眼望去如同一条蜿蜒的火龙，十分壮观。

麒狮共舞是安陆麒狮舞最大的特点。其基本动作有打扛、理胡须、咬痒、咬嘴、咬脚、吐字、睡觉、打滚、比势、踩八卦、夺绣球、吐含绣球等二十几个，该舞蹈动作活泼生动、憨态可掬、灵巧稳健。在麒狮舞表演的同时，还进行武术、杂艺的表演，如刀枪棍棒、南拳北腿、顶碗钻圈、板凳高桌、气功踩青等。并用大鼓、大锣、大钹、小锣、马锣等器材辅佐表演。不过令人遗憾的是，由于时代变迁，一些功夫与技艺现已失传。

（图片均由湖北省安陆市文化馆提供）

19. 青海：新安狮子舞（编号：省Ⅳ-Ⅲ-2）

新安狮子舞是青海省平安县新安村一项具有地方特色的民俗活动。其源于清代，至今已传承160多年。每年农历正月初八至正月十五，新安狮子舞就成了当地最受欢迎的民俗活动之一。新安狮子舞还被称为神狮舞，被当地民众视为风调雨顺、消灾除病的象征。

当地民众在展演活动前装饰狮子（丁秀萍拍摄）

据说，新安神狮来自印度，是一头雌狮，曾被当地民众供奉为土主神。清咸丰元年（1851年），村里瘟疫四起，人畜不旺。为求得神灵保佑，新安村请来巫师卜卦辟邪，驱逐瘟疫。正月初八为吉日，由巫师和舞狮人将制作好的狮子点七巧（眼、耳、嘴、鼻等）后请进村子，并烧香化裱，搭红，舞狮。舞狮结束后，村里人请求舞狮人传授舞狮技艺，这位姓王的舞狮人告诉大家，他的舞狮套路是一位白胡子老人传授给他的，并告之非王姓者学艺不得教授舞狮。从此，新安村传承至今的舞狮者都是王家人，而且只传男不传女。

此后每到农历正月初八，当地民众便簇拥着村里德高望重的老人，直奔大墩岭，由老

踏神路（丁秀萍拍摄）

人用针、红布给狮子开七窍。然后狮子即作为土主神下山，为村民驱邪禳灾，祝福吉祥。村民们遵循旧例，早早做好迎神的准备。狮子一路奔来，直达村中场院，开始表演。

相对于青海其他地方的"武狮"而言，新安狮子属于动作温顺的"文狮"。新安狮子舞由一大、两小三头狮子组成，表演过程中也没有引狮人，全凭贯穿始终的鼓、锣、铍、唢呐的伴奏引领表演。其中，舞大狮子时，两个舞狮人藏在狮身里，一个人耍狮头，另一个人耍狮尾。由于狮头太重，耍狮头的人要双手举着狮头里的两个手柄来舞。小狮子则可以由一人钻进狮身内表演。

新安村狮子舞中的大狮子（雌狮），俗称"太狮"；两头小狮子，俗称"少狮"。新安狮子舞动作主要有三起三落（亦称三摇头）、跑圈、耍四门、生产（腹痛左右舔毛，浑身颤抖喘气等）、四门逗子、三级连升、背狮娃、过关等。

狮子随着锣鼓点的轻、重、快、慢，忽而翘首仰视，忽而低头回顾，忽而回首匍匐，忽而摇头摆尾，将狮子的顽皮活泼，以及太狮产崽后与幼崽亲热嬉戏的欢悦之情表现得活灵活现。雌狮产崽的表演，寓意着人丁兴旺、健康平安。舞狮结束后，尤其是刚满周岁的小孩，会被父母抱着从狮子腹下穿过，当地称为"过关"，以期消除病魔，祈求四季平安。

村民展示舞狮技艺（丁秀萍拍摄）

（图片均由青海省非物质文化遗产保护中心提供）

20. 重庆：潼南县花岩女子狮舞（编号：市Ⅳ-Ⅲ-38）

潼南县花岩女子狮舞主要流传于重庆潼南县花岩镇。花岩女子狮舞从地域上分属于"南狮"，按种类分属于"文狮"，有鲜明的特色。狮子做工精致细腻，加之舞狮参与者和传承人全部为女性，在狮子的动作中融入模仿女子日常生活中的梳头、洗脸、打扫卫生等动作，风格迥异于传统狮舞高大威武的形象，所以名为"女狮"。

女狮主要流传于潼南县花岩镇（陈小蓉拍摄）

花岩女子狮舞历史悠久，由于时间久远，创始人具体姓名不详。传说，当年的创始人看见丈夫舞狮，也想加入舞狮队，但当时妇女的社会地位很低，加上丈夫舞的是"武狮"，动作难度大，身体素质要求高且带有一定的危险性，丈夫就拒绝了她的要求，但这位创始人巾帼不让须眉，立志要完成自己的梦想，便悄悄地组建了一只女子舞狮队伍。她自创动作套路，将女性的日常生活融入狮舞动作中，并立下传女不传男的规矩，后来的继承者也基本遵循了这一规矩。

花岩女子舞狮队日常习练舞狮技艺

花岩女子狮舞的道具主要有乐器、狮子、洗脸盆、镜子、毛巾等。

女狮的表演中有两种主要角色，一人逗狮子，两人舞狮，共需三人扮演。笑罗汉由一人扮演，扮演者头带笑罗汉面具，身穿一套绿色衣服，脚穿布鞋，左手拿文刷，右手执鹅毛扇，步法如武术中的马步，虚步，双肩微微颤抖，两手在胸前由内向外交换划动，呈摇扇状，随着音乐频频点头或摇头。

狮子由两人分别扮演狮头和狮尾，这两人也是穿一套绿色衣服，脚穿布鞋，身披狮皮。表演时，要求两人配合默契，走、跑、跳跃协调一致，并要充分模拟狮子的特征动作，如摇头、舔腿、舔胯、打滚、翻皮等。

代表性传承人董明芳参加舞狮展演（陈小蓉拍摄）

表演开始时，狮子先上场，匍匐在场地中央呈睡觉状。音乐起，笑罗汉踩着节奏出场，手里拿着面具向四面观众致礼，敬礼完毕后戴上面具，拿起镜子给自己左照照、右照照，摇摇头，表示不满意自己现在的形象，于是上上下下把自己打扮一番。

接着，笑罗汉去把睡觉的狮子逗醒，随后在狮子身上做刚才给自己打扮的同样动作，先是照镜子，然后给狮子洗脸、梳头，从头到尾地梳理至狮背之上。狮子在这个过程中慢慢醒来，懒懒地伸伸腰，微微地眨眨眼，这时的音乐较舒缓。

狮子醒来后，在笑罗汉的引导下慢慢地绕场一周，然后回到舞台中间，在笑罗汉的逗弄下做出舔尾、舔腿、翻滚、抖动身体等动作，更是把自己打扮得容光焕发。游览结束，笑罗汉引导着狮子东、南、西、北四个方向跳跃板凳，表示打开四方财门。然后狮子趴下，表示自己需要休息睡觉。笑罗汉又重新给狮子梳头、梳背，表示把旧东西去掉，迎接新的东西。狮子这时缠住笑罗汉的腰表示自己很高兴，感谢主人的爱护。至此，表演完毕。

（除署名拍摄外，其余图片由重庆市潼南县文化馆提供）

21.陕西：复兴武狮（编号：省Ⅴ-Ⅵ-15）

　　复兴武狮源自陕西省周至县复兴村，是一项集武术、舞蹈、健身、娱乐于一体的传统民俗活动，具有悠久的历史与很强的地域特征。其演出场面大气壮观，高潮迭起，尤其在晚上的表演，更具艺术感染力。此外，复兴武狮还具有较强的民俗文化特征，表演前要先上庙祭神，狮子游街时，村民要转圈、摸狮身求福祈寿。狮舞表演时，主持人常说吉祥话，活跃气氛。

复兴武狮表演时的热闹场面

　　复兴武狮是周至舞狮的源头，其历史可以追溯至清朝。山东曹州府有一位拳师名为岳涡流，从小跟师傅张大功学习武艺，练就一身武功。有一年，他给八旗亲王之子教授武术。在习武中，亲王之子因用功过度而夭折，依律本当问斩，但亲王爱惜人才，只将岳涡流发配至周至县马召镇。在马召镇

当地民众观看武狮表演

流放期间，岳涡流授艺于王廷海、雷大壮，后又传授给周至县广济镇商家磨的辛夺奇。此后，岳涡流以弟子为骨干，创立了一支武狮表演队，活跃于府县之间。由于弟子们武功根基扎实牢靠、动作娴熟优美，表演深受当时百姓的欢迎。

复兴武狮道具主要包括武狮表演道具与武术套路道具两类。其中，武狮表演所用道具有大方桌、高木梯、长板凳、七星桩、大连枷、绣球、旗帜、日月杯山岭布景等。武术套路表演道具有刀、枪、剑、棍、流星锤等兵器。此外，还要准备一些鞭炮、烟花、红布等。引狮者身穿古装，手握绣球等道具。表演者身着狮头、狮尾登场。锣鼓队也有相应服装。此外，武狮表演时多以打击乐壮声势，常用乐器有锣、鼓、铙等。

舞狮子有文狮和武狮两类。其中，文狮以模仿狮子的形态为主要特征，武狮则以凶猛为主要特征。复兴村的狮子属于武狮，通过狮子群舞、打斗、上山、越岭、攀岩等高难度动作，表现出武狮的凶猛有力、武艺精妙、攀技高超。其主要节目包括"高空节目"与"地摊节目"两种表演形式。其中，高空节目主要有狮子过桥、走钢丝、走七星桩、过八星阵、桥底寻宝、爬山、滚绣球等；地摊节目主要有日月杯和狮子、大刀和狮子、大连枷和狮子、红缨枪和狮子、单刀和狮子、双刀和狮子、绣球和狮子等。跑地摊时，狮子还要做出各种动作，观赏性很强。

舞狮表演与武术表演相配合

此外，复兴武狮还有一些相关习俗，如不论年节还是平时，舞狮子都要从庙上开始；狮子要走家串户；过庙会遇到其他社火表演队，需要避让道路时，武狮队就会举起黄裱，犹如通行证一般畅通无阻；固定场地表演称为总场子；武狮表演和武术表演应相互支持、相互配合；武术套路表演也有一定的次序。

（图片均由周至县文化馆提供）

清代绿地粉彩婴戏纹双螭耳撇口瓶上的图案（局部）（现藏于北京故宫博物院）

第九章

舞龙类非物质文化遗产

舞龙是起源于我国的一种民间传统文化活动。在数千年的历史延续中，作为龙文化的一种独特展现形式，舞龙融汇了各族人民的信仰，承载着深厚悠久的历史文化。

一、中国龙文化

如若要从中国流传千年、浩如烟海的文化体系中遴选出一种最具中华民族代表性的文化，龙文化应为首选。在华人世界，人们对于"龙"怀有一份特殊的感情。因为，龙不仅可以兴云降雨，还象征着吉祥、财富、前途和权力。

作为中华民族文化的象征，关于龙的起源却一直众说纷纭，大致可以分为两类观点：一类认为龙的原型是某种生物或几种生物的组合；另一类认为龙的原型是某种自然天象或多种天象叠加组合而成的，如由云雾、虹霓、雷电、龙卷风等所构成的物候现象的组合等。

中国现存有关龙的科考发现，龙的信仰可追溯至上古文明时期。1987 年考古专家在位于河南省濮阳县城西水坡仰韶遗址中发现了用蚌壳精心摆塑的龙虎图案，昂首、弓身、长尾，前爪扒、后爪蹬，状腾飞。此龙距今已有 6000 多年历史，被考古学者验定为"中华第一龙"。1994 年中国考古专家在对距今约 8000 年的"前红山文化"遗存查海遗址考古挖掘时，发现了更为古老的龙。古村落的中央位置有一条用大小均等的红褐色砾岩摆塑的龙形，这条龙全长 19.7 米，头部最宽处约 2 米，呈刚首张口、弯身弓背状，是我国迄今为止发现的年代最早、形体最大的龙。除此之外，考古专家还在湖北黄梅、浙江余杭等地发现了上古时期遗留下的与龙相关的遗迹，均带有龙神崇拜的特点。

河南省濮阳县城西水坡仰韶遗址中的"中华第一龙"

商周时期，龙文化得到了更广泛的传播，"龙"字出现在商代的甲骨文和金文中，主要表达的是向龙祈祷、向龙卜问晴雨、希望龙能预示利于实现愿望的信息、指明灾祸等内容。到了秦汉时期，龙文化信仰更加昌盛。《史记·天官书》提道："轩辕（黄帝名轩辕），黄龙体。"即黄帝就是黄龙的化身。黄龙即是龙帝，是龙族之首，在汉代的典籍中也有提及。"黄龙者，四方之长，四方之正色，神灵之精也。能巨，能细，能幽，能明，能短，能长，乍存，乍亡。王者不滤池而渔，德达深渊，则应和气而游于池沼。"这段文字生动地描绘了黄龙的形象。后世所熟知的龙的"九似"特点是由东汉思想家王符提出的，即角似鹿、头似驼（马）、眼似兔（龟）、项似蛇、腹似蜃、鳞似鱼、爪似鹰、掌似虎、耳似牛。这一时期，龙还因自身特有的神秘色彩和超凡的能力，与皇权紧密地结合在了一起，成为帝王尊贵、吉祥、权利的身份象征。

对于平民百姓而言，龙是呼风唤雨的神奇力量，更是漫长农耕文明社会中的人们祈求风调雨顺、五谷丰登的信仰图腾。龙是象征喜庆吉祥的瑞兽。人们对于龙的崇拜与信仰也衍生出了无数与龙相关的文化习俗，如拜龙王庙、元宵节舞龙、二月二龙抬头、端午节划龙舟、食龙须面、生肖龙、看龙脉等。其中，农历二月初二为汉族的"龙抬头节"，覆盖面广，影响也大。在中国，推崇龙的不只有汉族，55个少数民族也都或多或少存在对龙的信仰与崇拜，并流传下来大量与龙有关的传说，如彝族的"龙女献斋"、普米族的"祭龙神"、白族的"九隆神话"、藏族的"龙女"、土家族的"地龙灯"等。

总而言之，舞龙之所以能够在中国传承数千年而不衰，正是源于其扎根于厚重的中国龙文化。龙文化可谓中华民族整体的文化象征，为中华儿女所接受和崇拜。从龙文化出发，加强对于舞龙背景文化的了解，有益于我们更深刻地感知中华传统文化的多元与活力。

清代年画中的舞龙活动

二、舞龙的起源与发展

在中国龙文化中，最能代表龙的神韵和灵动特征的表现形式，当属舞龙文化。舞龙，又称舞龙灯、耍龙等，历史悠久，分布广泛。舞龙是起源于祭祀活动的一种舞蹈，与远古时期的生产活动中产生的龙崇拜有关。《易经·乾卦》记载："云从龙，风从虎。"《左传·昭公二十九年》记载："龙，水物也。"这些记载都表明，中国古代人认为龙是掌管雨水的神灵。所以，古代先民常常祭祀龙神，求龙神保佑风调雨顺、五谷丰登。《周礼·春官·司巫》记载："若国大旱，则帅巫而舞雩。"这说明当时农民祭祀求雨的做法，是由巫师羽士做法，模仿龙的姿态舞蹈，以求达到祈雨的效果。

据汉董仲舒《春秋繁露·求雨》记载，汉代求雨会根据节令不同举行相应的祭礼，但都离不开舞龙[1]。山东沂南北寨村东汉晚期画像石墓中室东壁上的乐舞百戏石刻为我们提供了汉代鱼龙之戏的形象资料[2]。在中国南北朝时期的百戏中，也有舞龙的记载。

伴随龙文化在中国的发展，舞龙也逐渐与最初的祭祀活动分离，发展成一项与相关岁时节庆密切结合、兼具民间信仰与娱乐性的民俗活动。南宋吴自牧在《梦粱录》中提道："元宵之夜……草缚成龙，用青幕遮草上，密置灯烛万盏，望之蜿蜒如双龙之状"，同一时期的辛弃疾也有"凤箫声动，玉壶光转，一夜鱼龙舞"的诗句。明清两代，舞龙灯之风更盛。据清道光年间的《沪城岁事》记载："游手环竹箔作笼状，蒙以绤，绘龙鳞于上，有首有尾，下承以木柄旋舞，街巷前导为灯牌，必书'五谷丰登，官清明乐'。"明末诗文家阎尔梅在《丙午元宵》中提道："八宝龙灯舞万回，灯光趵璨百花台。"

时至今日，舞龙民俗活动依然盛行。同时，在以竞技为主的现代体育的影响下，舞龙也开始走向竞技化道路。除了民间岁时节庆的舞龙民俗文化活动外，舞龙逐渐演变为现代竞技比赛项目。1994年5月，国家体育运动委员会将舞龙运动列为竞技体育项目，并在福建福州举办第1届全国舞龙"佐海杯"邀请赛，这是第一次全国舞龙比赛。1996年10月，《中国舞龙舞狮竞赛规则》制定实施，舞龙运动在第3届全国农民运动会上成为正式比赛项目。截至2019年，我国共举办了12届全国舞龙舞狮锦标赛。同时，全国青少年舞龙舞狮锦标赛、全国大学生和中学生舞龙舞狮锦标赛也陆续举行，吸引了众多青少年参加其中，使舞龙运动在全国各地得到更大范围的传承与推广。

---

[1] 崔乐泉.体育史［M］.北京：高等教育出版社，2018：61.

[2] 肖丽，马芳.民间舞龙舞狮［M］.长沙：湖南美术出版社，2010：33.

1995 年 1 月 23 日，国际龙狮总会在香港成立。1997 年 7 月，国际龙狮总会执委会秘书处迁至北京。1996 年 5 月在上海举办了第 1 届国际舞龙比赛。2000 年 11 月 11 日，第 1 届世界龙狮锦标赛在广东省三水市举行，12 个国家和地区的 25 支龙狮劲旅参加角逐。国际龙狮总会成立后，完成了《国际舞龙南狮北狮奖赛规则、裁判法》的制定，明确了舞龙比赛的相关规则。2011 年出版的《国际舞龙南狮北狮竞赛规则、裁判法》规定：比赛中每支舞龙队人数不超过 13 人，比赛时间为 7～10 分钟，比赛用音乐一律采用音乐带伴奏，强调了运动员礼仪和行为规范。此外，依据竞赛项目，舞龙可以划分为规定套路、自选套路、传统项目、夜光舞龙、技能项目五大类比赛形式，在评分细则上也各有侧重；依据竞赛类型，可以分为单项赛和全能赛两种；依据参赛性别，可以划分为男子组和女子组；依据参赛年龄段，可以划分为成年组、少年组、儿童组三类；依据竞赛成绩，可以划分为不同等级赛[1]。

至此，舞龙运动主要有两条发展路径，一条是舞龙沿着千百年来的传承路径，继续在乡村城镇的岁时节庆中蓬勃发展，成为活跃于民间的传统体育活动；另一条是在舞龙运动融入现代体育的竞技元素，向着技术高难度、竞赛规范化的方向发展，由民俗活动逐渐演变为现代竞技舞龙。

同时，伴随中国文化对外开放水平的提高，国际间文化交流的增多，以及数百年来华人面向全世界的迁徙，舞龙习俗在世界范围内得到了更广泛的传播。如今，舞龙运动遍布各大洲华人聚集的地区，已经成为辨识中华文化的一个重要标志。

三、舞龙类非物质文化遗产的分布

"百里不同风，千里不同俗。"受民族历史文化、社会经济、地理环境等因素的影响，舞龙在我国的地理分布及各地舞龙活动的表现方式都各具特色。

从我国第 1～5 批国家级和省级非物质文化遗产舞龙类项目申报空间分布看，我国舞龙项目分布广泛，除了新疆、西藏、云南、黑龙江、吉林等地没有舞龙项目外，其他省份都有舞龙项目。其中，舞龙类非遗项目最多的是华东地区。

从舞龙类非遗项目的地理分布可见，我国的舞龙类非遗项目的分布具有较强的空间集聚性和区域差异性，呈现出东密西疏、南多北少的特点。以浙江和重庆为中心，分别形成了一个高密度分布核心圈和一个次级密度核心圈。由此可见，我国舞龙主要分布在长江和珠江流域。在河流密布、湖泊众多的地区以农耕为主，无论是降水过多还是过少都是一种生存威胁，百姓们通过时常向龙神祈祷或表达敬意，以期获得主司雨水的龙神的垂青，保佑当地风调雨顺，让族群不断繁衍生息。

---

[1] 国际龙狮运动联合会.国际舞龙南狮北狮竞赛规则、裁判法（2011）[M].北京：人民体育出版社，2011.

四、舞龙类非物质文化遗产的类别

我国舞龙类非物质文化遗产的地域分布广阔，各地舞龙种类繁多，具体形式也是丰富多样。以下从舞龙涉及的不同要素对其进行划分。

清乾隆绿地粉彩婴戏纹双螭耳撇口瓶（局部）（现藏于北京故宫博物院）

依据龙体外形，可以将舞龙划分为全龙、断头龙和段龙三种。全龙的龙头、龙身、龙尾是连在一起的；断龙头的龙头与龙身是分离的；段龙又称"脱节龙"，龙体由多个段组成，各个段节是分离的。

依据龙身的材质，舞龙可以分为布龙、草龙、香火龙、板凳龙、纸龙、竹子龙、木龙、纱龙、百叶龙、鸡毛龙等。除了传统的龙形象，有些地方出现了别出心裁的创意，如采用的是代表美好寓意的绣球、桃子、蚕、蛇、鱼等物体组成龙身，而这些龙就被对应称为绣球龙、桃子龙、蚕龙、蛇龙和鱼龙等，算是一些另类的舞龙。

依据舞龙的玩法组合，舞龙可以与舞狮子、舞麒麟、舞凤凰等共舞，因此可以分为狮龙舞、鱼化龙、龙凤灯舞等。有的地方甚至会在水里舞龙，称为舞水龙。也有的地方会使用鞭炮或火炮舞龙，故称为炸龙、火龙等。

依据舞龙的地域，舞龙可以分为南龙和北龙两大类。通常以秦岭—淮河为南北龙的分界线，北方舞龙通常具有龙体庞大、刚健、粗犷的形象特点，而南方舞龙则具有龙体轻巧、细腻、典雅的形象特点。但随着时代的发展、交流的便利，南龙和北龙也渐渐出现相互融合的趋势。

依据舞龙灯的风格，舞龙可以分为文龙和武龙。文龙主要表现龙的气质和神态，动作稳健端重。武龙重于技巧，着重表现龙的雄伟气魄，动作矫健灵活。

可见，舞龙在不同的民族与地域环境下孕育和发展，产生了很大的表现差异，但这些表现差异并未影响人们的共同期盼，即表达人们敬畏自然、祈求平安的美好愿望。如今，龙已经成为中国社会的一种文化图腾、精神象征、文化标志和情感纽带，牢牢地铭刻在中华民族文化认同的深处。

清代粉彩婴戏纹瓶上的舞龙图案

1. 重庆：铜梁龙舞（编号：国 I-III-4）

铜梁龙舞是流传于重庆铜梁各乡镇的极具特色的民俗活动。铜梁龙舞与民俗活动紧密相连，套路丰富，道具构思巧妙，造型夸张，群众参与性很强。铜梁龙舞既有北方龙舞刚猛有力、激烈奔放、浑朴昂扬、表达直接的"刚"，又有南方龙舞柔缓细腻、轻捷矫健、活泼灵巧、变化有致的"柔"。铜梁龙舞集高、难、精、美于一身，用丰富的动作和套路有声有色地展现出巨龙翻滚腾飞的雄姿。

铜梁"龙凤呈祥"参加中华人民共和国成立 50 周年晚会

据铜梁民间传说，古时铜梁县域琼、涪二江常发大水，淹没人畜和庄稼，百姓视龙为神圣，与龙结下不解之缘。每年新春耍龙灯拜年、端午赛龙舟祭江、大旱玩黄荆龙求雨，都是在祈求神龙保佑。古往今来，相沿成习。时至当代，早已成为一种群众性的文化娱乐活动和体育锻炼活动。

铜梁扎龙艺术家博采我国南北龙具扎制技艺之长，突出自己特点，扎美、扎活、有灵气。在扎制技艺上，采取了包括竹铝兼作、真丝裱皮、复色描金、组装龙头、金片点睛、口中含宝、曲唇翘颚、立体成腮、充填脊尾、美饰龙腹、新法制鳞、通篾作脊、狸鲤鳌促

精彩纷呈的铜梁火龙

活、软化鱼鳍、强筋固缝、电光照明、螺钉固柄、云水合牌等 20 余项改进措施，使扎制工艺古朴，制作精巧，色彩鲜艳，图案清晰，装饰性强，龙头、龙身、龙尾三个主要部分都极为别致。

铜梁龙舞的龙头取型雄狮大张口，使龙头高耸、口含宝珠、鼓目突腮、虬角劲健、长髯飞鬃，神态十分端庄和威严。其龙身硕大，既有北方龙的高、大、长特点，雄伟、庄重、浑实；又有南方龙的轻巧、灵秀、精致特征，能够伸缩自如，便于玩舞和展示技巧。整个龙体由 24 节组成，全长为 54 米。根据舞龙场合变化等特殊要求，龙体可增至 50 节甚至 100 节，超长者可达百米以上。

铜梁龙舞包括龙灯舞和彩灯舞两大系列。龙灯舞主要包括大蠕龙、火龙、稻草龙、笋壳龙、黄荆龙、板凳龙、正龙、小彩龙、竹梆龙、荷花龙 10 个品种，其中，以大蠕龙最有特色。彩灯舞主要包括鱼跃龙门、泥鳅吃汤圆、三条、十八学士、亮狮、开山虎、蚌壳精、犀牛望月、猪啃南瓜、高台龙狮舞、雁塔题名、南瓜棚 12 个品种。在盛大庆典中，可以多至 9 条巨龙同场竞舞。

2010 年铜梁龙舞在上海世博会英国馆前表演

铜梁龙的动作套路也极为丰富，早期有"龙出洞""之字拐""三点头""拜四方""龙舔须""下钻洞""上翻身""绕'8'字""大盘龙"等。可同时采用游、滚、翻、穿、绕、盘、腾、跃等多种技法，相互穿插运用，对龙的翻腾飞舞进行了淋漓尽致的表现。

（图片均由重庆市铜梁县文化馆提供）

2. 广东：湛江人龙舞（编号：国 I-III-4）

广东湛江人龙舞是一种以人体造型为主的娱乐性活动，于明嘉靖五年（1526 年）在沈塘圩始创。湛江人龙舞初为当地群众即兴的娱乐舞蹈，后演变为当地中秋节狂欢夜（农历八月十五、十六两晚）的压轴节目。明清时期，人龙舞曾盛行于雷州府三县九所，现分布于雷州市沈塘镇沈塘圩。鉴于沈塘地理位置显要，多面濒海，为防灾患，人们常用舞龙来祈雨祈福、彰显力量、颂神娱己，以保佑一方风调雨顺。

湛江人龙舞表演

古时沈塘东濒南海，潮灾频仍，百姓期望主管水族的"龙"能平息水患。明嘉靖五年（1526 年），当地富商陈仕恺投巨资兴建沈塘新圩，造福一方百姓。当地百姓为了盛谢陈公这一壮举，便在街上集队欢庆，载歌载舞。成年人激动地把小孩抬上肩膀并卧置其肩，一个接一个，呈现人们期盼中"龙"的形状，满街狂舞……形成了沈塘人龙舞雏形。《雷州府续志》对此情此景曾有所记载。

湛江人龙舞的表现形式非常特殊，龙首、龙身、龙尾都是用人体接架组合而成的。可见，沈塘人龙舞最重要的组成部分便是人，且大部为青壮年男性。此外，还需龙珠、斗笠、香火、草把、绸带和服饰等道具。湛江人龙舞的表演队伍一般长十来米，由五六十人组成；也有长数十米，由百余人甚至数百人组成的。表演者头扎黄、红两色头巾，身穿黄色或者青色短胯龙衣，配以红色肚兜或腰带，臂、腿都扎上绑带，就变成了黄龙或青龙，显得坚实有力。

过去每逢中秋或丰收时节，当地人都要在街道或广场上表演人龙舞，每次表演都要持续三晚。湛江人龙舞主要有三大类：裸上身举小孩串联起来成龙的称为原生态舞"活龙"；舞动长布匹为龙的称为舞"布龙"；穿彩衣举龙珠，表演色彩浓厚的称为舞"人龙"。整支队伍由"龙珠"指挥，"龙珠"会引导整条队伍做出不同造型，跳出不同舞蹈。

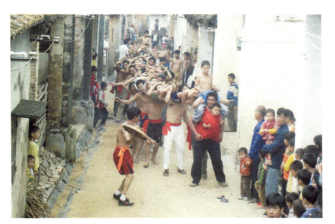

当地村落中原生态舞"活龙"

舞"人龙"富有阳刚之美

湛江人龙舞表演时少则数十人，多则数百人参加。其中，人龙舞的龙头由一个身高力大的青年身负三个小男孩组成，分别代表龙舌、龙眼、龙角，或者"龙头"由一个身强力壮的青年担当，胸前用红绸带抱绑一个小男孩为"龙舌"，肩上坐一个小男孩，双手各执一束香火置于两旁为"龙眼"。龙身由青年肩扛着仰卧的小男孩，一节一节地连接起来。由青年肩扛着一个双脚叉开的小男孩，以示龙尾，或者由一个腰力较好的小男孩倒背在最后一个"龙脚"身后，双脚叉开，双手紧握一扎插满香火的草把不停地挥舞，呈起伏摆动状。湛江人龙舞能舞动出"双龙出海""二龙戏珠""龙腾激浪""高塔盘龙"等一系列高难度动作。

（图片均由徐闻县文化馆和代表性传承人谭妃伍提供）

3. 上海：舞草龙（编号：国Ⅱ扩-Ⅲ-4）

上海松江叶榭舞草龙是一种由民众生活演绎并传承至今的传统民俗活动。人们以草龙舞的方式求雨、祭神、娱乐，其中包含了历史、民俗、艺术等内容，是上海松江区极具地方特色的一种艺术表现形式。它发源于民间百姓祈盼风调雨顺、五谷丰登的祭祀性活动，反映了古代劳动人民在生产条件匮乏的情况下对美好生活的憧憬和心灵上的寄托，是中华文化地方民间信仰的产物。这种接近古代原生态的祭龙求雨仪式，因具有整合村落集体力量的文化功能，现已传承了近千年。

叶榭舞草龙

松江自唐代成镇以来，尤以稻作文化闻名于世。稻作的生产依附于水利的发达，尽管当地水资源丰富，湖泊、河流、港汉纵横交错，但在农耕社会靠天吃饭，若遇天旱仍会成为灾年。因此，草龙舞作为一种民间祭祀活动，就在这样的自然背景下出现了。

传说"八仙"中的韩湘子是叶榭埝泾村人，为解家乡旱灾，召来东海"青龙"，普降大雨，使叶榭盐铁塘两岸久旱逢甘霖。从此，舞草龙求雨成为叶榭民间的一种习俗，并影响了周边地区。

叶榭舞草龙的龙衣全部用稻草扎成

后在其发展传承过程中，形成了草龙舞、滚灯舞、水族舞等民俗舞蹈。

草龙全身分七段，长 10 米左右，龙骨全部用竹篾扎成，龙衣全部用稻草扎成，每段竹篾扎成直径为 25 厘米的圆圈，用稻草沿圈扎紧，用三根麻线连接起来。龙球用竹篾扎成直径 22 厘米的圆形架子，用粉红色布缝合，一根铁丝穿过中心，扎在竹叉中间，竹柄长 1.1 厘米，直径为 4～5 厘米。龙尾用直径为 15 厘米和 20 厘米的两道竹圈扎成，长度为 1 米。舞龙杆共 7 根，每根长约 1.3 厘米，其中 25 厘米分上下两道扎在每段竹圈上。

草龙头点睛

松江舞草龙求雨仪式包括舞龙和其他舞蹈表演，其中舞草龙是整个表演的中心，具有浓烈的信仰色彩。每年逢农历五月十三、九月十三为当地"关帝庙会"，人们均头戴斗笠，身披蓑衣，足穿草鞋，舞草龙求雨，祈求一年四季风调雨顺、五谷丰登。草龙求雨仪式除序幕、结尾处出现信女手拱香案、跪地求神外，其基本动作与一般龙舞相似。草龙求雨中的舞龙风格深沉，身段动作迟缓，锣、鼓节奏简单。演到"降雨"段式时，先由寺庙僧人泼洒，再由村姑将盆中之水不断泼向观众，意谓"泼龙水"。泼到龙水即为吉利，故观者纷纷争着让村姑泼水，将仪式推至了高潮。

（图片均由上海市松江区叶榭镇社区文化活动中心提供）

4. 湖北：高龙（编号：国Ⅱ扩－Ⅲ－4）

湖北省武汉市汉阳区的高龙表演独树一帜，造型十分独特。从古至今，汉阳区许多乡镇都盛行舞高龙，当地民众通过舞高龙祈求风调雨顺、国泰民安。这一活动深深地融入当地群众的生活。

精美的高龙

传说，汉阳高龙起源于唐代贞观年间。时值中原大旱，西安城百日无雨。皇帝李世民以"真龙天子"的身份上书玉帝求雨，玉帝遂要求龙王按照"西安城内三寸，城外四寸"降雨。但龙王却反其道引之，一时间西安城内洪水泛滥。玉帝龙颜大怒，下令立即斩杀龙王，由魏徵奉玉旨监斩。龙王无奈，向相士求救，相士指点他向李世民求情。于是，李世民急宣召魏徵进宫伴驾弈棋，帮助龙王逃过午时之劫。君臣弈棋之时，魏徵忽然伏桌而睡，仍在梦中将龙王斩杀为数段，向天庭缴旨。当时，李世民见魏徵睡得满身是汗、气喘吁吁，于是传旨为魏徵扇凉，不想当时魏徵正追龙王不得，得李世民三扇之助，一手抓住龙王，遂使龙王被斩杀。

后李世民遂下令每年正月初一至十五祭祀龙王。民间将被斩的13段龙身称为十三太保，并在龙身上饰以八卦图案。自此，高龙就逐渐成为人们在春节时祭祀、庆祝的一种民俗活动。

高龙制作材料以绸缎、彩条、彩纸、竹篾条等为主

汉阳高龙由龙头、龙身、龙尾三部分组成，共12节，属切割式结构，非常讲究篾竹工艺的完整性。高龙龙首呈"乙"字形，蕴含着人类旺盛的生命力。龙角粗壮，龙眼浑圆，由一根碗口粗的毛竹作为主骨，贯穿龙首，托举起来，高度为5～6米，重量为40千克左右。过去龙衣制作用的是对子纸和皮纸，现在用的是红绸缎和丈子布，还需用金箔纸和塑料绳剪出形状、颜色各异的龙鳞、颈部的八卦图案、龙鳍、龙角、龙珠等装饰品，并分别将它们缝到相应的位置。装上眼睛，插上令旗。高龙制作工艺复杂，即使是一个熟练的扎龙老师傅，每年也只能扎两三条。

舞高龙绝技——口衔齿托
（陈小蓉拍摄）

汉阳高龙的舞法与其他龙灯舞法不同，属于竖式舞法。高龙龙头由4人或5人依次表演，每人包揽一两项绝活。另有持龙凤旗的5人，敲锣鼓的4人，舞龙身的12人，舞龙尾的1人和总指挥1人，所有舞龙灯节每轮跑动一次，穿插、游动，与锣鼓点同步，跑动时一般按照八卦进行，寓意风调雨顺。

舞高龙的绝技是代表性传承人刘卫祥的"口衔齿托，跪地行走"。表演这一绝技时，刘卫祥需将碗口粗的竹竿托在下齿之上，然后将双手撒开或者双手合十，仅靠下颚的力量托起5米高、近50千克的高龙龙头跪地行走。表演中除了要注意风向，还要调整重心和步伐，需要非常好的平衡能力和扎实的腰腿功。

（除署名拍摄外，其余图片均由代表性传承人刘卫祥和江欣苑社区提供）

5. 江苏：骆山大龙（编号：国Ⅱ扩-Ⅲ-4）

南京市溧水区的骆山大龙是一项集体育、舞蹈、音乐、艺术、仪式于一体的民俗表演项目，也是一项适宜老、中、青、儿童共同参与的大型集体项目，还是骆山村及周边地区的重要民俗活动之一。骆山舞龙的时间一般从腊月二十四开始，一直持续到次年正月十八。此时，正值冬季枯水时期，有大片湖滩可以利用。骆山大龙龙身巨大，体长将近百米，号称"江南第一大龙"。每年的舞龙活动也是骆山村人的盛会，每家每户都要派一人参与，不仅有青壮年，还有8～12岁的小孩，参与人数达500余人，体现了骆山村全村人团结一起，祈求丰收和幸福生活的美好愿望。

骆山大龙号称"江南第一大龙"

骆山大龙自明清时期一直传承至今，并无文字资料可查。据骆山村老一辈的人讲述，相传明朝万历年间，该村有一名叫杨培庵的进士，曾先后出任漳州知府、江西省和河南省按察使、布政使等职。有一年，他避雨庙中，曾救过一条受到惩罚的小白龙，还将它带回了骆山村，让其行云播雨，造福百姓。从此，骆山村便有了舞龙的习俗。

现存最早的骆山大龙照片

骆山大龙的制作工艺最为讲究、繁杂，主要步骤有扎制龙身骨架、糊纸、彩绘等。此外，还需制作龙旗、彩旗、大小灯笼、喇叭、马蹄炮等。云板共有66面，用竹篾扎制轮廓，用蜡光纸、金纸及各色彩纸糊制，上面绘有云形图案。彩绣包括制作头饰、绣衣及绣花等。

村民制作龙头骨架、糊纸

骆山大龙的整个表演大致可分为起草、白龙开光和舞龙表演三个环节。其中，最精彩、最重要的便是舞龙表演。

舞龙表演前，村民、外来亲属、民间团体等要取一尺红布悬挂于龙首，即给白龙挂红。舞龙可以分为跳珠、跳龙、跳云三部分。跳珠：掌珠人引导龙首前行所做出的各种表演；跳龙：因龙身巨大，跳龙人需分为两队交替上阵、轮番表演，其阵式有"巨龙摆尾""一字长蛇阵""盘旋阵"等；跳云：由66名8～12岁男孩表演，每人手持两块彩云板，在龙身围起的空场中进行各种造型表演，能摆出"双龙出水""满天星""三角形""五角形"等阵式和"天下太平""六畜兴旺""五谷丰登"等字样。

骆山大龙是溧水地区一种重要的民俗文化现象，其整套仪式和表演程序反映了古代先民对天地的敬畏和对大自然的认知，加之活动期间走亲戚、赏龙灯、喝年酒等相关习俗，体现出浓郁的苏南地域文化特色。

（图片均由江苏省文化和旅游厅和南京市溧水区博物馆提供）

6. 广西：宾阳炮龙节（编号：国Ⅱ-Ⅹ-74）

　　宾阳舞炮龙孕育于宋元时期，形成发展于明代，成熟于清末民初。1993年，宾阳县政府把正月十一定为"炮龙节"。炮龙节是广西宾阳县一带汉族、壮族文化融合共生的综合性民族民间节庆，包括游彩架、灯会、舞炮龙等活动。宾阳炮龙节不但具有独特的中华龙文化研究价值，也具有满足民众攘灾祈福的心理需求的精神价值。同时，宾阳炮龙节还为生产生活物资交流提供了平台。

村民准备参加炮龙节

　　宾阳一带流传着一个民间传说，讲的是宋朝皇祐年间，朝廷为了征伐壮族首领侬智高，令狄青率大军直赴广西征剿。但狄军征战到宾阳的昆仑关时，由于关隘险要和侬军死守，狄军屡攻不克。当时正值农历元宵节，狄青便下令驻扎在宾州城的

炮龙龙头（韦阳拍摄）

士兵大闹元宵之夜，以麻痹侬智高。狄军多为中原人，擅长舞龙、杂耍等多种技艺，他们用稻草扎成龙，火烧竹子以照明，把竹子燃烧爆裂后发出的响声当作"鞭炮"，

随之狂舞龙。侬智高获悉，放松了戒备。狄青趁机连夜出击，攻克昆仑关。之后，人们认为舞龙是一种吉祥之举，便在每年农历正月初十至十五都舞龙，后来固定在正月十一举办。

炮龙的龙头、龙尾均以竹篾编织框架后，再裱上纱纸，涂上彩色，粘上龙鳞（老龙为金鳞、小龙为银鳞）。龙眼以白纱纸暂时盖住。龙口内的含珠以铁丝制作并涂以红色。按当地习俗，求嗣者可出钱买下龙珠。

炮龙狂舞

炮龙节活动包括游彩架、灯会、舞炮龙三部分。舞炮龙的主要内容包括开光、舞龙、舞炮龙、送龙等。其中所谓"舞炮龙"，即以燃放爆竹炸狂舞之龙。舞龙者均为赤膊上阵，头戴如清朝官兵之帽（但均为竹编并涂抹黑色）。舞龙者丝毫不畏惧万炮炸响，更不惧怕爆竹燃炸自己的赤膊之躯。各家各户均在龙将到来之际，焚香迎龙，并准备大量的爆竹（现为保障安全，严禁燃放大爆竹或鸡母带仔爆竹），爆竹多者可达到数百万响。有些富裕人家，因为人手不足，则邀请旁人帮助放爆竹炸龙。当地习俗认为，爆竹燃放得越多，龙在自家门前停得越久（爆竹未尽，龙不可舞往下一家），就越吉祥，新的一年会更加富足。人们点燃爆竹后就往龙头、龙身上丢，住高楼者会从上往下砸。当舞龙进行一段时间后，狂龙被爆竹炸得只剩龙筋、龙柄和龙头。民间认为，这样可将往年的"晦气"燃烧而尽，新的一年将迎来风调雨顺、生意兴隆、五谷丰登及喜添贵子。

（图片均由代表性传承人邹玉特和宾阳县文化广电体育和旅游局提供）

7. 湖北：地龙灯（编号：国Ⅲ扩-Ⅲ-4）

地龙灯，当地称"巴地梭"，是土家族一种独特的民间龙舞，现流传于湖北武陵山腹地来凤县的大岩板、板沙界两个相邻的土家山寨，传承至今已有300多年历史。每逢春节和端午节，两村地龙灯走村串寨、游舞四乡，深受当地民众喜爱。地龙灯表演除娱乐外，在当地还有驱瘟镇邪、祈求人寿年丰之意。

地龙灯是土家族一种独特的双龙舞

据清同治年间《来凤县志》卷二十八之《风俗志》记载，（正月）上九日至元宵，城乡有地龙灯之戏，杂以凤虎麟鱼诸灯，或扮童子，锣鼓争喧，爆花竞放，观者填衢达旦。地龙灯在来凤已有数百年的历史，相关传说有三种，一说是纪念西楚霸王项羽；二说是土家族的祖先田好汉感谢虎凤的养育之恩；三说是感谢泾河龙王布雨之恩。

地龙灯流传于武陵山腹地大岩板和板沙界土家山寨

地龙灯是用竹篾制作的，古朴精巧，色彩鲜艳夺目，造型美观别致。表演道具包括龙、凤、龙宝（龙珠）、老虎、蚌、龟、鱼等。龙宝是竹篾制成的铁丝圆环，四周镶嵌铃铛，中穿铁丝为轴可转动。龙头配装龙角、龙额、龙眼、龙腮、龙嘴、龙舌、龙须，用竹篾扎骨架，骨架外糊草纸，然后勾线绘色。龙衣用红布、黑布缝制，并绘橙色鳞片。龙尾呈鱼翅状，并有两条背带。凤则由凤头、凤翅、凤身与凤尾四部分组成。

地龙灯的表演道具造型美观别致（陈小蓉拍摄）

地龙灯的表演由多人配合进行，一般由一男子举龙宝（龙珠）引龙；9人舞地龙，其中1人执龙头，1人背龙尾，7人藏于宽大的龙衣中游舞；另有1人上套凤头，肩挎凤身，凤身上方架一对展开约3米的凤翅；还有1人玩虎，1人玩鱼，1人玩蚌，1人玩龟，4人奏乐表演民间广场艺术。每逢佳节，地龙灯队游舞四乡，遇到人群簇拥、鞭炮齐鸣的欢迎场面，即停下来开始表演。

地龙灯的舞蹈套路和动作现存12种，即"龙出水""龙抢宝""龙飙滩""之字拐""龙卷饼""龙抬头""龙过桥""凤骑龙背""三星岩""龙上树"等。自始至终，龙、凤、玩宝者配合默契，动作灵活多变，形象栩栩如生。地龙灯与其他舞龙最大的区别是表演不用木棍，9人藏在龙衣内依次抓前人腰带，全凭感觉和默契配合使之翻腾舞动，气势逼人。同时，地龙灯还一直与凤共舞或与龙、虎、龟、虾等同场演艺，场面十分热闹和壮观。当地群众把地龙灯的基本艺术特色编成顺口溜："地龙灯，地龙灯，不用篾篓不用棍，巴地梭着走，活像真龙行，舞的人弯着身，站的骑马裆，走的弓箭步，变短犹如狮子灯。"

（除署名拍摄外，其余图片均由来凤县文化馆、圣德留守儿童服务中心提供）

8. 江苏: 直溪巨龙（编号: 国Ⅲ扩-Ⅲ-4）

　　直溪镇归属江苏省常州市。直溪巨龙至今已有600多年的历史，因源于直溪镇巨村，且龙身大而长，故称"巨龙"。表演者通过默契配合，运用步法和手摆身舞，展现"龙"愉悦、欢快、嬉戏的神态及各种动作。其中，最具特色的是运用龙摆出"天下太平"四个大字，展现直溪巨村人的美好愿望。

直溪巨龙表演"天"字（沈姝好拍摄）

　　巨村历史悠久，民风淳朴，文化底蕴深厚。舞龙是该村重要的民俗活动，每逢元宵佳节或集会庆典，村民都会通过舞龙祈祷该村风调雨顺、人寿年丰。最初，巨村的舞龙只有男子参与。如今也有了女子舞龙，以及普通套路的男子舞龙、夜间的火龙等项目。

　　直溪巨龙的表演主要有三个程序："出龙""打招呼""表演"。如逢重大场合，则需"双打招"，由龙身中段摆成"门"形，龙头和龙尾从"门"中穿进上场。表演结束时仍从"门"中穿出。

　　巨龙表演的主要内容有："游龙"——手持舞龙绕场跑一圈，亮相；"八卦阵"——翻江倒海、灵活多变的舞姿让人眼花缭乱；"翻小花"——翻动自如，展现出

直溪巨龙表演的"中国龙"造型

龙的优美身姿；"翻大花"——腾云驾雾、栩栩如生的气势令人赞叹；"舞三步"——龙体左右滚动，呈现翻江倒海之势；"跪舞"——造型优美，闹中取静；"坐舞"——摇头摆尾，坐地嬉戏，龙的憨态呼之欲出；"过仙桥"——迷人的水景中，龙在欢快游动；"罗汉盘龙"——旋体紧缩，登高向上；"空中探花"——俯身向下，观赏池中的荷花。这一系列动作，表现出巨龙活泼好动的习性和灵活矫健的身姿。此外，"开荷花"形成满塘春水荷花盛开的造型，并以龙身的甩动变化依次摆出"天下太平"四个大字。"老龙脱壳"和"长龙翻身"将气氛推向高潮，蛟龙腾渊奔向前程，隐喻着辞旧迎新、民富国强。

罗汉盘龙造型（沈姝妤拍摄）

　　整个演出都在铿锵有力的锣鼓声中进行，每个套路紧密相连、环环相扣，要求雄浑强悍、气势磅礴，所有表演人员动作娴熟、配合默契。巨龙表演的体力消耗较大，故表演者都选择身强体壮的男子汉，在表演过程中往往需两三班人马接替，尤其是"引球"和"龙头"的角色，一般都有3人以上轮换。

　　直溪巨龙最早是以稻草为材料扎制而成的。将稻草按龙体粗细捆扎延连相接，草捆中分若干节插入木棍（每节约1.5米），制成便于自由弯曲的龙身、龙头和龙尾，长约15米，可由七八个人舞动。此后数百年间，制作工艺不断改进，约在民国初年逐步开始改为以竹篾扎制，骨架外裹以龙鳞状的布皮和蜡烛灯饰等。巨龙每节为2米，最长的龙身有100节，全长有200米，需100多人协同表演。如今，巨龙的长度变短，巨龙队常用的龙最长的是50余米，经常表演的龙是18人一起舞动的两条龙，长36米。

　　（图片均由江苏省非物质文化遗产保护中心提供）

9. 湖北：三节龙（编号：国Ⅲ扩-Ⅲ-4）

三节龙是湖北独具特色的龙灯舞，流传于湖北孝感市云梦城县伍洛镇一带，由当地人民世代相传的古老祭祀舞蹈演变而来。云梦人舞龙最早是用来求雨的。据说，旧时还有春舞青龙、夏舞赤龙、秋舞白龙、冬舞黑龙的规矩，经世代相传后，舞龙成为云梦人一项重要的民间喜庆活动。

三节龙是湖北独具特色的龙灯舞

关于云梦龙有三个不同的传说，分别指向南朝、宋朝及元朝时期。这三个传说中，都提到龙有祈福驱灾的神奇力量。此后，云梦的伍洛寺便将这三条龙当作可畏可敬的神灵，每年正月十二，镇上男女老少齐聚祠堂参加请龙的开光仪式。开光由道士主持，当场杀一只

舞龙者站在凳子上表演

雄鸡，用扎有五色彩布条的针蘸鸡血点龙的眼睛和耳朵，口念咒语，人们认为这样龙就有灵了，随后人们对着龙烧香跪拜。开光仪式结束后，人们开始打跳鼓、舞龙，即表演三节龙跳鼓舞。表演者一手持鼓，另一手拿槌配合三节龙投足跃臂，且敲且舞。

龙和鼓是三节龙跳鼓舞表演中必不可少的器材之一。旧时跳鼓多为农家自制，用

木料箍成比脸盆略小的带手柄的围框，围框两面钉以牛皮，跳鼓上绘有既似云彩，又像浪涛的图纹。跳鼓舞使用的大黄龙身长平年为12节，闰年则为13节。其余的两条小龙身长皆为3节，其中一条为白色长红须，另一条为黑色长乌须。舞龙者、跳鼓者均穿对襟高领白色五扣或七扣便衣，外套黑坎肩，腰系白绸腰带，下穿黑色便裤，扎白布裹腿，脚穿黑布鞋，头扎白毛巾。

村民们参加舞龙活动

三节龙跳鼓舞一般由一条大龙和两条小龙组成一组。龙珠前导，黄龙随行，后面紧跟小龙。大黄龙只负责开路、打场、收香火。两条小龙站在板凳上或石磉上表演，同舞祈太平，民间称为玩太平灯。

舞龙时，要求执龙者双脚固定不动，3人胯腿相靠。老艺人常道："玩灯没有巧，只要胯子卡得好。"在舞龙运动中，舞龙者上身的动律讲究圆，双手握把贴身，上下呈弧线反复绕"8"字形，使之圆转不断，连贯流畅。民间艺人形容说："要灯玩得快，全靠龙头带；中间撑，尾巴喂，龙头龙尾紧相对。"

当地村民举行"庆国庆·迎丰收"三节龙比赛

舞龙两旁是众多的跳鼓，跳鼓两边是数不清的龙凤彩旗。舞龙沿街、沿界、沿村进行，所到之处，鞭炮齐鸣、鼓声震天。舞龙结束后，要举行送龙仪式，摆上香案，燃烧香蜡黄表，焚送篾龙。跳鼓时，众多男鼓手左手持鼓、右手持槌，围在龙的四周，随着龙舞的起伏且击且舞。小伙子们一边吆喝，一边原地跳跃击鼓。上击鼓为祥云，下击鼓为潮水。鼓槌飞劲，鼓声如雷，雄劲壮观。跳得高、打得响、吼得欢是跳鼓舞的要求。

（图片均由云梦县文化馆提供）

10. 湖南：城步吊龙（编号：国Ⅲ扩-Ⅲ-4）

　　湖南省邵阳市城步苗族自治县地处湖南省西南边陲，位于沅江支流巫水上游。自古以来，城步苗族崇尚龙，全县五峒四十八寨苗族聚居地都有春节舞龙的习俗。其中，丹口镇下团村的吊龙舞，尤以其扎制艺术独特、舞龙技巧超群成为该县苗乡最具代表性的龙舞。

　　城步吊龙舞历史悠久、做工精细、形态逼真、轻便灵活，它是集手工艺、扎制技巧、绘画、布艺、剪纸、贴花、光学、音乐、武术、气功、表演、巫傩文化、梅山文化和礼仪习俗于一体的综合艺术，也是千百年来城步苗族人民展示自己在劳动、生产、生活中智慧的一种艺术表现形式。

城步全县五峒四十八寨苗族聚居地都有春节舞龙的习俗

　　早在唐代，舞龙之俗就盛行于苗族群众中。据口传历史，明洪武二十六年（1393年），明朝开国功臣、左副将军蓝玉被朱元璋以谋反罪处死，与蓝玉有深交的右副将军沐英为保蓝家之后，命其部下丁本贯将怀有身孕的蓝玉侍妾于深夜潜出，护送回原籍城步县扶城峒（今丹口镇）。护送侍妾回乡的丁本贯成了蓝府的管家。为庆贺蓝府后继有人，蓝府聘请外地师傅传授扎龙灯技艺。丁本贯向师傅学扎舞龙灯，从此龙灯技艺在扶城峒扎根。丁本贯为了激励后人，使蓝姓与丁姓的后人能发奋图强、日后出人头地，创作了高杆吊龙，使扶城峒所舞的龙灯高出外地龙灯。由于此龙灯须用长杆将龙身高高举起，人们将其称为"吊龙"，其扎制艺术和舞龙技艺亦传承至今。

城步吊龙的最大特色是高高的撑杆

城步吊龙为 12 节，其龙身由 2.5 米、5 米长短不一的撑杆高高吊起。吊龙舞队伍由旗幡、龙头、龙鼓、龙耙、龙尾、龙珠组成。排在舞龙队伍前头的大旗幡高度达 4.5 米，由一名青壮年执举，形似皇帝出宫时用的"万民伞"，是整个九龙舞仪仗的主体标志。城步吊龙在运动中能塑造巨龙不同的姿态和动势，如大鹏展翅、蛟龙出海、

村民日常练习龙舞技艺

龙凤呈祥、神龙出游、双龙抢宝等十多个招数，让人眼花缭乱、叹为观止。

千百年来，苗乡的九峒四十八寨都舞龙灯，并以东、南、西、北、中五方区分龙灯的颜色和表演形式。东方村寨以舞草龙（又称木龙）为主，用草木叶扎制，颜色为青色；南方村寨以舞高杆龙（又称火龙）为主，颜色为红色；西方村寨以舞吊龙（又称金龙）为主，颜色为蓝色；北方村寨以舞蛇龙（又称水龙）为主，颜色为绿色；中央村寨以舞滚龙、爬龙（又称地龙、土龙）为主，颜色一般为黄色。若时逢盛大喜庆或连年丰收等节日，也有一方村寨同舞"五龙呈祥"的，但同样必须按村寨的五方五色而定，表演壮观，异彩纷呈。

（图片均由艾军提供）

11. 香港：大坑舞火龙（编号：国Ⅲ扩-X-5）

　　大坑舞火龙是香港极富特色的传统习俗之一，是集花灯、打击乐、体育于一体的客家民俗活动，至今已传承130多年。火龙造型和舞龙技艺具有传统"南龙"的风格特点，在夜晚，由点燃的香火枝组成的火龙显得尤为壮观。每年中秋节，自农历八月十四晚开始，铜锣湾大坑地区会连续三天在晚上举行盛大的舞火龙活动，是香港中秋节期间最有影响力的民俗活动之一。

大坑舞火龙表演现场热火朝天（黄启聪拍摄）

　　大坑舞火龙起源于清末光绪年间。传说这一年台风过后，有一条大蟒蛇到大坑老围村四处作恶，后来村民们合力打死了巨蛇，用一个箩筐将其送到了铜锣湾警署。第二天，当村民经过这个箩筐的时候，发现蛇不翼而飞，随后，村里就暴发了瘟疫，很多青少年都死了。村里一个老人被菩萨托梦，按

村民们在龙身插上点燃的线香

照他的描述，村民们依样制作了火龙，然后在村里的大街小巷舞火龙。在舞完火龙之

后，村里就平安大吉了。因时值中秋，故村民们相信在中秋节舞火龙可以祛灾除害、保佑平安，于是大坑舞火龙一直延续至今。

大坑舞火龙使用的器材十分丰富，包括火龙、龙珠、大鼓、鼓槌、铜钹、花灯、云灯、头牌，以及载运大鼓巡游的彩车等。其中，火龙由骨架和插在上面的香火枝构成，整条龙包括龙头、龙尾和 32 节龙身，全长约 70 米；龙珠是插满点燃了香火枝的沙田柚，由于香火枝长为 45 厘米，并且在舞动时龙珠要旋转，故要选择大小适中、皮厚结实的沙田柚。

大坑舞火龙代代相传，延续至今（钟剑彬拍摄）

大坑舞火龙在每年中秋节进行，自农历八月十四起连续舞龙三晚。农历八月十四戌时，居民们在莲花宫观音庙举行开光仪式。总指挥用传统的客家话主持拜神仪式，先在莲花宫参拜观音娘娘，然后祈求观音娘娘保佑老少平安，丁财两旺。参与舞龙的人也要在庙内上香，随后在未插上长寿香的龙头骨架上开光点睛、簪花、挂红，给火龙增添生气。开光仪式后，开始插香。嘉宾剪彩后就可以开始起龙仪式了。起龙后，火龙沿顺时针方向通过每条街道，途经浣纱街、京街、新村街、铜锣湾道等。当舞龙走完大坑所有街道后更换香火枝，再到浣沙街上拔掉这些残香，换上重新点燃好的新香，然后在此一直表演直至结束。连续三天的表演后，最后一项活动为"游大运"。火龙在大坑的街道沿逆时针方向舞龙一周，最后舞到铜锣湾海边，举行"龙归天"仪式，将龙放入大海。

（图片均由代表性传承人陈德辉提供）

12. 澳门：鱼行醉龙节（编号：国Ⅲ扩-Ⅹ-85）

舞醉龙是盛行于澳门的一种民间传统节日活动，缘起于广东香山县的鱼贩移居的文化迁移，至今已有200多年的历史。每年农历四月初八，即佛诞节，当地都要举行盛大的舞醉龙活动，现已成为具有浓厚中华文化色彩的民间传统风俗。

舞醉龙是盛行于澳门的民间传统节日活动
（左逸凡拍摄）

舞醉龙源自200多年前的广东省香山县（今澳门、中山、珠海等地）。据《香山县志》记载：四月八日浮屠浴佛，诸神庙雕饰木龙，细民金鼓旗帜，醉舞中衢，以逐疫。后来时移世易，在澳门落脚谋生的中山人越来越多，大家都习惯在农历四月初八舞醉龙以进行祈福。因此，澳门最初舞醉龙的人大多是渔业中的买手（从鱼栏进货的人）和卖手（又称市贩、贩仔，指在街市卖鱼的人），彼此多是合作伙伴，舞醉龙则体现了当时老一辈鱼贩的思乡之情。

醉龙表演与龙船头饭同时进行

舞醉龙的道具是木龙。木龙多用樟木、檀香木、金丝楠木、坤甸木、红木等坚硬杂木为材料，以各个年代的绘画特色为蓝本雕刻制作。在彩绘上，主要以朱赤为重彩，多以青、赤、黄、白为主调，用黑色点睛。另外，舞醉龙还需要酒埕，以及鱼行鼓、锣、钹、鼓槌、锣槌等伴奏道具。

舞醉龙以"醉"为最大特色。舞者先要自灌米酒，在半醉半醒时，舞动木龙，因而能引起围观者不绝的喝彩声。舞者中途稍有清醒，便会被一旁守候的数名大汉再次灌饮，从而保持兴奋的状态，再度投入表演，翩翩起舞。整个巡游时间长达 10 小时，每个舞者饮 10 多斤米酒，酒量惊人。

舞醉龙队伍穿梭于澳门的大街小巷（陈小蓉拍摄）

舞醉龙是九龙一起巡游的，众龙的龙头、龙尾互相配合。舞醉龙只有龙头和龙尾，龙身是虚拟的，靠观众想象和补充。舞醉龙没有规定套路，美感重点呈现在头、尾的默契配合，舞龙者也常将武术套路融入其中。队伍蛇形前进，当龙头单脚蹬高（俗称"金鸡独立"）时，龙尾就蹲下坐低；当龙头右边斜举时，龙尾就左过插下；龙头若左旋，龙尾则右转，以平衡、自然取胜。舞者的眼神极为重要，眼神始终跟着龙头而去，舞者适当加以翻滚动作。历年都有年过七旬、白发苍苍的舞龙头者，观众无不竖起大拇指称赞其"老当益壮"。

舞醉龙主要有两种步法：一是踩云步，像踩在云头上的舞步，踩下去脚步虚浮，实中有虚，虚中有实，演绎脚步的醉态；二是飞仙步，持龙头的右手与左手像大鹏展翅似的张开，呈对角线一高一低，时而单腿独立，如同神仙飞天一般。

（除署名拍摄外，其余图片由澳门鲜鱼行总会提供）

13. 四川：安仁板凳龙（编号：国Ⅴ扩-Ⅲ-4）

安仁板凳龙流传于四川达州市达川区安仁乡及其周边麻柳、檀木、花红、东兴、大滩等20余个乡镇。安仁板凳龙以板凳为道具，集舞蹈、体育、打击乐于一体，既有很高的观赏价值，又有强身健体、愉悦身心的作用，是当地喜闻乐见的民间活动。

集舞蹈、体育与器乐于一体的安仁板凳龙舞（龙梅拍摄）

安仁板凳龙是"湖广填四川"时期的湖南籍移民引入的，由乡民世代相承，至今已有300多年历史。据说很久以前，安仁曾遭受严重的旱灾。人们认为，板凳龙是东海龙王遗留在凡间的私生子，可以"逼"龙王降雨。人们用篾条把稻草绑在长条板凳上，令一壮汉背负着匍匐爬行，旁边人则拿起锄头、扁担等围追堵打。果然，很快就下雨了。

按照规定，降雨是要经过玉皇大帝审批、雷公下令的。然而，东海龙王因不顾一切救子触犯了天条，被斩成数节，永世不得复生。为了报答东海龙王惠泽众生的恩德，人们在板凳上捆扎龙的形状，每当秋收以后，都会自发地聚集起来，表达感激之情。舞板凳龙的习俗从

村民编扎草龙（龙梅拍摄）

此流传下来。

安仁板凳龙的道具主要为以板凳为基础扎制的龙和长杆顶端装有红色圆球的龙珠（俗称"宝"）。龙身采用农村常用的稻草、玉米壳、高粱、小麦秸秆、苎麻五种农作物在长条木板凳上绑扎而成，寓意五谷丰登、风调雨顺。手工扎制出来的龙，形状古朴奇特，似龙非龙，如狮非狮，神态温顺，憨态可掬。若干条板凳龙组合成一体，又变成了一条长长的巨龙，还原了东海龙王的躯体。

村民演练龙抢宝（龙梅拍摄）

舞龙的时候，男子通常赤裸上身或上着短褂，下着短裤，赤脚或穿草鞋。所舞的板凳龙也有大龙、小龙之分，不同的龙有不同的表演动作。其中，小龙通常由一人表演，表演者双手各执一板凳腿挥动起舞，动作虎虎生威。大龙通常由3名剽悍的男子合作表演，寓意"三阳开泰"。小龙讲究力度，大龙讲究协调配合。安仁板凳龙有"追、赶、跑、跳、翻、滚、蹿、爬"等基本动作，完全是模仿龙的运动。表演者在不停地奔跑中，一边翻、滚、跳、跃，一边舞动手中的板凳龙，不断变换队形和姿势，以表现"龙戏水""龙摆阵""龙蹿珠""龙抱宝""龙配凤""闹龙宫""跳龙门""龙归巢"等不同场景。表演者刚劲的舞姿，有力的动作，充分显示了男子汉的强悍、敏捷、灵活和力量。

此外，舞板凳龙根据民间曲牌演奏的鼓、锣、钹、包锣、腕锣、马锣的打击声变换各种招式。曲牌并非一成不变，可依据场地、场景的不同适时转换。

（图片均由达州市文体广电新闻出版局提供）

14. 贵州: 苗族舞龙嘘花习俗（编号: 国Ⅴ扩-X-71）

台江县位于贵州省东南部、黔东南苗族侗族自治州中部，素有"天下苗族第一县"之称。自古以来，台江县在元宵节都有舞龙嘘花狂欢的习俗。"嘘花"即汉族的烟花。正月初五至正月十六为舞龙嘘花活动期，以台拱镇（台江县城所在地）为中心的三个乡镇为主要参与者，每年都有数万人参与嘘花。

舞龙嘘花深受苗族同胞喜爱（马业波拍摄）

传说，舞龙嘘花起源于唐朝。清雍正年间，清朝在黔东南实行改土归流制度，在文化的碰撞与融合下，起源于中原汉族的舞龙活动在台江开始盛行，并在苗族地区发扬光大。

村民编扎舞龙

台江苗族舞龙嘘花狂欢习俗，苗语称为"阿勇"。其舞龙主要包括硬龙、亮龙、草龙、虎龙、硬颈龙等。龙的制作原材料主要为竹篾、铁丝、桐油、布条、纸、草、木棒、灯等。硬龙的龙头由竹篾编制；龙身的制作方法是用竹篾编制竹环，再用长篾

左侧竖排：中国体育 非物质文化遗产精粹

片将其环环相连；龙尾似鱼尾；龙骨架需要糊上纸或布后，绘上五颜六色的图案。亮龙也称"节节龙"，龙头用竹篾编制；龙身轻巧，由数个龙骨架组成，龙尾似鱼尾。其特点是龙头、龙身、龙尾是用彩绘的布匹连接而成的。嘘花筒的传统名称为"花"，嘘花的制作水平由"赛花"决定。所谓"赛花"，即比较嘘花时间、焰火喷射高度、焰火的颜色、嘘花筒的大小等。除舞龙和嘘花筒之外，舞龙嘘花节还须备齐香纸、酒肉等，以供祭祀活动使用。此外，玩龙时还须备齐锣、鼓、钹等伴奏乐器。

舞龙嘘花狂欢深受当地青年的喜爱

　　台江县元宵节活动从正月十四晚上开始，台拱镇附近几十个村寨的各式龙灯、狮班、旱船、秧歌队在县城灯光球场集中，每支队伍都要进行精彩的表演。其中，舞龙比赛主要是比"故事"造型，比谁扎的花、鱼、虾、采莲船多，以及谁的龙灯扎得漂亮等。此外，还有舞狮表演，狮班一般由引狮人、大小狮子、猴精组成。接着为旱船表演，旱船由艄公、艄婆、青年夫妇、扶轿姑娘，以及蚌壳精、鲤鱼精、龟、蛇和秧歌队等组成。最后，由台江民间龙灯会组织嘘花筒制作人进行赛"花"比赛，并评选出优胜者。

　　台江县元宵节舞龙嘘花程序主要包括出龙仪式、开光仪式、拜年形式、狂欢节开始、化龙。依照当地习俗，正月十六、十七为化龙日。人们将龙的残躯送到河边举行化龙仪式，然后把残龙烧掉，俗称"化龙"。最后，舞龙队伍将舞龙拜年时所得的钱财用于买肉或杀猪会餐，当地俗称"吃龙肉"。

　　（除署名拍摄外，其余图片均由台江县非物质文化遗产保护中心提供）

15. 重庆：北泉板凳龙（编号：市Ⅰ-Ⅲ-2）

北泉板凳龙是源于重庆市北碚区澄江镇北泉村的一种民间龙舞形式，距今已有100多年的历史。板凳龙以日常生活用具——木制长凳为道具，不受场地限制，具有较强的自娱性，颇受人们喜爱，在北泉村及周边村镇广为流传，曾有"家家有板凳、户户可玩龙"之说。它步法简单、动作易学，人们从孩童时期开始玩板凳，再到成人后玩板凳龙。

20世纪50年代村民进行板凳龙表演

关于北泉板凳龙的起源有两种说法：其一，源于小孩以板凳代替龙具，模仿大人玩龙，当地民间素有"大人玩龙灯，细娃耍板凳"之说；其二，源于澄江镇江湖艺人的杂耍，与澄江一水相通的潼南区也有舞板凳龙的传统。板凳龙最初只有三条，无龙衣装扮，动作为简单的"大小板凳花"。经过几代传承人的努力，逐渐融入逗宝人角色，进行队形变换，增加板凳数量，有了完整的表演套路、丰富的演出队形、配套的乐器伴奏等。

20世纪60年代板凳龙下乡表演

板凳龙的龙体是用轻便的长板凳制成的，将 4 只凳脚打磨成圆柱，用一段红绸覆盖凳面，以布带系牢，长于凳面的红绸飘动以作龙尾，再用金箔纸剪成波纹贴上以示龙鳞，在板凳的另一端系上红绸泡花示作龙头，在龙腹下钉上橡筋带，并插上两支水旗。此外，还要用竹篾条编制 22 个直径约 9 厘米的竹圈，再以上 7 个、下 7 个、中 8 个扎成一个球形的龙宝骨架，又用红布条和金箔纸相间缠绕竹圈，每圈坠以约 13 厘米的红绸穗，在龙宝内系上几个小铜铃。伴奏的乐器有川锣、京锣、大钹、马锣、小锣、大鼓、二鼓、唢呐等。

当地青少年习练板凳龙

在农村，每逢学堂假日、乡村赶场、店铺开张都要请会玩板凳龙的人前去助兴，热闹一番，自娱性和表演性两者交织在一起，使参加者身心投入、其乐融融。会玩板凳龙的人往往是一家人，三娘母、俩爷子、两父女操起板凳就可以玩个把时辰。玩板凳龙不择场地、不需音乐，在家门口、田埂上、马路边都可随时进行，还可念"肉锣鼓"以控制速度。板凳龙有一龙多变、任意组合的特点。队形可根据场地大小和需要任意组合，合则为 1 条龙，分则为 10 条龙。少可 3 个人玩 1 条板凳，多可 30 人玩 10 条板凳。

板凳龙的基本动作包括"钻花"和"翻身"，基本的套路则有"大、小板凳花""上龙背""踩天梯"等。在舞动中，首、尾可做任意变化。板凳龙表演中一个重要的角色就是逗宝人，主要控制舞蹈路线、表演节奏，调节现场气氛，带领多条龙做出"滚宝、抛宝、亮宝、藏宝、舞宝、磨盘腿藏宝、穿龙腹、鱼跃抢宝、踏龙背、骑龙、引龙"等千变万化的动作，从而使人目不暇接、眼花缭乱。

（图片均由重庆市北碚区文化馆提供）

16. 江苏：凤羽龙（编号：省I-JSⅢ-10）

江苏省无锡市惠山区洛社镇的凤羽龙以其独特的制作工艺与亮丽的色彩闻名国内外。每逢春节、元宵节等节庆日，洛社镇各村民众都要舞龙，其中以大树庵村的凤羽龙最为引人注目。舞龙队员用高超的身手、娴熟的技艺、不凡的套路、优美的造型彰显了民间艺术的魅力。在洛社镇的舞龙活动中多见到"六龙闹古镇"的表演，寓意吉祥，表达了人们祈求风调雨顺的愿望。

舞龙象征避灾迎祥

洛社镇的名字源于清代。相传，乾隆下江南时，船至"六弄"（今洛社镇），乾隆问随从："此处何地？"随从回答："六弄。"乾隆误以为是"六龙"，便大怒："当今唯我为真命天子，岂有六龙，此地应改为六蛇。"后来，当地人便巧妙地用方言将"六蛇"称为"洛社"，"六弄"便从此改名为"洛社"。

掉龙灯是当地农村流行的习俗，也是春节农闲期间盛行的群众娱乐活动。人们为了祈求风调雨顺、消灾避难，许多村庄都要掉龙灯。

凤羽龙舞龙表演

凤羽龙制作工艺精湛，极具特色。保留最久的一条凤羽龙经过了70多年风雨，至今仍然保存完好。整个制作流程大约需要半个月才能完成。首先，凤羽龙制作时需要用新毛竹、铁丝、白纱绳、老白布、弹簧、红绿丝带等10余种物料，经过10多道工序制作出龙身。其次，再挑选颜色鲜艳、大小均匀的公鸡羽毛，按照一定的顺序排列、缝制到白布制成的龙身之上。鸡毛8根一扎，须先用线捆起来，再用针线穿过鸡毛杆间，将其一行行地缝上。由于在民间，鸡与凤同宗，凤与龙又是吉祥的象征，为图吉利，后来当地人便将这种龙称为"凤羽龙"。

第6届农民运动会开幕式表演凤羽龙

洛社凤羽龙表演需要龙身10人、夜明珠1人、锣鼓队4人。舞龙是集体项目，都是以村或公社为单位参加，有团结民心、促进交流的作用。洛社凤羽龙传统表演时间约半小时，随着铿锵有力的锣鼓声，凤羽龙在夜明珠的引导下翩翩起舞，动作变换多样，构成不同的套路。规定套路包括跪舞、卧舞、游龙、龙船、龙出宫、龙回宫、扯旗舞、套头舞等32套。自选套路包括飞龙出海、站腿舞龙、靠背舞龙等25套，集惊、险、奇、活于一身。其中，"盘龙拾珠"是凤羽龙表演中难度最大的动作，舞动时最下层站3人，3人肩上站2人，2人肩上再站1人，龙头与龙尾相互呼应。

（图片均由江苏省无锡市惠山区文化体育和旅游局提供）

17. 贵州：隆里花脸龙（编号：省 I-IV-5）

  贵州省锦屏县隆里花脸龙起源于北宋年间，自明代屯军时由隆里先辈移民带入隆里，清代臻于成熟，传承至今。"花脸龙"，顾名思义，所有舞龙人的脸上都用颜料画上五彩脸谱，其中，"生、旦、净、末、丑"等角色皆有，是一种龙舞与戏曲相结合的表演形式。舞龙游街中，时兴"腻粑粑"（腻，当地方言，即强行往别人嘴里塞东西），故花脸龙也称"腻粑龙"。

"S"形游龙表演（江滋根拍摄）

  据清代《龙标志略》记载，隆里花脸龙是由宋太祖赵匡胤建功立业后，《蓝季子会大哥》（又名《戏皇嫂》）一则戏的传统故事演绎而来的。传说，赵匡胤原有十二个结拜弟兄，发动陈桥兵变后，黄袍加身，建立大宋王朝，大宴群臣，然而却忘了封赐他最小的义弟蓝季子。蓝季子气愤在心，在酒醉之后抹成花脸，癫

舞龙表演前画脸谱（江灿国拍摄）

癫狂狂，用暗语刺激赵匡胤，并故意戏弄皇嫂，借此发泄胸中之气。此传说故事流传至隆里之后，凡自愿扮演蓝季子装成丑角的人，当天都可以独自得到一餐丰盛的酒肉，方言为"借酒献彩"。至今，隆里还流传一句歇后语："蓝季子会大哥——饱餐一顿"。

花脸龙表演多时有12条，少时也有5条，一般由赤龙、白龙、绿色龙、黄龙各2条组成。每条花脸龙共有13节，对应的舞龙人数为13人，男女都有，通常龙头舞者为女子。

舞龙人有专门的行头，要穿青布蓝条对襟衫、绿裤子，头扎黄巾。其中，旦角持龙头，丑角持龙尾。扛龙尾的人象征蓝季子，他的扮装更为特别，要光着一个膀子，高挽一条裤脚到大腿，腰挂葫芦，足蹬草鞋，面部用锅烟或墨水涂黑，浑身画上斑点，手持一把长糯米草，是最令人捧腹的角色。隆里民间花脸龙表演主要包括锣鼓队（包括铜锣、鼓、钹等）、狮子队、蚌壳队、花灯队（自编扎的各式花灯）、金钱棍队（自制的竹子钱棍），以及相关的戏曲人物表演等。扎龙主要的原料包括布料、毛线、竹篾等各种材质做成的中空式骨架、龙珠（龙的眼睛）、龙尾、金箔纸、扎丝、灯泡、伞骨架。

隆里花脸龙表演气势恢宏（江滋根拍摄）

隆里花脸龙节庆活动由农历大年三十延续至正月十六，主要程序为送龙、祭祀、出龙、巡街、狂欢节。

旧时，花脸龙舞龙只有三种动作造型，即"S形"游龙、八字舞龙、追逐舞龙。后经不断发展，现今的花脸龙舞龙形式已多达10余种，如串花龙、滚地龙、二龙抢宝、双龙戏珠、黄龙吐丝、金龙抱柱、青龙翻身、天龙穿雾等。

（图片均由锦屏县非物质文化遗产保护中心提供）

18. 重庆：普子铁炮火龙（编号：市Ⅱ-Ⅲ-12）

　　普子镇位于彭水北部，处于巴蜀楚黔多地域文化及汉族、苗族、土家族等多民族文化的交汇地区，民族风情多姿多彩，"普子铁炮火龙"在此久负盛名。其因龙形设计、编扎、裱糊、彩绘、上光固化等制作工艺风格独特，在诸多民间非物质文化遗产中占据独特地位。

普子铁炮火龙在彭水久负盛名

　　在彭水民间流传着唐代魏征梦斩泾河龙王，龙王死缠太宗为其超度而兴元宵耍龙灯的传说。普子铁炮火龙是否出自唐代，尚无文字可查，但彭水唐时是黔州治所，唐初的几位重量级政治人物，如唐太宗废太子李承乾、辅宰长孙无忌、唐高宗废太子梁王李忠、唐太宗十四子曹王李明、唐高宗十四子霍王李元轨，以及高丽（今朝鲜）知留后事泉南建等都先后流放于此，加之此地为当时南诏、昆弥（今云南大理、洱海）等地赴长安进贡的必经要道，这使舞龙等唐都文化的传入成为可能。据访，民众说当地玩龙世代相传，从未中断。

　　普子铁炮火龙制作是一个包含多项内容的成套工艺，主要由四大部分组成，即龙身、油捻（即龙身内所点灯火）、黄烟与铁末火花。普子铁炮火龙用竹、木、纸扎糊成形，并用麻布相连。在扎制彩绘时，则以传说中龙"角似鹿、头似驼、眼似虾、耳似牛、颈似蛇、腹似蜃、鳞似鲤、爪似鹰、掌似虎"为据，腹中置"油捻"作灯火照明，故称"龙灯"。

村民制作的精美龙身和龙头

　　普子铁炮火龙的出龙时间按传统一般在正月。上九（农历正月初九）辰时请龙（对龙头开光），申时出龙，元宵节亥时后烧龙（除留下木制的龙骨架与龙把子外，将当年竹扎、纸糊并彩绘的龙身拆下烧掉以送龙升天，来年再重新扎制）。连耍七夜。

　　玩铁炮火龙必须有与之配套的"铁炮""黄烟"与"火花"。铁炮三声巨响，为首的人举一裹着红绸的"巨宝"跃出，张着巨口的长龙紧随其后，翻腾出场。随之锣、鼓、唢呐齐鸣，玩龙大汉大吼着"哦哦"之声，前面耍"宝"的人将"宝"上下翻滚，龙则随"宝"翻腾，奋力抢"宝"，并做出神龙出洞、神龙抢宝、神龙滚滩、神龙缠腰、神龙穿尾、神龙跃门、神龙穿花、神龙入海等动作。

黄烟增强了舞龙的表演效果

　　龙入场后，必以黄烟低喷场地，使近地空间充满黄白色烟雾，以隐玩龙者身体达到见龙不见人的效果。龙在云烟中翻滚腾跃、缠绕出没，腾龙的四周喷放着铁末火花，火花四射，如雷贯耳，震天撼地，无比壮观。

　　（图片均由重庆市彭水苗族土家族自治县文化馆提供）

19. 河北：清苑绣球龙灯（编号：省Ⅲ-Ⅲ-15）

清苑绣球龙灯是河北省保定市清苑县戎官营地区流传的一种民俗传统活动。

清苑县戎官营的绣球龙灯历史悠久

其发展历史从师承关系上，只能推算到清同治年间的创始人王老印（1846—1919年）。但根据原孙村娘娘宫内的明朝万历九年（1581年）的《重修娘娘宫碑记》，在施主栏内有戎官营"云龙圣会"会首戎轩的铭文。这说明早在400多年前，戎官营就有了绣球龙灯。

造型独特的巨大龙头

戎官营绣球龙灯的道具包括三大类。其一是龙灯，包括龙头、龙节（把子）、龙尾、龙珠（引龙用）等；其二是舞龙人的服饰，包括头巾、扎袖上衣、彩裤、彩鞋等；其三是打击乐器，包括大鼓一面、堂鼓一面、中虎锣一面、铙四副、大镲六副、中京镲两副、云锣两面。

绣球龙灯由龙头、龙身、龙尾三部分组成，龙头包括龟首、鹰爪、虾眼、鹿角、马耳、马齿、牛鼻，加之开闭有度、上下扇动的大嘴，展现了龙的威严，且有万物归为一统之势。龙身由多个断开的龙节组成，可自由翻转舞动，每个龙节由内外两层的圆球巧妙构成，外层似鱼鳞般清晰华丽，内层突出了灯的特色。在夜晚表演时，龙身晶莹剔透，无论怎样舞动，圆球内烛光始终保持朝上而不熄灭，增加了绣球龙灯的神秘色彩，这是绣球龙灯的一个重要特征。

绣球龙灯的龙节（陈小蓉拍摄）

一条龙共 12 节（闰年 13 节），每节代表一个月。两条龙共 24 节，象征农历一年二十四节气。各节之间断开，每节由两个绣球状的圆球构成，球内的蜡烛被点燃后，灯芯向上且不熄灭。表演时各节随龙头舞动，引龙人持彩球（龙珠）戏逗红、绿两条龙舞动。其表演形式分"踩街"和"摆场"两种。表演内容有"二龙出水""龙马献图""跃龙门""龙门阵""大过桥""月亮门""抄连环""二龙逗宝珠""金龙盘玉柱""二龙戏水""摆字""吐字"等。绣球龙灯既有巨龙腾飞之势，又突出了灯的特色，两者并存，刚柔相济，极具观赏性。

（除署名拍摄外，其余图片均由河北省非物质文化遗产保护中心提供）

20. 浙江：处州板龙（编号：省Ⅲ-Ⅲ-56）

处州板龙开展于浙江省丽水市的莲都、龙泉、景宁、缙云、云和、遂昌、青田等地，深受民众喜爱并广泛流传。该地区的舞龙产生于宋元时期，成熟于清代，迄今已有600多年的历史。

处州为丽水市的古称。据《浙江省名村志》记载，早在盛唐时期，处

处州板龙穿街走巷气势恢宏

州青林村就已有舞龙习俗。宋元时期，舞龙活动已在处州民间广泛流行，板龙也开始出现，武村武姓《武氏宗谱》《武氏碑记》等都对此有详细记载。明清时期是处州板龙的鼎盛期，《处州府志》（光绪版）、《云和县志》（同治版）都对此有所记载和描写。景宁英川镇《吴氏族谱》、缙云东渡镇兆岸《陈氏宗谱》对当时板龙活动的记载相当详尽。经过长期探索，当地人创造了一系列表演阵势，不断创新板龙扎制工艺、装饰技艺，同时糅合书法、绘画、剪纸、刻花等民间艺术，体现了处州板龙的华美与庄重。

处州板龙艺术造型独特

处州板龙以竹、木、绵纸（一种以树木韧皮纤维制成的纸）为主要原材料，融汇了扎、塑、编、糊、染、贴、绘、绑、钉等制作工艺。传统的板龙扎制工艺不仅讲究龙形，也更强调龙之精气，工序严格，表现手法丰富，艺术造型逼真。首先用长木板扎成数张龙形板，再在龙板上用竹条扎塑成半圆筒形，然后在其外侧糊上绵纸，绵纸外粘贴龙鳞，内点燃蜡烛。龙身根据长度不等，由几十或上百块尺寸规整的木板连接组成。龙尾处亮有龙珠。最后，用"猢狲头"、龙栓、抬杠将数张龙形板连接起来并固定，连接处辅以鸭毛、鸡毛覆盖，组成一条外观精美高大、栩栩如生的龙。

游舞板龙时，使用的伴奏乐器为锣、鼓、铙等，多种乐器齐鸣，声调粗犷、震撼心腑。

制作精美的巨型板龙

处州板龙具有深厚的民间基础和独特的地域风格。舞龙主要集中在正月十三至正月十七举行，有时也会延至正月二十。正月十三，村民们在村子宽阔处或庙殿前将各家制作的龙身接成一体，然后到庙殿参拜，在每条龙身内点上香烛，即"上灯"。上灯后就开始舞龙，最常见的表演有"元宝阵""鸳鸯阵""绕头阵""绕尾阵""彩霞阵"等几十种阵势。其中，"绕头阵"最为精彩壮观，龙身在龙头的带领下，由外向内，层层箍桶，最后形成多层次的圆形。盘拢龙身后，龙头被高高举起，舞者在锣鼓的伴奏下齐声呐喊，群情激昂，场面气氛高涨。

舞龙完毕，龙身或被烧毁，或到庙里拆灯，或被民众争相撕"龙肉"并带回家，以求平安吉祥。元宵节时舞板龙最为热闹，至正月十七时，各地舞龙基本结束。有些地方在活动结束后还要将龙烧毁，俗称"龙上天"。

（图片均由丽水市非物质文化遗产保护中心提供）

21. 河南：麦秆龙（编号：省Ⅲ扩-Ⅳ-37）

麦秆龙来源于古代民间求神祈雨的民俗仪式，至今已有数千年的历史，具有强大的生命力。每逢天气大旱，民众就会用麦秆、稻草、树皮等材料扎成龙的模样，并用这些材料做成的简单衣服遮体，焚香舞龙以祈求苍天降甘露，保佑风调雨顺、五谷丰登。

引人入胜的麦秆龙演出

早在汉代，当地民众就用麦秆、稻草、树叶制作龙。舞者身着由麦秆、麻布制成的简易服装，进行祭祀求雨活动。元泰定四年（1327年）久旱不雨，当地民众用麦秆扎龙，把龙王请到事先扎好的龙棚里，舞起麦秆龙，烧香、磕头，祈求龙王降下甘露，保佑风调雨顺。

当地人用麦秆制作龙头头饰

擂鼓声和震耳欲聋的鞭炮声伴以弥漫的烟雾，形成了一种富有神秘色彩的氛围。明洪武二十一年（1388年），山西洪洞等地的迁民把麦秆龙和其他民间艺术形式传至清丰。人们都盼望五谷丰登、风调雨顺，因此创造出朝气蓬勃、生机盎然的麦秆龙表演。清丰麦秆龙逐渐成形并得到了长足发展。麦秆龙经过几十代人的传承，依旧保留着原始的表演风格，充分展示了原始社会的风土民情，对研究原始人类的民间舞蹈、生活起居、民俗、民风具有重要作用及借鉴价值。

麦秆龙的制作严谨，龙头用竹圈扎原形，再用麦秆制成；龙眼用麦莛编织而成；龙身用竹圈扎龙骨；龙鳞用麦莛编织，再用细麻绳固定在竹圈上；龙脊用麦秆做成，将麦秆拧成两边留有8寸长的麦莛；龙须用麦莛编织而成；龙尾用麦莛拧成。

麦秆龙演员的服装是用麦秆或麻布编织而成的，头上用麦秆编上个小结，腰间系上麦秆草绳，赤脚、光腿表演。打鼓者的服装全是用麻布或麦秆拧成的，赤臂、赤脚表演。其他道具还包括鞭炮、乐器等。大锣是低音，较一般的片大、音低；小锣是高音，音尖而明亮。此外，表演时使用的大鼓与众不同，是用在水中浸泡过的牛皮蒙在椿木鼓腔上制成的，呈胶泥色，上面还有两个阴阳鱼。

麦秆龙表演充分展示了原始社会的风土民情

麦秆龙表演套路通常有"出棚""祈天""仰天哮雨""龙滚翻香""金鼎寻雨""盘龙庆丰"等。表演时，舞龙头动作优美大方、粗犷豪放，充分展现了麦秆龙的各种表演技能。尤其在表演麦秆龙"神龙祈天""神龙出棚""神龙摆尾"等动作时更是活灵活现、精彩绝伦。舞龙者在实践中积累了丰富的表演技巧和制作经验，形成了独特的表演风格。

（图片由清丰县梅花艺术团团长刘洪恩提供）

清（1644—1911年）《高山族风俗图》（局部）（现藏于中国国家博物馆）

第十章

健舞类非物质文化遗产

我国历史悠久，地域辽阔，各民族传统舞蹈种类众多。依据舞蹈的目的和功能，中国传统民间舞蹈大致分为"娱神""娱人""娱己"三类。"娱神"类舞蹈主要用于祭祀拜神，具有鲜明的宗教特征；"娱人"类舞蹈主要用于舞台表演，具有鲜明的艺术表演特征；"娱己"类舞蹈主要是大众在特定的情境中开展的活动，用于自娱自乐，具有鲜明的身体运动特征和广泛的参与性。随着人类文明的发展，舞蹈的功能由最初的"娱神"逐渐向"娱人"和"娱己"方向转变。

舞蹈本身具有身体运动的属性，与体育可谓同源。古时，人们将舞蹈分为"武舞"和"文舞"，或是"雅舞"和"健舞"。其中，"武舞"和"健舞"就具有鲜明的体育运动特征。如今，在我国众多的民间舞蹈类非遗项目中，有许多是以锻炼身体、娱乐身心为目的，具有全民健身性质的自娱自乐型舞蹈，本书将其归为健舞类非遗项目。这类以身体锻炼为主要目的的舞蹈类非遗项目，具有参与面广、自主性强、运动量适中、自娱性高等特点，如锅庄舞、摆手舞、秧歌舞等。

一、健舞的起源与发展

人类舞蹈最初的主要目的为祭祀活动，古代先民通过舞蹈表达对神明的崇拜，舞者主要是大祭司或主要祭祀者。随着社会的进步，舞蹈的祭祀性渐渐减弱，先民开始通过歌舞表达对胜利和丰收的喜悦，全民参与，娱乐自己，实现了"娱己"功能。随后，舞蹈渐渐向表演性方向发展，成为舞台艺术的重要组成部分。通过优美的舞蹈表演，为欣赏的人们带来欢乐和享受，"娱人"成为舞蹈的主要功能。

在我国上古神话传说中，就能发现原始舞蹈发展的痕迹。古老的岩画上有许多原始舞蹈的珍贵形象，描绘了原始人类敲击石片，吹着陶哨和埙，拍击陶鼓，用粗犷豪放的动作欢快起舞。内蒙古巴彦淖尔市的狼山岩画描绘了古代舞者逼真的形象，参加舞蹈者包括男女老幼，舞姿率真而有力，毫无扭捏做作之态，还有舞者可以翻空心跟斗，有了较高的水平[1]。

五人圈舞岩画

---

[1] 钟敬文，晁福林.中国民俗史（先秦卷）［M］.北京：人民出版社，2008：425.

《毛诗序》中记载："情动于中而形于言。言之不足，故嗟叹之；嗟叹之不足，故咏歌之；咏歌之不足，不知手之舞之，足之蹈之也。"所以古人说："乐心内发，感物而动，不觉手足自运，欢之至也，此舞之所由起也。"

新石器时代舞蹈纹彩陶盆（现藏于中国国家博物馆）

此外，远古人类的舞蹈还具有原始运动养生的功能。据《吕氏春秋·古乐》记载，在原始社会末期的陶唐氏时代，古人就有"阴多滞伏而湛积，水道壅塞，不行其原，民气郁阏而滞著，筋骨瑟缩不达，故作舞以宣导之"的记录描述。这也是后来形成的导引术、按摩术等古代养生方法的雏形。"导引"之名，就是从"教人引舞以利导之"的含义中产生的。

在古代人类社会，体育的形成与军事的发展有着千丝万缕的联系。武舞是一种蕴含搏杀技术的操练方式。夏、商、西周时期，军队常常以集体的武舞演练来增强军队士气。传说，夏、舜统治时就已有"执干戚舞"。商和西周时期的武舞则具有一定的实践性，这可以从武王伐纣时的巴渝舞得到证实。西周时的"象舞"是由军事操练的击刺动作组成的武舞，出土的西周青铜器上的铭文对此有详细的描述。著名的西周时期"六代舞"中的《大濩》和《大武》也属武舞之列。夏、商、西周时期，奴隶主为了防止奴隶反抗，十分重视训练士兵徒手搏斗的技术，把徒手搏斗作为一种专门的技艺进行推广。在徒手搏斗的同时，与其相关的"拳"技也开始显现。《诗经·小雅·巧言》载："无拳无勇，职为乱阶。"[1]这说明古人认可"勇力"的作用，将"力"视为武艺的基础[2]。

夏商时期，宫廷朝会、祭祀庆典、节庆宴饮等多以舞蹈相伴。当时舞蹈的内容主要分为文舞与武舞两大类。学校教育中把"舞"归属在"乐"的教育之中，舞蹈主要包括小舞和大舞两种。周朝将6种乐舞作为教育手段和方式，并以课程形式实施，学

［1］朱熹.诗经集传［M］.上海：上海古籍出版社，1987：96—97.
［2］崔乐泉.体育史［M］.北京：高等教育出版社，2018：45.

生在学习时往往还要以诗伴舞，以舞合节。由于舞蹈在学校教育中具有强大的教化作用，其包含了体育和道德两方面的修养和陶冶作用，从而使受教育者的身心健康得到全面的发展[1]。

秦汉时期，乐舞继续盛行于民间。当时的民间乐舞可分为以手和袖为主的舞蹈、手执武器的舞蹈、手执乐器的舞蹈三种。其中，手执武器的舞蹈如秦汉时期的"剑舞"极为盛行。刀剑既是当时的战斗武器，又是表演的舞器。剑是古代文人、武士随身佩带用以防身、御敌的武器，持剑起舞可以起到开拓心志、陶冶性情的作用。另外，手执武器的舞蹈还包括手执棍的棍舞、手执干（盾）的盾牌舞、手执斧的斧舞、手执刀的刀舞等，这些持兵器的舞蹈对日后中华武术器械套路的形成产生了重要的影响。

乐舞画像砖

春秋战国时期，民间舞蹈更加兴盛，表演性舞蹈亦有了新的发展。民间乐舞与宗教信仰相结合的傩舞较为流行。相传，孔子就喜欢观看傩舞。《论语·乡党》曰："乡人傩，朝服而立于阼阶。"所谓"乡人"，便包括普通民众。"乡人"之傩，应当有民

[1] 崔乐泉.体育史［M］.北京：高等教育出版社，2018：47.

间舞蹈的性质[1]。秦汉时期，武舞已经有了更进一步的发展，且其作为一种武术套路，形成了一定的攻击性和规范性。项庄舞剑的故事实际上就是当时的一种武舞。魏晋南北朝时期，外来的"胡舞"自汉代开通的丝绸之路，也开始大量传入汉地，并受到统治阶层和社会大众的普遍欢迎。

唐代舞蹈种类繁多，如从西域传来的"胡腾舞""胡旋舞""柘枝舞""浑脱舞"，风靡长安及各地。其中，"健舞"矫健有力、节奏明快、动作活脱、豪放流畅；"软舞"优美抒情、节奏和缓、动作柔媚、婉约雅致。两宋时期，宫廷乐舞的演出场面比较可观，宋人的文化生活也随之得到丰富。

五代（907—960 年）舞伎（敦煌莫高窟第 100 窟南壁）

元代蒙古族在入主中原建立元朝后，少数民族舞中的回回舞、女真舞生活气息浓郁、规模盛大、场面热闹，成为当时百姓喜闻乐见的娱乐形式。明清时期，还出现了其他族群豪放的武舞，进一步丰富了中原地区武舞的风格和种类。清代还盛行"秧歌"，东北、华北、西北、江南一带都称其为"扭秧歌"。在西藏、贵州、新疆、四川等少数民族地区，仍旧流传着类似的集体歌舞。

---

[1] 钟敬文，晁福林.中国民俗史（先秦卷）［M］.北京：人民出版社，2008：473.

唐代（618—907 年）乐舞（甘肃敦煌莫高窟第 196 窟西壁）

到了近现代，健舞中许多项目朝着广场舞和健身舞的方向发展，更加凸显健身的属性、娱己的目的性和广泛的参与性。近年来，在全民健身与文化工程建设的大背景下，不少民间舞蹈迅速融入健舞行列。健舞类非遗项目也不断增加竞技比赛元素，强化其健身功能。例如，传统舞蹈秧歌转变为健身秧歌，完善评分规制，加大技术难度，定期举办各级别赛事，吸引了广大民众参与。随着广场舞的健身功能加强，许多民间舞蹈也融入其中，如广西壮族舞蹈打扁担、重庆酉阳苗族摆手舞、海南黎族打柴舞等都成为全民健身广场舞的主角。

二、健舞类非物质文化遗产的分布

从我国第 1～5 批国家级和省级非物质文化遗产名录中可以发现，我国健舞类非遗项目分布广泛，除青海与辽宁外，在全国各省域地区均有分布。其中，在华东和西南地区的健舞项目数量最多。根据对健舞类非遗项目分布状况进行核密度处理的结果，我国的健舞类非遗项目在浙江、海南、贵州地区形成了三个高密度核心圈，基本辐射了华南、华东、华中地区，整体呈现出东多西少、南多北少的分布特征。总体来看，相对于其他类别的体育非遗项目，健舞类项目的分布较为均匀，几乎覆盖了中国的全部省域。健舞类项目的多样性与便捷性等特征，为健舞类非遗项目提供了良好的发展空间。

三、健舞类非物质文化遗产的类别

目前，民间舞蹈类中有一部分具有健身属性的项目可以归属为全民健身运动。在对所有民间舞蹈类的非遗项目进行认真的筛选和斟酌后，将部分与武术和健身操特性相近的民间舞蹈类非遗项目以"健舞"的名称纳入体育非遗中。依据健舞的不同起源与目的，可以将健舞类非遗项目分为武阵舞、欢庆舞、养生舞、技巧舞四类。

武阵舞多起源于古代军事操练，活动过程中多人进行排兵布阵，人人持有武术器械。战前训练和祭祀活动又促使武术和舞蹈结合，形成了最初的武舞[1]。武舞动作刚劲有力、武术元素鲜明，集舞与武元素于一身。在福建与台湾两地留存的宋江阵、湛江功班舞、江西盾牌舞、浙江十八罗汉、甘肃云阳板、云南霸王鞭等均属于此类。

欢庆舞带有明显的娱乐性质，起源于原始社会的生产劳动和生活，主要在庆祝丰收、胜利，或者在闲暇时举行。此类舞蹈以集体群舞为主，动作简单，整齐划一，音乐欢快，氛围热烈。西藏的昌都锅庄舞、重庆的酉阳摆手舞、广西的壮族打扁担、海南的黎族打柴舞和舂米舞等均属于此类。

养生舞是带有养生属性的健身舞蹈，在健舞过程中，舞者会依据人体经络的分布和走向，拍打身上的穴位，以达到驱病强体的健身目的。这类舞蹈历史悠久，在少数民族地区留存较多，如湖北的肉连响、福建的泉州拍胸舞等。

技巧舞是技巧性较高的一类健身舞蹈。此类舞蹈动作中融入了许多高难度的动作，如倒立、劈叉、下腰、跳跃、人叠人等。云南易门跳三桩、海南的琼中咚铃伽，以及贵州的勾林、侗族月牙铛等都属于此类。

健舞是中国传统文化体系中舞蹈文化与体育文化的一种综合体现，承载、记录着中国各地各民族人民的生活方式、宗教信仰等多种文化要素。

———————————

[1] 杨新枝，王明建.武舞的融合与发展 [J].中华武术（研究），2016，5（12）：55.

1. 江西：永新盾牌舞（编号：国 I-Ⅲ-10）

永新盾牌舞是流传在赣西南吉安市永新县的民间舞蹈，是一种集音乐、舞蹈、武术、杂耍、造型于一体的民族男子群舞。盾牌舞在永新可谓家喻户晓，在其始发地南塘村曾有"不练盾牌不是男子汉"之说。特别是在元宵节"出灯"时，它是当地必不可少的表演节目，深受民众喜爱。从历史角度看，它是赣西南山区民俗、民风的部分历史缩影。

永新盾牌舞是南塘村的男子群舞

据《永新县志》记载，盾牌在明代以前，是一种流行的武术器械，供习武防身用。据南塘村《吴氏族谱》记载："盾牌相传汉始，丙辰年吴氏第九代简易公落住永新南塘村，已传 29 代。"因南塘村一带缺水，难以生存，要争水灌田，争山种植，历来习武。永新有俗语："人蛮蛮不过南乡人，论打打不过上南乡。"靠刀尖上长谷子，是当时南塘村村民的生存写照。于是，南塘村一带特地向广西云南村民学来盾牌的打法，男子全部练习，团队出阵，原名"打阵"。

太平天国起义失败后，一部分士卒成了散兵游勇，无家可归，流落在永新边远山区隐伏定居，成了当地的客籍人，这些客家人常与当地农民起冲突。当地的豪绅地主为争权夺利故意挑起械斗，意欲赶走客家人。客家人不甘屈服，便使用防身自卫术，其中就包括盾牌的打法。这就使"打阵"从单纯习武的动作演变成有阵式变化、动作规范的打盾牌。因其具有可观赏性，后逐渐演变为民间节庆活动中的"出灯"表演，从而形成了盾牌舞。

永新盾牌舞所需的道具主要有铁叉、木制叉把、马刀、盾牌，以及锣、鼓、唢呐等乐器。

当地村民习练舞艺

古时出阵打盾牌先要进行一整套祭祀仪式，庄重肃穆，在宗祠内摆好香案，贴上对联，如"天下奇楼多，人间此功少""当术盾刀南征北战打天下，武德戟铸东平西治定乾坤"。打盾牌的男子排队进祠堂，族公点燃香火，杀鸡滴血盟誓。由此可见，盾牌舞主要表现两军对垒破阵、相互攻

永新盾牌舞表演

守、拼战厮杀的激烈场面。男子集体表演，右手握着闪亮的短刀，左手持盾，与铁叉手对打，集滚、打、桩、躲、闪于一体。

盾牌舞主要由八个阵式组成，阵式布局巧妙而严谨。八个阵式分别为四角阵、一字长蛇阵、八字阵、黄蜂阵、搭牌阵、龙门阵、荷包阵、花牌阵。其动作特点为功架不倒、刚柔相济、疾而不乱。

（图片均由永新县文化馆提供）

2. 福建：泉州拍胸舞（编号：国Ⅰ-Ⅲ-12）

拍胸舞是古闽越族舞蹈的遗存，主要流传于闽南一带的泉州市鲤城区浮桥王宫、江南亭店和上村等社区。拍胸舞又称"打七响""乞丐舞"。舞者通过击打双掌、双肩、双臂及双腿等身体部位发出声响，形成赤膊拍胸的民间特色，至今还保留着"不舞则已，舞则淋漓尽致"

当地的拍胸舞雕塑

的表演精神。粗犷的舞风与诙谐的艺术形象体现了闽越先民的原始生活环境和精神风貌。

据史料记载，古闽越人是泉州地区的原住民。秦汉时，闽越族被迫迁徙到江淮一带，最终被灭国。自秦汉到晋唐，大批中原汉人迁入，迫使小部分遗留在城镇的原闽越人基本沦为城市贫民或乞丐。为了生活，闽越人依靠族传拍胸舞沿街乞讨。唐朝时期，泉州成为中国四大对外通商口岸，繁荣的经济带动文艺的发展，也促使拍胸舞得以兴盛发展。到了宋元时期，拍胸舞深受南戏《郑元和与李亚仙》的影响，在闽南地带广泛传播。受"视死如生"传统观念的影响，闽南泉州人在为亡故亲友办丧事时都会请一支拍胸舞团队为丧事辟邪、去灾、纳吉。

村民在上海世博会表演拍胸舞

传统拍胸舞的服饰、器具都十分古朴。旧时的舞者头戴草箍，腰围布带，下身着黑色大裤衩，赤脚。表演时没有任何音乐伴奏，靠击打身体部位出声。如今的舞者头戴草箍，腰围布带，下身着红、黄、蓝等颜色的短裤，赤脚或着黑色布鞋。表演中增加乐器伴奏，用于调节场面气氛及指挥演员动作和台位的变化。拍胸舞的头箍是用一红布条与稻草混合编织而成的草圈，稻草两端在前额形成一个向上翘的接头，犹如蛇身、蛇头状，所混编的红布条从接头处露出，犹如蛇之吐信。伴奏的击打乐器包括鼗鼓和钱鼓。"鼗鼓"是一种用竹筒做成的长圆形鼓；"钱鼓"是可手持且带小铁皮的圆形鼓，可通过敲击鼓面或摇晃出声。

代表性传承人李水星参加拍胸舞表演

拍胸舞以单一节奏的击、拍、夹、跺为主，击打部位集中在胸、肘、腿、掌，基本体态呈拔腰挺胸之势，结合跳跃动作，并辅以雄健的蹲步和怡然自得的颤头，形成了粗犷、古朴、诙谐、热烈的风格。

拍胸舞基本动作为"打七响"，最早的拍胸舞形式简单，无音乐伴奏，强调以击打身体拍出声响，即双手首先于胸前合击一掌，接着依次拍打左右胸部，双臂内侧依次夹打左右肋部，双手再依次拍打左右腿部，共得"七响"，时值合七拍；同时，配合双脚的蹲裆步及有节奏的跳跃，身体随之左右晃动，产生了别具一格的横晃动律。现今的舞者把拍胸舞与音乐相结合，能较准确地跟上音乐节奏，营造热烈欢快、整齐有序的表演氛围，不断对其丰富、创新。

（图片均由泉州鲤城区文化馆提供）

3. 西藏：昌都锅庄舞（编号：国Ⅰ-Ⅲ-20）

"锅庄"是汉译词，藏语称为"卓""果卓""卓舞""刺啦冬"等。"锅庄"的准确翻译应为"圆圈的舞蹈"。锅庄舞是藏族最古老的民间舞蹈，表现形式十分丰富。藏族人认为，"天上有多少颗星，卓就有多少调；山上有多少棵树，卓就有多少词；牦牛身上有多少毛，卓就有多少舞姿"。2001年，西藏自治区人民政府将昌都命名为"锅庄艺术之乡"。

锅庄舞深受广大藏族群众喜爱

康巴人能歌善舞，歌舞是人们精神生活中不可缺少的一部分。独特的自然人文地理条件，孕育出了锅庄、热巴、弦子三种有康巴特色的舞蹈。其中，豪迈粗犷的昌都锅庄舞是人们庆祝丰收的篝火圈舞，尤为当地农牧民所喜爱。

卓舞这个古老的民间舞蹈形式，早在吐蕃时期就存在了。据说早期的卓舞与西藏奴隶社会的盟誓活动有关，后来逐步演变为歌舞结合，即载歌载舞的圆圈歌舞形式。《清史稿·乐志》音译为"郭庄"，近代也称为"歌庄"。清代赵尔巽等撰写的《清史稿》卷一百零一、志七十六乐八中提道："高宗平定金川，获其乐日大锅庄司舞十人，每两人相携而舞，一服蟒袍、戴翎、挂珠、斜披黄蓝二带，交加十字。"这种对藏区锅庄的描述，解放初期尚见于昌都的寺庙锅庄。

昌都锅庄舞的传承和发展有着深厚的群众基础

锅庄舞之所以深受广大藏族群众喜爱，代代相传，长盛不衰，是因为其不受时间限制，喜庆节日或平常时节均可跳；不受地点限制，农牧区或城镇、宅内或宅外都可跳；不受人数限制，少则几个人，多则上千人。锅庄舞充分表达了藏族人民热爱生活、热爱劳动、热情豪迈的民族特性。

在跳锅庄舞时，人们穿着藏族特有的民族服饰——藏袍，里面常穿藏式衬衫。藏式衬衫的主要特点是袖子很长，其长出部分平时卷于袍袖内，跳舞时放下，以增姿色和气氛，尽显藏族人民的洒脱和豪迈。夏秋穿无袖类似长背心的藏袍，主要是便于劳动且较凉爽。藏袍一般比人的身高要长，穿时将其提至腰部，再系上红色、蓝色或黄色的腰带。

锅庄舞形式多样。依据内容划分，有反映劳动生活的"羊毛锅庄"、反映婚庆的"吉庆锅庄"、表现生活情趣的"兔子锅庄""醉酒锅庄"。依据地域特点划分，可分为农区锅庄、牧区锅庄、寺庙锅庄三种。

每逢节日、庆典、婚嫁喜庆之际，广场上、庭院里，男女相聚，围成圆圈，自右而左，边歌边舞。男女各站一边，拉手成圈，分班唱和，通常由男性带头领唱，歌声嘹亮且穿透力强。舞群和着歌曲"甩手颤踏步"沿圈走动，当唱词告一段落后，众人一齐"哑"的一声呼叫，顿时加快速度，撒开双臂侧身拧腰大搓步跳起，挥舞双袖，载歌载舞，奔跑跳跃中变化动作。跳舞时男性动作幅度较大，伸展双臂如雄鹰盘旋奋飞；女性动作幅度较小，点步转圈如凤凰摇翅飞舞，具有健美、明快、活泼等特点。舞圈中央通常置青稞酒、哈达，舞毕由长者或组织者敬献美酒、哈达，祝福大家吉祥如意，兄弟姐妹情谊得到升华。

（图片由西藏自治区非物质文化遗产保护中心提供）

4. 海南：黎族打柴舞（编号：国Ⅰ-Ⅲ-32）

黎族打柴舞是海南省三亚市崖州区黎族村落流传的一种古老的群体性活动，参与人数众多。参与者需要在击打竹竿的间隙中寻找一定的规律，不断地躲避竹竿的击打并跳出形态各异的优美舞步。

打柴舞深受黎族人欢迎

打柴舞，黎语称为"转刹"，起源于海南省古崖州地区。据清代《崖州志》卷十三《黎防志一·黎情》记载："丧礼……贫曰吃茶，富曰作八，诸戚必以牛羊纸灯鼓吹来祭……作八必分花木，跳击杵。"其中所记载的"跳击杵"便是指如今的黎族打柴舞。

从前，黎族打柴舞只流传于黎族村落之中。随着时代的发展，黎族打柴舞中的祭祀寓意逐渐淡化消失，休闲娱乐的性质已经占据了主导地位，打柴舞中的许多规则与内容也发生了相应的变化。从前打柴舞使用的柴杆多由红铃木制成，如今则多由青竹

代表性传承人黄家近指导本村青年跳打柴舞

制作。打柴和跳柴的舞蹈方式也由简变繁，舞蹈动作也更加具有观赏性。过去只限于"女打男跳"的舞蹈习惯，如今改为了男女均可以打跳。与此同时，在时代大环境的影响下，黎族打柴舞经过相应的改编，使其他民族群体也能够参与其中，突破了黎族打柴舞的传承空间，发展为海南各民族群体普遍开展的一项集体性体育活动——竹竿舞。

打柴舞的主要舞蹈道具即为打柴者使用的柴杆。柴杆由当地的红铃木或竹竿制成，包括一对粗柴杆和若干对细柴杆。

村民表演黎族打柴舞（房殿生拍摄）

打柴舞的活动场地并没有过多的限制，只要有平坦的空地就可以跳舞。黎族打柴舞由打柴者和跳柴者成对进行，打柴者和跳柴者分别需要掌握不同的技术动作，经过合理的搭配与默契的配合才能跳出连贯而优美的打柴舞。跳舞时，打柴者分别位于固定好的粗柴杆两侧击打细柴杆，每一对细柴杆由两名相对的打柴者控制，两名打柴者需做镜像的打柴动作，以左右、上下、分合、交叉等方式击打柴杆；跳柴者则在不断变化的网格中，配合打柴者的打柴节奏，先后表演各种舞步，如跑马步、鹿步、猴子步、青蛙步等。其中，许多舞步是黎族人在长期的生活中观察并模仿动物的具体动作发明的。

（除署名拍摄外，其余图片均由三亚市群众艺术馆提供）

5.重庆：酉阳摆手舞（编号：国Ⅱ扩-Ⅲ-17）

摆手舞是一种仪式性集体民间舞蹈，流传于湖南省、湖北省与四川省交界的土家族聚居地区。摆手舞是土家族世代相传并具有代表性的活动，是土家族的民族文化奇葩。摆手舞也是土家族主要的标志性文化形态，当地民间自古就有"北跳丧，南摆手"的说法。摆手舞是以摆手为基本特征的祭祀性舞蹈，是土家人祭祀神灵、酬报先祖和传承民族文化的重要形式。

当地村民表演传统摆手舞（陈小蓉拍摄）

2007年4月，考古专家在重庆市酉阳县大溪乡境内酉水河岸的深土中，发现了新石器时代母系氏族晚期至父系氏族萌芽阶段的文化遗迹——大溪文化遗存，距今已有五六千年。该遗迹证明，酉阳在上古时代就有巴人活动。《摆手歌》中有"卦子莫忘记，路上一路神要敬。王龙也尺莫忘记，路上社巴要做哩""茅草三年六个月割了，舍巴三年六个月做了"的唱词，说明摆手舞产生于巴人大迁徙之前的渔猎部落时代。

摆手舞起源于原始狩猎活动。在摆手舞活动中，摆手者扛上齐眉棍、梭镖、鸟枪、火铳等随歌而舞，仍有土家人原始狩猎的迹象。酉阳摆手舞充满着祭祀性的文化气息，整个活动围绕祭礼展开。在摆手堂里，供奉土王神像，摆上牛头祭品，燃香点烛，烧纸化钱。土老司头戴凤冠，身着八幅罗裙，手舞八宝铜铃和司刀，口念咒语，敲打铜锣与大鼓，行三跪九叩大礼。

摆手舞已经成为当地群众的一种健身方式（陈小蓉拍摄）

酉阳摆手舞形象地反映了湘、鄂、渝、黔交界地区农耕渔猎时期土家先民的生产生活习俗，表现了土家族远道迁徙、狩猎征战、刀耕火种、饮食起居的状况。酉阳摆手舞具有独特的民族个性和地域特色，舞姿多模仿跋山涉水、农事劳动、战斗姿态、雄鹰展翅和日常生活等动作，舒展大方，生活气氛浓郁，展现了

代表性传承人田景银教授孩子们摆手舞
（陈小蓉拍摄）

土家人粗犷豪放的性格。其舞蹈动作有单摆、双摆、抖蛇蚤、撵野猪、敬土王神、观音坐莲、叫花子烤火、螃蟹上树、磨鹰展翅、状元踢死府台官、骑马射箭等20多种，队列、队形包括环形摆、双圆摆、双铜钱、插花摆、一条龙、螺丝旋顶、绕山涉水等30多种。

摆手舞有"大摆手"和"小摆手"之分，大摆手表演3～5年举行一次，历时七八天，有数万人参加，表演中有复杂的军事狩猎内容，需摆出套路阵法；小摆手表演则每年都在土家族村寨举行，它以农耕为主要内容，舞蹈时参与者围成多层圆圈，一人领舞，众人随跳，具有很强的即兴性。

甘肃：凉州攻鼓子（编号：国Ⅱ-Ⅲ-42）

　　凉州攻鼓子又名武威攻鼓子，是流传于曾孕育出五凉文化、西夏文化、佛教文化等文明的古丝绸之路重镇——甘肃省武威市的一种民间鼓舞形式，也是汉唐军旅出征乐舞的遗存。四坝镇杨家寨子是甘肃省武威市攻鼓子文化中心，这里传承的攻鼓子被誉为"西部鼓魂"。

攻鼓子被誉为"西部鼓魂"（陈小蓉拍摄）

　　攻鼓子的表演用鼓呈直桶形，鼓身涂红色，上系红色背带，鼓高30厘米；鼓面用牛皮蒙制，直径为20厘米，上绘太极图；采红柳木制作的鼓槌有一定的重量且韧性很好，击出的鼓声富有力度、弹性及跳跃感，鼓槌根部缀有红、黄两色绸带。

攻鼓子鼓面绘有太极图（陈小蓉拍摄）

表演攻鼓子需要特定的装扮，演员上身着黑色太保衣，下身穿黑色灯笼裤，脚蹬凌云快靴，鞋面缀大红色绒球，意在似健步如飞，完全一身"夜行侠"的装束。此外，还要用裹头的黑布制成黑幞帽，左右两侧插上两根彩色野雉翎，曰"招子"，取"上净天宇，下扫风尘"之意。幞帽上方装饰着一朵大红色牡丹花，帽下沿正中与两边缀以红色纸质折叠的扇形纸花，表演时纸花可以随身体的摆动自动开合，为头部增添了几分动感。正式表演时，脸上用色泽鲜艳的油彩绘上怪异、夸张的脸谱，涂脂搽粉，眉毛画得粗黑且上翘。黑衣上还搭配着白领、白扣、白护腕，谓之"三白"，与黑衣在色彩上形成一定的反差。从化妆到装束都给人以威武雄壮、粗犷豪放的美感，具有强烈的西部特色。

攻鼓子所用裹头的黑幞帽是唐代的遗俗（王铮拍摄）

传统的攻鼓子表演一般由 12 人组成，无须任何锣、镲伴奏。由一人在前担任总指挥，鼓手根据其动作变换鼓点、队形。攻鼓子的基本打法可以用四句口诀来概括，即"双手胸前画弧线，交错击鼓轮换翻。上步踏地凭脚力，挺胸抬头身不弯"。其中最有特点的打法就是双手在胸前交叉击鼓的动作，表演者先在空中划出一条弧线，再强有力地击在鼓面上，击鼓时情不自禁地微微摇头晃肩，身体又不时前仰后合，举手投足，潇洒自如，通过动律的变化表达内心的情感。攻鼓子表演中"弓箭步"运用较多，很注重身体"扎势"，即动作造型。

在当地，凡遇庙会祭祀、节日庆典及每年正月闹社火时，都有攻鼓子的热闹场面。攻鼓子的场面十分壮观，每一队鼓子都有一个领队指挥，上百队鼓子聚会在一起，有数十面大鼓配合掌握节奏，外加锣烘托气氛。几百人同敲一个鼓点，同走一种步伐，游走变化默契，进退开合，协调统一。攻鼓子的表演过程变化万千、气势恢宏，使观者浮想联翩。沉着而稳健的步伐，冷峻而刚毅的神情，力贯千钧、变化多端的鼓点，震人心魄的气势使人仿佛置身于铁马金戈的古战场。攻鼓子的表演场面威武雄壮，与其"武威"的地名也十分贴切。

7. 湖北：肉连响（编号：国Ⅱ-Ⅲ-52）

　　肉连响是一种起源于湖北省利川市都亭、汪营、南坪一带的民间舞蹈，现流行于全市。该舞蹈主要以手掌击打额头、肩膀、脸、手臂、手肘、腰、腿等身体部位并发出有节奏的响声为特点，遂称"肉连响"。

肉连响是现流行于利川市的一种民族民间舞蹈

　　关于肉连响的起源时间，长期以来民间有两种说法。

　　其一是源于古代巴人军舞。肉连响赤身而跳的特征，明显有古代巴人军舞的痕迹。据考证，利川市地处古时巴国腹地，利川地区聚居的土家族人是古代巴人的后裔。据《华阳国志》记载，商朝末年巴军参加武王伐纣，出征前跳军舞以凌殷人，致使商纣王的兵卒前徒倒戈，彰显了古时巴人军舞的强大力量。如今的肉连响保留了古时巴人军舞的粗犷和有力的节奏。

　　其二是受启发于民国时期的"泥神道"。据利川民间艺人陈正福讲述，父亲去世得早，母亲改嫁，他为了生计在利川城跳过"泥神道"。跳"泥神道"要求剃成光头，赤裸上身，端一盘稀泥，将稀泥抹满上身和头部，沿着街道摊点用手拍打沾满稀泥的身体，使身上的稀泥四处飞溅。路人和摆摊的摊主为了使衣服和货品干净，便会解囊施舍。部分艺人也会在红白喜事时跳"泥神道"，以乞讨求生计。

　　中华人民共和国成立后，人们不再需要沾满稀泥跳"泥神道"乞讨生活，但依然习惯徒手拍打身体，无意间模仿传承下来的"泥神道"逐渐演变为肉连响。家住利川的吴修富在年轻时跟随师傅学习理发，看到师傅在空闲之余跳"泥神道"，觉得新奇有趣，便经常模仿，并融入秧歌舞、耍耍、跳丧舞、莲湘舞中的一些动作，对其进行改进，"泥神道"逐步定型为独具特色的民间舞蹈肉连响。

肉连响主要是用双手击打身体不同部位并辅以跳跃

肉连响表演时一般上身赤裸，通常单人独舞，无音乐伴奏，以自己双手击打身体相关部位发出的响声为伴奏进行表演。在发展过程中，肉连响融入表演者的口技和弹拨手指发出的响声，以及手铃、环铃、头铃、衣铃等特制的金属铃声。金属铃的材质为银、铜，光彩夺目，节奏铿锵悦耳。

肉连响以个人表演方式为主，所以传承方式主要为师徒口传心授。肉

代表性传承人刘守红表演肉连响单人独舞

连响的表演动作主要有顺拐、扭身、颤步绕头转身、秧歌步、穿掌吸腿跳、拍额、拧腰、颤动、圆转等。舞蹈动作名称主要有三响、地盘子、滚龙、十六响、十响、八响、七响、四响、喜竹盘根、雪花盖顶、对打、穿花等。

肉连响表演风格热烈奔放、明快张扬，腿的舞蹈动作丰富，胯部幅度大，胯与肩配合扭动。在动作表演上，肉连响讲究"圆转"，表演者顺着拍打部位，身体倾斜角度不断变化，舞姿轻盈流畅、粗犷豪放，展现了表演者积极乐观的精神面貌。

（图片均由代表性传承人刘守红先生提供）

8. 浙江：藤牌舞（编号：国Ⅲ扩-Ⅲ-10）

浙江瑞安位于东南沿海，海域广阔，是一个历史悠久的文化古城。藤牌舞源于清朝光绪年间，瑞安籍的团勇将早年藤牌练操中的动作组成藤牌阵进行表演，其融武、舞为一体，深受当地百姓喜爱。

流行于瑞安地区的藤牌舞源于戚家军练兵

藤牌是古代战争中用于防卫的武器，起源于明嘉靖三十五年至三十七年（1556—1558年）的抗倭战争，为民族英雄戚继光所发明。戚继光根据闽浙一带海岸线曲折且多为淤泥质海岸的特点而"创练浙兵"，并用藤牌代替了传统的皮牌及其他盾牌器械。藤牌具有"坚、大、轻"的特点，适用于沿海淤泥质地。明嘉靖四十二年（1563年）倭患平息，当时驻地民众纷纷涌入校场观看戚家军练兵，对"绞丝步回辙""花盖顶"等藤牌动作尤为喜爱。清末光绪年间，随着洋枪、大炮的进入，藤牌逐渐失去作用，春秋季校场练兵也名存实亡，但百姓很喜欢看藤牌兵操练，于是瑞安籍的团勇把练兵中深受百姓喜爱的动作组成藤牌阵，在清明庙会时向民众表演，既为纪念抗倭名将戚继光，又为达到去邪保太平的目的。

藤牌也称唐牌，分猴牌、七星牌、花牌三种。其中以猴牌最为出色，但猴牌、七星牌已失传，现藤牌舞表演用的是花牌。古时藤牌直径

村民用竹篾制作藤牌

约 1 米，中间有一个小的望孔，圆心周围较凸，逐渐弧线凹下，到牌边缘又凸起。现在的藤牌则用竹篾打成（或用塑料藤），藤牌直径约 0.8 米。狮子牌直径约 1.1 米，牌上有两把尖刀（竹制），牌面画狮头，两个握手柄距离对称。

藤牌舞表演所用器材还包括 4 把长枪、8 把刀、1 对金瓜槌、1 把铁叉、1 面大旗。

正式打藤牌开场之前，须搭起布城门，8 个吹长号的人站在城门上，前列 8 面大旗，气势恢宏。表演一开始就摆开龙门藤牌阵，铜槌为龙眼，双钩镰为龙角，狮子牌为龙嘴，牌上双刀为牙齿，皮牌为下颚，藤牌一个接一个为龙身，阵头叉为龙尾，给人以美的感受。

藤牌舞表演人数一般为 36 人，为男子群舞。表演时有独舞，如舞狮子牌和舞大旗；双人表演，如宁波对、双刀战藤牌、双槌抛叉等对打；也有群舞，如矮子步、庆功唐牌。藤牌阵的阵形体现了"藤牌在前、长兵器在后"的特点，这种近似武术的表演淋漓尽致地展现了戚家军运用藤牌杀敌制胜的威风。藤牌舞每组动作都有一定的寓意，如六首操中的埋伏、抛石、滚、劈刀、出刀等一连串动作，都有藤牌兵乱敌耳目，随势滚进，以短制长之意。

藤牌舞技艺表演

（图片均由瑞安市非物质文化遗产保护中心提供）

9. 湖南：桑植仗鼓舞（编号：国Ⅲ-Ⅲ-98）

作为白族的代表性舞蹈，仗鼓舞既是白族人喜庆节日的自娱性舞蹈，又是其借以祭祀祖神，使民族团结延续的象征性舞蹈。该舞蹈主要流行于湖南省桑植县的麦地坪、走马坪、马合口一带的白族山寨。其内容粗犷、刚劲、原始、大方，夹杂武术套路，被广泛用于游神、庙会、节日庆典、祭祀、庆贺丰收等民俗活动。其与土家摆手舞、苗族猴儿鼓并称为张家界三朵艺术奇葩。

仗鼓舞是桑植白族特有的传统文化艺术

桑植白族仗鼓舞的产生大约在元朝初期。桑植白族谷均万、王朋凯、钟迁一等及其子孙为躲避战乱迁徙到桑植麦地坪、马合口等一带定居，与土家族等民族共同发展，创造了白族仗鼓舞的原始雏形。明朝初期，大量外来人口在桑植定居，白族地区人口也随之增加，使仗鼓舞得到了长足发展，艺术体系日益完善。

仗鼓舞所使用的道具主要为仗鼓、时装、伴奏乐器等。其中，仗鼓两头直径为0.25米，长为1.2米，两端用皮革绷衬细腰。演出服饰包括白衣裤、黑色背心、白头巾。伴奏乐队由锣、鼓、海螺、长号和唢呐组成。

桑植白族仗鼓舞动作以跳、摆、转、翻为主

村民参加仗鼓舞表演

在白族人聚集地区以姓氏分族。其中，以钟姓和谷姓为大族，这些大族都有自设的祠堂，祠堂里供有祖宗牌位。每年农历正月初一到正月十五，祠堂门大开，由族里年长者主持，前面4人抬着白族人信奉的红、白、黑祖神神像，后面所有男女老少手执仗鼓，众人绕圈而舞。圆圈中心是由锣、鼓、海螺、长号和唢呐组成的乐队，节奏鲜明，给人以深山密林处起舞的感觉。跳的人越多越热闹，情绪激昂时，乐手和舞者会连喊"哦、喂"，场面十分壮观。

在游神、赶庙会、节日庆典、祭祀等白族大型民俗活动中，跳仗鼓舞不受道具约束，人们可以拿农具或生活用具等作为道具，如羊叉把、火钳、饭篓子等，踩着节拍翩翩起舞。此外，还可根据不同的场合与环境进行表演，如游神时跳仗鼓舞，人多势众，场面隆重热烈，称为"游神仗鼓舞"；在本主庙会上跳仗鼓舞，称为"祭祀仗鼓舞"；在过年杀猪、打糕粑时跳仗鼓舞，称为"半巴把仗鼓舞"等。这些随意的表现和广泛的内涵给白族仗鼓舞增添了古朴、沧桑、原始的美感。

桑植白族仗鼓舞动作套路较多，以跳、摆、转、翻为主体，动作复杂多变，包括一二三、三二一、硬翻身、狮子坐楼台、野猫戏虾、兔儿望月、五龙捧圣、翻天印、野马分鬃、文王访贤、观音坐莲、霸王撒鞭、魁星点斗、雷公扫殿、二龙戏珠、玉女扫地、三十二连环、四十八花枪等，据说曾有九九八十一种套路。

（图片均由王华清提供）

10. 广西：壮族打扁担（编号：国Ⅴ-Ⅲ-139）

打扁担，壮语称"谷榔""打虏烈"，是广西壮族自治区都安瑶族自治县的一种古老民俗活动，也是由生产劳动发展演变而来的体育活动。

打扁担是都安瑶族喜闻乐见的一种民俗活动（陈小蓉拍摄）

壮族打扁担以民间舞蹈的形式遗传下来，发展至今已有1300多年的历史。相传古时壮族先民用舂米木杵敲击木臼以自娱。木臼，壮语称"榔"，故有"谷榔"一名。后因木杵笨重，不易舞弄，木臼亦较难搬动，遂改以扁担击打凳子。

唐人刘恂在《岭表录异》里写道："广南有舂堂，以浑木刳为槽，一槽两边约十杵，男女间立，以舂稻粮，敲磕槽舷，皆有偏拍。槽声若鼓，闻于数里，虽思妇之巧弄秋砧，不能比其浏亮也。"可见唐代的"舂堂"是古代壮族人民舂米劳动的生动写照。经过漫长的历史

深受当地群众喜爱的扁担舞（陈小蓉拍摄）

演变，壮族打扁担含蓄紧凑，变化多样，节奏热烈欢快，舞蹈造型精巧，场面更加壮观，成为当地群众喜闻乐见的民俗活动。

打扁担表演所需服装为壮族特色服装，道具包括长条凳、竹筒、斗笠、扁担、鼓、鼓槌、木杵和木臼。当地打扁担的日常训练与聚会场地一般为都安文体广场，表演地点则视表演性质而定，节日表演地点一般为街道或露天广场。

打扁担已经成为都安民众的健身活动（陈小蓉拍摄）

在都安、马山等县的山村乡寨，每年农历正月初一至元宵节都会举行打扁担表演，场地在村前的晒谷场上。表演者有 4 人、6 人、10 人、20 人不等，均取双数，多是妇女。出场表演时，舞者手持扁担，相向而立，围着长约 3 米、宽约 33 厘米的木槽或板凳，在一声呼喊后，上下左右击打，边打边唱边舞，模仿农事活动中的耙田、插秧、戽水、收割、打谷、舂米等姿势，做出站、蹲、弓步、转身打等动作。舞者时而双人对打，时而四人交叉对打，时而多人连打。整个舞蹈节奏轻重、强弱、快慢错落有致，动作优美、自然、清新。

11. 甘肃：陇西云阳板（编号：国V-III-142）

陇西云阳板的流传区域为甘肃省东南部、定西地区中部的陇西县。云阳板是一种陇西民间舞蹈，是由传说中的八仙之一曹国舅所持法宝"云阳板"演变而来，也因此得名。在每年农历四月初八，陇西城南的仁寿山都会举行万人朝山盛会。这一天，男女老少倾城而出，四乡村民也会远道而来，仁寿山上人头攒动、热闹非凡，云阳板舞便是朝山盛会的主要内容。城里各村都要组织云阳板表演队上山表演，队员都是从本村挑选的青壮年男子。

村民在宗祠前表演云阳板

陇西云阳板的形成和流传较为久远，其起源可追溯至唐代的"拍板"，距今已有1600多年。陇西云阳板虽起源于宗教祭祀活动的祈雨仪式，但经过千百年的传承，已演变为人们祈求风调雨顺、国泰民安的一种民间舞蹈艺术和日常文娱活动。同时，

云阳板节奏整齐富有韵致（王铮拍摄）

陇西云阳板作为一种独特的节日文化，具有丰富的文化内涵和民族文化气息，其粗犷、雄浑的表演风格与西北人自古以来的尚武风俗相融合。

陇西云阳板是典型的佛道合一的宗教祭祀活动产物。云阳板表演者头束双髻，顶戴红花，披云肩，系战裙，足登青线麻鞋，上缀一颗鲜艳的红绒球。

云阳板长约1米，宽约8厘米，每4片为一副，内贯铜钱，装饰精美图案，拍击脆响，是表演者手持的道具。

仪仗有8面大旗，图案分别为龙、狮、虎、豹、日月、星辰、朱雀、玄武。此外，还有清光伞4大1小，旌幡8面，另有绘制释迦牟尼佛像的巨幡1面。

伴奏乐器以唢呐吹奏为主，配有钹、锣、磬等打击乐。音乐是典型的中国民间音乐五声调式，由徵、羽两调式旋法构成，与道教及其活动音乐旋律极为接近。

云阳板表演给村民带来欢乐
（陈小蓉拍摄）

陇西云阳板表演的道具、队伍、内容、形式、乐器、乐曲都有基本的要求。陇西云阳板的主要动作是由我国西北特有的民间单手鞭杆和双手鞭杆武术套路演变而来的，表演者采用抬、劈、挥、压、转等动作舞动云阳板，下肢基本动作包括马步、跨步、半蹲、深蹲、跳跃、转身、旋转等。

云阳板表演队一般一组有4人，舞者双手各持两片云阳板的下端，排成两行，两人一列，对称式挥舞行进。陇西云阳板行进队列首先为前导仪仗大旗，然后为8人两组或16人4组表演队对称式挥舞行进，接着为清光伞、旌幡和民间乐队，最后为巨幡、香炉、香案等物列队通过。整个表演过程有乐队伴奏以烘托气氛。

（除署名拍摄外，其余图片由陇西县文化馆提供）

12. 福建：泉州踢球舞（编号：省Ⅰ-Ⅲ-3）

踢球舞又称彩球舞或碰球舞，源于我国春秋战国时期的体育游戏——蹴鞠。泉州民间的踢球舞是蹴鞠和戏曲的传承与融合。踢球舞传入泉州后，经地方戏曲吸收、改造，通过与梨园戏科步的结合，加入泉州高甲戏丑婆角色的表演动作，吸收南少林武术动作，妙趣横生，极其诙谐戏谑，成为雅俗共赏的民间艺术。

踢球舞又称彩球舞或碰球舞

据唐人的《内人踢球赋》记载，踢球舞盛行于唐代。到了两宋时期，踢球舞才伴随大批避乱的中原人南迁传入泉州，同时传入了歌舞技艺，客观上推进了泉州戏曲的发展。在明代，成书记载了踢球舞与蹴鞠技艺的结合。在清代《郑元和》中有"踢球弄戏"的记载。以上可见，自宋及清，踢球舞在泉州已十分普遍。中华人民共和国成立后，舞蹈工作者对传统的踢球舞进行挖掘、创新和改编，使其广泛传播，深受广大群众喜爱。

泉州踢球舞的主要道具包括彩球、服装和伴奏音乐。其中，彩球是以藤条或竹篾扎

民间的踢球舞是蹴鞠和戏曲的融合

成的，先用各种颜色的小布条缠绕成小圆圈，再用细铁丝把小圆圈绑扎成一个空心圆球，球内系两个响铃，球顶端装饰一朵红绸花，最后将一根长1.2米的圆木棍的一端穿过球心扎紧为把。踢球舞的服装深受梨园戏的影响，服装模仿梨园戏的角色，分为旦装、小旦装、彩旦装和球手装。踢球舞的伴奏乐队常用南音乐队和拾音乐队。

元宵节活动中高跷彩球和地面彩球表演结合

踢球舞一般在逢年过节、迎神赛会、婚丧喜庆等民俗活动中表演。踢球舞的表演人数一般无严格限制，为6～10人。踢球舞即以脚踢球，以手抛（贡）球，以肩、臂、肘、膝、头、脖等身体部位碰球或接球。踢球舞包括持球者、踢球女及彩婆三种角色，以互为引逗、环绕、互换主次等形成了一种较为固定的表演形式。持球者急步上场，双手"抖转球"走一小圆场，表演几个技巧动作后，走至台边引踢球女出场。随后，踢球女以蹲步跑圈、八字穿花、流水摆尾为主要队形，前后左右对插。在穿插过程中，经过彩球前要变化各种动作，如捧、垫、踢、掂、接、碰等。踢球舞的精妙之处在于球手与彩婆的双人舞配合，以及球手的动作融入武术"三股叉"的表演动作。

（图片均由传承人何敬智及王艺提供）

13. 四川：泸县百和莲花枪（编号：省Ⅰ-Ⅲ-5）

百和莲花枪，也称百和莲枪，发源于四川泸州百和镇，流传于百和镇及其周边地区。莲花枪的早期形式为莲花落，是旧时民间乞丐乞讨时为了引人注意而采用的一种说唱形式。"百和莲花枪舞"源于乞丐乞讨，是一种以打击道具——莲枪为主、民间自娱自乐的艺术形式。

当地小学生表演莲花枪（陈小蓉拍摄）

关于莲花落，最早的记载见于南宋普济的《五灯会元》："俞道婆，金陵人，卖油滋为生业。一日，闻贫子唱莲花落：'不因柳毅传书信，何缘得到洞庭湖？'忽然契悟。"可见莲花落最初应该是乞丐卖艺时演唱的。据《泸县志》记载，百和镇由于地理位置特殊，自宋代以来，人烟稀少、土地贫瘠、无人耕种、少为人往，湖广移民在此定居，但多为游走的乞讨者。乞讨者每人必备一根打狗棒，两端挂上铜钱，做成简易莲枪。以莲枪两端发出的"哗哗"声为节奏，配以唱腔，"载歌载舞"，走村串户乞讨，莲枪因此而得名。

据传光绪年间，百和乡民田文德家境贫寒，在为岳父祝寿时，因无钱请狮子、龙灯表演，便和妻子一道，手拿一节竹竿，边唱边跳当

以莲枪击身并发出声音（陈小蓉拍摄）

地流行的乞食莲枪。后被众多乞讨者效仿，内容逐渐丰富，并广为流传。

早期莲花落的道具均为手持，用竹板或用竹竿串铜钱。泸县莲枪道具为竹竿，其来源于乞讨者的打狗棒，多为普通竹棍。莲枪长为 1.2～1.5 米，两端隔开约 17 厘米的长缺口，嵌入活动铜钱多枚（5～50 枚）并以铁钉固定。表演者在表演时，以莲枪打击身体，莲枪两端所挂铜钱有节奏地发出"哗哗"声，再配以简单的唱腔，具有较强的视听效果。如今，由于竹子做的莲枪棍容易损坏，人们逐渐用铝管或不锈钢管替代竹子；由于铜钱难找，就用普通的螺丝与螺帽垫圈代替，两端做成花。

代表性传承人楚泽甫传授莲花枪技艺

泸县百和莲花枪是集歌舞与体育于一体的民间艺术，表演者手持串铜钱的竹板、竹竿，敲击臂、肚、胸、腿以做节拍，舞步即为秧歌的十字步，动作简洁、粗犷。泸县百和莲花枪舞蹈动作具有莲花落与秧歌的特征。以前莲花枪的调是不变的，表演者可通过改变唱词来表达不同的主题，申遗成功后，无论是唱词、舞蹈动作还是音乐都发生了改变，更加符合现代人的审美要求。

（除署名拍摄外，其余图片由楚泽甫和赵宗琴提供）

14. 云南：霸王鞭（编号：省Ⅱ-Ⅳ-20）

霸王鞭是白族民间74种舞蹈里具有代表性和流行较广的舞蹈，它不仅在"绕山林""闹春节正月""田家乐"三种民俗中存在，也是建房嫁娶或喜庆佳节中常见的表演节目。霸王鞭舞蹈渗透着白族的历史变迁、宗教祭祀、民族习俗和文化娱乐，具有古朴幽默、典雅刚健、欢快明朗、清新活泼等诸多特点。现主要流行于云南省大理白族自治州的大理市、洱源县、云龙县、宾川县、剑川县等地。

剑川石龙霸王鞭舞是白族标志性舞蹈（段力刚拍摄）

关于当地霸王鞭的由来，有不少富有传奇色彩的传说故事。

一则相传南诏王皮逻阁为了兼并五诏，以星回节祭祖为名，召令五诏之王按时赴会。邓赕诏的柏洁夫人察觉南诏王有野心，劝阻丈夫皮逻登不要远行，但他执意要去。南诏王灌醉几个诏王后，乘机点燃松明楼，烧死了几个诏王。后来，南诏王还想霸占柏洁为妻，她誓死不从，并起兵反抗，最后不幸身亡。从此，人们就在六月二十五日点燃火把，四处奔走，表示援救柏洁夫人，并跳霸王鞭舞来纪念她。这样柏洁夫人就能保佑当地人平安、五谷丰登。

二则霸王鞭舞与诸葛亮的"退兵计"有关。三国时期，诸葛亮与司马懿交战，兵败受围。一日入夜，杀声四起，危机万分，诸葛亮急中生智，令手下人燃起无数大火把，还在钢鞭、长矛等兵器上拴上响铃，围着火把环绕跳跃，大造声势。司马懿看到山头上火光冲天，听到山谷里铃声四起，以为中了埋伏，慌忙下令退兵。此后，诸葛亮设"退兵计"智胜司马懿的故事广为流传，白族群众受到启发，就点燃火把，跳霸王鞭舞来颂扬他的智慧和胆略。

老艺人传授石龙霸王鞭技艺（杨万涛拍摄）

霸王鞭长两尺四寸（80厘米），代表二十四节气。竹竿上开6个小槽，每个小槽装两枚铜钱，共12枚，代表12个月，象征全年风调雨顺、五谷丰登。鞭杆头部扎有红绸花，尾部系两个小铜铃。而伴奏用的龙头三弦琴既是演奏乐器，也是瑰丽的艺术品，其中组

当地妇女习练霸王鞭技艺（饶远拍摄）

装在三弦上端的龙头，通常由被誉为"木雕之乡"剑川的木匠精心雕刻、彩漆而成，造型美观大方。其音箱制作颇具特色，常用三五层白棉纸糊裱在一起蒙成。弹拨工具是用牛角或杂木削制而成的圆锥形空心指套，套在右手食指上使用。

表演霸王鞭舞时，一人弹龙头三弦琴伴奏，另一人伴唱"霸王鞭曲"（兼打竹板击拍），可独舞，亦可多人表演。表演者或围着火把绕圈跳，或分四角循环，在一角上表演一番后，又舞到另一角，如此反复循环。多人表演时，舞蹈动作各式各样，并不相同。

舞者持鞭方式别具一格，手持霸王鞭尾部（其他霸王鞭舞则持鞭中间）。这样持鞭使道具的运用更为灵活，并扩大了表演区，正如歌词中所唱的："舞鞭之人手伸长，当心挨着鞭。"舞蹈时用鞭头一端分别敲击肩、肘、手、腿、脚等身体部位，以中速稍慢的舞蹈节奏进行表演，以多变的舞姿与程式化的连贯动作表达欢快的情绪。

（图片均由剑川县文化馆提供）

15. 云南：景颇族刀舞（编号：省 I-IV-45）

景颇族刀舞，也称景颇刀术，景颇语的意思是"恩吐拳"，是一种在模仿各种生产劳作动作的基础上形成的武、舞结合的男性舞蹈。景颇族刀舞不受时间、地点、舞者人数限制，在节日庆典和丰收、婚嫁、修建新房等喜庆日子特别盛行，也可用于平时强身健体。该舞蹈既是当地民间一项必不可少的文体活动，又是一种民间习俗和民间信仰。

刀舞是景颇族男儿刚劲威猛的象征（胡天弄拍摄）

景颇族是中国较早实行刀耕火种的民族之一。长刀的出现使木耕火种变为刀耕火种。随着历史的变迁，逐渐形成了反映生产生活全过程的刀舞。

景颇族刀舞源于刀术，而刀术是用来自卫防身的武术类运动。相传在 500 年前，三个部落各有一位刀术高强的武士，这三位武士创立了景颇刀术。但到了现代，传统的景颇刀术已基本失传，景颇刀术被改编为刀舞大约是在 20 世纪 60 年代。

景颇族长刀的刀身长 60～70

刀舞由古老的景颇族武术演化而成

厘米；刀叶宽3～4厘米，顶端为齐头式；刀鞘别致。刀舞的伴奏乐器有竹笛、象脚鼓、锥镲、洞巴、木鼓等。

　　刀舞的表现形式主要包括单人刀舞和集体刀舞。单人刀舞动作比较丰富，舞蹈时可即兴发挥，酣畅淋漓地表达个人情感，不同地区的刀舞风格也不相同。单人刀舞是自娱自乐性的舞蹈，又可分为单刀舞和双刀舞。单刀舞主要有三套，第一套是呈一字形的三步，又称为"三步砍豹"；第二套是五步，是顶尖相连的两个等腰三角形；第三套是七步，是顶尖朝顶尖、两顶尖中间还被一点隔开的两个等腰三角形。双刀舞的舞蹈风格与单刀舞类似，内容一般表现景颇族勇敢、勤劳、不畏艰难险阻的开拓进取精神。舞蹈特点是动作幅度大、刚劲有力，步伐灵活多变、节奏明快。

代表性传承人毛勒栽常年习练刀术
（陈小蓉拍摄）

　　景颇族民间的集体刀舞大都是带有祭祀性的舞蹈。由祭司杀牲祭神，然后一群男子左手挽盾牌，右手持长刀，做出各种进攻和防守的舞蹈动作，其目的是祈求神灵的庇护，振奋士气、鼓舞斗志。胜利归来也要跳"以弯弯"，以感谢神灵、庆祝胜利。

　　景颇族刀舞的舞者为男性，做击、刺、劈、砍，配以腿部的跃、蹲、蹬、扫动作，以锣鼓作伴奏而舞。舞蹈时可即兴发挥，双手以手腕、手臂翻转舞出刀花为主，双脚多为蹲跳步、跑跳步、左右弓步，步态轻盈，节奏欢快跳跃。动作以砍、劈、刺等为主，刚劲有力、舒展大方、搏击强。舞蹈动作虽不复杂，但刚劲有力，其腕、肘、肩、髋关节部位的运动量极大。其刀花、步法因人而异，有的艺人融拳嘎、摆拳嘎为一体，形成了独特的风格。

　　（除署名拍摄外，其余图片由景颇族刀舞代表性传承人与参与者提供）

16. 贵州：勾林（编号：省Ⅰ-Ⅵ-1）

勾林也称勾镰，是贵州省天柱县蓝田镇的一项独特的侗族民间传统武术与舞蹈相结合的体育运动，由当地侗族同胞生产劳动的动作演绎而来。相传早在400多年前，当地侗族人用勾林来疏通山路、排除荆棘、上山打柴、收割打菜、对抗野兽、抵御外敌，以及防身、守家、护寨。在那时，勾林所承载的就是侗族人民生产生活的真实写照。

当地民众表演勾林舞

"勾林"是侗语的说法，意思是侗族人民在生产生活中用的钩刀（柴刀）和镰刀，即北部侗族方言区同胞在日常生活中用来砍柴、割草的劳动工具。勾林舞源于民间武师言传身教的动作，后来演变为一种武、舞结合的舞蹈形式。在其发展历程中，勾林舞者都有习练过民间武术的经历。勾林舞的参与者大都体格强健、性格开朗、步法灵活，在表演时能见招拆招、攻防有余、及时应对。

女子舞镰刀

勾林舞常伴以当地民歌、器乐，通常在侗族传统节庆活动中表演，如传统侗族赶拗、对歌活动。尤其常在择偶场合出现，侗族青年男女一旦互相中意，即男以勾、女以镰定情。

勾林的"勾"即钩刀，呈"勾"状，刀口长 25～30 厘米，宽 3～4 厘米，弯长 5～10 厘米，柄长 30～40 厘米，多为男用；"林"即镰刀，呈"月"形，长 20～24 厘米，宽 5～6 厘米，弯呈 90°，柄长与钩刀相似，多为女用。

勾林刀法的基本技术包括砍、削、钩、拉、劈、拍、打、扎、磕等。

男子刀法招式有樵夫问路、将军看榜、饿虎扑食、猛虎回头、猿跃南岭、猴跳西川、金龙出海、猛虎出山、南山开路、鸡公回头、直劈云岭、惊鹿回顾、金鸡独立、拨草寻蛇、推窗望月、金猫捕鼠、左右逢源、怒视南山、莲花山、莲花刀、巨蟒翻身，共 21 式。

女子刀法招式有麻姑拜寿、美女探刀、南山挑刺、北坡打柴、白鹤飞天、劈山开路、鲤鱼下涌、燕子觅食、鸳鸯戏水、美女纺花、回头望月、莲花盖顶、丁树盘根，共 13 式。

男女对练刀法包括鸳鸯戏水、劈山开路等。

男女对练刀法——劈山开路

勾林表演节奏简洁、刚劲有力，其一招一式皆来自侗族人的生产生活。舞者身着侗族服装，背月牙弯篓，腰捆龟形刀挎，扎绑腿。勾林对表演场地无具体要求，可在田野里即兴起舞，也可在侗族院坝中伴奏表演；参加表演的舞者数量亦无规定，可一人独舞、两人对打、多人对打，舞者多时可达成百上千人。

（图片均由天柱县非物质文化遗产保护中心提供）

17. 贵州：侗族月牙铛（编号：省Ⅰ-Ⅵ-2）

月牙铛因其器械形似弯月而得名，也称"月牙镗"，流传于贵州省黔东南苗族侗族自治州天柱县高酿镇老海村。该村位于天柱县东南部，距县城30千米，地处偏僻、交通不便。

当地村民进行侗族月牙铛表演

据传，月牙铛武术在清朝道光年间，由武术大师龙大正发明创造。传说一个冬天的午夜，老虎摸进侗寨，跃进侗家叼走一个五六岁的小孩。龙大正闻讯，拿起一把钉耙就追，在乡民们的帮助下，最后将猛虎杀毙。从此，他根据钉耙的原理，以及自己习武多年的经验，为御敌、擒兽、健身而创造了月牙铛。他还将所学武术融会贯通，创造出月牙铛武术套路，并于农闲时传授给侗家子孙，使月牙铛流传至今。"月牙铛"既是侗族民间武术的名称，也是这一武术所用器械的名称。

侗族月牙铛技法——铛铛对练

月牙铛是侗族民间传统武术之一，属杂形兵器，是研究古代兵器、武术、狩猎、农猎、习俗等重要的历史符号。月牙铛呈弯月形，又如一对粗壮、锋利的水牛角，大小不等，重5～15千克，径长70～100厘米，柄长100厘米，是用硬木制成的。铛尖有倒勾刺，铛背、铛心分别安装形如斧镑钺的刀片，一边一块，有的还安装于两翼2～3块，月牙铛主要用上好的钢材反复铸炼而成，又称月牙冀齿铛。

代表性传承人龙庆炎传授月牙铛技艺

月牙铛武术动作威猛、刚劲有力，表演时身械合一、虎虎生风。其基本技术动作有击、刺、架、隔、扑、拍、拿、遮、握、转、支、拦等；动作招式有"水中练塘""雄鹰叼鸟""金箭离弦""神猴捞月"等。此外，月牙铛表演还具有较强的艺术感，刚柔相济，武舞相合，力美相衬。习练月牙铛利于强身健体、松筋活血，有促进身心健康之功效。

月牙铛训练和表演所用器械有铛、铁尺、棍等。表演形式有拳术、单尺、单棍、铜、铛等单项表演，以及铁尺对铛、铁尺对棍、双棍对打、棍对铛、含铛（以口咬住铛）、抛铛等形式的多项表演。

（图片均由天柱县非物质文化遗产保护中心提供）

18. 甘肃：节子舞（编号：省Ⅱ-Ⅲ-11）

节子舞是流传于甘肃省永昌县赵定庄村的一种古老民间舞蹈。由于战争频繁，永昌民众素来便有习武的风气。节子舞的最初发展也与此地的军事活动和民众习武之风有着密切的关系，舞者最初使用的节子也是类似于刀、剑、枪、棍的兵器，但流传至今，节子舞已经发展成永昌民众在节庆闲暇时娱乐健身的一种团体舞蹈活动。

节子舞是一种古老的军阵舞（王铮拍摄）

关于节子舞的起源，民间众说不一，归纳起来主要有三种说法。第一种说法是"古有鱼鳞阵，今有节子舞"，即相传节子舞是由古代骊靬人的"鱼鳞阵"演化而来的；第二种说法是节子舞俗称"打节子"，又称"霸王鞭"，即源于西汉时期人们对秦末西楚霸王项羽的怀念；第三种说法是节子舞是由宋代因受贬而在赵定庄生活过的一位将军创造的。

节子舞最主要的道具即为表演者手中的节子，其长为2尺4寸（80厘米），象征着一年中的二十四节气。在节子的两端各有3个长方形小洞，共12个方孔，象征着一年中的12个月。在这12个小孔中都

打鼓人通过击打牛皮大鼓指挥队伍表演
（张俊杰拍摄）

会串入 4 枚方孔铜钱，代表一年中的四季。节子全身漆为红色，寓意人们的生活红红火火，再在节子两头各系一方红绸与绿绸，寄托了人们期盼年年丰收的美好愿望。

在表演中，舞者的服饰也是独具特色。首先，一人装扮成膏药匠，身着用布料制成的铠甲，头戴一顶红色的高毡帽，同时还要粘上白色的假胡须。膏药匠左手持一个红色拨浪鼓，右手持一盏名为"膏药网子"的灯笼。而另外的武士表演者则身穿传统的黄色武士服，手持节子进行表演。在表演中，还伴有社火中常用的直径为 80 厘米的牛皮大鼓，以及直径为 30 厘米的铜锣和铜钹的伴奏，为节子舞营造了更为震撼的氛围。

舞蹈阵形变换多样（陈小蓉拍摄）

每逢节庆之日，赵定庄的青年便会组织节子舞表演，他们在开阔的场地中，手持节子，不断地用节子两端在自己的手、臂、腿、脚等处上下、左右、前后进行有节奏的敲打，节子上的铜钱嚓嚓作响，能给观赏者一种精神振奋之感。

在表演中，膏药匠是整个打节子队伍中的灵魂人物。他双手分别持"膏药网子"与拨浪鼓，位于队伍的中心位置或最前方，指挥整个阵形的变化、打节子的节奏快慢及队伍的行进方向。在夜间，"膏药网子"便被点着，膏药匠拿着灯笼上下翻飞做出各种动作，然而灯笼却始终不灭，可见其功夫之深。而武士手中的节子上下翻飞，在夜间全凭灯笼的光亮指出的方向做出左突右杀的动作。他们的动作以摆、撩、穿、架、踢、击等为主，都是中国武术的基本动作和精髓。其打出的招式主要有二龙戏珠、虎抱头、车轱辘、韩信点兵、白马分鬃等。同时，他们还会摆出人们熟悉的一字长蛇阵、方阵、圆阵、巧打四门、群星荟萃等多种阵形。

19. 甘肃：秦州鞭杆舞（编号：省Ⅱ-Ⅲ-16）

　　秦州鞭杆舞集民俗艺术文化与民间武艺文化于一身，主要分布于天水市秦州区西南部的秦岭乡及其周边乡镇，是秦州区民间发现的古老的、能代表古代秦文化的民间艺术之一，是秦人在长期畜牧过程中形成的一种舞蹈，其舞蹈动作是由养马时的放牧动作和部分武术动作融合而成的。

　　大约3000年前，天水便是商、周至春秋时期秦人先祖生活的主要地区之一。据《史记·秦本纪》记载："非子居犬丘，好马及畜，善养息之。犬丘人言之周孝王，孝王召使主马于汧渭之间，马大蕃息。"秦人先祖非子居于犬丘，因为周王室牧马有功，周孝王便将其封为周的附庸，并继承了"嬴"姓，号曰"秦嬴"，天水因而成为秦人历史的开端和秦王朝立国的起点。

村民表演鞭杆舞

　　在秦州斜坡村，鞭杆舞的日常活动场地多为村民自家的农家院或者村里的打麦场。每逢农闲和正月，斜坡村便会组织村民跳鞭杆舞来庆祝，尤其是在正月，斜坡村会进行数场鞭杆舞表演。秦州鞭杆舞最主要的道具即为鞭杆，又称短棍，它是由秦人在畜牧时所用的马鞭演变而来的，也是一种武器。鞭杆有两种，分别为男女所使用，舞动时彩绸飞扬、铜铃叮当、铜线铿锵，时而高亢、时而低沉、时而喜悦、时而悲愁。秦州鞭杆舞在表演时还配有用锣鼓、二胡、笛子等乐器演奏的曲子，同时还会有数人伴唱助兴。其中，斜坡村鞭杆舞最常用的伴奏曲子便是《八度神仙》，已经被当地村民传唱了数百年。

村民在打麦场习练鞭杆舞

秦岭乡斜坡村的文化气息十分浓厚，村民们的宗教信仰多为道教且大部分人都会跳鞭杆舞。在正月表演鞭杆舞前，村民们会到本村的祖祠进行祭祖活动，祈求祖先保佑今人平安吉祥、风调雨顺、五谷丰登。祭祖活动之后，便开始表演鞭杆舞。此外，在每年正月初三，斜坡村也会组织村民们去庙山表演鞭杆舞，随后还会根据村民的要求到其家中进行表演。最后一场表演则是于正月十二在伏羲庙的伏羲大典上表演鞭杆舞。

秦州鞭杆舞在表演时没有固定的人数限制，可以4人或8人共舞，也可以有更多的人参加表演，但通常鞭杆舞的表演方阵是4人一组，共有8组，寓意八卦，其中每组各有两男两女。他们的动作各异，但在鞭杆舞中主要以男性角色为主，女性舞者充当配角。

村民在自家小院中习练鞭杆舞（陈小蓉拍摄）

秦州鞭杆舞的步型包括进步和固步两种，进步整齐有序、威武壮观，固步则腾挪跳跃、对称穿插，两种步型不断变换，形态各异。在表演中，随着鼓、锣、二胡等乐器的伴奏，舞者会根据伴奏的节拍变换队形，如半圆、圆形、蛇形等，手脚并用，时方时圆，或蹲或跃，十分精彩。

（除署名拍摄外，其余图片均由天水市秦州区文化馆提供）

20. 陕西：东寨十八罗汉（编号：省Ⅱ-Ⅲ-39）

　　陕西省咸阳市三原县的东寨十八罗汉是由周金城、周金武兄弟等人于清咸丰年间始创的。其内容取材于佛教故事，表演人员由9名大罗汉和9名小罗汉组成，故名"十八罗汉"。

十八罗汉的基本特征为惊、险、悬、妙、美

　　在四川等地经商且见多识广的商人周金城，在经商归来时见村民们修建的城墙、城楼将要竣工，准备举行庆典仪式。为了助兴，他想到十八罗汉能够驱邪扶正、镇妖除魔、祈福吉祥、平安生财，便和兄弟周金武组织本家族人，始创"十八罗汉"，结果表演大获成功。自此以后，这一独特的民间舞蹈便在周姓家族以口授心传的方式传承了下来。每逢喜庆佳节，当地人都要在锣鼓伴奏下表演十八罗汉，以祈求四季平安、万事如意，自娱自乐。

富有诗情画意的队形变化

东寨十八罗汉的唯一道具是木杖。木杖呈"T"字形，上面部分宽34厘米，总高1.9米。

表演前进行脸部化妆

东寨十八罗汉的基本特征为惊、险、悬、妙、美。

所谓"惊"，即惊心动魄。表演者为了突出力量美，在长达40分钟的表演过程中，高难度的动作一个接一个，舞蹈造型新颖刺激，不免让人看得情绪紧张而惊呼不已，从而获得一种震撼人心的效果。

所谓"险"，即险象环生。十八罗汉杂技性很强，动作套路因讲究技巧而危险性较大。9名小罗汉在表演过程中不仅要胆子大、身挺直，还要在大罗汉肩头或站、或坐、或骑，运用体态和各种形象的塑造，达到造型大方、动作舒展的效果。伴随着优美的舞蹈造型，他们次次化险为夷，令人拍手叫绝，从而增添了无穷的艺术魅力。

所谓"悬"，即悬心吊胆。表演中，小罗汉除表演"八吉祥轮"（地轮子）和"金蛇蜕壳"（蛇蜕壳）之外，大部离地站在大罗汉身上表演。高潮时，大、小罗汉连续三层或四层地叠罗汉，让观众不由地担心，直到表演成功，观众的担惊受怕之心方才落地。此外，这种强烈的艺术效果还能给人带来意想不到的喜悦，令人叹为观止。

所谓"妙"，即妙趣横生。东寨十八罗汉取材于佛教传说故事，又被赋予鲜明的地方特色，通过艺术化的舞姿表现出来，非常传神、魅力无限，既反映出民间艺人的聪明才智，又增添了民间舞蹈的美学价值。

所谓"美"，即美不胜收。东寨十八罗汉舞蹈强调队形与场面的组织变化，并以吉祥用语和雅俗共赏的诗句为套路名称，使伴奏音乐、表演路线变化更富有诗情画意。表演者通过一系列的舞蹈造型动作，为人们传递出一种"真善美"的意境。它所带来的艺术效果是观众和表演者双方审美趣味的集中表现。

（图片均由陕西省非物质文化遗产保护中心提供）

21. 云南：跳三桩（编号：省Ⅱ-Ⅳ-22）

云南拥有众多的民俗文化，跳三桩便是云南苗族人民在长期的生产生活中不断演变形成的民间传统文体活动。历史上，苗族民间流行芦笙舞、跳三桩等高难度的技巧类活动，玉溪市易门县小街乡歪头山村的跳三桩就较具代表性，是原汁原味的一项民俗活动。

当地村民习练跳三桩中的架花技艺

传说，被苗族人尊奉为祖先的九黎部落首领蚩尤，在涿鹿大战中不敌黄帝，败走疆场，退出中原，从此苗族先民便开始了没有尽头的迁徙。苗族人一直向西行走，在云南的大山深处，一些人停住了迁徙的脚步，在有三个树桩的地方盖房子、支大锅，伴着芦笙，以歌舞来表达对远方故土的怀念，"跳三桩"之名由此而来。随着时间的推移，跳三桩逐渐演变为苗族人特有的节庆纪念方式。直至当代，歪头山村的苗族人每逢节庆或婚丧嫁娶等大事，都不忘吹上一段芦笙，合乐起舞，以表达心中的情感。

跳三桩是指表演者吹着芦笙，在木桩上做跳桩、穿花、走梅花、倒立、下腰、虎爬，以及桩上叠罗汉、上天梯、垒宝塔等动作。整套动作别具一格，有特殊的气势和神韵，使观赏者叹为观止。

跳三桩高难度动作"荷花出水"

跳三桩最主要的道具就是三桩。三桩是由铁制的三个桩子连在一起组成的，呈三角形。每个桩高 1.2 米，直径 30 厘米，每个桩子之间的距离是 1 米。在这样小的范围内，表演者要在桩上做出各种高难度动作和奇特造型。

除此之外，表演需要的重要道具还包括芦笙和铁锅。在跳三桩表演中，芦笙不再仅是一个吹奏乐器，更多的是作为一种表演道具来使用。用于大项滚锅表演的铁锅直径一般为 1 米，无把手。表演技术高超的表演者甚至可以在锅里挤进四五个人进行滚锅表演。

跳三桩中的滚锅技艺（陈小蓉拍摄）

跳三桩发展至今，有 5 个大套路 37 个动作。5 个大套路分别是小船、上天梯、滚刀尖、滚锅、荷花出水。每个套路都代表着不同的文化内涵。小船展现的是苗族先祖渡河的情境，反映了苗族人团结互助、戮力同心的精神；上天梯表达的是苗族人长途迁徙的坚定信念和对胜利的无限向往；滚刀尖表示苗家人在迁徙的过程中，面对千难万险，可以上刀山、下火海，在刀尖上滚过一遭才称得上苗家的好儿郎；滚锅寓意大家都为一把米、一口饭辛勤劳作，不让任何一个人饿死，组织大家都来吃大锅饭，共同劳作；荷花出水象征着苗家人"出淤泥而不染，濯清涟而不妖"，每个苗家人都像荷花一样纯净。

跳三桩不仅可以给人带来视觉的冲击，还可以给人带来听觉上的享受。它完美地结合了民族音乐、体育和舞蹈，演化成一种苗族人民特有的民间艺术。跳三桩技艺需要胆大、心细、眼急、脚快、动作稳，若稍有疏忽，表演者就会从木桩上摔下。因此，练习者需要有强健的体魄和过人的身体素质，才能完成高难度的动作表演。

（除署名拍摄外，其余图片均由易门县文化馆提供）

22. 浙江: 十八罗汉（编号: 省Ⅱ-Ⅵ-108）

十八罗汉主要流传于浙江省仙居县安岭乡一带，至今当地还有"七月七望好看"的俗语，"望好看"指的就是人们观看十八罗汉表演。十八罗汉具有浓厚的传统文化色彩，融宗教、军事、武术、舞蹈、娱乐、杂技表演于一体，气氛热烈火爆，动作朴实豪放。十八罗汉作为传统民间艺术的瑰宝，现已被载入《仙居县志》。

"七月七望好看"的十八罗汉表演

十八罗汉源于我国南北朝时期"十八强盗皈依佛门"的传说。相传，十八位强盗天良未泯，经神仙点化放下屠刀、立地成佛，从此造福人间，所以十八罗汉表演旨在劝人从善、行走正道，融娱乐和哲理教化为一体。该舞蹈于晚清时期传入当地，中华人民共和国成立前，多为向神佛祈求地方平安、求雨祈禳之用，也是民间武术团体演练阵形的一种形式。如今，每逢庙会、重大喜庆节日都会进行表演活动。

前往参加"十八罗汉"活动的队员延绵数百米

十八罗汉表演者的服饰颇有讲究，统一标准是白上衣、红彩裤、花圈帽、绣花兰肩。所持器械有青龙大刀、龙叉、剑、棍、耙、盾牌、铜锤、钢鞭、雷叉、长矛等。所需道具有祭台、祭祀黄纸，还需要锣鼓和鞭炮烘托和渲染热闹气氛。表演十八罗汉时，由百余名手持大刀、长矛、雷叉、钉耙、铜锤、钢鞭等十八般古兵器和古盾牌的村民参加，配合鼓乐旌旗，场面热闹壮观，深受当地群众喜爱。

表演分为走阵、测势、罗汉台三个部分。

第一部分"走阵"，其表演以阵形变化为主。阵形变化主要由传统八卦文化衍生而来，有生生不息、周而复始之意。同时，讲求阵形的配合和整齐。阵形变化配合兵器相互撞击及演员的阵阵呐喊，有驱魔降妖的含义。阵形主要有盘龙阵、凤凰阵、梅花阵、葫芦阵、天门阵等十多个。据传，这些阵形均由明代戚继光的鸳鸯阵演变而来。表演的核心部分是造型表演与阵形变化穿插交替进行。"走阵"之后，旌旗偃息，鼓点急促，大场面的集体舞变成双人对抗。

双人对抗表演

第二部分"测势"，即探测对方实力，由持同一兵器的两人组成对子，轮流对抗表演，直至十八般兵器表演完毕。

第三部分"罗汉台"，由莲花台、罗汉马等六组造型组合而成，其中"罗汉台"尤为精彩，是十八罗汉的精华。"观音台"由七人五层相叠而成，最底层的台基由一个壮汉担任，其余六人全部搭叠在台基壮汉之上。

（图片均由仙居县文化馆非遗保护中心提供）

23. 海南：琼中咚铃伽（编号：省Ⅲ-2）

咚铃伽是流传于海南省琼中黎族苗族自治县的一项黎族传统舞蹈。舞蹈的主要内容是两名分别使用钱铃和双刀的舞者在木臼和簸箕之上，按照一定的招数、套路，跟随着配乐节奏进行惊险激烈的对打，谁将对方逼出簸箕外，谁便是赢家。

黎族传统舞蹈琼中咚铃伽

据资料考证，咚铃伽盛行于清末民初，主要流行于海南省琼中县吊罗山、上安、长征一带，是海南省"三月三"活动中较受欢迎的舞蹈表演之一。

在黎族的传说中，有两个优秀的黎族青年同时爱上了一位秀美的黎族女孩，面对两个优秀的男子，姑娘一时难以抉择，于是她决定通过在簸箕上比武的方式来选定意中人，后来逐渐演变成了"咚铃伽"这一黎族的传统舞蹈。该舞蹈在展现黎族青年勇猛、强悍的性格特点的同时，体现了黎族女子对英雄的爱慕与认同，也反映了自古以来黎族人的自由婚姻观念。

咚铃伽的主要表演道具有咚、铃、伽和传统伴奏乐器。其中，"咚"是一个1米见方的簸箕，表演时会被安置在一个直径约60厘米的木臼上（现已改为八脚圆桌）。"铃"又称钱铃棍，钱铃棍一般选取当地的竹子为制作材料，要先在竹子的两端各挖两个孔洞，每个孔洞均用铁丝系两组铜钱，再将棍的两端系上红绸即可，其长度约为1.2米。"伽"则是表演中使用的双刀，双刀的材料为木头，长约30厘米，刀柄为黑色，刀柄尾端系着红绸。还有金榕木制成的伴奏乐器，金榕木的木质较为坚硬，击打时所发出的声音清脆而响亮。表演时在其两边各固定3根交叉竹竿，并横架1根竹竿，两根金榕木则一上一下被悬挂在竹竿之上，伴奏者使用两根简易的木棍击打即可。

咚铃伽的伴奏乐器（陈小蓉拍摄）

咚铃伽的舞蹈表演形式主要是使用钱铃棍与双刀的两位舞者之间的精彩切磋。在表演过程中，两位舞者在八脚圆桌上按照传统的对打套路见招拆招，直到将其中一方逼出圆桌即为表演结束。

被对方逼下桌子的一方为输（陈小蓉拍摄）

咚铃伽的舞蹈表演蕴含着古老、惊险、独绝的特征。在表演中，舞者要伴随乐器的敲击节奏做出击腿、攻头、撞脚板等一系列对打套路动作，须踏稳脚步、把握好力度，注意使用眼力，舞步要强劲有力。在咚铃伽的表演中，伴奏乐器的击打节奏与节拍从古至今从未改变。

（除署名拍摄外，其余图片由琼中黎族苗族自治县文化馆提供）

24.海南：黎族舂米舞（编号：省Ⅲ-5）

　　黎族舂米舞是黎族人民在长期劳动生活中创造并逐渐发展形成的一种民间舞蹈，也是黎族妇女平时喜爱并拿手的一项活动，主要流传于我国海南省五指山市冲山镇什保村。舂米舞的参与人数不等，表演者手拿舂杵，用不同的动作撞击舂臼，并在阵阵的节拍声中进行各种配合有序的表演，时而高举舂杵，时而平击舂臼，有分有合，有左有右，左右交换。

舂米舞是黎族传统民间舞蹈

　　关于黎族舂米舞的起源，当地人普遍认为是在黎族的丰收季节，黎家妇女为了表现舂米劳动的丰收喜悦之情，同时也为了缓解劳作中的疲劳，便有节奏地轮流击舂，以庆祝庄稼的丰收，经过不断的演变、发展，逐渐形成了如今的黎族舂米舞。

　　据什保村的一位舂米舞传承人讲述，在清代之前，舂米舞还没有形成具体的舞蹈形式，仅是一种通过击打舂臼发出声音来传递黎族婚庆信号的方式。当时，由于黎族人深居山区，在举办婚庆之时，无法快速地通知周边村寨的村民前来饮酒庆贺。后来有人发现，舂米时撞击舂臼的声音可以传

勤劳的黎族人在舂米舞中尽情地表达喜悦之情

得很远，于是采取了这种方式来传递婚庆信号。久而久之，这种做法便逐渐被人们所接受，邻近村落也纷纷效仿。从此，在举办婚庆活动时，村与村开始用敲击舂臼的声音大小比较敲击阵势的强弱，男女老少都来参加。

每逢黎族村寨中组织舂米舞活动，大家都会身着黎族的传统服装一起跳舞。黎族舂米舞使用的主要道具是黎族村寨中家家户户都有的舂臼和舂杵。舂臼一般是用黑墨树制作而成的；用于敲击的舂杵是用质地坚硬的鸡尖树木材制作而成的，两头粗、中间细，其中较细的部位即参与者手握的位置。

6人跳法中舞者分别敲击桶底与顶口沿边

黎族舂米舞表演通常以2人、4人或6人为一组。在表演中，参与者会用舂杵不停地交替击打舂臼的不同部位，使之发出悦耳的声响。同时，参与者会伴着鲜明而清脆的敲击声，模仿舂米劳动的不同动作，双臂上下挥动，上身和双腿有节奏地扭动、摇摆，从而展现出各种优美的舞姿。其中，黎族舂米舞的基本步伐有蹲起步、跳蹲步、踏地步、左横移步、右横移步、跳上步、连跳步等。舂杵的基本动作有执舂杵、舂臼心、舂击左右内壁、舂臼上沿、横撞臼外壁、平拍击外沿、横舂击外沿、横敲臼上沿、拽击臼上沿、斜击上沿、斜舂左内壁、斜舂右内壁等。在舂米舞表演结束时，所有人都会同时高举舂杵，伴随着齐声的呐喊，奋力敲击桶底，以整齐统一的敲击声结束舂米舞表演。

（图片均由李树林拍摄并提供）

25. 云南：大刀舞（编号：省Ⅲ扩-Ⅱ-4）

　　大刀舞是流传于云南大理漾濞腊罗支系的一种彝族民间兵器舞，主要分布在漾濞鸡街乡、瓦厂乡、龙潭乡等地。作为当地民众的一门独特技艺，大刀舞既是彝族先民用来驱邪除恶，祈求五谷丰登、六畜兴旺、山寨平安的一种祭祀舞，也是其在生产生活、节庆喜事、婚宴礼仪等场合表达情绪的主要方式。在当地办红白喜事时或节庆假日表演大刀舞，有驱邪气、除歪风之意。

大刀舞是当地民众喜闻乐见的一种娱乐活动

　　彝族大刀舞历史悠久，其起源可以追溯到原始社会，漾濞苍山的西坡崖画上绘有彝族先民踏歌、狩猎、祭祀的情境，还有很多男女老少手牵手围成圈踏歌跳舞的画面。

　　在漾濞鸡街地区还流传着关于大刀舞的传说。相传在很久以前，由于民不聊生，彝族民众秘密串联铁匠赶制大刀造反，王朝派兵镇压起义民众，起义民众因寡不敌众而退守到山头上，被王朝的军队团团包围。面对军队的进攻，一位起义头领急中生智，要起义群众烧起大

大刀舞的套路和刀法源于古代刀舞（陈小蓉拍摄）

火，手舞战刀，围着大火转圈，同时不断高声唱"阿苏咱哩早咱，阿苏咱哩早咱"（大意是我们的人多又多）。歌声越唱越大，战刀越舞越有力，围剿的官兵首领因看到长时间不间断的人流、吼声与刀光，不敢轻举妄动，起义民众便趁夜转移到安全的地方。为纪念此事，当地民众都会自发在这一天烧起篝火，操起战刀边舞边唱。久而久之，在当地民间艺人的不断改编下形成了刚劲有力、独具彝族风格的大刀舞。

　　传统的大刀舞起初只能由男性表演，后逐渐出现了女性刀舞者，而且从传统的单刀舞发展到了如今的群刀舞。彝族大刀舞的道具包括民族乐器笛子、芦笙、大刀，以及彝族服饰等。大刀原是一种古代兵器，又名"春秋刀"，现已逐步演变为表演道具。表演者所穿的衣服尽显彝族特色，男性服饰简洁大方，女性服饰绚丽多彩。

闲暇时村民在自家院落练习舞刀

　　大刀舞共有108种刀法，源于古代108将。随着时间的流逝，现仅存15种刀法。大刀舞不受人数、时间和地点限制，可在村头、庭院、山间、草坪等处进行表演。

　　大刀舞通常与打歌同场表演。表演开始前由一人先用竹笛吹出优美动听的引子，再由众人高喊"呜一呕"，接着全体表演者边唱边跳。整个过程用笛子吹奏主旋律，用芦笙打节奏，舞刀者在场中央起到领舞的作用。其余人相聚围成一圈，伴随笛子、芦笙及歌声，做出背花、面花、骑马式等动作，起到烘托渲染气氛的作用。

　　（除署名拍摄外，其余图片均由漾濞县文化馆提供）

26. 陕西：靖边霸王鞭（编号：省Ⅲ-Ⅲ-44）

靖边霸王鞭主要流传于陕西省榆林市靖边县宁条梁镇、东坑镇、张家畔镇、镇靖乡等乡镇，是"社火"民俗中的一种武舞形式，在民间的俗称不一，如打花棍、打莲厢、浑身响、金钱棍等。据调查，其在靖边县宁条梁镇、东坑镇出现得最早，表演活动也更具有广泛的群众性和代表性。

霸王鞭是靖边民俗"社火"中的一种武舞表演形式

霸王鞭是一种古代武舞的民间舞蹈形式。明清年间，无论是戍田定居的军户，还是流落江湖的艺人，都是促使军中武舞向民间舞蹈转化和两者融合的重要因素。霸王鞭的历史起源及沿革被诸多历史文献记载，但靖边霸王鞭很难找到相关的文字佐证。对于霸王鞭的起

当地民众兴高采烈地参加霸王鞭活动

源有多种传说。一是相传霸王鞭是楚霸王项羽使用的一种兵器，后演变为秧歌表演的道具，通过敲击身体能驱邪消灾；二是霸王鞭起源于姜子牙的"护身鞭"，主要用来辟邪镇恶，寓意为铲除人间妖魔，祈求国泰民安；三是霸王鞭在陕北最早源于明代中

期，属南方传入的"外来品"，后被当地民间艺人吸收纳用；四是霸王鞭产生于当地民间，源于乞丐讨饭的"打狗棍"；五是霸王鞭源于内蒙古、山西一带的场子二人台《对花》，后经改换道具，不断发展演变，成为如今的鞭舞形式。

　　传统霸王鞭的道具是用一根长 1.2 米左右的木棍制成的，木棍的粗细为表演者手握适宜即可，鞭身每隔 10 厘米处画一圈红色和黄色，形成对称的红黄两色花棍。表演服饰多采用古典戏曲中的"武生"服饰打扮，身着民间彩服，腰扎"绣花云子"的武士扳带，头扎红头巾，脚穿薄底鞋。

靖边霸王鞭以双人表演形式为主

　　靖边霸王鞭主要通过民俗祭祀活动和庙会庆典活动来保持、传承和发展。霸王鞭的表演形式寄托着人们的尊神、尊祖、尊人等传统思想。据清光绪年间《靖边县志》对"社火"的记载，清代时期霸王鞭在靖边已很盛行，每年春节闹"社火"中就有霸王鞭的表演。靖边霸王鞭表演形式分为三种。其一为一人表演，即一男子以独舞形式表演。其二为双人表演，即由两名男子或一男一女进行表演。男子双人表演在传统霸王鞭中集唱、念、做、打于一身，倍受民众欢迎；一男一女的表演则是男子执鞭击打自身，女子手执彩扇对舞。其三为团体表演，这是在 1949 年以后丰富发展起来的舞蹈形式。此外，靖边境内的霸王鞭舞蹈的特征有"击鞭不露点，步律要稳健""拿鞭需成圆""滚翻技艺绝"。

　　（图片均由陕西省非物质文化遗产保护中心提供）

27. 广东：藤牌功班舞（编号：省Ⅳ-Ⅲ-34）

广东省湛江市徐闻县于汉武帝元鼎六年（前111年）置县，其特殊的地理位置、气候环境造就了独特的人文环境，孕育了别具特色的民族民间舞蹈——藤牌功班舞。徐闻县迈陈镇东莞村藤牌功班舞起源于朝廷军队，植根于民间百姓，是古代军事布防、战场实战技击项目，也是一种集军事训练、武术对抗和音乐于一体的综合性民间武术表演艺术形式。随着岁月的流逝，藤牌功班舞渐渐演变为具有地域特色的民俗文化活动，既承载着徐闻人敬畏自然、抗争外侮的历史，也反映了徐闻人的宗教信仰。

藤牌功班舞集军事训练和武术对抗于一体

明洪武二十七年（1394年），朝廷委派安陆侯吴杰在徐闻县设置了抵御倭寇及海盗侵扰的军事要塞。明天顺六年（1462年），由于西寇（安南和葡萄牙海盗）骚扰作乱，徐闻县土城被破，迁徙至海安所城。其间，东莞也深受其害，百姓惨遭荼毒。面对强敌，当时朝廷的地方驻军派出将官向民众传授藤牌舞（又称盾牌舞），强化操演，用于两军对垒破阵，狠狠地打击了敌寇的嚣张气焰，保卫了家乡。之后，当地一些崇文尚武者开馆授徒。自明万历年间起，其以家族式传承至今。人们利用农闲时操练，在每年元宵节时集结进行巡回表演成为惯例，使藤牌功班舞得以代代相传。

藤牌功班舞在表演时主要有以下道具：320个藤牌，每个直径约120厘米，厚2厘米，材质为海南白藤；单刀、关刀、双刀、皇刀、洋刀、铁尺、长链球、手戟、标枪、月铲、铁铲、缨枪、双铰子、钩镰、铰棍等器械；圆鼓、锣、钹等乐器；由红、黄缎布制成的阵旗，由3面旗构成整体，两侧为两面副旗，正中主旗为长方形，长1.8厘米，宽1.3厘米，旗中绣有多种吉祥图案。

藤牌功班舞的兵器道具

每逢春节、元宵节或其他一些大型的庆典活动，徐闻县都会表演藤牌功班舞。表演以藤牌为主，进行不同类型的阵势转换，包括双龙阵、圆山阵、四象阵、八卦阵、剪刀阵、环龙阵6种阵势表演。

藤牌功班舞的八卦阵

藤牌功班舞由龙母与龙子组成，其中龙母长32米，需15名舞者；龙子长22米，需10名舞者。龙母和龙子各配1枚龙珠，并均由一人掌舞，以引领长龙随着鼓点、鞭炮声快、慢、轻、重起舞。

（图片均由徐闻县文化馆提供并授权使用）

28. 福建：漳州太祖拳青龙阵（编号：省Ⅳ-Ⅵ-16）

　　太祖拳属南派风格的赵太祖拳，于清光绪年间传入，至今已有100多年的历史，属于福建八大拳种之一，由拳、械、狮、阵组成。青龙阵是太祖拳的一个用铁棍演练的别具风格的阵法，为集体演练的项目。青龙阵器械独特、变化奇特、实战性强、场面壮观，具有典型的闽南文化特征，保留着闽南文化形成的原生态和历史文化生活的原始记忆。作为闽南文化的核心元素之一，漳州太祖拳青龙阵在形成和发展的过程中，深深受到闽南自然气候、传统文化精神、卫国抗倭历史事件和浓郁家族文化等的熏陶，闽南文化特色极为突出，是当地民间文化交流、合作与寻根的重要内容。

漳州太祖拳青龙阵由拳、械、狮、阵组成

　　漳州太祖拳青龙阵由拳师游青龙始传。游青龙系客家人，因与巷口王吉元酒店老板主某有旧交，每来漳州均寓其家。那时游红婴等6人常聚集在一起学习何阳拳。后游红婴、游养宜、游碧山、游宿夜和2个真名已佚的汉子（绰号为短古明和古锥沈），具帖拜游青龙为师，并邀游青龙在市尾建武馆，立号"登龙堂"，开馆传授太祖拳。游红婴感激游青龙的悉心教导，又悯游青龙独身一人，乃愿以螟蛉义子，奉养其终身。

　　游青龙一生任侠好义，曾云游四方，访问豪杰，相传有诗言其志，诗云："手舞单狮足带剑，云游四方访豪杰。"但自创建市尾武术馆之后，其息影萝江，不再游侠，为开辟漳州赵太祖拳做出不可磨灭的功绩。

南狮杀青

太祖拳青龙阵的道具主要有南狮、堂旗、扇子、榕枝叶、铁棍、练功带等，另外还有一套包括狮鼓、锣、中钹、小钹在内的乐器组合。

每年各村都会举行祭祀活动和比武展示活动，申遗后于每年12月23日举行大型庆典活动。演练人员包括1名持堂旗的旗手和20名持铁棍武师。堂旗是指挥的标志，也是阵容变化的导引。此外，还有鼓、锣、钹武乐相助，以掌握演练节奏，演练曲目包括战鼓乐和更鼓乐。

漳州太祖拳青龙阵的南狮头

整个演练过程包括三部分。首先，全体武师列队到武馆拜赵太祖像，烧寿金；其次，点燃净炉，逐一过炉净人身和铁棍；最后，在场围中间烧寿金，旗手引导全体武师，跳过燃烧的寿金堆，正式出阵。

就技术特点而言，太祖拳青龙阵系用铁棍演练的一套风格独特的阵法，阵势变化达8种，奇特且有序。对练套路多，技法朴实无华，凌厉强劲，攻防兼备，可用于实战。演练时，堂旗引导，武乐相助，威力强劲，气势恢宏。对练中，铁棍的撞击声与武师的呐喊声颇有电闪雷鸣、排山倒海之势，令人震撼。

（图片均由游清文提供）

29. 台湾: 宋江阵

　　"一村一阵"是民间形容台湾阵头在鼎盛时期的情境，而作为台湾庙会中常见的武阵阵头宋江阵，其源自大陆，后在台湾落地生根，传承发展并延续至今。

宋江阵是台湾庙会中常见的武阵阵头之一（高雄内门佳兴宋江阵提供）

　　学界普遍认为，宋江阵源于明代戚继光的鸳鸯阵，也称"藤牌舞"。据考证，宋江阵的表演方式与鸳鸯阵极为相似，而且两者都以"二人成对"为战阵的基础。相传戚继光于福建抗倭时，多次以鸳鸯阵歼敌且建功卓著，其阵法则为福建人民所效法。后郑成功收复台湾时，又多以福建漳、泉两地兵士为主，遂将该阵法传至台湾，并在民间流传开来。宋江阵阵头的表演时间以迎神庙会和神明绕境时为主，像3年一次的台南西港刈香、土城香、东港王船祭等大型迎神祭典上，都可见手持兵器、英气逼人的宋江阵表演者。

　　宋江阵中的兵器有些是农业文明时期田间随处可见的工具，还有些则是生活中的常见用具。例如，头旗、双斧、齐眉棍、月牙铲、鞑刀、藤牌、云南斩马刀（扫刀）、钩、钗、双刀、双剑、关刀、铁尺、双铜、雨伞、耙、鸡帚、丈二等。

各式各样的兵器（蒋婷拍摄）

伴奏乐器及其他用具则包括宋江鼓、锣、钹等。

　　宋江阵的成军通常伴随神诞赛会的组织，其组阵和出阵通常包括入馆、开馆、探馆、谢馆四个环节。完整的宋江阵表演需要 1.5～2 小时，常在庙宇中宽阔的庙埕中央进行。宋江阵的具体表演内容是以《水浒传》中的一百零八将为原型，出阵时包括三十六人阵（代表三十六天罡）、七十二人阵（代表七十二地煞）和一百零八人阵（分别代表三十六天罡和七十二地煞，而天罡和地煞全部转世即为一百零八将）三种规模。

不同阵头的表演内容会因师承不同而有所不同（陈小蓉拍摄）

　　宋江阵的参与者以男性壮丁为主，活动中以宋江挥旗、李逵执斧为令，武术及兵器操练为形，排兵布阵为势。与此同时，不同宋江阵阵头的表演内容也会因师承不同，在各阵的阵式内容和先后顺序等方面存在一定差异，但整体差异不大。高雄内门佳兴宋江阵是从行拜和发彩开始的，发彩过后即进入正式演练环节，主要分为团体阵式与个人兵器表演两类，且以前者为主。团体的基本阵式包括打圈、巡城、龙卷水、七星阵、蜈蚣阵、黄蜂结巢和出巢、田螺阵、八卦阵、跳香。团体走阵期间还会安排兵器对打和个人兵器表演。其中，兵器对打也被称为"生死对"，往往是最受观众喜欢的环节。个人兵器表演类似个人武术表演，有两人表演、三人表演、四人表演，均为套路动作模式表演。